楔形文字文書研究 1

エサルハドン
王位継承誓約文書

渡辺 和子
Kazuko Watanabe

Esarhaddon's Succession Oath Documents

LITHON

はしがき

本書は『エサルハドン王位継承誓約文書』(ESOD) について、近年の新発見文書(タイナト版)も含めて考察し、新たな研究の段階を示すことを目的としている。しかしタイナト版の楔形文字の手写はまだ公刊されていないのであり、またニムルド版も完全には校訂されていない。現段階ではタイナト版の読みがニムルド版をどのように補完するのか、また新たに同定されたアッシュル出土の断片(アッシュル版)がどこに位置づけられるかについて確認することが必要である。その上で、『エサルハドン王位継承誓約文書』がどのような特質をもつのかについての論議も継続されるべきであり、また今後にあり得る新発見にも備えることになる。

1958年にD. J. ワイズマンがニムルド版のESODを出版すると、その内容と『旧約聖書』「申命記」との類似性についての議論が続いた。私は1977年に「申命記」についての修士論文を仕上げて博士課程に進学したが、本格的にアッシリア学を学ぶ必要を感じて博士課程2年目の夏からハイデルベルクに留学し、1987年に未公刊断片を含めたニムルド版の再編纂を中心とする博士論文を出版した。思いがけずも2009年にESODタイナト版の新発見があり、2012年にJ. ローインガーによる暫定的な出版がなされたことは、ESODのさらなる編纂である本書に大きな動機を与えてくれた。何よりも日本において、初めて全文の邦訳を添えたESODテクストの最新版を上梓できることを、これまでお世話になった諸方面の方々にこの場を借りて感謝したい。また極めて煩瑣な組版作業を要する出版を実現してくださったリトンの大石昌孝さんのご尽力に心よりお礼を申し上げる。本書の出版は三菱財団研究助成の一部によることを記して謝意を表したい。

2017年3月17日

渡 辺 和 子

凡　例

テクスト記号

N　ニムルド版

N27　＝ND 4327 等々。ニムルド版のテクストのうち、イラク博物館蔵のものはイタリック体で表示する（本書末の「テクスト一覧」参照）。

N28A　＝ND 4328A 等々。ニムルド版のテクストのうち、大英博物館蔵のものはローマン体で表示する。

T i　タイナト版　第 1 欄（Tayinat version, col.i）等々。

VAT　アッシュル出土文書

個々のテクストについては本書の総譜翻字とその凡例参照。

記号

x　解読不能の文字。

[ ]　欠損部分。

⌜⌝　部分的に欠損のある文字。

< >　補完されるべき文字。

{ }　削除されるべき文字。

-- 、 ----　ある語や節が省略されている箇所。

---　帰結文が直接ではなく、しばらく後に続くことを示す。

**　挿入句のある位置、または「消し跡」（erasure）のある位置。

TA*　TA のアッシリア簡略化形（ただしタイナト版については TA としてあるが TA* であるかどうかは手写（ハンドコピー）がないために未確認）。

a　(1) 行数の後につけられた a はその前半（あるいはその一部）を指す。
(2) § 番号の後につけられた a はその前半（あるいはその一部）を指す。
(3) アッカド語の読み下し（トランスクリプション）において行数の前に置かれた a はその行がアッシリア語（文法、語彙、表現）によって書かれていることを示す。

b　(1) 行数の後につけられた b はその行の後半（あるいはその一部）を指す。
(2) § の後につけられた b はその後半（あるいはその一部）を指す。
(3) アッカド語の読み下し（トランスクリプション）において行数の前に置かれた b はその行が（標準）バビロニア語（文法、語彙、表現）によって書かれていることを示す。

c　行数の後につけられた c は、一つの行を三つに分けた場合の三つめを指す。

A, B, C　(1) § 番号の後につけられた A は、一つ、または複数のテクストがもつ挿入された § を指す（例：§38A）
(2) 上記の § 番号の後に A がつく § にある行数の後には、A, B, C がつけられる（例：418A, 418B, 418C）。
(3) 同じ行数の後につけられた A と B は、同じ行に相当するが、大きく異なる内容をもつことを示す（例：4A, 4B）。

文法用語の略号

1pl.　第 1 人称複数（the first person plural）

2pl.　第 2 人称複数（the second person plural）

3sg.　第 3 人称単数（the third person singular）

Ass.　アッシリア語（方言）。ESOD 本文中のものについては新アッシリア語。
Bab.　バビロニア語（方言）。ESOD 本文中のものについては標準バビロニア語。

gen.　属格（genitive）
imp.　命令形（imperative）
indic.　直説法（indicative）
pf.　完了形（perfect）
pl.　複数形（plural）
prec.　希求形（precative）
pres.　現在形（present）
pret.　過去形（preterit）
proh.　禁止形（prohibitive）
p-suff.　人称接尾辞（pronominal suffix）
sg.　単数形（singular）
stat.　状態形（stative）
subj.　接続法（subjunctive）
vent.　来辞法（ventive）
vetit.　否定希求形（vetitive）
G　（動詞の）基本幹である G- 幹（Grundstamm）
Gtn　挿入辞 *-tan-* をもつ G- 幹
D　D- 幹（Doppelungsstamm, 第 2 根字の重複幹）
Dtn　挿入辞 *-tan-* をもつ D- 幹
Dtt　挿入辞 *-tata-* をもつ D- 幹
Š　Š- 幹（使役）
N　N- 幹（受身）
Nt　挿入辞 *-ta-* をもつ N- 幹
**klm*　* は続く三つのアルファベット（アレフ (ʾ) を含む場合もある）で表された *klm* が動詞の 3 根字であることを示す。

その他の記号

l.　行数（line）。
ll.　複数の行数（lines）。
var.　異なるテクストが示す異形（variant）。
( )　(1) トランスクリプションにおいては、いくつかのテクストにある挿入語／句（words inserted in some texts）。
(2) 翻訳においては理解を助けるために挿入される語句、または直前の語の原語。
(/)　テクストの違いによる異形（variant(s)）。
(=　)　翻訳文において先立つ語が実際に何を指すかを示す。
(or　)　可能な、異なる読み、または訳語。
§　セクション。ESOD では一つのセクションごとに横線が入れられて区切られているために、その区切りごとに §1、§2 としている。ただし、最初の「印章の説明」と最後の「奥付」は除く。
§§　二つ以上の § を示す。

写真　ニムルド版の断片の一部　(1)-(4)

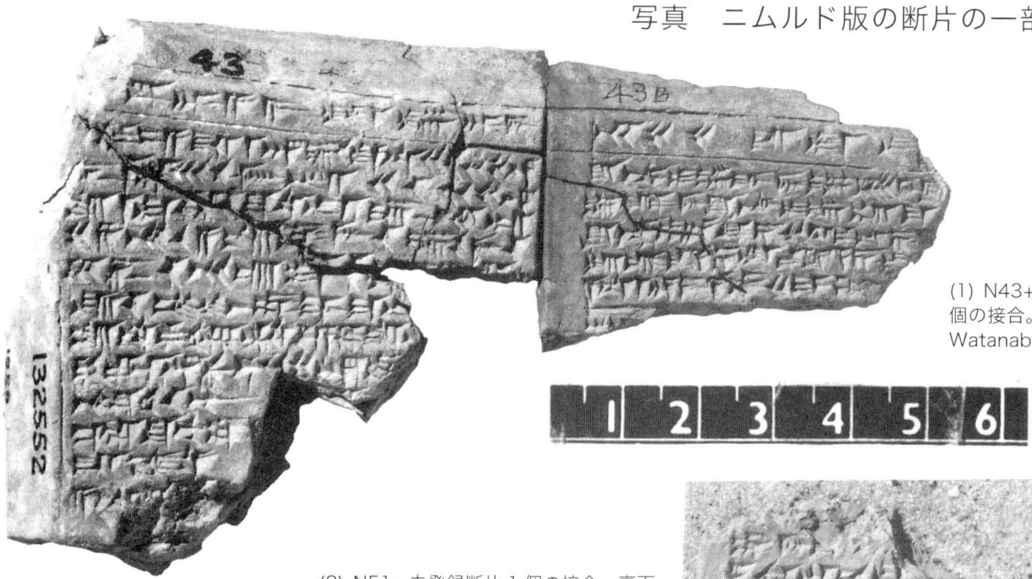

(1) N43+ 未登録断片 1 個の接合。表面のみ残存。Watanabe 1987, Tf.7a.

(2) N51+ 未登録断片 1 個の接合。裏面のみ残存。Watanabe 1987, Tf.14a.

(3) NX15+ 未登録断片 3 個の接合。表面のみ残存。Watanabe 1987, Tf.11f.

(4) N90（未登録録断片 12 個の接合）。1959-4-14, 90 裏面のみ残存。Watanabe 1987, Tf.14b.

写真　ニムルド版の断片の一部　(5) - (8)

(5) 未登録断片であったもの。
N71 − N92（N90 は除く）

(6) N46M+N50X 裏面のみ残存。
Watanabe 1987, Tf.9d.

(7) N46N+N49Q 表面（左）と裏面。
Watanabe 1987, Tf.9e.

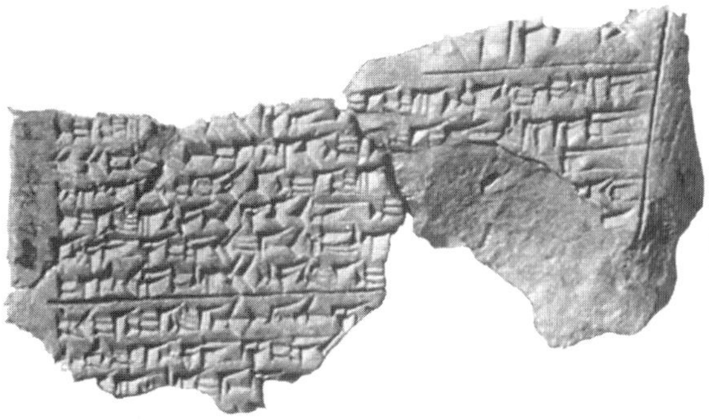

(8) N45F+N48J 表面のみ残存。
Watanabe 1987, Tf.8c.

目　次

はしがき　1

凡　例　2

写真　ニムルド版の断片の一部　4

概　説　9

はじめに　9

1.「エサルハドン王位継承誓約文書」とは何か　9
1.1.「条約」ではなく「誓約文書」
1.2. 歴史的背景
1.3. ESODの目的

2.「エサルハドン王位継承誓約文書」の三つの版　13
2.1. アッシュル版
2.2. ニムルド版
2.3. タイナト版

3. ESODの構成　15
3.1. 新アッシリア語と標準バビロニア語
3.2. 九つの構成要素

4. 条件節における直説法と接続法　17
4.1.「誓いの表現としての条件節」とは何か
4.2. アッシリア語とバビロニア語の接続法
4.3. 条件節と帰結文
4.4. 条件節における直説法と接続法の組み合わせ
4.4.1.「単なる条件」と帰結文
4.4.2.「単なる条件」と「話者の観点からあってはならない条件」
4.4.3.「聞く」と「聞いて従う」
4.4.4. §30の直説法と接続法

5. 関係節 22

6. 命令と制定事項 24
6.1. 命令① §3: 25-40「誓え！」
6.2. 制定事項① §4b: 46-49a「エサルハドンが逝去した後」
6.3. 制定事項② §7: 83-91「幼い皇太子」
6.4. 制定事項③ §18: 198-211「王子が呼ばれたら」
6.5. 命令② §28: 328-335「「妬む者」に言え！」
6.6. 制定事項④ §33b: 380b-384「すべての者が誓いを立てている」
6.7. 制定事項⑤ §34b: 393-396「永遠の神と主人」

7. 第 1 人称の誓約「もし私たちが万が一にも」 27

8. 倫理観の「普遍化」 28
8.1. 王の生殺与奪権
8.2. 自分の命をかけた主君への愛
8.3. アッシュルバニパルに対する反逆者との戦い

9. 生死をかける誓約とその儀礼 32
9.1. 誓約儀礼
9.2. ESOD 本文から窺える誓約儀礼
9.3. 誓いの解除儀礼

10. 生命と安寧を脅かす呪いの言葉 36
10.1. 祈願としての「祝福」と「呪い」
10.2. 網羅的な呪いの言葉
10.3. 第 1 グループ（バビロニア様式）の呪い
10.4. 第 2 グループ（バビロニア様式以外）の呪い

11. 神観・歴史観・家庭教育の「普遍化」 40
11.1. マス・メディアとしての粘土板と「天命の書板」の広域配布
11.2. 主君への忠誠と家庭教育
11.3. 人々の幸・不幸と法的文書としての誓約文書
11.4. 誓約文書の崇拝

12. ESODの宗教史的意義 45

12.1. 土地・都市・国としてのアッシュルと神アッシュルの特異性
12.2. アッシリアの伝統の継続と進展
12.3. 「法・宗教・政治」と「契約・誓約・条約」
12.4. 「平和政策」のための異文化理解と外国語教育
12.5. 「誓約の書」に基づく宗教改革とESODの影響
12.6. 「世界宗教」の萌芽と宗教史

おわりに 53

総譜翻字（スコア・トランスリテレイション） 55

対訳──アッカド語の読み（トランスクリプション）と邦訳 195

注　釈 251

テクスト一覧 293

参考文献 301

索　引 309

概　説

はじめに

「エサルハドン王位継承誓約文書」(Esarhaddon's Succession Oath Documents = ESOD と略記)と筆者が名付ける文書は、楔形文字で書かれたアッカド語（厳密にはアッカド語と総称される諸「方言」の中の新アッシリア語）で、粘土板文書に刻まれている。アッシリアの最大版図をほぼ達成したアッシリア王エサルハドン（在位前680-669年）によって前672年に大量に発行され、次のアッシリア王をアシュルバニパルとする決定に対する誓約のために召集されたアッシリア内外の要人たち全員に手渡された。そのようにしてアッシリア支配下の全域に配布されたこの文書はさまざまな点で革新的である。大局的に見ると、それまでの2000年以上にわたるメソポタミアを中心とする楔形文字文化の集大成であるだけでなく、その後の、今日に至るまでの宗教史・思想史上、多大な影響を及ぼすことになった文書といえる。

本書は、概説、ESOD本文の総譜翻字、対訳、注釈ほかから成る。総譜翻字（score transliteration）とは、オーケストラ総譜のように、各行ごとに残存するテクストを、同じ単語の位置を揃えてアルファベットによる翻字を作成したもの、対訳はアッカド語の読み下し（transcription）と邦訳の組み合わせ、そして注釈は、本文についての文法的説明や釈義を記したものである。これらはタイナト版（後述2.3.参照）の公刊により、ニムルド版（後述2.2参照）の欠損部分の多くが補完されたこと、本文全体の構成が明らかになったこと、拙著（Watanabe 1987）においてわずかな留保を付けていた条件節中の直説法と接続法の用法についても完全に解明できたことなどを踏まえて作成されている。なお本概説は拙論（渡辺2015b）に大幅な加筆改稿が施されたものである。

1.「エサルハドン王位継承誓約文書」とは何か

1.1.「条約」ではなく「誓約文書」

ESODの文書はD. J. ワイズマン（生没1918-2010年）によって「エサルハドン宗主権条約」として1958年に公刊されて以来、多くの論考の対象となり、特に『旧約聖書』(あるいは『ヘブライ語聖書』)の「申命記」との関連が注目を集めてきた。しかしESODが単に政治的な「条約」、あるいは「宗主権条約」ではなく、誓約文書であること、したがって誓約文書としての法的文書の形式をもつこと、誓約には誓約儀礼を伴うこと、誓約は命がけで行われるという意味で生死に関わる事柄であることなどについては十分認識されてこなかった。少なくともシュメール語、アッカド語、そしてヒッタイト語には「条約」を指す語は存在していないにもかかわらず、また実際には「誓約」と訳すべき語で呼ばれているにもかかわらず、国を異にする者たちの間での誓約である場合、現代の研究者の多くは意訳としての「条約」を採用してきた。ヒッタイトの「(国際）条約」や「訓戒」(Anweisungen, instructions: von Schuler 1957; Oettinger 1976 参照）とされてきた文書も「イシュヒウル」(*išḫiul*)、すなわち「誓約文書」であり、「誓い」(*lingai*) を含む場合が多い（渡辺1992, 100-101; Taggar-Cohen 2011; Miller 2013, 1-2 参照)。また、「イシュヒウル」に対

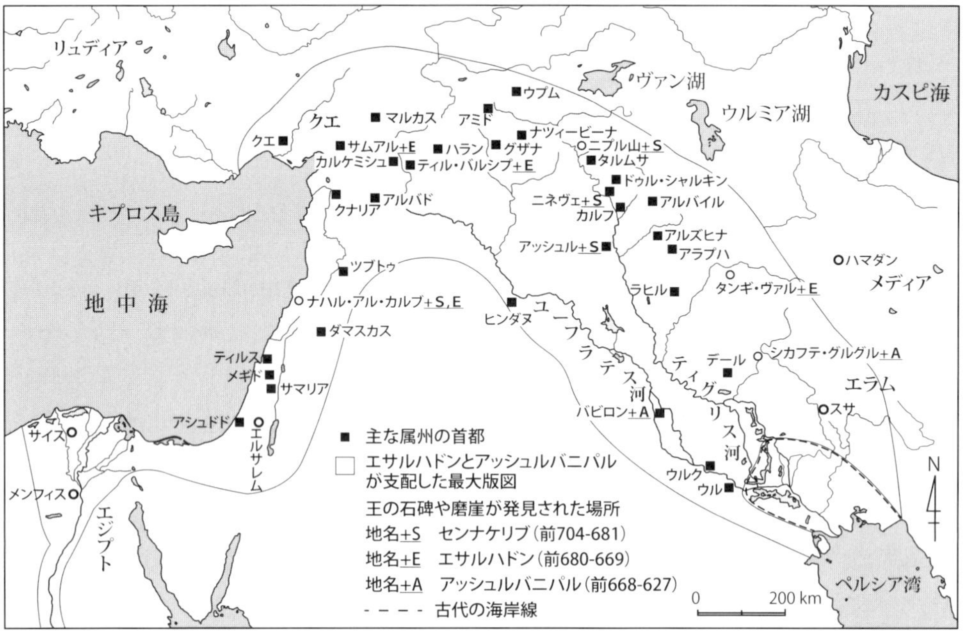

地図１　アッシリアの最大版図。地図上で「クナリア」とされる場所が現代のテル・タイナト。古代名としてはクナリアの他にクヌルア、クラニア、キナルアなどもあった。渡辺 2016a, 395 参照。

応するアッカド語（の中期バビロニア語形）として当時用いられたのは *rikiltu*（< *rikistu*, **rks*「結ぶ」の派生語、*riksu*「結び」も参照）であるが、この語にも異国間の「条約」の意味はない。古代人の間にそもそも「条約」の概念はなかった。当然ながら誓約は必ずしも政治的な目的をもつわけではなく、様々な人々が多様な目的をもつ誓約を成立させてきた。国家間や施政者間の誓約であれば「条約」と意訳するという従来の慣例に従うならば、アッシリア学界内だけでなく、隣接領域の文献研究にとっても大きな妨げとなり得る。

ESOD の内容から、それがアッシリアと特定の国の間で結ばれた「宗主権条約」でないことは明らかである。しかしニムルド版がメディア地方の施政者に対して発行されたものであったことから誤解され、たとえば新アッシリア語文書を専門とする S. パルポラは、メディア地方の人々はアッシリアに服従してから日が浅いために、彼らとの新たな「宗主権条約」の締結が必要であったと論じていた（Parpola and Watanabe 1988, xxix-xxxi; 後述の 2.2. も参照）。しかしタイナト版の発見後に、同じく新アッシリア時代の文書を専門とする F. M. ファーレスは、ESOD が「条約」ではなく、「誓約」であることが明確になったと述べたが（Fales 2012, 143）、その主な根拠は、タイナト版がアッシリアの代官に発行されていたことにある。またファーレスはそれによって筆者の「誓約説」（Watanabe 1987 参照）に同意したことになる。ESOD に限らず、新アッシリア時代の「アデー」（*adê*）と名付けられた文書は、目的に応じて少しずつ内容が異なっていてもすべてが「誓約」である。そして日本語では「契約」と訳されてきた『旧約聖書』の「ベリート」（**ברית**）も「誓約」との共通性が大きいが（Taggar-Cohen 2011）、それらの問題についての詳論は別の機会に譲る。またアッカド語であれ、ヒッタイト語であれ、誓約文書はそれぞれの誓約の目的や誓約者の立場によってかなり異なる様相を呈するのであり、本文を精査しながら慎重に論じる必要がある。ただし、これまでに知られているアッカド語の誓約（アデー）文書の中では、ESOD だけが押印された正式文書として有効性を持っていたことは銘記されなければならない。他の誓約文書には押印がないため、写しもしくは下書きと考えられる。また石板に刻まれているもの（Parpola and Watanabe 1988, 4-5 参照）も印章が押せないために原文書の写しとみなされる。

図版１　ESOD の粘土板文書、ニムルド版のうち、最多の行が残る書板（*N27*）の表面と裏面。
Wiseman 1958, pls.I, IX; Watanabe 1987, Tf.1-2. 45 × 30 x 7cm.

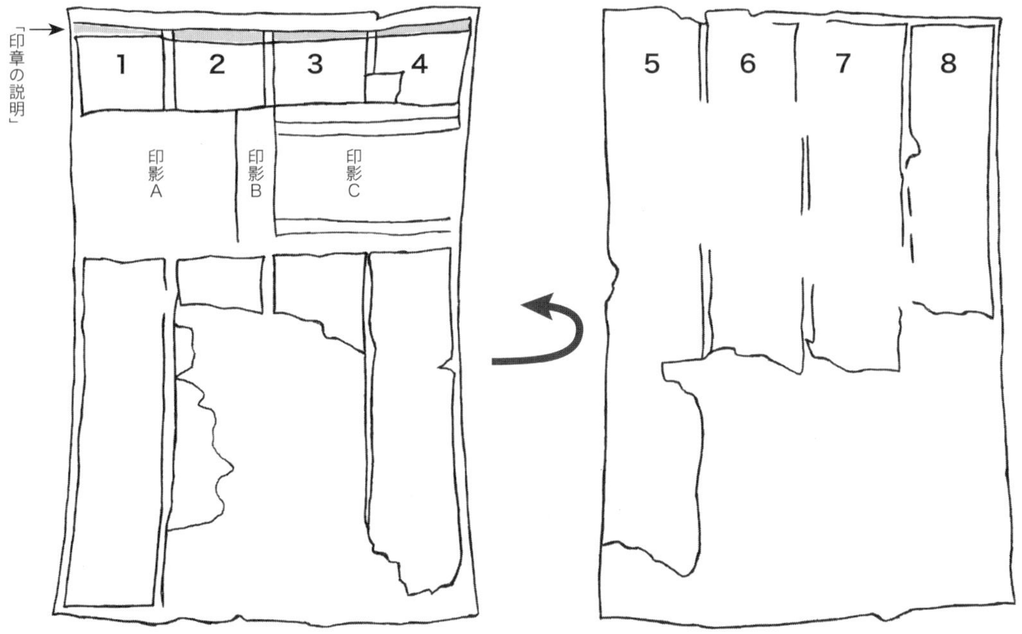

図版２　粘土板文書としては最大のものであり、また唯一の例外として ESOD では表面と裏面の書字方向が同じ。石碑文であるかのように立てられている文書の全文を読もうとすれば、矢印の方向に回って裏面の文字を読むことになる（Watanabe 1988 参照）。１から８までの数字は欄を表す。表面に４欄、裏面に４欄ある。「印章の説明」だけは表面の四つの欄を突き抜ける最上部の１行に書かれている。しかし４欄にわたっているので、４行と数える。神アッシュルの３種類の円筒印章が押されている（印影 A、B、C。図版 7、9、10 参照）。印影 B は円筒印章を縦方向に転がしたもの。

古代西アジア世界の宗教と政治の関係を根本的に問い直すためにも、先入観による「条約」という意訳を退けて、改めて「誓約」と名付けられた文書とそれに付随する儀礼を含めて再検討することが急務である。幸い近年、重大な新発見文書としてESODの「タイナト版」が加わったことにより、旧約聖書学者からも大きな関心が寄せられて再び活発な研究の対象になろうとしている。

1.2. 歴史的背景

エサルハドンの治世にほぼ達成されたアッシリアの最大版図（地図1）は今日、「古代西アジア」、より一般的には「古代オリエント世界」として想定される地域（東はメディア地方、南はアラビア海、西から北はエジプト、パレスティナ、トルコ東部）のほとんどすべて覆う領土であった。ただし、アッシリアによるエジプト支配についてはそれほど盤石であったとは考えにくい(Sano 2016参照)。当時エサルハドンはアッシリアの王でありながら、メソポタミア南部のバビロニアの王も兼ねていた。そしてアッシリアの領土は70余の州に分けられ（Radner 2006参照)、それぞれアッシリアから派遣された代官によって治められていた（後述の11.1.も参照)。

エサルハドン自身はその父、アッシリア王センナケリブ（在位前704-681年）によって王位継承者とされた。しかしそれ以前にセンナケリブは、長男のアッシュル・ナーディン・シュミにバビロニア統治を委任したが、その6年後の前694年に捕えられて東方のエラムに送られてしまった。

その後センナケリブは息子の一人ウルドゥ・ムリシ（バビロニア語読みではアルドゥ・ムリシ）を皇太子としたが、前683年までには、その決定を翻して、さらに若いエサルハドンを皇太子としたとされる（Frahm 1997, 18-19)。その変更に影響を及ぼしたのはエサルハドンの母親ナキヤ／ザクートゥであったと推測される。それによって不満をもつ他の兄弟たちの抵抗が予想できた。そこでセンナケリブはアッシリアの要人を集めてエサルハドンの王位を守るように誓いを立てさせ、誓約文書を手渡した。それは「センナケリブ王位継承誓約文書」(SSOD) と名付け得る文書であり、その文書の1断片がアッシュルから発見され、公刊されている（Parpola and Watanabe 1988, 18; Frahm 2009a, 130-135; 253-254)。しかしながら兄弟たちの不満が大きすぎたためか、激しい抗争が起こり、その中でセンナケリブは元皇太子のウルドゥ・ムリシとまた別の息子シャマシュ・ウツルによって暗殺され（Frahm 1997, 18; Radner 2003, 166-167参照)、エサルハドン自身は一時亡命することを余儀なくされた（後述の8.1.参照)。

このような経緯から、エサルハドン自身が王位継承者決定に極度に慎重になったことは容易に想像できる。彼には多くの息子たちがあったが（Parpola 1983, 117-119参照)、そのうちから、「大皇太子」アッシュルバニパルにアッシリア王位を、「皇太子」シャマシュ・シュム・ウキンにバビロニア王位を継がせることを決めた。そして前672年に盛大な誓約儀礼を挙行して、アッシリアの中枢部の役職にあった人々だけでなく、70余の属州の代官たち、及びアッシリアに朝貢していた諸外国の施政者たちをも召集して、その王位継承の定めを順守することを誓わせたと推測できる。また、この頃アッシリア各地の書記をはじめ様々な職業の人々が「誓約（アデー）に入る」ことを要請されていたが、パルポラはこの「アデー」もESODのものであったと推測している(Parpola 1983, 3-6)。このように大規模な誓約儀礼には一定期間を要したと考えられる。そしてこの時に誓約したすべての者に対して、最大級の粘土板（図版1-2参照）に誓約文書を記して1部ずつ手渡したのであり、夥しい数の書板が発行されたはずである。誓約文書の最大の目的は、エサルハドンによる王位継承者の決定を守ることを誓わせるものであり、その王位継承に不満をもち得る者たちを牽制し、謀反を未然に防ぐことであるため、ある特定の属国と結んだ宗主権条約ではあり得ない。ESODの本文の中に、アッシリアの中央部から遠く離れた地方の小領主についての具体的な言及はないが、繰り返して述べられている事柄から明らかなように、アッシュルバニパルの次期アッシリア政権をいかにして安泰とするかという目的達成のためにアッシリア人だけでなく、周辺諸国を含めてアッシリアの影響下にあったすべての人々（の代表者たち）に向けてESODが発行されたのである（2.3. 参照）。

1.3. ESODの目的

ESODは、実質的にアッシュルバニパルの王権確立を主眼としながらも、それと同程度に重視された目的は、バビロニア王権の傀儡化にあったと考えられる（Watanabe 2014, 165）。エサルハドンは当時アッシリア王とバビロニア王を兼ねていた。しかしアッシリア王位をアッシュルバニパルに継がせ、その下にシャマシュ・シュム・ウキンのバビロニア王位を位置付ける目論見は、その二人の扱いがESODにおいて大きく異なっていることからも明白である。アッシュルバニパルへの言及は本文中に62回あり（もう1回は奥付にある）、彼への忠誠が繰り返し要請される一方で、シャマシュ・シュム・ウキンへの言及は本文中では1回だけであり（後述のESOD §7参照）、もう1回はアッシュルバニパルの名とともに奥付にある。

ESODの各書板のすべては、アッシリアの国家神アッシュルの三つの印章によって押印された（11頁の図版2の印影A, B, Cと42-46頁の図版7-10参照）原文書としての法的文書であり、「表題」にあるように「アデー」と名付けられている。メソポタミアには、「誓い」を指す一般的な語として「マーミートゥ」（*māmītu*）があったが、それは、個人的な「誓い」をも意味し、また「誓い」が守られなかった場合に降りかかる「呪い」の意味でも用いられた。しかし「アデー」は個人的な事柄ではなく、社会的な事柄に関しての、ある種の儀礼的行為を伴う誓約による取決めを意味している。また「アデー」はその内容を記した「誓約文書（の書板）」も意味し得る（ESOD §30、対訳218-219頁）。

2. 「エサルハドン王位継承誓約文書」の三つの版

これまでのところ知られているESODの粘土板文書は、三つの遺跡から発見されている。筆者は、出土地の違いによってそれらをアッシュル版、ニムルド版、タイナト版と名付ける（本書末のテクスト一覧も参照）。

2.1. アッシュル版

アッシュル版は古代のアッシュル市（現代のカルアト・シェルカト）で出土した三つの断片だけによって知られている。そのうちの一つはE. F. ワイドナー（生没1891-1976年）によってすでに1939-1940年に公刊されていたが（Weidner 1939-1940）、他の2断片はベルリンの博物館で同定され2009年にE. フラームによって出版された（Frahm 2009a, 135-135; 255）。三つの断片とも、誰に発行されたものか不明であるが、アッシュル市は政治的にも宗教的にも重要な場所であり、代官のほか、要職にある祭司も多くいたため、ESODを手渡されていた人物は複数いたはずである。

2.2. ニムルド版

ニムルド版は1955年にアッシリアの首都の一つであったニムルド（古代のカルフ）で出土した少なくとも9部の文書であり、前述したようにワイズマンによって「エサルハドン宗主権条約」（The Vassal-Treaties of Esarhaddon）として公刊された（Wiseman 1958）。「宗主権条約」という誤認は、誓約者の固有名詞が読み取れる冒頭部分から、アッシリアの東方に位置していたメディア地方の小国の施政者（「町長」）たちに発行されたと判明したことによる。メディア地方の施政者たちが持ち帰るべき文書が、なぜニムルドで発見されたのかは不明である。M. リベラーニは、「メディアの人々」には、カルフにおける護衛の仕事が与えられていたために、ESODの書板がニムルドで発見されたと主張した（Liberani 1995）。しかし筆者は、メディア地方の施政者たちの間で世代交代、あるいは政権交代があり、新たな施政者が来たために、急遽書き直したESODを作成して与え、不要となったものがニムルドに留められた可能性もあると考えている。

1980年代に筆者はESODの再編纂に取り組み、ニムルド版および当時知られていたアッシュル版の一断片、そして大英博物館蔵のニムルド版の未登録未公刊断片を加えて「エサルハドンの王位継承の定めに際してのアデー誓約文書」とする学位論文を出版した（Watanabe 1987）。しかしタイナト版の発見によって、ESODはさらなる改訂が可能かつ必要となった。

2.3. タイナト版

2009年にトルコ南部のテル・タイナト（オロンテス河北岸に位置し、その西南西22kmには現代のアンタキヤ、すなわち古代のアンティオキアがある）でトロント大学の発掘隊によって、ESODの一つの完全な書板（「タイナト版」）が発見され、2012年にJ. ローインガーによって暫定的な公刊がなされたが、彼はこの文書をパルポラ（Parpola and Watanabe 1988）にならって「エサルハドン王位継承条約」（Esarhaddon's Succession Treaty）と名付けた。（Lauinger 2012）。[1)]

タイナト版によって、テル・タイナトが古代のクナリア（他にクヌルア、キナリア等とも呼ばれた）であることが確定した。タイナト版は一つの完全な粘土板文書であり、アッシリアからクナリアに派遣された代官が赴任地の神殿に祀ったものと考えられる。この文書が元あった場所で（*in situ*）発見されたことは重要である。ESODの本文中には、誓いを立てた者たちがESODの書板を自分たちの「神のごとく守る」ことが要請されている（§35、対訳222-223頁）からである。

タイナト版は「クナリアの代官」とその配下の役職者たちに発行されていることから、当時70余あったアッシリアの属州の全代官にESODの書板が発行されていたことが明らかになった。その他、アッシリアの主要都市の書記たちを含むアッシリアの役人たち、要職にある祭司たちにも発行されていたことであろう。そして親アッシリア政策をとっていたユダ王国の王マナセ（在位前687-642年）のようなアッシリアの傘下の施政者たちにも発行されていたと考えてよいであろう。これによって、アッシュルバニパルの王碑文に記されているように、「（父王エサルハドンが）上の海から下の海に至る大小のアッシリアの人々」を集めてアッシュルバニパルの皇太子の地位と、後

1）ローインガーによって写真（表面と裏面）、本文の残存部分の翻字（トランスリテレイション）、注釈、一部分の英訳（§§1, 30, 35, 54, 54A, 54B, 67, 96A, 106）が公刊されたが、本文の楔形文字の手写（ハンドコピー）は含まれていない。現状では現地のハタイ考古学博物館（Hatay Arkeoloji Müzesi）での原文書校訂は難しい。

のアッシリア王権の行使を守るために誓約を行ったという記述（Borger 1996, 15, A i 18-21; 渡辺 2013, 56, n.7）は裏付けられたことになる。

3. ESODの構成

3.1. 新アッシリア語と標準バビロニア語

これまでESODが何であるか、どう読み、どう解釈すべきかについて統一的な見解が形成されなかったことには主に二つの理由がある。その第1は、ESODが基本的に、少数の研究者しか熟知していない、アッカド語の新アッシリア語（方言）で書かれていることである。また標準バビロニア語（方言）も複雑に混ざるために、これを誓約（アデー）文書として理解することは容易ではない。本書の「対訳」部分のトランスクリプション（「アッカド語での読み下し」）各行の冒頭に、新アッシリア語を示すものには「a」、標準バビロニア語を示すものには「b」、両者が混在する場合は「ab」を付しているが、全体の9割近くが新アッシリア語で書かれていることがわかる。標準バビロニア語が用いられる部分は、いくつかの慣用表現（Watanabe 1987, 44参照）のほかは、後述するように（10.1.参照）、バビロニア由来の形式をもつ呪いの言葉に集中している。それは、ESODの誓いをバビロニア人に守らせることが最重要目的の一つであったからであろう。なお、本書ではESOD本文の新アッシリア語、もしくは標準バビロニア語を指すことが明瞭である場合に、各々、「新」と「標準」を略して表記する。文法と表記法の詳細については「注釈」を参照されたい。

ESODが難解である第2の理由は、本文の構成がきわめて複雑であることである。筆者はすでに構成の概略を提示していた（Watanabe 1987, 27）が、タイナト版によってニムルド版の欠損部分がいくつか補完されたことにより、次に示すように構成が明確になったことはESOD研究にとって画期的である。

3.2. 九つの構成要素

タイナト版が安置されていた神殿は、すでに前7世紀後半に激しい戦火によって焼かれていたが（Harrison 2014, 411-412）、タイナト版は表面が下、裏面が上を向いた状態で倒れていたため、十分に焼けた裏面の保存状態がよい。とりわけ本文の中ほどに位置する§35（ll.397-409）は、ニムルド版では複数のテクストがあるにもかかわらず再構成が難しかったが、タイナト版によって補完された結果、§35は構成要素としては唯一の関係節（構成要素（6））であり（表参照）、内容的には後述するように（11.4.参照）重要であるが、構成要素としては必須ではないことが判明した。

ESOD本文は約692行ある。「約」というのは発見されているテクストごとに少しずつ異なるからである。しかし書かれている事柄を内容と文体によって分類すると、次の九つの要素から構成されていることがわかる（16頁の表参照）。なお次に示す「(6) 関係節」（§35）を除く他の八つの構成要素はすでに筆者によって抽出されていた（Watanabe 1987, 27; Watanabe 2015参照）。

(1) 印章の説明（1箇所）
(2) 表題（2箇所）
(3) 命令（2箇所）

表　エサルハドン王位継承誓約文書の構成

	構成要素と行数		行数	(1)	(2)	(3)	(4)	(5)	(6)	(7)	(8)	(9)
	§と行の52のブロック		合計	印章の説明	表題	命令	制定事項	条件節（違約の場合）	関係節（違約の場合）	帰結文（呪い）	第1人称の誓約	奥付
			692行	4行	29行	24行	35行	327行	13行	234行	19行	7行
1	印章の説明	i-iv	4	①								
2	§§1-2:	1-24	24		①							
3	§3:	25-40	16			①						
4	§4a:	41-45	5		②							
5	§4b:	46-49a	3,5				①					
6	§§4c-6:	49b-82	33,5					①				
7	§7:	83-91	9				②					
8	§§8-17:	92-197	106					②				
9	§18:	198-211	14				③					
10	§§19-27:	212-327	116					③				
11	§28:	328-335	8			②						
12	§§29-33a:	336-380a	44,5					④				
13	§33b:	380b-384	4,5				④					
14	§34a:	385-392	8					⑤				
15	§34b:	393-396	4				⑤					
16	§35:	397-409	13						①			
17	§36:	410-413	4					⑥+				
18	§§37-56:	414-493	86							①		
19	§57:	494-512	19								①	
20	§58a:	513-517	5					⑦+				
21	§§58b-62:	518-525	8							②		
22	§§63-65:	526-536	11					⑧ *(=⑦) +		③		
23	§§66-68:	537-546	10					⑨ *(=⑦) +		④		
24	§§69-70:	547-554	8					⑩ *(=⑦) +		⑤		
25	§71a:	555A-555B	2					⑪+				
26	§71b:	555-559	5					⑫ *(=⑦) +		⑥		
27	§72:	560-562	3					⑬ *(=⑦) +		⑦		
28	§73:	563-566	4					⑭ *(=⑦) +		⑧		
29	§74:	567	1					⑮ *(=⑦) +		⑨		
30	§75:	568-569	2					⑯ *(=⑦) +		⑩		
31	§76:	570-572	3					⑰ *(=⑦) +		⑪		
32	§77:	573-575	3					⑱ *(=⑦) +		⑫		
33	§78	576-578	3					⑲ *(=⑦) +		⑬		
34	§79:	579-581	3					⑳ *(=⑦) +		⑭		
35	§80:	582-584	3					㉑ *(=⑦) +		⑮		
36	§81:	585-587	3					㉒ *(=⑦) +		⑯		
37	§82:	588-590	3					㉓ *(=⑦) +		⑰		
38	§83:	591-593	3					㉔ *(=⑦) +		⑱		
39	§84:	594-598	5					㉕ *(=⑦) +		⑲		
40	§85:	599-600	2					㉖ *(=⑦) +		⑳		
41	§§86-87:	601-605	5					㉗ *(=⑦) +		㉑		
42	§88-89:	606-611	6					㉘ *(=⑦) +		㉒		
43	§90a:	612A-612B	2					㉙+				
44	§§90b-91:	612-617	7					㉚ *(=⑦) +		㉓		
45	§§92-95:	618A-631	15					㉛ *(=⑦) +		㉔		
46	§96a:	632-634	6					㉜+				
47	§§96b-96A:	635-636C	5							㉕		
48	§§97-98:	637-642	6					㉝ *(=㉜) +		㉖		
49	§§99-100:	643-648	6					㉞ *(=㉜) +		㉗		
50	§§101-102:	649-655	7					㉟ *(=㉜) +		㉘		
51	§§103-106:	656-663	8					㊱ *(=㉜) +		㉙		
52	奥付	664-670	7									①

1箇所だけの要素：(1)、(6)、(8)、(9)；「+」= 帰結文が直接続くことを示す。「*」=（　）内の条件節の繰り返しを指す「同じく(、同じく)」（KIMIN（.KIMIN））を示すテクストが一つはあるため、条件節としても数える。ブロック25（条件節⑪+）はテクストN49Uだけにあり、ブロック43（条件節㉙+）はN28Cだけにある。行数は各々のテクストによって異なるため、一応の目安とする。

(4) 制定事項（5箇所）
(5) 条件節（36箇所）―「プロタシス」(protasis)
(6) 関係節（1箇所）
(7) 帰結文（29箇所）―「アポドシス」(apodosis)
(8) 第1人称の誓約（1箇所）
(9) 奥付（1箇所）

このように1箇所だけの要素もあれば、多くの箇所に分散している要素もある。それは、この文書を最初から順に読み進めても理解しにくいことを意味する。これほど複雑な構成になった理由は、長い本文を読み聞かせられた場合に理解の助けになるように、隣接する要素を行きつ戻りつ言及しながら、すべてを遺漏なく書き進めてゆくことが意図されたためと考える。

上記の九つの要素のうち、ESODの根幹をなすのは「命令」と「制定事項」、そして、それらにおいて提示された内容を守ることを誓う「第1人称の誓約」の三つである。そして多くの「条件節」(プロタシス）によって、いかなる場合に誓約違反であるのかが示され、それらに対する罰として多くの呪いの言葉が「帰結文」(アポドシス）として続いている。

本概説では、次章4.においてESODの構成を理解するために重要と思われる「条件節」(構成要素（5))、続く5.において「関係節」(構成要素（6))の文法的な確認を行い、さらに6.においてESODの根幹をなす「命令」(構成要素（3))と「制定事項」(構成要素（4))について、そして7.において「第1人称の誓い」(構成要素（8))について述べることとする。「帰結文」(構成要素（7))については10.を参照されたい。

4.　条件節における直説法と接続法

4.1.「誓いの表現としての条件節」とは何か

ESODの中で最も多くの行数（327行）を占めているものは条件節（構成要素（5))であるために、それがESODの根幹としての誓約であるという誤解がなされてきた。また一般的なアッカド語文法では、接続法（subj.）は従属節（たとえば関係詞*ša*によって導かれる関係節など）の中の動詞で用いられるが、条件節の中の動詞は基本的に直説法（indic.）であるとされてきた。しかし条件節の中の動詞が例外的に接続法である場合は、その用法は「不明」ではあるが、誓いの表現であると説明された（von Soden 1995, 初版1952, §161a)。ところがESODでは大量の条件節に接続法が用いられている例が知られるようになり、またそれらの多くが第2人称で述べられているにもかかわらず、さらに帰結文が続くにもかかわらず、誓いの表現法の一種と推測された（たとえばWiseman 1958)。それは、古くからあるヘブライ語文法書（Gesenius 1909, §149）に記されていたことがフォン・ゾーデン（生没1908-1996年）による標準的なアッカド語文法書にも受け継がれた（von Soden 1995, §185）結果であった。[2)]

2）“Der Eid ist eine verkürzte Selbstverfluchung für den Fall der Eidesverletzung. Hieraus erklärt sich häufige Verwendung negierter Ausdrücke in ihm für positive Aussagen und positiver Ausdrücke für negative Aussagen, ebenso wahrscheinlich der ganz überwiegende Gebrauch des Subjunktivs auch in

ESODにおいて動詞（または述語）が接続法である条件節の訳し方としては、これまで次の3種類が提示されてきた。「もしあなた方が、Asb（＝アッシュルバニパル）を守らない（接続法）ならば」(ll.62-65, *šumma attunu* Asb ... *lā tanaṣṣarāni*）を例文としてその翻訳例を示す。

(1)「(あなた方は誓う、) Asbを守ることを」—これはワイズマンの訳し方である（"(You swear) that you will protect Asb", Wiseman 1958, 34, l.62 参照)。条件節の「もし」を除き、肯定形の動詞を否定形に、否定形の動詞を肯定形になおして訳す。それは上述したようにヘブライ語文法に依拠しているが、ヘブライ語に接続法は残っていない。ある時点で失われたと考えられる。しかしアッカド語の条件節における接続法の用法は「不明」とされていた。[3] そもそも第2人称で誓いが表現できるとは考えられない。それはせいぜい強い「脅迫」である。しかしS. パルポラも基本的には誓いの表現と解してのこの訳し方に従っている（"You shall protect Asb", Parpola and Watanabe 1988, 31 参照)。

(2)「もしあなた方が、Asbを守らない（接続法）ならば」—これはワイズマンの後にESODを英訳したE. ライナー（生没1924-2005年、Reiner 1969）や、独訳したR. ボルガー（生没1929-2010年、Borger 1983）の訳し方である。彼らはアッシリア語の接続法形（*-ni*）を関知していなかったらしく、条件節における動詞が直説法か接続法かに頓着することなく同じように訳している。

(3)「もしあなた方が万が一にも、Asbを守らないならば」—これは筆者が1987年以来、主張している訳し方である。すなわち条件節においては、単なる条件が提示される場合の述語は直説法であるが、話者の観点から起こってはならないとされる条件が提示される場合には接続法が使用されるという法則が認められる（Watanabe 1987; 渡辺 2013, 65-69; Watanabe 2014, 151-155)。その意味合いを訳出するために日本語訳では「万が一にも」を補って訳す。

4.2. アッシリア語とバビロニア語の接続法

アッシリア語の動詞の接続法形は、バビロニア語の場合と大きく違って、動詞の活用形の末尾に*-ni*が置かれる。しかもその語尾は来辞法の接尾辞や人称接尾辞などのすべての接尾辞の最後に置かれるのであり、消滅することはない。それに対してバビロニア語の接続法語尾（*-u*）は、他の接尾辞が付された場合だけで隠されてしまう。接尾辞が全くない場合でも、たとえば複数形の語尾として長母音がつくだけで、接続法の*-u*は発音上でも、文字上でも消滅してしまう。それに比してアッシリア語の接続法語尾（*-ni*）は常に目立つにもかかわらず、条件節の中でも接続法が使用され得ることが十分に認識されていなかった。しかしESODの本文の精査を通して、音韻の変化などについても重要な知見が得られた。今日でもアッカド語文法の解明がまだ完全ではなく、新発見文書があるたびに、文法書の改訂も必要となり得るということである。

上述したように、条件節における接続法は、〈話者の観点〉を示すものであるからこそ、誓いの表現としても使用される。その接続法は第2人称の条件節「もしあなた（方）が…するならば」の中であれば、脅しを表現し、第1人称の条件節「もし私（達）が…するならば」の中であれば誓いを表現するといえる。そのような用法は新アッシリア語に限らず、標準バビロニア語の『ギル

Haupt- und Bedingungssätzen", von Soden 1995, §185a.

3) "In Hauptsätzen und Sätzen mit *šumma* "wenn" wird der Subj. im Eid verwendet (s. dazu §185); wie sich dieser für einen Modus relativus sehr eigenartige Sprachgebrauch erklärt, ist noch unbekannt", von Soden 1995, §83f.

ガメシュ叙事詩』（標準版）の最後の部分において、ウータ・ナピシュティの渡守ウルシャナビを連れてウルクに帰還したギルガメシュが、ウルシャナビに言う次の言葉の中にも指摘できる。

323 ウルクの周壁に上っていきめぐってみよ！
324 その基層を調べ、煉瓦を検査せよ！
325 もし万が一にも、その煉瓦が焼成煉瓦でない（*lā agurrat*, subj.）ならば、
326 もし万が一にも、七賢人がその基層を据えたのでない（*lā iddû*, subj.）ならば、—。
327 町は1シャル（約3.9 km^2）、果樹園は1シャル、粘土の採掘場が1シャル、イシュタル神殿が半シャル、
328（合せて）3シャル半、（それが）ウルクの領地（XI 323-328; 渡辺 2014, 88）。

このなかの二つの条件節（325-326行）は誓いの表現であるため、2014年の拙訳（渡辺 2014, 88）では補っていないが、ここでは「万が一にも」を補って訳す。これらの条件節には帰結文はないが、補うとすれば、「私は呪われよ」のような意味の自己呪詛としての帰結文である。当時の人々は帰結文がなくても、話者が誓って言える確実なことであると了解できた。しかしここではバビロニア語であるために、「焼成煉瓦でない」の状態形（3f. sg. stat.）の語尾によって、また「据えたのでない」の複数形（3m. pl. pret.）の語尾によって、それぞれの接続法語尾は表面上は姿を消している。この箇所は従来、「ウルクの周壁に上っていきめぐってみよ！　その基層を調べ、煉瓦を検査せよ！　その煉瓦が焼成煉瓦でないかどうかを、七賢人がその基層を据えたのでないないかどうかを」（324-326行）と訳されてきた（たとえばGeorge 2003, 104, 注41）。このような訳出では、話者が絶対の確信をもって誓っていることにはならない。

なお、この6行は『ギルガメシュ叙事詩』第1書板の18-23行にも置かれている。それは標準版の編者による序文の中である。筆者の見解では、標準版の最後の言葉として、第11書板に置かれた上記の6行が、第1書板の序文の中に置かれることによって、〈キャッチライン〉として機能し、もう一度最初から読み直すことを促している（渡辺 2014, 91-93）。

4.3.　条件節と帰結文

ESODの条件節には必ず（内容的に）続く帰結文があり、それらは、いわゆる呪いの言葉である。ESODの条件節には、どのような場合が誓約違反となるのかについて多くの具体例を挙げる意図があり、「もしあなた方が万が一にも、…するならば／しないならば」という表現が重ねられるため、すぐには帰結文（呪いの言葉）が続かないことが多い。しかし帰結文が直接続くこともある。またいくつかの帰結文の冒頭には、「同じく（、同じく）」という語が置かれたあとに、帰結文が続いている。[4] それは前出の条件節を繰り返す代わりに置かれているのであり、一つの条件節と

4)『旧約聖書』の「ヨブ記」31章では、ヨブが自らの正しさを証言する、すなわち過去の事柄に関して誓う表現として、多くの条件節と帰結文が組み合わされている。しかし新共同訳では伝統的ヘブライ語文法に従って訳していため、原文にはない「もしあるというなら」を途中で補う必要が生じている。例を挙げると「わたしの歩みが道を外れ、目の向くままに心が動いたことは、決してない。この手には、決して汚れはない。もしあるというなら、わたしの蒔いたものを他人が食べてもよい。わたしの子孫は根絶やしにされてもよい」（「ヨブ記」31章7-8節）。「わたしが裁きの座で味方の多いのを

しても数えることができる。たとえ一つのテクストでも「同じく（、同じく）」を示している箇所を条件節として数えると、条件節の箇所は36となる。

いずれにしてもESODにおいて接続法が用いられた条件節が初めて大量に知られるようになったが、そもそも第2人称での誓約はあり得ない。後述するように、それは第1人称でなされるが、接続法の用法は誓いの表現から切り離して論じられるべきである。以下に示すESOD本文の邦訳に関するより詳しい注釈は本書「注釈」の該当箇所を参照されたい。

4.4. 条件節における直説法と接続法の組み合わせ

前述したように、条件節における動詞は（基本的に）直説法であるということは知られていた。ESODの条件節のいくつかにおいても直説法の動詞が用いられている。しかしまた、直説法と接続法の両方が用いられる場合もある。一つの「もし」（*šumma*）に導かれる条件節のなかで、直説法と接続法が交替する例も見られる。このような場合は直説法によって「単なる条件」が表現され、接続法によって「話者の観点からあってはならない条件」が表現されると解釈できる（Watanabe 1987, 29-30; 2014, 152-155）。

4.4.1. 「単なる条件」と帰結文

制定事項②（§7: 83-91）の冒頭（ll.83-85）に直説法が用いられた次の条件節と帰結文がある。

> 83-85 もしアッシリア王エサルハドンが、その息子たちがまだ幼いうちに逝去した（「天命に赴く」*ana šīmti ittalak*, 3sg. pf. indic.）場合に、あなた方は大皇太子アッシュルバニパルにアッシリアの王座を掌握させなければならない（対訳202-203頁）。

五つの制定事項として示される事柄はESODの根幹であり、誓約の対象となっている。この制定事項②からは、まさにエサルハドンが逝去した後にアッシュルバニパルを次のアッシリア王としなければならないのであるが、この時点でアッシュルバニパルがまだ幼い可能性があることがわかる。アッシュルバニパルが王位に就いたのは前668年とされるために、ESOD発行から数年後でしかないが、もっと早い王位継承もあり得たということである。本書では、このような「単なる条件」としての直説法を示す訳し方として、「…する（した）場合に」とする。

4.4.2. 「単なる条件」と「話者の観点からあってはならない条件」

§14: 162-172では1つの「もし」で始まり、「単なる条件」が直説法で示され、その後に「もし」は繰り返されることなく、接続法によって「話者の観点からあってはならない条件」が続く。「単なる条件」は「もし…（する）場合に」と訳し、「話者の観点からあってはならない条件」は「万が一にも」を補って訳す。

> **§14:** 162-172　162 もし（*šumma*/N46E: *šummu*）アッシリア人あるいはアッシリアに服従する人、163 髭のある（役）人あるいは宦官、アッシリアの市民、164 あるいは他の国の市民

いいことにして、みなしごに手を振り上げたことは、決してない。もしあるというなら、わたしの腕は肩から抜け落ちてもよい。肘が砕けてもよい」（「ヨブ記」31章21-22節。傍点渡辺）。

が、(*N47A*: あるいは存在するすべての黒頭（＝人間）たちの一人でも、) あるいは存在するすべての命ある者の一人でも、[165] 大皇太子アッシュルバニパルを野でも、[166] 町でも幽閉した（*ētasrūšu*, 3pl. pf. p-suff. indic.）場合に、(そして) 彼に対する謀反、反乱を実行に移した（*ētapšū*, 3pl. pf. indic.）場合に、[167] あなた方が万が一にも、大皇太子アッシュルバニパルの側に [168] 立たない（*lā tazzazzāni*, 2pl. pres. subj.）ならば、彼を守らない（*lā tanaṣṣarāšūni*, 2pl. pres. p-suff. subj.）ならば、[169] 彼に対する反乱を実行に移す（／移した）一群の人々を、あなた方の心のすべてから [170-171] 殺さない（*lā tadukkāni*, 2pl. pres. subj.）ならば、大皇太子アッシュルバニパル、彼の兄弟たち、彼の母の息子たちを [172] 救わない（*lā tušezzabānenni*, 2pl. pres. vent. subj.）ならば―（対訳 206-209 頁）。

このような「単なる条件」と「話者の観点からあってはならない条件」の組み合わせは、ESOD の §12（8.3. 参照)、§30（4.4.4. 参照）などにもみられる。

4.4.3. 「聞く」と「聞いて従う」

拙著において若干の留保をつけて論じられた動詞が 1 つある（Watanabe 1987, 30)。それは「聞く」という動詞であるが、次の文脈では接続法となっている。「もしあなた方が万が一にも」謀反に関する情報を「聞く（subj.）ならば」、そしてそれを「言わない（subj.）ならば、…」。このような例では「聞く」ことは不可抗力であるために、「単なる条件」として直説法で表現されるべきではないかと考えた。しかしアッカド語の「聞く」(*šamā'u*, Bab. *šemû*）には「聞き従う、聞いて従う」も含まれている。謀反の情報を聞くということは、確実に「仲間に入れ」という意味で言われるのであって、自然に聞こえてくる内容ではない。したがって「あなた方が」このような内容の話を聞くということは「話者の観点からあってはならない条件」であるために次の §10: 108-122 のように接続法を用いて表現される。

§10: 108-122　[108-111] もしあなた方が万が一にも、あなた方の主人であるアッシリア王エサルハドンの息子である大皇太子アッシュルバニパルに関して、好ましくない、悪意のある、芳しくない言葉を、彼の敵の口からでも、[112] 彼の味方の口からでも、[113-114] あるいは彼の兄弟たち、彼の叔父たち、従兄弟たち、[115-117] 彼の家族、彼の父の家の子孫の口からでも、あるいはあなた方の兄弟たち、息子たち、娘たちの口からでも、あるいは「呼ばわる者」、「神がかりの人」、神々の言葉を問う者の一員の口からでも、[118] すべての黒頭（＝人間）たちの口からでも、[119] 聞いて従うならば、(それを) 隠すならば、[120-121] アッシリア王エサルハドンの息子である大皇太子アッシュルバニパルのところに来ないならば、[122]（それを）言わないならば―（対訳 204-205 頁)。

他にも「聞いて従う」(subj.）の例は 80, 119, 135, 149 行などにもみられる。

4.4.4. §30 の直説法と接続法

ニムルド版では欠損していた §30 の最初の動詞がタイナト版によって補完されたことにより、条件節の最初の動詞が筆者が予想していた接続法ではなく、直説法であることが判明した。それによって翻訳を次のように改訂できる（8.1. も参照)。

§30: 353-359 [353-356]もしあなた方が見る（*tadaggalā*, indic.）場合に、（もし）大皇太子アッシュルバニパルの兄弟たちが、彼（＝アッシュルバニパル）に対して、畏れることなく、ひれ伏すことなく、彼の警護をしていない（*lā inaṣṣurū*, indic.）場合に、（その時）あなた方が万が一にも、彼（＝アッシュルバニパル）のために、（あたかも）あなた方自身のためであるかのように、彼ら（＝アッシュルバニパルの兄弟たち）に敵対して戦わない（*lā tagarri'āšunūni*, subj.）ならば、[357-359]（そして）「あなた方の父上が（そのことを）この誓約（文書）の中に書いて確定し、（それについて）私たちを誓わせました」と言うことによって彼らの心の中に畏れ（と）戦慄をもたらさない（*lā tušerabâni*, subj.）ならば—（対訳218-219頁）。

ローインガーは、タイナト版によってニムルド版の読みに変更が生じた箇所については英訳を添えていたが、条件節の訳としては§30が唯一のものである。タイナト版の書記は、誤って§30を2回記している（Lauinger 2012, 96参照）。その2回目でも最初の動詞は直説法である。ローインガーはアッシリア語の接続法形をおそらく知らなかったため、基本的にS. パルポラによる英訳（Parpola and Watanabe 1988, 43）に基づいて次のように訳していた。

あなた方はアッシュルバニパル、あるいは彼の兄弟たちを敬意と恭順なしには見ない。もし誰かが彼を守らないならば、あなた方は彼らと、あなた方自身のためであるかのように戦う。あなた方は（次のように言って）彼らの心の中に恐ろしい恐怖をもたらす。「あなた方の父上は（これを）アデーの中に書いて確定し、私たちを（それについて）誓わせました。」
You will not look at Assurbanipal, the great crown prince designate, or his brothers without reverence or submission. If someone does not protect him, you will fight them as if fighting for yourselves. You will bring frightful terror into their hearts saying: 'your (pl.) father wrote (this) in the *adê*, he established it, and he has made us swear (it)' (Lauinger 2012, 112).

ただしローインガーはその後、§30の冒頭の「もし」（*šunma*）に続く直説法の動詞について筆者の訳し方（Watanabe 2014, 157）を採用している（Lauinger 2016, 309）。

5. 関係節

ESODのなかでは、構成要素の「条件節」も「関係節」も共に「プロタシス」として機能し、次の「帰結文」（呪いの言葉）である「アポドシス」に続く。しかし「条件節」が最大で36箇所数えられるのに対して「関係節」は1箇所だけである。前述したように、この「関係節」はタイナト版によって明確になったが、同時に、構成要素としては不要であることも判明した。この「関係節」は、バビロニア語の石碑文の最後によく見られる内容と表現であることから、バビロニア人のために、いわば「念のために」加えられたのであろう。なお、アッシリア王の王碑文も文学としての位置付けをもつため、（標準）バビロニア語で書かれており、最後には関係節とそれに続く帰結文としての「祝福と呪い」がつけられることが多い（Grayson 1987; 1991; Frahm 1997; Leichty

2011など参照)。また§35の文法については、バビロニア語で始まり、途中からアッシリア語に移行している。また関係節の中の動詞は文法通りに接続法となっている。

§35: 397-409　[397-400]（誰でも（*ša*））この書板の誓い（*māmīt ṭuppi*）を変更する者（3sg. pres. Bab. subj.)、おろそかにする者、（それに対して）罪を犯す者、（それを）消す者、（神々の）父、偉大な神々の誓約の主（？）に背く者、違反する者、それらのすべての誓い（*māmīssun*)、この誓約の書板、[401] 神々の王であるアッシュルと私の主人たちである偉大な神々の書板を [402] 取り除く者は—、アッシリア王エサルハドンの像でも、[403] 大皇太子アッシュルバニパルの像でも、[404] その向かい側にある（*ina muḫḫ*[*iš*]*u*）彼の兄弟たちの、彼の母の息子たちの像でも、取り（消し）去る者（3sg. pres. Ass. subj.）は—、[405-407]（あなた方のうちの誰でも、）あなた方の主人であるアッシリア王エサルハドンの息子、大皇太子アッシュルバニパルの（に関する）誓約がそこに書いてある、この偉大な君主（＝アッシュル）の印章（が押された書板)、神々の王であるアッシュルの印章が [408] 押されている、あなた方の前に置かれた（この書板を）[409] あなた方の神のごとく（*kī ilīkunu*）守らないならば（2pl. pres. Ass. subj.）—（対訳222-223頁)。

図版3　サムアル（Sam'al）出土のエサルハドンの石碑。碑文の内容はLechty 2011, 181-186参照。エサルハドンの像が左手にもつ綱の先には捕虜とされた跪くエジプトの皇太子とシリアのある領主の姿が小さく彫られている。高さ322 cm. 古代近東（ペルガモン）博物館（ベルリン）蔵。Staatliche Museen zu Berlin (ed.) 1992, No.116.

図版4　図版3の石碑右側面に彫られた大皇太子アッシュルバニパルの像。正面の像（図版3）とは様式が異なる。Staatliche Museen zu Berlin (ed.) 1992, No.118.

図版５　図版３の石碑図像の線画。中央正面にエサルハドンが神々（のシンボル）を礼拝する姿が大きく刻まれている。エサルハドンは右手に何かをもって鼻に近づけている。センナケリブがバビロニアから取り入れた祈り（謙譲）のしぐさアパ・ラバーヌ（図版９参照）であり、エサルハドンにも受け継がれたことがわかる。その祈りの対象はエサルハドンの頭の前に小さく彫られた神々の像である。礼拝対象の神々は第１段目に左からアッシュル、その配偶女神ムリス、第２段目にナブー（またはマルドゥク）、アダド、第３段目にマルドゥク、ナブー、エア（?）、ネルガル（？）のシンボル、右端には上から月神スィン、太陽神シャマシュ、金星女神イシュタルのシンボル。王冠の上にはシビティ（プレアデス星団(スバル)を示す七つ星のシンボル)。右側面に大皇太子アッシュルバニパルの像、左側面に皇太子シャマシュ・シュム・ウキンの像が刻まれているが、正面の像とは様式が異なるため、側面像はおそらく少し遅れて現地のサムアルで刻まれたと考えられる。アッシュルバニパルはアッシリアの皇太子の服装と鉢巻をし、シャマシュ・シュム・ウキンはバビロニアの皇太子の服装と鉢巻をしている。Börker-Klähn 1982, No.219; Parpola and Watanabe 1988, 20.

なお404行の「向かい側にある」像については、たとえばサムアル（地図１参照）出土のエサルハドンの石碑のように、息子たち（この場合はアッシュルバニパルとシャマシュ・シュム・ウキン）の像が両側面に浮彫として刻まれている（図版3-5参照）ことを指していると思われる。

6.　命令と制定事項

命令の２箇所と制定事項の５箇所は、誓約の対象とされるべき基本的な内容として、ESODの誓約の主催者（アッシリア王と王宮幹部）が提示する事柄であり、それらの位置からみても、まとめて扱ってよいであろう。命令は基本的に命令形、あるいは否定命令形で書かれている。制定事項は基本的に平叙文で書かれており、動詞は基本的に現在形である。しかし、その中に直接話法として命令形や、否定命令形が使われることもある。

6.1. 命令① §3: 25-40「誓え！」

§3: 25-40 25 神々の父、国々の主であるアッシュルにおいて、それぞれに誓え！
26 アヌ、エンリル（エッリル）、エアにおいて、同じく。
27 スィン、シャマシュ、アダド、マルドゥクにおいて、同じく。
28 ナブー、ヌスク、ウラシュ、ネルガルにおいて、同じく。
29 ムリス、シェルア、ベーレト・イリーにおいて、同じく。
30 ニネヴェのイシュタル、アルバイルのイシュタルにおいて、同じく。
31 リッビ・アーリ（＝アッシュル市中心部）のすべての神々において、同じく。
32 ニネヴェのすべての神々において、同じく。
33 カルフのすべての神々において、同じく。
34 アルバイルのすべての神々において、同じく。
35 カルズィのすべての神々において、同じく。
36 ハランのすべての神々において、同じく。
37 バビロン、ボルスィッパ（バルスィッパ）、ニップルのすべての神々において、同じく。
38 アッシリアのすべての神々において、同じく。
39 シュメールとアッカドのすべての神々において、同じく。
40a 諸外国のすべての神々において、同じく。
40b 天と地のすべての神々において、同じく。
40c 彼（＝誓いを立てる者）の地方のすべての神々において、同じく（対訳 198-199 頁）。

この命令①では、すべての誓約者にとって誓約が有効になるように、アッシリアとバビロニアだけでなく、「世界中」の神々を呼び出して誓わせるという意図がみられる。ここからは当時のアッシリア宮廷が描く、全世界の神々とその序列が窺える。[5)]

5)　最初にアッシリアの最高神アッシュル（l.25）を挙げ、続いてアヌからネルガル（ll.26-28）までのバビロニアの男神の序列を配する。これらの神々はすでにアッシリアに受け入れられていたが、バビロニアの最高神もアッシュルの下に配されていることが重要である。次に、バビロニア由来の名前であってもアッシリアで長く受け入れられている女神たち（ll.29-30）、その後に都市ごとに祀られている神々が挙げられる。アッシリア（ここではメソポタミア北部のアッシリアの領土）の諸都市の神々（ll.31-36）から始めて、バビロニア（地方）の諸都市の神々（l.37）、さらに包括的にアッシリア全領土の神々（l.38）と「シュメールとアッカド」（ここではメソポタミア南部、ほぼ「バビロニア地方」と重なる地域を指す）の神々（l.39）が続く。エサルハドンは当時バビロニア王も兼ねていたのであり、その意味では「バビロニア」もアッシリアに属するが、ここでは主として地方名と都市名を挙げて、そこで祀られている神々の前でも ESOD の誓約をすることが求められている。そして最後に諸外国の神々（l.40a）、天と地の神々（l.40b）、個々の誓約者自身が属する地方の神々（l.40c）を挙げることによって、天上界と地下界（冥界）を含めた全世界の神々を網羅することになる。

6.2.　制定事項① §4b: 46-49a「エサルハドンが逝去した後」

§4b: 46-49a　[46] アッシリア王エサルハドンが逝去した（*ana šīmti ittalak*, indic.）後に（*kīma*）、[47-49a] あなた方は大皇太子アッシュルバニパルを王座に就けなければならない。彼があなた方の上に（アッシリアの）王権と支配権を行使しなければならない（対訳 200-201 頁）。

6.3.　制定事項② §7: 83-91「幼い皇太子」

§7: 83-91　[83-85] もしアッシリア王エサルハドンが、その息子たちがまだ幼いうちに逝去した（*ana šīmti ittalak*, indic.）場合に、あなた方は大皇太子アッシュルバニパルにアッシリアの王座を掌握させなければならない。[86-91] また彼と「同等の」兄弟、バビロニアの皇太子シャマシュ・シュム・ウキン[6] をバビロンの王座に就けなければならない。シュメールとアッカド、カルドゥンヤシュの全地を彼に支配させなければならない。彼の父であるアッシリア王エサルハドンが彼に与えたものはすべて彼が携えて行かなければならない。何一つ留め置くな！（対訳 202-203 頁。4.4.1. も参照）[7]

6.4.　制定事項③ §18: 198-211「王子が呼ばれたら」

§18: 198-211　[198] もし宮殿の誰かが、昼間でも、[199-201] 夜間でも、遠征にあっても、国内にあっても、アッシリア王エサルハドンに対する反乱（*bārtu*）を実行に移した（*ētapaš*, indic.）場合に、あなた方は彼に聞いて従うな（*lā tašamme'āšu*）！[8]（もし）昼間でも、夜間でも [202] ふさわしくない時に宮殿からの使者が [203-204] 一人の王子のところに「あなたの父上があなたをお呼びになりました。我が主よ、来てください」と言って来た（*ittalka*, indic.）場合に、[205] あなた方は彼に聞き従うな！　彼を帰らせる（放免する）な！ [206-211] 彼（王子）は行くな！

あなた方のうちの一人の、その主人を愛し、その主人の家を心配する者[9] が宮殿に行って彼の主人である王の無事を確かめるまで、あなた方は彼（王子）の［警護（？）］を強化しなければならない。その後であなた方はあなた方の主人である王子とともに宮殿に行かなければならない（対訳 208-211 頁）。[10]

6）シャマシュ・シュム・ウキンが本文中に登場する唯一の箇所。奥付で再度言及される。

7）§7 の制定事項②は最初の条件節に続いて、制定事項として宣言される内容として四つの第 2 人称複数現在形直説法が用いられる。「（王座を）掌握させる」、「（王座に）就ける」、「支配させる」、「携えて行く」と一つの禁止命令「留め置いてはならない」。

8）§18 は 3 番目の制定事項であり、直説法で書かれる。二つの条件節があるが、二つめの「もし」は l.201 の欠損部分に含まれている可能性もある。最初の条件は第 3 人称単数直説法で「実行に移した（場合に）」（l.200）という「単なる条件」に制定事項としての禁止命令「聞いて従ってはならない」（l.201）が続く。

9）「その主人を愛し、その主人の家を心配する者」（ll.207-208, *ša bēlšu ira''amūni ina muḫḫi bēt bēlēšu marṣaššūni*）という表現から、そのような者が具体的に誰であるか判断可能とされていたことがわかる。

10）§18 の二つめの条件節は文脈上、新しい条件節であるため「もし」を補って訳す。価値中立的な条件として直説法で「（言って）来た（＝来て次のように言う）場合に」といわれる。次に制定事項とし

6.5. 命令② §28: 328-335「「妬む者」に言え！」

§28: 328-335 [328-329] あなた方に指示を与えてあなた方にののしるように仕向ける「妬む者」に（次のように）言え！[11)] [330-332]「彼の父に対してののしるようにさせた者たち、彼を彼の父の前で誹謗する彼の兄弟たち、従者たちはどこにいるのか？[333] アッシュル、シャマシュ、[…] が彼について言った（言葉）は真実ではなかったのか？[334] あなた方の父は、アッシュルとシャマシュの同意なしに「生ける羊」（の呪文）を唱えた（とする）のか？[335] あなた方の兄弟（sg.）を尊重せよ！（そして）あなた方の命を守れ！」（対訳 216-219 頁）。[12)]

6.6. 制定事項④ §33b: 380b-384「すべての者が誓いを立てている」

§33b: 380b-384 [380b-381] あなた方の主人であるアッシリア王エサルハドンの息子、大皇太子アッシュルバニパルのこの誓い（*tāmītu*）によってあなた方とあなた方の息子たちは、[382-384] この日以降に、この誓約の後に生まれるすべての者も含めて、誓いを立てている（対訳 220-221 頁）。

6.7. 制定事項⑤ §34b: 393-396「永遠の神と主人」

§34b: 393-396 [393] これから後、未来永劫、アッシュルはあなた方の神であり（*Aššur ilkunu*）、[394] 大皇太子アッシュルバニパルはあなた方の主人（*bēlkunu*）である。[395] あなた方の息子たちと孫たちは [396] 彼（＝アッシュルバニパル）の息子たちを畏れ敬うように（対訳 222-223 頁）。

7. 第 1 人称の誓約「もし私たちが万が一にも」

ESOD の根幹をなす命令と制定事項に対して、誓約者は第 1 人称の誓約の言葉を口に出して言ったと考えられる。おそらくは復唱させられたのであろう。内容的には《神々への呼びかけ》《条件節（違約の場合）》《帰結文（違約罰としての自己呪詛）》の三つに分かれる。最初の部分では、誓約者が神々に呼びかけて希求法で「見るように」（1.494, *lidgulū*, 3pl. prec.）と言う。第 2 の部分には第 1 人称複数の条件節が三つ置かれている。最後の部分では、最初のように神々へ呼

て第 2 人称複数に対する二つの禁止命令と第 3 人称単数に対する一つの禁止命令が続く。「彼に聞き従うな！」、「彼を帰らせる（＝放免する）な！」、「（彼（王子）は）行くな！」。さらに制定事項としての直説法で「（警護を？）強化しなければならない」、「（宮殿に）行かなければならない」と宣言される。

11) §28 の命令②は、命令①（§3）とともに制定事項に含めることもできる。

12)「妬む者」へ言うべきことは直接話法で示される三つの疑問文と二つの命令文である。最初の疑問文は「彼の父に対してののしるようにさせた者たち、彼を彼の父の前で誹謗する彼の兄弟たち、従者たちはどこにいるのか？」。次の二つは平叙文の形をとるが、ここでは疑問（修辞疑問）文と解する。「真実ではなかったのか？」、「唱えたのか？」。二つの命令文は「（あなた方の兄弟を）尊重せよ！」、「（あなた方の命を）守れ！」。

びかけて希求法で「責任を追及するように」と言い、条件節に続く「自己呪詛」としている。

§57: 494-512　494-497**《神々への呼びかけ》**これらの神々が見るように。
《条件節（違約の場合）》もし私たちが万が一にも、（私たちの主人である）アッシリア王エサルハドンに対して、大皇太子アッシュルバニパルに対して、彼の兄弟たち、大皇太子アッシュルバニパルの母親の息子たち、（私たちの主人である）アッシリア王エサルハドンの他の実の息子たちに対して、498 謀反（*sīḫu*）と反乱（*bārtu*）を実行に移すならば、私たちの口（の言葉）を 499 彼の敵（の言葉）とともに置く（＝同じくする）ならば—。[13] もし私たちが万が一にも 500-505 大皇太子アッシュルバニパル、彼の兄弟たち、アッシュルバニパルの母の息子たち[14] に敵対する扇動、教唆、そして悪事の、好ましくないこと、芳しくないこと、虚言、真実でない語りに聞き従うならばならば、（それを）隠すならば、506 私たちの主人である大皇太子アッシュルバニパルに 507-508 言わないならば[15]、私たちの息子たちと孫たちが生きている間、大皇太子アッシュルバニパルが 509 私たちの王でないならば、私たちの主人でないならば—。[16] もし私たちが万が一にも、他の王、他の王子を 510 私たちと私たちの息子たちと孫たちの上に置くならば、[17]
《帰結文（違約罰としての自己呪詛）》511 すべてその名を挙げられている神々が、私たちと 512 私たちの子孫、私たちの子孫の子孫に責任を追及するように（対訳 230-231 頁）。

ここでの「自己呪詛」は、「私たち…に責任を追及するように」と意訳されるが、文字通りには「私たち…の手の中に探すように」である。誓約に違反することは、大切なものを手中から奪われることを覚悟するものであった。それを象徴的に表す儀礼が、誓約には伴っていたはずである。§57 のようなアッシリア語の誓約の言葉を、各々の誓約者が唱えると同時に、水を飲み、皮膚に油を擦り込むというような誓約儀礼を行ったならば（後述 9. 参照）、誓約とその儀礼の新たな「普遍化」に大いに寄与したことであろう。またその誓約以後、継続してこの誓約文書を崇拝すること（後述 11.4. 参照）も指示されたのであり、空間的にも時間的にも波及効果の大きい誓約儀礼が創始されたことになる。

8.　倫理観の「普遍化」

ESOD では、当時のアッシリアの支配下に入った多様な文化的背景を持つ人々に対して、何を善

13）最初の条件節には二つの動詞の接続法「実行に移す」と「置く」がある。
14）N49B にはここに挿入句「、そして［私たちの主人アッシリア王エサルハドンの］他の実の息子たち」がある。
15）第 2 の条件節前半に三つの接続法「聞く（聞いて従う）」、「隠す」、「言わない」が組み合わされている。渡辺 2013, 69; Watanabe 2014, 155 参照。
16）第 2 の条件節の後半は動詞のない名詞文であり、状態形（stat.）の接続法で「私たちの王でない」と「私たちの主人でない」と表現される。
17）第 3 の条件節では、再び第 1 人称複数接続法で「置く」と言われる。

とし、何を悪とするかについて、アッシリア宮廷の見地から説くわけであるが、体系的で詳細な倫理を説くのではなく、生と死、幸と不幸のような、それぞれの人々の生活に根差した、わかりやすい例によって単刀直入に述べるやり方が採用されている。また「自分自身のためであるように」(l.356) アッシュルバニパルのために戦うように説くなど、それらによって結果的に倫理観の「グローバル・スタンダード」の形成、すなわち「普遍化」が促進されたと見ることができるのではないか。

8.1. 王の生殺与奪権

ESODの本文中に言及される生と死に関連する事柄は多岐にわたるが、どれもESODの理解にとって重要である。ESOD全体から見れば、次の王となるアッシュルバニパルの生命と安全を守ることが第1とされている。しかし王としての彼に生殺与奪権があることを端的に表しているのは、条件節②に属する§17である。アッシリアの王権観の成立とその変遷には特異な経緯があり、別稿で論じることにしたい。少なくとも次の箇所は内容的には、むしろメソポタミアの伝統によって理想とされてきた弱者を守る王の姿、すなわち「社会正義」に基づく裁定を下す権能をもつ王のあるべき姿が描かれているといえる（中田 2002, 167-171 参照）。

> **§17:** 188-197　188-190 もしあなた方の主人であるアッシリア王エサルハドンの息子、大皇太子アッシュルバニパルが、あなた方の主人であるアッシリア王エサルハドンが逝去する[18] 日に、191 万が一にもあなた方の王でないならば、あなた方の主人でないならば、192（そのために）彼（＝アシュルバニパル）が強い者を低くできないならば、低い者を高くできないならば、193 彼が殺すべき者を殺せないならば、彼が生かすべき者を 194 生かせないならば、[19] あなた方が万が一にも、彼（＝アッシュルバニパル）が命じるすべてのことに 195 聞き従わないならば、彼の口の（言う）通りに 196 行わないならば、他の王、他の主人を 197 彼の代わりに求めるならば [20] ―（対訳 208-209 頁）。

この場合の条件節も帰結文（呪いの言葉）に直接続かず、ESODの後半部分に並べられている。

8.2. 自分の命をかけた主君への愛

ESODの中核は次の主君アッシュルバニパルに忠誠を尽くすことであるが、それを可能にする基本は「心のすべて」で主君を「愛する」ことにある。そして「愛」の根拠は自らの命を大切にし、愛することである。また、あたかも自分のためであるかように主君のために戦う忠誠心が要求される。これについても、個人が自分で体得し、納得すべき「愛」による忠誠心であった。上記の

---

18)「逝去する（文字通りには「天命に赴く」）」(l.190, *ana šīmti illakūni*) は従属節の中にあるために接続法となっている。

19) 冒頭に「もし」が置かれた条件節であるが、前半はアッシュルバニパルが主語であるため、動詞は第3人称単数状態形の接続法「あなた方の王でない」と「あなた方の主人でない」。次の「低くできない」、「高くできない」、「殺せない」、「生かせない」の四つは現在形接続法であり、文字通りには「低くしない」「高くしない」「殺さない」「生かさない」。

20) この条件節の後半の主語は「あなた方」になり、三つの動詞は接続法の「聞かない（聞いて従わない）」、「行わない」、「求める」。

§30（4.4.4. 参照）も、主君を自分の命のように愛するということは、自分の命を賭して主君を守り、自分の命を惜しまないこととしている（上記 5.4. の §18 も参照）。また §24: 266-282 の冒頭部分には次のようにある。

§24: 266-268　266-267 もしあなた方が万が一にも、あなた方の主人であるアッシリア王エサルハドンの息子である大皇太子アッシュルバニパルを 268 あなた方の命のごとく愛さないならば[21] ―（対訳 214-215 頁）。

ESOD 全体では、主君アッシュルバニパルへの忠誠心が要求されるが、その説明は具体的である。それぞれの誓約者が自分の生命を守り愛するように、自分の命を賭して主君のために戦うことが説かれる。たとえば条件節①にある §4c の前半（ll.49b-54）では次のように言われている。

49b-54　49b〈もしあなた方が万が一にも（*šumma attunu*）、〉[22] 野でも町でも[23] 50 彼（＝アッシュルバニパル）を守らないならば、51-53 彼のために戦わないならば、彼のために死ぬ用意がない（＝死なない）[24] ならば、あなた方の心の真実をもって（*ina ketti ša libbīkunu*）彼と話をしないならば、あなた方の心のすべて（から）の良い助言（によって）彼に助言しないならば、54 良い道を彼（の足）に用意しないならば[25] ―（対訳 200-201 頁）。

また、§21 の前半（ll.229-232）でも次のように言われる。

229-232　229-230 もしあなた方が万が一にも、あなた方の主人であるアッシリア王エサルハドンの息子である大皇太子アッシュルバニパルのために戦わないならば、231 死ぬ用意がない（＝死なない）ならば、彼にとって好ましいこと（*ša ina muḫḫīšu ṭābūni*）を 232 求めないならば、（それを）実行しないならば[26] ―（対訳 210-213 頁）。

前述した §30: 353-359（4.4.4. 参照）においても「（もしその時）あなた方が万が一にも、彼（＝アッシュルバニパル）のために、あなた方自身のためであるごとく（*kī ramānīkunu*）、彼ら（＝アッシュルバニパルの兄弟たち）に敵対して戦わないならば」とある（次節 8.3. も参照）。ここでは特にアッシュルバニパルの兄弟たちが、アッシュルバニパルに対して反逆する傾向が見られ

21）「（アッシュルバニパルを）あなた方の命のごとく愛さないならば」という表現は、主君への愛を自己愛にたとえて説明している。「レビ記」19:18 との関連については後述の 12.4. 参照。

22）§4, l.49b から条件節①が始まるが、冒頭に「もしあなた方が」を補わないと意味が通じない。

23）「野でも町でも」の句は、人々の所在は城壁の外の「野」か、城壁の中の「町」であったことを示す。

24）「死ぬ用意がない」は文字通りには「死なない」。§21, l.231 参照。

25）§4, ll.49b-54 には六つの第 2 人称複数現在形接続法の動詞がある。「守らない」、「戦わない」、「死ぬ用意がない」、「話をしない」、「助言しない」、「用意しない」（文字通りには「置かない」）。

26）この部分には四つの第 2 人称複数現在形接続法がある。「戦わない」（l.230, *lā tamaḫḫaṣāni*）、「死ぬ用意がない」（l.231, *lā tamuttāni*）、「求めない」（l.232, *lā tuba'âni*）、「実行しない」（l.232, *lā teppašāni*）。

た際に取るべき行動、言うべき言葉が読み取れる。アッシュルバニパルの兄弟たちの反逆こそエサルハドンが最も恐れていたことであり、この箇所にこそ彼の本音が表現されているといえるのではないか（上記 4.5. の §28 も参照）。「あなた方自身のためであるごとく」という句は、「アッシュルバニパルの命があたかも自分の命であるかのごとく」とも解釈できる。

8.3.　アッシュルバニパルに対する反逆者との戦い

反逆者に加担してアッシュルバニパルを殺す恐れについても条件節②に属する §11 に言及されている。

> **§11:** 123-129　123-125 もしあなた方が万が一にも、アッシリア王エサルハドンが（従うように）命じた大皇太子アッシュルバニパルに対して、好ましくない、悪意のある事を 126 実行に移すならば、彼（＝アッシュルバニパル）を捕えるならば、127 彼を殺すならば、彼を彼の敵に渡すならば、128 彼をアッシリアの王権から退けるならば、129 他の王、他の主人に誓いを立てるならば [27)] —（対訳 204-205 頁）。

また、続く §12 が示すように、実際に殺害しなくても、アッシュルバニパルの殺害計画など、謀反の陰謀を耳にした場合には、アッシュルバニパルに知らせる義務があるだけでなく、可能である場合に反逆者を捕えないこと、殺さないことが呪い（「帰結文」）の対象となる。しかしそれが不可能である場合には、それをアッシュルバニパルに知らせないことが、呪いの対象となる。

> **§12:** 130-146　130-134 もし誰かが万が一にも、アッシリア王エサルハドンがそのためにあなた方と誓約を設定した大皇太子アッシュルバニパルに対して、彼を殺すこと（*d*[*u'ākī*]*šu*）、彼を死なせること（*šamuttīšu*）、滅ぼすこと（が目的）の謀反、反乱についてあなた方に言う（subj.）ならば、135 そしてあなた方が万が一にも、（それを）誰かの口から聞いて従う（subj.）ならば、136 反乱の実行者たちを捕えない（subj.）ならば、137 大皇太子アッシュルバニパルのもとに 138 連れて来ない（subj.）ならば [28)] —。もし彼らを捕えること、139 殺すことがあなた方にとって可能である（indic.）場合に、あなた方が万が一にも、彼らを捕えない（subj.）ならば、140 彼らを殺さない（subj.）ならば、彼らの名と彼らの子孫を 141 国から滅ぼさない（subj.）ならば [29)] —。142 もし彼らを捕えること、殺すことがあなた方にとって可能でない

27）§11 も一つの条件節であり、次の六つの第 2 人称複数現在形接続法がある。「実行に移す」、「（彼を）捕える、（彼を）殺す」、「（敵に彼を）渡す、退ける」、「誓いを立てる」。「誓いを立てる」の [ ] 内の部分はまだ補完されていない。

28）§12 は三つの条件節から成る。第 1 の条件節に五つの動詞がある。最初の主語は「誰か」（l.130, *mēmēni*, 3sg.）であり、「そして」（l.135, *u*）の後、主語が「あなた方」に変わり、4 つの接続法の動詞が続く。「（誰かが）あなた方に言う」、「（あなた方）が聞く（聞いて従う）」、「捕えない、連れて来ない」。ここでは「誰か」がアッシュルバニパルの殺害について、「あなた方に言う」のであり、それに「あなた方が聞き従う」ために、（それはあってはならない条件として）接続法が用いられている。

29）§12 の第 2 の条件節では、単なる条件が直説法で「もし彼らを捕えること、殺すことがあなた方にとって可能である場合に」と提示され、次に「もし」を繰り返すことなく、動詞は第 2 人称複数接続法に変

（indic.）場合に、[143-144]あなた方が万が一にも、大皇太子アッシュルバニパルの耳に入れない（subj.）ならば、[145]彼の側に立たない（subj.）ならば、反乱の実行者たちを[146]捕えない（subj.）ならば、殺さない（subj.）ならば[30)] —（対訳 204-207 頁）。

さらに王であるエサルハドンと、皇太子であるアッシュルバニパルの子どもを胎児の段階から尊重すべきとされていたことが窺える。またアッシュルバニパル殺害を目論む者の手段の一つとして「毒草」があったことも条件節③に属す §23 からわかる。

§23: 249-265　[249-251]もしあなた方が万が一にも、アッシリア王エサルハドンの妊婦（＝子を宿す者）、そして大皇太子アッシュルバニパルの妻を尊重しないならば、[252]（その子が）生まれた後には、（その子を）育てないならば、[253]（その子に）アッシリアの王座を掌握させないならば、[254]反乱の実行者を捕えないならば、[255]殺さないならば、彼らの名と彼らの子孫を[256]国から滅ぼさないならば、血に対して血を（*dāmē kūm dāmē*）[257-261]注がないならば、大皇太子アッシュルバニパルの仇（*gimillu*）を討たないならば[31)] —。もしあなた方が万が一にも、あなた方の主人であるアッシリア王エサルハドンの息子である大皇太子アッシュルバニパルに[262]「死の草」（＝彼に死をもたらす草）[32)]を食べさせるならば、[263]飲ませるならば、彼（の体）に擦り込むならば、[264]彼に対して邪術（*kišpī*）を行うならば、（そして）（守護）神（／神々）と守護女神を[265]彼に対して怒らせるならば[33)] —（対訳 212-213 頁）。

9. 生死をかける誓約とその儀礼

誓いには 2 種類ある。一つは将来の事柄について誓う誓約であり、もう一つは過去の事柄について誓う証言である。どちらも基本的に第 1 人称でなされる。セム系言語においては、誓いの表現はしばしば自己呪詛を含む。

上述したように証言の例が「ヨブ記」に見られる（19 頁、注 4 参照）。ヨブは自らの正しさを確

わり、「あなた方が万が一にも、彼らを捕えない、彼らを殺さない、滅ぼさないならば」と続く。

30）§12 の第 3 の条件節では、単なる条件が直説法で「もし、彼らを捕えること、殺すことがあなた方にとって可能でない場合に」と示され、「もし」は繰り返されずに、次の接続法が続く。あなた方が万が一にも、耳に入れない（文字通りには「耳を開かない」）、（彼の側に）立たない（文字通りには「（彼とともに）立たない」、「捕えない」、「殺さないならば」。

31）§23 は二つの条件節からなる。第 1 のものには、接続法の動詞が八つある。「尊重しない」（l.251, *lā tadaggalāni*）、「育てない」、「（王座を）掌握させない」、「捕えない」、「殺さない」、「滅ぼさない」、「（血を）注がない」、「（仇を）討たない」。2 番目の「育てない」の前には、「時の従属節」である「（その子が）生まれた後（l.252, *kīma ittabši*, 3sg. pf. indic.）には」という挿入がある。新アッシリア語の場合は *kīma* に導かれる節の動詞は直説法である。§4, l.46 参照。

32）その意味は「彼に死をもたらす毒のある草」（l.262, *šammu ša mu'ātīšu*）。

33）§23 第 2 の条件節にある五つの動詞接続法は「食べさせる」、「飲ませる」、「擦り込む」、「行う」、「怒らせる」。

信しているが、思わぬ災難に見舞われて憤慨する。そしてついには神を法廷に呼び出して弾劾したいと考える。「ヨブ記」31 章には、そのような法廷でなされるはずのヨブによる無罪の証言が、「もし私が…をしたのであれば、私の…は…になれ」という条件節と帰結文の組み合わせで記されている。[34] そこには「自分の命が奪われよ」とは言われていないが、証言が虚偽であれば、自分自身が大きな被害を受けてもよいと宣言することで、自分の証言が確実であることを表している。前述したように（17 頁参照）、かつては存在していたであろうヘブライ語の接続法はすでに消滅していたが、最古のセム系言語であるアッカド語には接続法が残っていた。特にアッシリア語では接続法が常に顕在化されるために誓約の言語としては適していたといえる。しかし前述したように、接続法は誓いの表現だけに用いられるものではない。本来の話法として、話者の意図を表現するものとして機能している。なお、アッシリア語での将来の事柄に関する誓いとしての誓約と自己呪詛の例は、前述した第 1 人称の誓約に見られる（上記 5. 参照）。

9.1.　誓約儀礼

すべての法的文書の作成において、定められた場所に当事者たちが集められ、文書の内容が確認されて、皆の面前で証人たちが押印をするといった手続きが取られる。ESOD は法的文書の形式をもつ誓約文書であるが、上記の誓約の言葉を唱えるだけでも、一つの儀礼的行為である。それだけではなく、何等かの誓約儀礼も行われた可能性が高い。誓約が行われる場所には、神々の像が並べられ、手順に従って誓約の言葉を唱えると同時に、水を飲む、油を皮膚に擦り込むなどの誓約儀礼がなされたと推測される。

エサルハドンの王碑文の中に「私の王権を守るために偉大な神々の誓約（アデー）、すなわち誓い（マーミートゥ）を水と油によって誓ったアッシリアの人々」（Borger 1956, 43, 50-51; Leichty 2011, 13, 50-51）とある。ここでは多くの人に理解できるように「アデー」のあとに「マーミートゥ」の語が注釈として付されている。これはエサルハドンの父センナケリブが、エサルハドンを次のアッシリア王として定めた際に、それを守らせる誓約とその儀礼を「水と油によって」挙行したということである。それはおそらく、誓約の言葉を唱えながら水を飲み、油を皮膚に塗って体の中に入れ、誓約を破った時には、それらが体内から呪いの力として働いて命を脅かすことを覚悟するための儀礼が行われたことを指しているのであろう。[35]

9.2.　ESOD 本文から窺える誓約儀礼

ESOD の本文には、実際にどのような誓約儀礼が伴うかについて明言されていない。しかしいくつかの条件節の中には、もしアッシュルバニパル以外の者を王とし、その者に忠誠を誓う者があれば、また、互いに誓い合って謀反を起こすならば、という内容が言及されるだけでなく、具体的な誓約儀礼のいくつかが挙げられている。このような例は歴史的信憑性が高いと判断できる。ESOD は粉飾のない法的文書であり、挙げられる誓約儀礼の例は実際に行われ得るものであった

34）Watanabe 2014, 151 参照。なお、新共同訳では条件節の「もし私が…」が正しく訳出されていない（上記、注 6 参照）。その点に関する論議も含めて渡辺 1991; 渡辺 2008, 82 参照。

35）なお、この際に発行された「センナケリブ王位継承誓約文書」（筆者は Sennacherib's Succession Oath Documents =SSOD と名付ける）もいくつかの断片によって知られている。Watanabe 2014, 146, n.3; 157-158; 上述の 1.2. 参照。水と油を用いる呪いについては『旧約聖書』「詩編」109:18 も参照。

と想定できるからである。

ESODの誓約儀礼のために特定の場所が設定され、誓約の文言§57を復唱し、同時に何等かの儀礼的行為が行われたはずである。ESODの本文中には誓約の場所は示されていないが、条件節⑤§34aには、誓約違反となり得る事柄が次のように記されている。

> **§34a:** 385-392　[385-386]もしあなた方が万が一にも、この誓いの地に立つ時に、口先（＝唇の言葉）だけの誓いを[387-388]誓うならば、（この）誓約のあとに生まれるあなた方の息子たちに（それを）学ばせないならば—。[389-392]もしあなた方が万が一にも、自ら不浄の病を装うならば、（そして）アッシリア王エサルハドンの、大皇太子アッシュルバニパルに関するこの誓約に入らないならば—（対訳220-221頁）。[36)]

この箇所からは、本心の伴わない「口先だけの誓約」があり得ること、「不浄の病」を仮病として用いる欠席理由があり得ると考えられていたことが窺える。用意された誓約場所はニムルド版が発見されたニムルド（カルフ）のナブー神殿の王座の間であった可能性が高い。なぜならばナブーは書記たちの神であるだけでなく、神々の世界の書記であり、最高神が定める「天命」を書板に記す役割を持っていた。アッシリア宮廷のすべての書記が動員されて最高神アッシュルが押印する「天命の書板」としてのESODを作成し、誓約者に手渡す場所としてナブー神殿はふさわしい。もっとも、夥しい人々が召集されるため、多少の混乱は生じたはずである。遠い地方の小領主の顔や名前が広く知られているわけでもなく、世代交代もあったはずであり、用意した文書のすべてが問題なく手渡せたとは限らない。上述したように（14頁）、このようなことが、メディア地方の小領主たちに渡されるべきニムルド版が、後にそこで発見された理由かもしれない。

他方、反逆者が反乱を企てるために誓約儀礼を挙行し得ることがあり、その一味となって報告に来ないことが、あってはならないこととして、ESODの条件節の中に言及されている。条件節②に属する§13には次のように記されている。

> **§13:** 147-161　[147-149]もしあなた方が万が一にも、反乱の実行者たち—その数が多くても少なくても—の側に就くならば、良いことでも、悪意のあることでも（*dunqu lā dunqu*/*de'iqtu lā de'iqtu*）、聞いて従うならば、[150-151]アッシリア王エサルハドンの息子である大皇太子アッシュルバニパルのもとに来ないならば、[152]（それを）言わないならば[37)]—。もしあなた方の

36）§34の最初の8行（ll.385-392）、すなわち§34aは条件節⑤に当たる。一つの条件節であるが、「もしあなた方が」で始まった後に、「この誓い（*tāmītu*）の地に立つ（l.386, *tazzazzāni*）時に」という「…する時に」（l.385, *kī*）で導かれる「時の従属節」が挿入されるため、その中の動詞は接続法となる。続いて条件節の中では「万が一にも」の意味をもつ接続法で「口先だけの誓約（l.386, *tāmītu ša dabābti šapti*）を誓う」、「学ばせない」、「不浄の病（l.389, *marṣu lā ellu*）を装う（文字通りには「置く」）」、「（誓約に）入らない」が続く。

37）§13は二つの条件節から成る。第1のものには次の四つの接続法がある。「彼らの側に就く」（l.148, *issēšunu tašakkanāni*）、「聞く（聞いて従う）」（l.149, *tašammâni*）、「来ない」（l.151, *lā tallakānnni*, 2pl. pres. vent. subj.）、「言わない」（l.152, *lā taqabbâni*）。最初の動詞*šakānu*はここでは「（彼らとともに足を）置く」、すなわち「（彼らの側に）就く」の意。

心が万が一にも、完全に彼と共にないならば、153-155 あなた方が万が一にも、神々（の像）を据えて、神々の前で誓約を設定する者[38] と、卓を用意することによって、杯から飲むことによって、火をともすことによって、水によって、油によって、（あるいは）胸をつかむことによって、[39] 156-157 互いに誓い合うならば、あなた方の主人であるアッシリア王エサルハドンの息子、大皇太子アッシュルバニパルのところに 158 来ないならば、（それを）言わないならば、159 反乱の実行者たちと犯罪者たちの一群を 160 捕えないならば、殺さないならば、161 彼らの名と彼らの子孫を国から滅ぼさないならば [40] ―（対訳 206-207 頁）。

ここではESODに対抗するための誓約（アデー）を行う際に想定し得る儀礼、すなわち神々の像の前で、卓を用意する、杯から飲む、火をともす、水、油、胸をつかむことが挙げられている。その意味では、ESODのために行われた儀礼に近いと考えられる。しかしここでは「互いに誓い合う」と言われている。反乱の実行者たち（「犯罪者たちの一群」（l.159, *ṣābu bēl ḫīṭi*）の中に首謀者がいたとしても、国王ではなく、仲間うちの誰かが王として擁立される場合であるため、国家的な誓約儀礼と同様の儀礼を行ったとは想定できない。むしろ対等な関係にある人々の間での誓約儀礼と思われる。いずれにしても食物を食べ、液体（水や酒）を飲み、油を体に擦り込むなどの象徴的な行為をするとともに誓約の言葉を唱え、それに違反すれば、体内に入ったものが生命を危うくする力として働くことを覚悟する儀礼であったと想像できる。

9.3.　誓いの解除儀礼

さらにはESODの誓いを無効にする儀礼もあり得たことが窺える。条件節④に属する§32には次のように記されている。

§32: 373-376　373 もしあなた方が万が一にも、集められた神々に向かって赤い顔料を（*šaršerru ša ina muḫḫi ilāni ša puḫri*）374 あなた方の顔、手、あるいは喉（*N35+* とNX14では「服」）に 375 塗りつけるならば、あるいはあなた方の服のすそ飾り（*siqqīkunu*）に 376 結びつけるならば、そして誓いの解除を行うならば [41] ―（対訳 220-221 頁）。

38）関係節（「神々（の像）を据えて、神々の前で誓約を設定する者」）であるため、動詞は接続法（l.154, *iškakanūni*）。第3人称単数（N45D）が正しく、N46Eの第2人称複数（*tašakkanāni*）は誤り。

39）「卓を用意する（l.154, *ina rikis paššūri*）、杯から飲む（l.154, *šatê kāsi*）、火をともす（l.155, *nipiḫ Girra*）、水（l.155, *mê*）、油（l.155, *šamni*）、胸をつかむ（l.155, *ṣibit tulê*）ことによって」。

40）§13の第2の条件節は、最初に「あなた方の心」を主語とする「（もしあなた方の心が万が一にも）完全に彼と共にないならば」（l.152, *issēšu lā gammurūni*, subj.）があり、次に「もし」は繰り返されることなく、主語は第2人称複数に変わって、六つの接続法が続く。「互いに誓い合う」（l.156, (*ana*) *aḫeʾiš/aḫmiš tutammâni*）、「来ない」（l.158, *lā tallakānenni*, 2pl. pres. vent. subj.）、「言わない」（l.158, *lā taqabbâni*）、「捕えない」（l.160, *lā taṣabbatānenni*, 2pl. pres. vent. subj.）、「殺さない」（l.160, *lā tadukkāni*）、「滅ぼさない」（l.161, *lā tuḫallaqāni*）。

41）§32は一つの条件節から成る。三つの動詞はすべて第2人称複数現在形接続法。「塗りつける」（l.375, *tapaššašāni*）、「結びつける」（l.376, *tarakkasāni*）、「行う」（l.376, *teppašāni*）。

前述したようにESODは本音で書かれているために、エサルハドンとその宮廷の最大の心配事が随所に表現されている。再三の警告を与えても、その誓いを無効にする「誓いの解除（の儀礼）」（*ša māmīti pašāri*）を行う可能性にまで言及していることは、それこそが最大の心配事であったことを暗示している。しかしメソポタミアでは、「守られなかった誓い」、あるいは「誓い」（*māmītu*）だけでも「呪い」と同じ意味と効果をもっていた。そして「呪い」として作用してくる「誓い」に対する対抗（除災）儀礼も用意されていた。「シュルプ」（Šurpu）と呼ばれる文書群の中には「ツァルツァル容器[42]から水を飲む誓い」（シュルプ III 62）、「日干しの杯から水を飲む誓い」（シュルプ III 21）、「杯と卓の誓い」（シュルプ III 19; Rainer 1959, 19-24 参照）など、様々な（守られなかった）誓いがもたらす災厄を避けるための儀礼があったことがわかる。

10. 生命と安寧を脅かす呪いの言葉

10.1. 祈願としての「祝福」と「呪い」

アッカド語の文書にはしばしば「祝福」と「呪い」の組み合わせが見られるが、それらが「祝福」、「呪い」または「祝福と呪い」と題されていることはない。多くの場合は、条件節（「もし…が…するならば」）、または関係節（「…する者は」）に続いて、それらに続く帰結文としての祈りの言葉（「…になるように」）がある。多くの場合、動詞の希求形が用いられる祈願の言葉であるが、もしその内容が良い事を願うものであれば「祝福」、悪い事を願うものであれば「呪い」と現代の研究者が呼んでいるに過ぎない。しかし、良いか悪いかという判断は相対的なものであり、どの立場から見るかによっても異なってくる。

たとえば『ハムラビ法典』の終わりの部分には、もしその人（王）がハムラビの法典碑文を破壊せずに守るならば、「（太陽神）シャマシュが彼の王杖を長くし、彼の民を正義のうちに導いてくださるように」（中田 2002, 74）という希求形があり、それに続けて、もしその人が、碑文を削り取ったり変更したりするならば、神アヌムが、「彼から王権の（象徴である）メランムを取り外してくれるように。…」に続く、多く神々を呼び出しながらの希求形が連ねられている（中田 2001, 74-77）。ただし、これらの条件節の中の動詞は直説法である。それらの条件は「あり得る」ものと考えられているからである。また『ハムラビ法典』の法典部分に並べられている「もし人が…するならば」という条件節の場合も同様である。

同様の「祝福」や「呪い」は王碑文の最後には頻繁に付されている。たとえばティグラト・ピレセル1世（在位前 1114-1076 年）の王碑文 A.0.87.1, viii 50-88（Grayson 1991, 30-31）など多数ある。『ハムラビ法典』は本来の「法典」ではなく、全体の文学類型から判断して王碑文であるとする説はすでにハロヴィッツによって提出されている（Hurowitz 1994; 中田 2002, 167-176 参照）。さらに付け加えるならば、「祝福と呪い」の組み合わせが末尾に付されていること自体もメソポタミアの王碑文の類型を示すものと考えられる。

しかしながら、誓約文書などの法的文書では、取り決められた事柄が示され、それが守られなかった場合の罰則だけが記されるだけであり、通常は守られた場合の祝福は記されない。法的文書としての誓約文書であるESODにおいても同様であるが、その罰則が「呪い」となっている。そ

42）どのような容器であるかは不明。

のため、「祝福」と「呪い」の組み合わせが「申命記」に見られることは、ESOD ではなく、古いヒッタイトの「条約」の影響を受けたためという推論は適切ではない（後述の 12.2. も参照）。

10.2.　網羅的な呪いの言葉

エサルハドンはアッシリアの支配下の多民族、多文化がまざり合う世界に対して、ESOD の有効性を高めるために、様々な伝統文化の中で育まれてきた呪いの言葉を収集した。それは、何を幸福とし、何を不幸とするかが文化によって異なるからであり、まさに呪われた状態としての不幸の様態を集めたわけである。このようにして ESOD の中に採用された呪いは、形式によって大きく二つに分けることができる。第 1 のグループはメソポタミア南部のバビロニアの伝統に由来するものであり、第 2 のグループはそれ以外のものである。

第 1 のグループは帰結文の前半に多く、「神○○があなた方に…という災いを下すように」という形式をもつ。バビロニア由来の形式であるが、アッシリアでもこの形式は以前から採用されていたために、たとえば、「神アッシュルが…」という呪いもある。

第 2 のグループは、必ずしも特定の神を呼び出すことなく、比喩を使って「…が…するように、あなた方も…するように」などと言われる。あるいは特定の神に結びつけることなく、「ここに名を挙げられているすべての神々があなた方に…の災いを下すように」と言われることもある。「名を挙げられているすべての神々」とは、誓約者がその前で誓った神々のことである。実際に名を挙げられているのは主要な神々であるが（上記 5.1. の §3 参照）、最後には「全世界の神々」としてあらゆる神々を網羅しようとしている。またそれだけでなく、特定の神を呼び出さない各地の多様な呪いの言葉も広い範囲から集められている。

10.3.　第 1 グループ（バビロニア様式）の呪い

誓約は、まさに命を懸けて行われるのであり、帰結文に集められた呪いの中には命が危うくなること、奪われること、またそれが子子孫孫にまで及ぶことなどがしばしばテーマとなっている。最初に置かれているのは、アッシリアの最高神アッシュルに呼びかける呪いである。

> **§37:** 414-416　414-415 アッシュル、神々の王、天命を定める者が、悪いこと、好ましくないことをあなた方の天命として定めるように。あなた方に、老齢に達することと 416 充実した生涯を与えないように（対訳 222-225 頁）。[43)]

さらに ESOD の 100 行ほど後に、もう一度アッシュルを呼び出す呪いが §58 の後半（§58b: 518）[44)] に「神々の父であるアッシュルがその怒る武器によって、あなた方を打ち倒すように」[45)] として置かれている。

戦いの男神としてのニヌルタやネルガルに呼びかける呪いの中には次のようなものが見られる。

---

43)「与えることがないように」はバビロニア語の否定希求形（vetitive）によって表現されている（*ayi iqīškunu*, 3sg. Bab. vetit. p-suff.）。その点でもこの呪いの形式がバビロニアに由来することがわかる。

44) 同じ §58 の前半が条件節であり、後半が帰結文（呪い）となっている。

45)「あなた方を打ち倒すように」（l.518, *lišamqitkunu*, 3sg. prec. p-suff.）。

§41: 425-427　[425] ニヌルタ、神々の先頭を行く者が、彼の怒りの矢によってあなた方を打ち倒すように。[426] あなた方の血で野を満たすように（*limalla*, 3sg. prec. vent.）。あなた方の肉を鷲と禿鷹に [427] 啄ませるように[46)]（対訳 224-225 頁）。

§49: 455-456　[455] ネルガル、神々の英雄が、その容赦のない剣であなた方の命を [456] 消すように（*liballi*）。殺戮と疫病をあなた方の中に置くように（*liškun*）（対訳 226-227 頁）。

他方、出産の女神ベーレト・イリーを呼び出す呪いでは、出産がなくなることがテーマとなる。

§46: 437-439　[437] ベーレト・イリー、創造の女主人が、あなた方の国の出産を [438] 断つように（*liprus*, 3sg. prec）。子どもと乳児の泣き声が [439] 道でも広場でも、あなた方の子守りから奪われるように（*lizamma*, 3sg. prec. vent.）（対訳 226-227 頁）。

水の神エアを呼び出す呪いでは、「水腫」に罹患させるというテーマが見られる。

§60: 521-522　[521] エア、深淵の王、地下水の主が、「生きることなしの水」[47)] を [522] あなた方に飲ませるように（*lišqīkunu*, 3sg. prec. p-suff.）。あなた方を水腫で満たすように（*aganutillâ limallīkunu*）（対訳 232-233 頁）。

10.4.　第 2 グループ（バビロニア様式以外）の呪い

「第 2 グループの呪い」とは、様々な文化に由来するものであり、一定の様式をもつわけではない。しかし、あえて特徴を挙げるならば、特定の神を呼び出すことなく、比喩的表現によって具体的なイメージを抱かせることで、その呪いの恐ろしさを思わせるようなものが多くみられる。

帰結文のすべては条件節から続く。しかしいくつかの呪いがまとめて置かれると、条件節からの続きが不明瞭になるため、次の「条件節⑧＊（＝条件節⑦）＋帰結文③：§§63-65」のように帰結文の前に、前出の条件節の繰り返しを示す「同じく」が置かれる。それも ESOD 編者の工夫であるが、さらに呪いを下す主体として「その名をこの書板に挙げられたすべての神々」を挙げている。それも様々な由来をもつ呪いを、由来から切り離して ESOD に編み込む工夫といえる。

§63: 526-529　[526] 同じく、[48)] その名をこの書板に挙げられたすべての神々が、[49)] [527] あなた方に対して、一つの煉瓦のごとく土地を狭くするように。[50)] [528-529] あなた方の土地を鉄のごとく

46）「啄ませる（食べさせる）ように」（l.427, *lišākil*, *N28B*: *lušākil*）。

47）文字通りには「非・命の水」（l.521, *mê lā balāṭi*）。

48）この「同じく」（KIMIN）は先行する条件節⑦を繰り返すことを指す。*N27* と N31 では「同じく」を 2 回表記している。

49）この句をもつのは *N27*, *N35+*, T vii 17-18 の三つであり、N28A と N31 では省略されている。

50）「あなた方に対して、一つの煉瓦のごとくに土地を狭くするように」（l.527, *ammar libitti kaqquru lusiqqūnekkunu*, **s'q* D, 3pl. prec. vent. p-suff.）。本来は「この一つの煉瓦が狭いごとくに、あなた方の土地が狭くなるように」という、次の §§64-65 と似たような比喩を用いた呪いの言葉であったと推

するように（*kaqqarkunu kī parzilli lēpušū*）。（そして）何もそこから芽を出さないように。[51)]

§64: 530-533　[530] 青銅の天から雨が降らないごとく、[531] このごとく雨（と）露があなた方の畑や [532] 草地に行かないように。[52)] 雨の代わりに[53)] [533] あなた方の国に炭が降るように。[54)]

§65: 534-536　[534] 錫が火の前でもちこたえられないごとく、[535] あなた方は敵の前で立っているな！[55)] あなた方は息子たち [536] と娘たちをあなた方の手でつかむな！[56)]（対訳 232-235 頁）

次の三つの帰結文も、それぞれ最初に「同じく（、同じく）」を付しているテクストがあるため、条件節と帰結文の組み合わせとする。

§66: 537-539　[537]（同じく、）[57)] ラバ[58)] に子孫がないごとく、[538-539] あなた方の名、あなた方の子孫、そしてあなた方の息子たちと娘たちの子孫が国からいなくなるように（対訳 234-235 頁）。[59)]

§76: 570-572　[570] 同じく（N37）、蛆虫（*šassūru*）がチーズを食うごとく、[571] あなた方がまだ生きているうちに（蛆虫が）あなた方の肉、あなた方の妻たち、[572] 息子たちと娘たちの肉を食うように（*lū tākul*）（対訳 238-239 頁）。

§84: 594-598　[594]（N37: 同じく、同じく、）蜂の巣に [595] 穴が開けられているごとく、[596-597] 彼ら（＝神々）があなたの肉に、あなた方の妻たち、兄弟たち、息子たち、娘たちの肉に、[598] あなた方がまだ生きているうちに穴を開けるように[60)]（対訳 240-241 頁）。

測できる。§63 の冒頭には編集作業としての若干の改変があったと考えられる。

51)「出さないように」(1.529, *lū lā iparru'a*, 3sg. Ass. vetit.)。アッシリア語には否定希求形（vetitive）がないが、それに代わる表現法として現在形の前に *lū lā* を置く。本論では「アッシリア語の否定希求形」(Ass. vetit.) とする。

52)「行かないように」(1.532, *lū lā illak*, 3sg. Ass. vetit.)。

53) *N27* では「露のかわりに」(1.532, *kūm [na]lši*)。

54)「降るように」(1.533, *liznunā*)。「申命記」28:23-24 との関係を論じることは簡単ではない。後述（10.3.）するようにアッシリア宮廷では、周辺世界の呪いの言葉を収集していたと考えられる。それらは口伝としてすでに長い歴史を持っていたはずであり、また ESOD に採用された文言だけでなく、多くのバリエーションもあったはずである。他方、ESOD にまとめられた形としての「呪いの言葉集」も配布されたそれぞれの地域に大きな影響を与えたと考えられる。

55)「立っているな！」(1.535) は「もちこたえられなくなれ！」の意。

56)「つかむな！」(1.536, *lā taṣabbatā*, 2pl. proh.) は「つかむことができなくなれ！」とも訳せる。

57) ここでは *NX12* だけに「同じく」(1.537, KIMIN) があるが、これも一つの条件節を表し、直接的に続く帰結文と組み合わされていることになる。

58) ラバは雄ロバと雌馬との間の雑種で繁殖不能。

59)「いなくなるように」(1.539, *liḫliq*, 3sg. prec.)。ここでは集合的に単数が用いられている。

11. 神観・歴史観・家庭教育の「普遍化」

文化、歴史、社会の様々な点で背景と価値観を異にする人々、しかも当時のアッシリア支配下に置かれた、立場の異なるすべての人々に対して、アッシリア王への忠誠を誓わせることは容易なことではなかったはずである。メソポタミアの伝統に則った規範を示すだけでは不十分であったため、ESOD にはいくつかの革新が講じられている。その一つは、個々人が行う家庭教育を通して、倫理観だけではなく、神観や歴史観をも「普遍化」する試みでもあった。

11.1. マス・メディアとしての粘土板と「天命の書板」の広域配布

ティグリス・ユーフラテス河によってできた沖積平野では、石材は取れないが無尽蔵に粘土があり、最大の粘土板文書であるESOD 書板の大量生産が可能になった。その制作には多くの書記が何日も従事したと思われるが、誓約者の固有名詞の部分以外はほぼ同文であるために実現したのであろう。その書記たちをはじめ、アッシリアの重要な職務を担う者たちはESOD の誓約に召集されていたと考えられる。

タイナト版の発見によって、アッシリアから派遣される代官がESOD の書板を任地に持ち帰って神殿に安置したことが実証された。ただし代官のなかにはいくつかの任地の代官を兼任するものがあった（たとえばWatanabe 1992, 365, 4.1.5. 参照）ため、当時の属州70 余よりも代官の人数は少なかった可能性がある。

メソポタミアでは、最高神が定めた「天命」（シームトゥ、*šīmtu*,「定められたこと」の意）は「天命の書板」に書かれて押印されてきた。さらに、毎年の新年祭において、「天命」は更新されていた。ESOD は最高神アッシュルが自らの「天命の印章」[61] によって押印した「天命の書板」としての性格ももっていた。しかしESOD は更新されることなく、「未来永劫」有効であり、子子孫孫が永遠に守り続け、伝え続けることが要請されている。すなわち、メソポタミアの古い神話的伝統から発展させて新しい、誰にでもわかりやすいものとする変革が行われていた。

11.2. 主君への忠誠と家庭教育

ESOD の内容は子子孫孫に語り伝えて、学ばせなければならないとされるが、それも国家や組織が行うことではなく、あくまでも個人が家庭教育の中で行うことが説かれている。それぞれの文化圏において教育のあり方も内容も一様ではなかったはずであるが、そのような違いに頓着することなく、すべての誓約者に対して、家庭内における永続する教育を行うことで誓約を継続させるという方策を打ち出している。たとえば§25 には次のように記されている。

---

60)「穴を開けるように（N32, T:「穴が開けられているように」)」(l.598, N30C: *lupallišū*, **plš* D, 3pl. prec., N32: *lū pallušā*, stat. prec., T: *lū palluzā*)。Lauinger 2013, 121 ad. vii 81, 83; /z/ と /š/ の交代については Hämeen-Anttila 2000:10 参照。

61) 押印に用いられたアッシュルの三つの印章のうち、新アッシリア時代の印章は、センナケリブがアッシュルに献じた「天命の印章」であることが、その銘文から明らかである。渡辺 1985; Watanabe 1985; 渡辺 1992; 1998b 参照。

§25: 283-301 [283-287]〈もしあなた方が万が一にも、〉アッシリア王エサルハドンが大皇太子アッシュルバニパルと彼の兄弟たち、大皇太子アッシュルバニパルの母の息子たちのためにあなた方と結び、設定し、あなた方に誓わせたこの誓約（について）、[288-292] この誓約以降の将来に生まれるあなた方の息子たち、あなた方の孫たち、あなた方の子孫、あなた方の子孫の子孫に言わないならば、（次の）教えを彼らに与えないならば、（すなわち）「この誓約を守れ！あなた方の誓約に対して罪を犯すな！ [293]（それによって）あなた方の命を滅ぼすな！ [294-296] あなた方の国を破壊に、あなた方の民を捕囚に委ねるな！　神々と人々の前で受け入れられるこの言葉が [297] あなた方の前でも受け入れられるように。あなた方にとっても好ましいものであるように。[298-299] 大皇太子アッシュルバニパルが国と民の主権を掌握することが守られるように。[300] 将来、王権には彼の名が呼ばれるように。[301] あなた方にとって別の王、別の主人を据えてはならない」（対訳 214-216 頁）。

11.3.　人々の幸・不幸と法的文書としての誓約文書

元来、誓約も誓約儀礼もそれぞれの宗教的伝統に根差しているのであり、その普遍化を図ることは容易ではない。そこで、アッシリア宮廷にそれまで蓄積されてきた、周辺世界の多様な宗教文化の知識が役立てられた。占領地の人々を別の地域に移住させる政策によって、文化の交流・混淆が各地で起きただけでなく、様々な人々が何を幸福と感じ、何を不幸と感じて生活しているかについての情報収集がなされていたことであろう。とりわけ人々の幸・不幸を端的に表すのは、伝統的な祝福と呪いの言葉であり、常に呪いは祝福の裏返しの内容をもっていた。

ESOD は、王の死後に生じる王権の空白期間において、アッシリア内外の様々な人々を制し得る権威を明瞭にするという観点から書かれている。王権の危機に対抗し得る権威は宗教的権威とされたが、一つでは不十分であり、「すべて」の宗教的権威を呼び出す必要があった。そこでアッシュル以下、全世界の、天と地の神々に至るすべての神々が呼び出された（上記 4.1. の §3 参照）。

他方、ESOD は法的文書としての誓約文書であるため、誓約の対象としての取決め事項（命令と制定事項に当たる）を提示し、それに違反する場合の具体例の提示（条件節）があり、続いて罰則（帰結文としての呪いの言葉）が示される。このような法的文書では、取決め事項を遵守した場合の「祝福」があるとは言われないが、上記の §25 に暗示されているように、誓約を守れば捕囚民とされることもなく、生命と生活が守られると説かれていた。王権の引き継ぎ後も続くべき政策として「パックス・アッシリアーナ」が打ち出されたと見ることができる。アッシリアの滅亡によって完全には実現されなかったが、ESOD は平和路線への転換を打ち出していた。その政策は表面的な言葉によって目指されたのではなく、長年にわたるアッシリア宮廷による異文化理解と外国語教育に裏打ちされていた（12.3. 参照）。周辺世界から集められた呪いの言葉には、人々の生業、暮らしぶり、地方色などが反映されている。しかし各地の人々の幸せが、健康、生命の保全、安寧などにあることは民族、言語の違いを超えて共通しているのであり、互いに了解可能なものであった。長大な呪いの言葉の集積と整理は、人間の多様な価値観の「普遍化」の試みでもあった。

11.4.　誓約文書の崇拝

タイナト版によって全文が判明した関係節である ESOD の §35（ll.397-409）の終わりの部分（ll.405-409）からは、次のように、神アッシュルが押印した粘土板の誓約文書を「あなた方の神

図版６　台座の正面に施された浮彫は、アッシュルの「天命の書板」を礼拝するアッシリア王トゥクルティ・ニヌルタ１世（在位前1243-1207年）の姿である。従来は、書記の神ナブーのシンボルとしての書板を礼拝していると解されてきたが、下部にある銘文の内容からも「天命の書板」に訂正されるべきである（Watanabe 2014, 162; 170; 渡辺2016a, 329参照）。王が立ったり、跪いたりする礼拝の動作を一つの場面で表す異時同図の手法が用いられている。下部に刻まれた銘文は次のように読める。「エクル神殿の大臣、正義の尺をもつ者、（そして）アッシュルとエンリルの廷臣であるヌスクの台座。彼（ヌスク）は、その愛する王であるトゥクルティ・ニヌルタ（１世）の祈りをアッシュルとエンリルの前で日々繰り返す。エクルにおける彼の権勢の天命が[…]。[私の]主である[アッ]シュルが永遠に…［欠損］」（Grayson 1987, 279-280参照）。アッシュル出土。高さ57.5cm、幅57.5cm、奥行き23.5cm。古代近東（ペルガモン）博物館（ベルリン）蔵。Orthmann 1975, No.195.

図版７　中期アッシリア時代の神アッシュルの印章印影Ｃ（図像の再構成）。図像は左から、神アッシュル、とりなしの男神、祈る王、天候神アダド。跪いて祈る王は図版６と同じトゥクルティ・ニヌルタ１世と考えられる。本来、右手を挙げて人差し指を前に出す「ウバーナ・タラーツ」（「指を伸ばす」の意）というアッシリアの謙譲のしぐさを示しているが、印影であるために、左右が逆転している。高さ7cm。Wiseman 1958, 21.

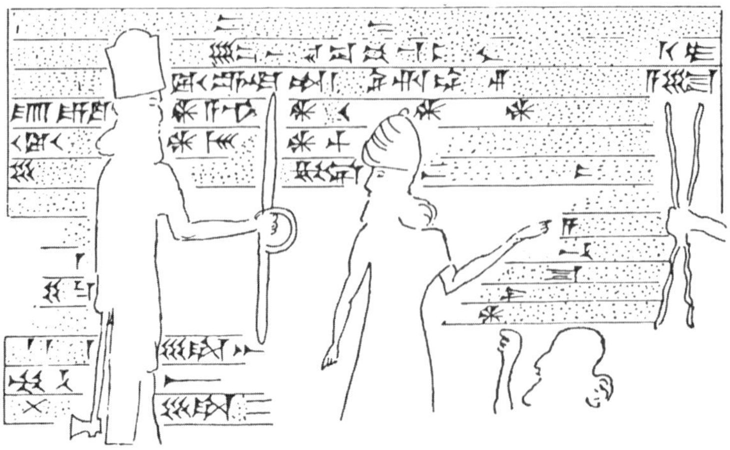

図版８　中期アッシリア時代の神アッシュルの印章印影Ｃ（銘文の再構成）。水平方向に14行刻まれている銘文は、印影のあるいくつかの粘土板によって再構成してもまだ不明瞭であるため判読不能。Wiseman 1958, 20.

のごとく守る」ことが要請されていたことがわかる（Watanabe 2014, 158-161 参照）。

> 405-407（あなた方のうちの誰でも、）あなた方の主人であるアッシリア王エサルハドンの息子、大皇太子アッシュルバニパルの（に関する）誓約がそこに書いてある、この偉大な君主（＝アッシュル）の印章（が押された書板）、神々の王であるアッシュルの印章が 408 押されている、あなた方の前に置かれた（この書板を）409 あなた方の神のごとく守らないならば―（傍点渡辺。対訳 222-223 頁）。[62)]

当時のアッシリア 70 余の州において、それぞれの主要神殿に ESOD が「神として」祀られていたならば、それは大いに「グローバル・スタンダード」を形成する事象であったといえる。様々な民族が混ざる多くの国家や都市においては多様な神観念があったはずであるが、あえてそれを問うことなく、ESOD の書板を「あなた方の神」との類推に任せて扱わせようとしたことは重要な意味をもつ。粘土板文書は表面の文字を読んだ後、垂直方向に回転させて裏面の文字を読む。しかし ESOD は、粘土板文書としては唯一の例外として、本の頁と同じように水平方向に回転させて裏面の文字を読むように書かれている（Watanabe 1988）。しかし ESOD の粘土板は最大であり、石碑であるかのように、立てた状態で読む人が裏に回り込んで読むことになる（図版 2 参照）。

さらにこのことは、前述したようにメソポタミア古来の「天命の書板」の神話の発展であり、いわば「グローバル化」の試みでもあった。「天命」（*šīmtu*）は動詞「確定する、制定する」（*šiāmu*）の派生語であり、最高神が神々と人々の「天命」を決定して「天命の書板」に記させて、「天命の印章」で押印すると考えられた。本来、「天命の書板」の内容は新年祭で更新されていたが、エサルハドンは ESOD を誓約と神アッシュルの押印によって更新され得ない、永遠のものとした。またそれだけでなく、多くの人々の崇拝対象として提供したことになる。

アッシュル出土の「台座」正面の浮彫の場面（図版 6）は、中期アッシリア時代の王トゥクルティ・ニヌルタ 1 世（在位前 1243-1207 年）が、書記の神ナブーのシンボルである書板と葦のペンを礼拝しているのではなく（Watanabe 2014, 162; 170; 渡辺 2016a, 329 参照）、アッシュルの「天命の書板」を礼拝している場面と考えられる。なぜならば、彼はアッシュルとバビロニアの（当時の）最高神エンリルとを同一視することを推進し、天命決定者としてのアッシュルの属性を一層強調したからである。その「台座」には次のような銘文が刻まれている。「エクル神殿の大臣、正義の尺をもつ者、（そして）アッシュルとエンリルの廷臣であるヌスクの台座。彼（ヌスク）は、その愛する王であるトゥクルティ・ニヌルタ（1 世）の祈りをアッシュルとエンリルの前で日々繰り返す。エクルにおける彼の権勢の天命が「…」。［私の］主である［アッ］シュルが永遠に…（欠損）」（Grayson 1987, 279-280 参照）。

この新知見から、エサルハドン治下のアッシリアには、「天命の書板」を礼拝する長い伝統がすでにあったことになる（Watanabe 2014, 162）。もっとも、メソポタミアの神話では、最高神だけが「天命の書板」を保持するとされていたため、アッシュルの「天命の書板」を礼拝できる人間

62）§35 の終わりの部分（ll.405-409）では主語が第 2 人称複数「あなた方」に変化する。動詞は「守らない」（l.409, *lā tanaṣṣarāni*, 2pl. pres. subj.）。ここでは、むしろ「もしあなた方が」（*šumma attunu*）を補った方が文法的にはわかりやすいが、あえて最初の関係節が続いているとして「（あなた方のうちの誰であれ、）」を補って読む。

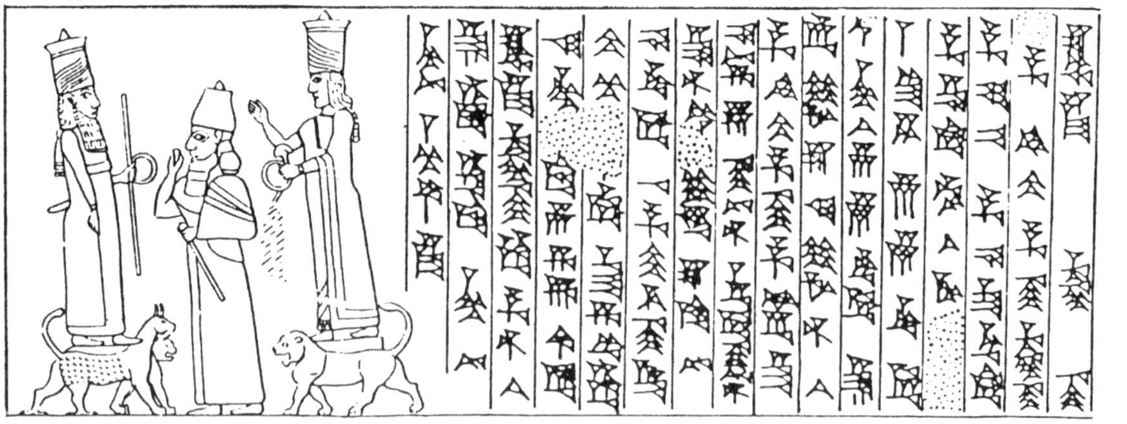

図版９　新アッシリア時代の神アッシュルの印章印影Ａ（再構成）。16 行の銘文は「神々の王であるアッシュルが、天と地の神々であるイギグとアヌンナクの天命と人間の天命の定めに押印するための天命の印章。すべて（この印章で）押印すること（によって確定されたこと）は変更してはならない。それを変更する者を、神々の王であるアッシュルと（その配偶）女神ムリスが、彼らの息子たち（である神々）とともに、彼らの強力な武器によって撃ち殺すように。[アッシリア]の王である我センナケリブは、汝を畏れる君主である。記された我が名を消す者、汝のこの天命の印章を紛失させる者（があればその者）の名と子孫を国から消し去りたまえ」。図像は左から、アッシュル、祈るセンナケリブ、女神ムリス。センナケリブのしぐさはバビロニアから取り入れた「アパ・ラバーヌ」（「鼻を平らにする」の意）という謙譲のしぐさであり、エサルハドンに引き継がれた。高さ 5.5cm。Wiseman 1958, 16.

は、王に限られていたことになる。この台座レリーフの跪いて祈る王の姿は、ESOD にある印影のうち中期アッシリア時代のもの（図版 7-8 参照、図版 2 の印影 C にあたる）の中央で跪いて祈る王の姿と酷似している。この印章銘文は完全には判読できていないが、トゥクルティ・ニヌルタ 1 世が「天命の書板」に押印するためにアッシュルに献じた「天命の印章」と推測できる。

なお、ESOD の押印に用いられた新アッシリア時代の印章（図版 9）は、その銘文から、センナケリブがアッシュルに献じた「天命の印章」であることが明白であるために、なおのこと、中期アッシリア時代の印章も「天命の印章」である可能性が大きい。エサルハドンの父センナケリブはバビロニアを下し、バビロニアの最高神マルドゥクの権能をアッシュルに移し換えることを試みる宗教改革を行ったが（Vera Chamaza 2002, 111-167 参照）、その一環として作成され、神アッシュルに献じられた「天命の印章」が ESOD にも押されたことになる（渡辺 2009 b ,387-391 参照）。

ESOD では誓約者が誓約し、違反すれば神々の呪いを引き受けることを明言する。アッシュルが押印したことは、誓約に証人として立ち会ったこと、また最高神として誓約の文言を含めて、すべて書かれていることを「天命」、しかも永久に有効な「天命」として定めたことを保証し、また誓約違反の場合の呪いも保証することを意味する。ESOD は大量に作成された点、また更新されることがない点で、伝統的な「天命の書板」とは異なるが、崇拝対象とされたことは、アッシリアにおいて、少なくとも 500 年以上前から知られていた伝統の延長線上にあったといえる。史上最大規模の統治政策の一環として、ESOD の中では、アッシュルによって押印された法的かつ宗教的な文書を「あなた方の神として守る」という新しい要請がなされたが、それ以上の説明は加えられていない。この場合も、アッシュルの印章印影が目立つ ESOD 書板の神としてのイメージを、個々人がもつ神のイメージに重ねて理解することが求められたが、このようなやり方こそ、極めて広い範囲で法的文書としての誓約文書を崇拝対象として神格化させることに有効であったと考えられる。

12.　ESOD の宗教史的意義

12.1.　土地・都市・国としてのアッシュルと神アッシュルの特異性

前 3 千年紀までにすでにアッシュルと呼ばれていた土地が神格化されたことによって神アッシュルが生じた（Lambert 1983; 渡辺 1998b; 2009b; Watanabe 2014, 164 参照）という事実は極めて特異であり、その後の歴史に大きく作用することになる。前 2000 年頃（古アッシリア時代）に、都市アッシュルはウル第 3 王朝の滅亡を機に都市国家として独立し、アッシリアとなった。その後、アッシリアは前 612 年に滅亡するまでの約 1400 年間にわたって続くことになる。もちろん都市国家も国家であり、「アッシリア」（英語の Assyria の訳語）と呼んでさしつかえない。領域国家だけが国家であるという考えは誤りである。ただし今日では、メソポタミア南部を「バビロニア」、北部を「アッシリア」と呼ぶこともあるため、注意を要する。

大小の国々が興亡を繰り返した古代オリエントにおいて、アッシリアが 1400 年間も続いた理由は、土地の神格化が神アッシュルであり、それがそのまま領土アッシリアでもあるという特殊事情にある（渡辺 1998b; 2009b, 288-293）。もっとも土地アッシュルの神格化は都市国家成立のはるか以前に起こったのであり、アッシリアの伝統の連続性はさらに長い期間に及ぶ。

12.2.　アッシリアの伝統の継続と進展

土地アッシュルについては古い時代の層が発掘されていないために史実の再構成が難しい。前 2 千年紀の初めの古アッシリア時代については中央アナトリア（特にキュルテペ、古代名カニシュ）から、アッシリア商人の活躍を示す文書が大量に出土しているが、同時代のアッシュルからの文書はほとんど発見されていない。キュルテペ出土文書のうち、史的情報として最も重要な文書の一つは、近年公刊された最古の「リンム（エポニュム）表」（Kültepe Eponym List = KEL, Veenhof 2003; 渡辺 2009c, 657-663）である。リンム制度は各々の年の名として異なる役人の名を与えて年号とするものであり、「中年代説」（バビロン第 1 王朝アミツァドゥカ治世の金星観測記録と照合して、アミツァドゥカの第 1 年を前 1702 年とする仮説）によると KEL は前 1974-1846 年に相当する。このリンム制度はエリシュム 1 世（在位前 1974-1935 年）が始めたものであり、周辺諸国が取り入れることもあったが、アッシリアの最後である前 612 年まで続いた（Millard 1994 参照）。すなわち、アッシリアのリンム制度だけでも、「中年代説」では前 1974- 前 612 年の 1363 年間継続したことになる。[63]

その後アッシリアも様々な戦闘に巻き込まれたに違いないが、特に中期アッシリア時代には、アッシリアはミタンニ（Mittanni）[64] 王国の支配下に置かれたと考える研究者もいる。かつてはアンティ・セミティズムの思想をもつ研究者がミタンニの支配者を印欧系であると誤解し、その支配

63）ほかには「高年代説」（アミツァドゥカの第 1 年が前 1801 年）と「低年代説」（アミツァドゥカの第 1 年が前 1646 年もしくは前 1582 年）があるが、どの年代説も決定的な論拠はなく、通常は「中年代説」が用いられる。中期アッシリア時代のリンム制度については Saporetti 1979、新アッシリア時代のリンム制度については Millard 1994; 渡辺 2009c, 663 参照。

64）なおミタンニの原語による呼称と表記は様々であるが（Wilhelm 1994; 渡辺 2009b, 336-343 参照）、日本語表記をあえてミッタニに変更する必要はない。

図版 10　古アッシリア時代の神アッシュルと市役所の印章印影 B（再構成）。銘文 2 行は、「神アッシュルのもの。（アッシュル）市の館（＝市役所）のもの」と読める。これは再利用の印章であったため、残存する図像はバビロニアに由来する。両手を挙げてとりなす女神（左）と片手を顔の前に挙げて祈る支配者像。本来あったはずの祈りの対象であるバビロニアの神像は削り取られている。そこにアッシュル像が期待されるが（渡辺 1998b, 282-283 参照）、土地の神格化であり、図像が知られていなかったために空白のままにされたと考えられる。高さ 3.4cm。Wiseman 1958, 18.

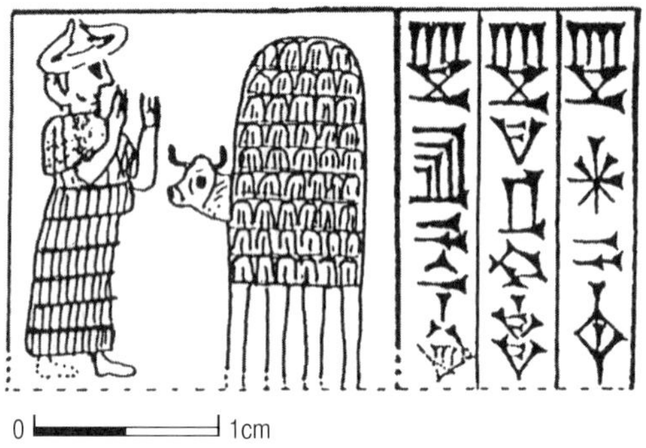

図版 11　中央アナトリアのアジェムホユクから出土した神アッシュルの印章による古アッシリア時代の印影。Veenhof 1993, pl.124. 銘文は 3 行あり、「神アッシュルのもの。ニスハーティム（関税）のもの。（アッシュル）市の館（＝市役所）のもの」と記されている。第 1 行と第 3 行は図版 7 の印章銘文と同一である。図像は、左に、両手を挙げてとりなす女神、その前には奇抜な図像があるが、筆者は、アッシュル神殿の名前「野牛」（*rīmum*, Grayson 1987, 32, ii 12 参照）にちなんで牛の首、山、神殿の柱を組み合わせて図像化したものと考える。渡辺 1998b, 283 参照。

力を過大評価したことによる。[65] その後、ミタンニの人々は印欧系ではなく、フリ語を話す人々と判明した（渡辺 2009b, 301-305 参照）後にも、ミタンニはアッシリアを、たとえ一時でも支配下に入れたとする仮説が出されている（それに関する議論については Lion 2011 参照）。しかし J. N. ポストゲイトも正しく指摘するように、土地そのものに神性があり、特に都市アッシュルは常に宗教的中心地として存続するために、アッシリアは消滅することなく、復活するのである（Postgate 2011, 93-94）。もちろん「領域国家の支配者の交替」という概念だけで歴史をとらえることが不適切であることは今日に至るまで変わっていない。

ESOD の書板に押された三つの異なる時代のアッシュルの印章が示すように、これらの印章の、特に最古の印章（図版 10）の保存が千数百年間なされてきたという事実も、「アッシュルの土地・国」の連続性の意識が保持されてきたことを表す。またアッシリアの施政者は本来、世襲制ではなく、「王朝」という考え方もなかった。王位簒奪者もアッシリアの地を治めればアッシリア王とされ、歴代のアッシリア王たちとの「連続」を重視する歴史叙述をしてきたこともアッシリアの一貫性を強化した。血縁ではなく、いわば「地縁」による継続といえる。もっともアッシリアの施政者たちは、入手できる最古の資料によれば、神アッシュルを王とし、自らはアッシュルに仕える者としていた（渡辺 1998b, 277-278; Grayson 1987, 12-13 参照）。「国アッシュルの王」と自称し始めたのは、国際関係が重要になるアッシュル・ウバリト 1 世（在位前 1363-1328 年）のころからである。

神アッシュルはアッシリアの国土そのものであり、またアッシリアの最高神であり続けた。次第に金星と戦闘の女神イシュタル、月神スィン、太陽神シャマシュ、天候神アダドなど、バビロニアから多くの神々（の名前）が導入されたが、アッシュルだけがアッシリア本来の神として特別扱いされるという、ある種の「一神教」の形態があった。そして ESOD ではアッシュルの下に全世界の神々だけでなく、天と地の、すなわち全宇宙の神々も位置付けられた。

65）楔形文字文書研究の歴史と思想との関係について論じることは別稿に譲るが、特に 20 世紀初頭のドイツにおけるアンティ・セミティズム（反ユダヤ主義）との関連については Larsen 1995 参照。

前2千年紀の前半（古アッシリア時代）には神アッシュルの図像表現に定型はなく、他の神々のように神人同形観はなかった。そのために、ESODの押印に用いられた三つの印章のうち、最も古い古アッシリア時代のおそらく前19–18世紀の印章図像（図版10）には、礼拝対象の神の姿が刻まれていない。ほぼ同時代の印影として比較し得るのはアジェムホユク出土の印影である（図版11、渡辺1998b, 283も参照）。

しかし、中期アッシリア時代にはアッシュルも他の神々のように人間の姿で表されるようになったことがわかる。その最初の例が中期アッシリア時代の印章印影Cである（図版7-8参照）。

ESODにおいても「一神教的」傾向は窺える。第1に、アッシュルだけが押印していることである。「天命の書板」であれば最高神だけが押印するわけであるが、ESODでは世界のすべての神々の前で誓約をさせているにもかかわらず、押印するのはアッシュルだけである。他の法的文書の場合は、証人とされる者全員が押印することを考えると不自然である。この点でもそれまでの「天命の書板」ではない、何か新しい文書のあり方が模索されているようである。第2に、より明確な形で、制定事項⑤（上記27頁）の中に次のようにある。

> これから後、未来永劫、アッシュルはあなた方の神、大皇太子アッシュルバニパルはあなた方の主人である。あなた方の息子たちと孫たちは彼（＝アッシュルバニパル）の息子たちを畏れ敬うように（§34: 393-396; 対訳222-223頁）。

アッシュルバニパルは人間として永遠ではあり得ず、将来の世代は、アッシュルバニパルの子孫を敬うこと、すなわち王権の世襲が強く期待されている。他方、神アッシュルについての定めは興味深い。土地アッシュルの神格化として、神アッシュルは必然的に「ローカル」な神であり、アッシリア人以外にアッシュルの崇拝は求められてこなかった。アッシリア国内であっても、アッシュルは国家神であり、一般人にはそれほど近い存在ではなかったはずである。しかしESODでは国も民族も越えてアッシュルを「あなた方の神」として宣言するが、その効果については、アッシリアがその60年後に滅びたために、史実によってたどることはできない。しかしエサルハドンの目論見は、バビロニア統治を含めて、もはや軍事力で巨大な帝国を維持できないことを見据えての平和政策への転換であり、そのための宗教改革でもあったといえるのではないか。ESODのすべての書板を「あなた方の神のごとく守る」（§35の405-409行）よう要請されたことによって、宗教史的にも前例がない事態が引き起こされたはずである。またそれは、個々人の神との関係に基づいたやりかたでアッシュルを神として敬うことを広める画期的な宗教政策であった。

またさらに、強大な帝国がその統治政策として国家神アッシュルをアッシリア内外の人々の神とし、アッシュルが押印した文書を神として扱わせるということは、アッシリアの支配下で、それぞれの神々を崇拝しながらも、誰もが一律に同じ神を敬うというある種の一神教の導入として受け取ることもできたのであり、このことも次に述べるユダ王国における契約、より正確には誓約に基づく一神教形成に影響した可能性が高い。

12.3. 「法・宗教・政治」と「契約・誓約・条約」

誓約文書研究において法と宗教の関係をめぐる論議に関してここで研究史を少し振り返る。法制史学者のV. コロシェッツ（生没1899-1985年）は1931年の著書において、当時知られていた「ヒッタイト国際条約」の形式を研究、分析し、それらを「宗主権条約」と「対等条約」に分類した（Korošec 1931）。その 23 年後の 1954 年、G. E. メンデンホール（生没 1916-2016 年）は 1 篇の論文を発表し、ヒッタイトの「宗主権条約」の形式が、「モーセの契約」（「出エジプト記」19-24 章）と「ヨシュアの契約」（「ヨシュア記」24 章）の形式と類似していると指摘し、それらの契約がヒッタイトの「宗主権条約」が通用していた時代、すなわち前 13 世紀頃に遡ると主張した（Menedenhall 1954）。ところが翌年の 1955 年にはイラクのニムルドで ESOD のニムルド版が発見され、1958 年にワイズマンが「エサルハドン宗主権条約」として公刊した。ワイズマンの主張は主に次の 3 点であった。(1) ヒッタイト「宗主権条約」の形式はすたれることなく前 7 世紀まで続いてきた。(2) その形式に従って粘土板の「真ん中」に王の印章が押されている。(3) 同時代の「申命記」の形式と呪いの言葉に影響を与えた。

ワイズマンの主張に対して筆者（Watanabe 1987; 渡辺 1987）は次のように反論した。(1) これは宗主権条約ではなく、王位継承に関する誓約文書である。(2) 粘土板の「真ん中」ではなく上方に、王の印章ではなく、神の印章が押されている。(3) ESOD の中には各地の呪いの言葉が集められたのであり、ESOD から「申命記」へというよりも、ユダ王国とその周辺に伝えられている呪いの言葉が ESOD に入ったと考えるべきである。しかし (3) については、ESOD が示す呪いの言葉の集大成は画期的なものであり、ユダ王国ではその形式を取り入れるとともに、ユダ王国で知られていた呪いの言葉も「逆輸入」して活用された可能性がある。

その後の議論は主に旧約聖書学者の間でなされたが、ヒッタイトやアッシリアのものは「条約」であり、したがって政治的であるため、聖書の「宗教的」な「契約」と比較すべきではないという意見も出された（たとえば Kutsch 1973）。ESOD と「申命記」28 章の呪いの言葉との比較は盛んに行われ、特に M. ワインフェルド（生没 1925-2009 年、Weinfeld 1972）や H. U. ステイマンズ（Steymans 1995）らが貢献した。しかし、「申命記」には ESOD には欠けている祝福の言葉が付されているために、その部分はかつてのヒッタイトの「国際条約」の影響であると考える聖書学者もいる（たとえば Berman 2013 参照）。少しでも類似があると、直接的借用や影響を想定する傾向が聖書学者には顕著であるが、ヒッタイトの文書から直接的に「申命記」に影響する、または引用されたという仮説は、ヒッタイトの文書と「申命記」の間にある 700 年ほどの時間的隔たりの中に位置するすべての文書と今後発見され得る文書を無視するものである。聖書学では新発見文書はまれであるが、アッシリア学では珍しくないという学的環境の違いにもよるのであろう。

他方、「法・宗教・政治」の、特に「契約・誓約・条約」の関係性の問題も残されている。前述したメンデンホールが、「宗教が契約（covenant）に基づくという発言がなされる時、それは法的慣習に起源をもつ行為の形式が宗教の領域に転用されたことを意味する」（“When the statement is made that religion is based on covenant, it implies that a form of action, which originated in legal custom has been transferred to the field of religion”, Mendenhall 1954, 50）と述べたことは興味深い。このような観点がその後に広範な論議の対象とならなかったことは残念である。しかし上述したように、この場合の「契約」（covenant）はヘブライ語の「ベリート」（ברית）であり、それは「誓約」（アデー）と同様に法的でありながら宗教的である。すなわち一定の法的形式に従って書かれ、同時に何等かの誓約儀礼を伴うものである。そのような「法的文書としての誓約文書」が、国家にかかわる政治的目的をもつことはあるが、決してそのような目的に限られることはなく、常に宗教儀礼を伴うものであり、「条約」と意訳されるべきではない。前述したように（上記 1.1.）、古代西アジアには何語であれ「条約」を意味する語は存在しなかった。

12.4.「平和政策」のための異文化理解と外国語教育

新アッシリア時代には、アッシリアから南メソポタミアのバビロニアの各地に宛てた行政書簡がバビロニア語で、バビロニアの文字を用いて書かれていた（Parpola 1993; Dietrich 2003; Reynolds 2003 参照)。それはアッシリアにとってのバビロニア支配が重要であったことにもよるが、語学（この場合はバビロニア語方言）が駆使できることは情報収集の、また異文化理解の基本であった。ESOD から窺えるアッシリアの統治政策において、バビロニアだけでなく、異文化理解が重んじられていたことは、多様な呪いの言葉が集められていることからも明らかである。しかしそのような異文化理解は一朝一夕に可能になるものではなく、長期にわたって行われてきた外国語教育に根差した成果と考えられる。

よく知られているように、アッシリアではティグラト・ピレセル3世（在位前 744-727 年）の治世以降には、公的記録がアッカド語とアラム語の 2 か国語で同時に取られるようになった（渡

図版 12　ティグラト・ピレセル 3 世（在位前 744-727 年）の治世の浮彫（部分）。大英博物館蔵。ニムルド（カルフ）出土。Reade 1998, 47. 前 8 世紀後半以降は、公的記録がアッカド語とアラム語の 2 か国語で取られるようになった。前に立つ人物（左）が書き留めるべきことを言い、2 人の書記がそれぞれの筆記用具でアッカド語の楔形文字を粘土板文書に、アラム語のアルファベット文字を羊皮紙に記している。3 人とも顎鬚がないことから宦官であることがわかる。アッシリアの宦官の姿については渡辺 1995; Watanabe 1999; Niederreiter 2016 参照。

図版 13　左のアラム語を羊皮紙に書く書記が宦官。書記であればどちらの言語も書けるため、宦官か否かと言語の違いとの間に相関はない。筆記具の違いによってペンの持ち方も違う。アラム語はインクをつけたペンで羊皮紙に書き、アッカド語はペンを粘土板に押しあてて書く。前 8 世紀。ティル・バルシプ（地図 1 参照）出土の壁画の模写（部分）。ルーブル美術館蔵。現物は現地に残る。Marzahn und Salje (eds.) 2003, 156. 筆者がかつて掲載した、この二人の書記の図版と説明文（渡辺 1998a, 355）から 2005 年度の東大入試（世界史）の問題が作成されたが、そこでは「羊皮紙」が「パピルス」に変更されていた (http://www.y-history.net/appendix/wh0101-096_3.html)。当時の羊皮紙もパピルスも全く出土していないが、それはほとんどの文書資料の場合と同様に焼失するからである。焼かれることによって圧倒的に長く残る粘土板文書と事情が大きく異なっている。いずれにしても描かれた形状から判断してアラム語が書かれたのはパピルスではなく、羊皮紙であろう。

図版 14　手前の書記（宦官）はおそらく蝶番によって閉じることのできる木製の蝋を塗った書板にアッカド語を記している。また蝋を塗れば繰り返し用いることができる携帯用の筆記具であった。奥の書記は羊皮紙にアラム語を記している。この書記たちは従軍して戦利品を記録しているのであり、服装、履物なども旅支度である。前640-615年頃。ニネヴェ出土の浮彫（部分）。大英博物館蔵。Reade 1998, 61.

辺 1998c, 292）。書記であれば当然ながら双方の言語が操れたはずである。前 8–7 世紀のアッシリアの浮彫りや壁画にも二人一組になって働く書記たちが見られる（図版 12-14 参照）。

また外国語はアラム語に限られることなく、かなり多くの言語が統治政策の一環として官僚たちに教育された可能性も十分にある。『旧約聖書』の「列王記下」には、センナケリブがラキシュから大軍とともにタルターヌ、ラブ・シャレーシ、ラブ・シャケの地位にあった高官たちがユダ王国の首都エルサレムに派遣され、ラブ・シャケが「ユダの言葉」（後代のヘブライ語）で人々を説得したという次のような記事がある。ユダの役人が、自分たちはアラム語がわかるので民衆が理解しないようにアラム語で話してほしいと頼むが、ラブ・シャケは民衆が理解できなければ意味がないと答えて、「ユダの言葉」でアッシリアに対する恭順を説き続ける。

> 「ヒゼキヤの言うことを聞くな。アッシリアの王がこう言われるからだ。『わたしと和を結び（עשו־אתי ברכה）、降服せよ。そうすればお前たちは皆、自分のぶどうといちじくの実を食べ、自分の井戸の水を飲むことができる』」（新共同訳『旧約聖書』「列王記下」18:31）。

このラブ・シャケが「ユダヤの言葉」を話せた理由については諸説あるが、かつて北イスラエルの首都（サマリア）から捕囚に取られた「イスラエル人」であったからとする説が最近も出されている（Levin 2015）。しかし同じセム系のアッシリア人にとって「ユダの言葉」を話すことは、それほど困難なことではなかったはずである。現在のところ当該のラブ・シャケの史実に関しては裏付けがないが、すでにセンナケリブの治世において「平和政策」の推進がアッシリアの課題となっていたとしても不思議ではない。さらに版図が拡大したエサルハドンの治世において、すなわち未曾有の大帝国のその後の支配体制のためにも「平和政策」が一層推進されるべきとされた結果、ESOD においてそれが前面に出されている（たとえば §25、対訳 214-216 頁）と考えるべきではないか。

またラブ・シャケに限らず、アッシリアの重職にある者たちには、数か国語話せることが要求されていたことも十分想定できる。ユダ王国だけでなく、すべての周辺諸国を説得できなければ「平和政策」は実現しないからである。またアッシリアにとっては、多様な人々の多様な生活感覚を理解できてこそ、有効な呪いの言葉をESODに収録することも可能になるからである。そのようなアッシリアの異文化理解と現地語主義（渡辺1998c, 293-294）に基づく帝国支配の方策は手厚い語学教育に基づいて実現すると考えられる（かつて筆者はそのラブ・シャケの母語がヘブライ語であった可能性も想定した（渡辺1998c, 294）が、現在はその可能性を否定したい）。アッシリアの中枢における多言語教育を可能にするものは、捕囚によって連行されてきた周辺諸国の知識層であったに違いない。しかしながら、そのような捕囚民を教育しなおしてアッシリアの政策のために外国に派遣したとは考えにくい。たとえ捕囚民を通訳として、また情報収集のために同行することはあったとしても（Radner 2009参照）、アッシリアの役人に外国語を学ばせて各地に派遣し、アッシリアのために働かせたと考える方が自然であろう（Watanabe, forthcoming参照）。

12.5.「誓約の書」に基づく宗教改革とESODの影響

ESODの粘土板文書は、親アッシリア政策をとっていた当時のユダ王マナセ（在位前687-642年）にも手渡されたことは想像に難くない。それはエルサレム神殿に安置されたはずである。マナセを継いだアモン（在位前642-640年）の短い治世があり、その後に王位についたヨシヤ（在位前640-609年）は、強大なアッシリアが弱体化してゆくことを目の当たりにすることになった。

アッシリアは前述したようにESODが発行されてから60年経過した前612年に滅亡した。ヨシヤにとって政治的にも宗教的にも独自の路線を打ち出す好機であったが、「ヨシヤ改革」のためには強い精神的支柱が必要であり、その大役を担わされたものは「神殿で発見された契約／律法の書」（「列王記下」22:8-23:3）であった。すなわち、ヨシヤはマナセがエルサレム神殿に安置したESODの書板を処分したに違いないが、同時に、先祖に与えられていた契約（誓約、ベリート）の書、もしくは律法（トーラー）の書が発見されたという出来事があり、そこに定められていることに立ち返るという宗教改革が遂行された蓋然性が高くなった。「誓約（契約）の書」が神殿で発見されたという設定はそれが神殿に安置されていたと想定するからである。そしてその想定は、ESOD書板の神殿安置という当時の「普遍的な」実践から発したものであろう。

これらの点についての歴史的、また宗教史学的研究は今後の課題である。しかしヨシヤの時代に限られることなく、その後の長きにわたって有効となり得た、「神との誓約」をないがしろにしたために、大きな災難に襲われたという歴史観は、ESODから取り入れられた、あるいはESODがその後の世界に残したものと考えられる。

さらに、ESODは民族宗教としてのユダヤ教にだけでなく、キリスト教にも、「普遍的」倫理と儀礼の基盤を与えるものとして機能することになる。それを端的に示す例は、「申命記」において「聞け、イスラエル、あなたの神ヤハウェは一つである。あなたの心のすべて、魂のすべて、力のすべてであなたの神ヤハウェを愛せ！」（「申命記」6:4-5、筆者訳）という形で取り入れられ、後にそれが新約聖書に「第1の掟」として引用されたことである（「マルコによる福音書」12:29-30およびその関連箇所参照）。前述したように、アッカド語の「心」（*libbu*）は「腹、内臓」の意味ももつため、「心のすべてで、魂のすべてで」を「全身全霊で」と邦訳することが適切かもしれないが、ヘブライ語での意味合いの検討は今後の課題とする。福音書で「第2の掟」とされた「隣人を自分のように愛しなさい」（同福音書12:31）の典拠は「レビ記」19:18の「あなた自身のように、あなたの隣人を愛しなさい」とされるが、これもESODの影響を受けたと考えられる。しかしそれぞれESODから直接引用されたというよりは、ESODによって血縁、地縁の枠をはるかに超え出た、「倫理思想」の普遍的な表現形式がもたらされたことの遺産といえるのではないか。

ただしユダ王国では、「イスラエル」を対象とするために、血縁、地縁の枠組みを強化したのであり、「普遍性」の点では大きく後退した。それでも一神教の理念や表現方法、実施形態などの点ではESODから多くを取り入れることによって、自分たちの一神教形成に生かしたと考えられる。

キリスト教において「呪い」はどのように変形したかについては詳しい検討が必要であるが、少なくともキリスト教の聖餐式（ミサ）の儀礼によって、誓約違反者が命を危うくし得るという解釈が示されている（「コリントの信徒への手紙　一」11:27-30）ことは宗教史的にもきわめて重要である（渡辺2016参照）。しかし、キリスト教において決定的に異なるものは死後世界観である。それはゾロアスター教の影響下に伝播したと考えられる、死者は死後の審判において天国か地獄に振り分けられるという観念に基づくものであり、それによって、「呪い」の執行を最終的には死後に持ち越させることになった（渡辺2017参照）。

12.6.「世界宗教」の萌芽と宗教史

ESODによって打ち出された理念とそれを基礎付ける倫理だけでなく、それが文書に記されて広範囲に配布され、さらに各地で崇拝対象とされたことは、現在のところまだ容易には想定できないほどの影響力をもったはずである。それは一つの「世界宗教の萌芽」を用意したともいえるであろう。現在でもカール・ヤスパース（生没1883-1969年）が『歴史の起原と目標』（*Vom Ursprung und Ziel der Geschichte*, 1949）のなかで唱えた「軸の時代」（または「枢軸時代」Achsenzeit）が参照されることがある（ヤスパース1964）。しかしヤスパースの論拠の一つである「預言書」を含めた旧約聖書記事の年代付けは、現在ではほぼ無効となっている。確実な年代付けができるアッシリアの文書も含めてメソポタミアの大量の文書がもち得る重要性は、ヤスパースの視野には全く入っていなかった。しかしそれはヤスパースに限られたことではない。

『旧約聖書』の本文について4資料（J, E, D, P資料）仮説を提出したユリウス・ウェルハウゼン（生没1844-1918年）の視野にも、またウェルハウゼンによる4資料の年代付けに基づいて『古代ユダヤ教』（*Das antike Judentum*, 1920）を書いたマックス・ウェーバー（生没1864-1920年）の視野にも、メソポタミアの文書は入っていなかった。他方、『社会変革と宗教倫理』（ベラー1973）において「原始宗教—古代宗教—歴史宗教—歴史宗教—現代宗教」という宗教進化論（初出：“Religious Evolution”, *American Sociological Review* 29, 1964, 358-374; 邦訳：ベラー1973, 49-89）を提示したロバート・N. ベラー（生没1927-2013年）にとっては、おそらくメソポタミアの資料に関心を持つ機会がなかったと思われる。それは楔形文字文書の研究が十分に進んでいなかったことにもよる。しかしこれまでに発見されている文書の多さと重要さ、また今後も発見されてゆく粘土板文書の更なる多さにもかかわらず、研究者不足は現在でも解消されていない。

確かに歴史や宗教の流れを大筋でとらえる試みは重要であるが、その前に、現在までに知られる史的資料の検討及び研究の更新も必要である。現状では法、宗教、政治、歴史などの諸分野の研究者の多くは、各々の研究領域にとどまり、領域横断的な問題関心をもつことがなかった。日本語の「契約」の語を辞書や事典（たとえば新村編著2008や廣松編1998）を参照しても、法の領域における「契約」と宗教の領域における「契約」に分けて異なる専門家が執筆しており、それらの間の関連は等閑視されている。宗教的事象に対して、他分野の研究者の関心が向くことはまれであり、また聖書学的関心をもつ研究者も、他の分野に踏み込んで論じようとしていない。

上述したメンデンホールは法と宗教の領域に梯をかけるような問題提起をしたが、彼は‘covenant’の語を用いながらも、それを法の領域に属するものとして、法的行為を意味するものが宗教の領域に転用されたと解釈した。しかしながら、「誓約」という古代から現代に至るまで普遍的に存在している法的かつ宗教的概念が、そのまま「誓約」が双方の領域に属する概念として使われ続けていたとしたらどうであろうか。メンデンホールの問題提起は残念ながら注目を集めることなく、彼は2016年に99歳で逝去したが、改めてその問題提起に敬意を表したい。

今後、議論の閉塞状況を打開するには宗教学・宗教史学に関心をもちながらアッシリア学を修めた者による楔形文字文献の研究が一層必要になってくる（渡辺2009参照）。たとえば、前2千年紀の中ごろに栄えたヒッタイトは、メソポタミア（特にバビロニア）の楔形文字を借用してヒッタイト語を記したが、もしその「誓約文書」の形式が他の時代と地方の「誓約文書」と類似するならば、それは古代西アジア全域の「誓約文書」の形式がおおむね類似しているからにほかならない。今後加わる新文書も含めて広い視野での研究が可能になるような基盤整備が急務である。

このような経緯から、今後の議論を期待して本書では「アデー」を一貫して「誓約」と訳す。また「アデー」は「アデーの書板」（トゥッピ・アデー）、すなわち「誓約文書」をも意味する場合がある。「アデー」はもともと複数形であるが、ESODは大量に存在する文書でもあるため、複数形とする。英語の‘oath documents’は‘covenants’とも訳し得る。

おわりに

ESODが歴史資料として極めて高い価値をもつのは、書かれていることが最高度の「史実」とみなし得るからである。もちろんすべてが書かれているわけではなく、書かれていないこと、行間から読み取れることについても考察が必要である。しかし、歴史の研究には欠かせない当時の王碑文であっても、「文学」としての位置付けをもつからこそ、標準バビロニア語（文学作品を書くためにバビロニア語を基にして作られた人工的なアッカド語）で書かれているのであり、王の功績をたたえるための粉飾も含まれている。

それに対してESODは、いわば本音で書かれているからこそ、当時の「史実」で満たされている。王位継承の問題は、まさに王の死の直後という王権の空白地帯をどのように切り抜けるかという問題である。そのためにESODからはエサルハドンが何を恐れていたのか、政治の現場では何に注意を払うべきと考えられていたのか、王の統制権下にある武力が抑止力として機能し得ない場合に、巨大な帝国の多様な人々をどのようにまとめるのか、彼らはどのような力を恐れているのか、何を幸福とし、何を不幸として生活しているのか等々について、深く読み込んでいくことによってより多くを知ることができる。

アッシリアは前612年に滅びたが、その類まれな誓約文書の内容と広域配布が後世に残した影響力の考察は緒に就いたばかりである。

「概説」に引用されたESOD本文

§§	行	概説の頁	対訳の該当頁	§§	行	概説の頁	対訳の該当頁
3	25-40	25	198-199	32	373-376	35	220-221
4b	46-49a	26	200-201	33b	380b-384	27	220-221
4c（前半）	49b-54	30	200-201	34a	385-392	34	220-221
7（前半）	83-85	20	202-203	34b	393-396	27	222-223
7	83-96	26	202-203	35	397-409	23	222-223
10	108-122	21	204-205	37	414-416	37	222-225
11	123-129	31	204-205	41	425-427	38	224-225
12	130-146	31-32	204-207	46	437-439	38	226-227
13	147-161	34-35	206-207	49	455-456	38	226-227
14	162-172	20-21	206-209	57	494-512	28	230-231
17	188-197	29	208-209	60	521-522	38	232-233
18	198-211	26	208-211	63	526-529	38-39	232-233
21（前半）	229-232	30	210-213	64	530-533	39	232-234
23	249-265	32	212-215	65	534-536	39	234-235
24	266-268	30	214-215	66	537-539	39	234-235
25	283-301	41	214-216	76	570-572	39	238-239
28	328-335	27	216-219	84	594-598	39-40	240-241
30	353-359	22	218-219				

その他のテクストの引用・言及

テクスト	概説の頁
『ギルガメシュ叙事詩』（標準版）	
I 18-23	19
XI 323-328	18-19
『旧約聖書』	
「レビ記」19:18	52
「申命記」6:4-5	51
28	48
「列王記下」18:31	50
22:8-23:3	51
「ヨブ記」31:21-22	19, 脚注 4
「詩編」109:18	33, 脚注 35
『新約聖書』	
「マルコによる福音書」12:29-30	51
12:31	52
「コリントの信徒への手紙 一」11:27-30	52

総譜翻字

（スコア・トランスリテレイション）

ニムルド版のテクストのうち、大英博物館（ロンドン）蔵のものは、次のものである（Wiseman 1958, 92-99; Watanabe 1987, 47-52 参照）。総譜翻字の各行の冒頭においてローマン体で表される。筆者によって校正されている。なお「+」で示される接合（ジョイン）は、筆者によって 1985 年に大英博物館でなされた。さまざまな接合については Watanabe 1987, 53-54 参照。

N28A, N28C,
N29,
N30A, N30C,
N31,
N32,
N34,
N36,
N37,
N38A, N38B,
N43+,
N44,
N45A, N45D, N45F+N48J, N45G, N45M, N45N,
N46D, N46E, N46G, N46J, N46M+N50X, N46N+N49Q, N46Q, N46V, N46Z, N46EE,
N47G,
N48A, N48L, N48Q, N48U,
N49B, N49V,
N50B, N50C, N50M, N50U, N50Y,
N51F, N51G, N51H+,
N54A, N54B, N54E, N54G,
N55D, N55G, N55I, N55P, N55R,
N56,
NX7, NX14, NX15+, NX17, NX20, NX22,
N71, N72, N73, N74, N75, N76, N77, N78, N79, N80, N81, N82, N83, N84, N85, N86, N87, N88, N89, N90, N91, N92.

ニムルド版のテクストのうち、イラク博物館（バグダッド）蔵のものは、ワイズマンによると次のものである（Wiseman 1958, 92-99）。総譜翻字では各行の冒頭においてイタリック体で表示する。

N27,
N28B,
N30B,
N35+N4408,
N36B, N36C,
N39,
N44B,
N45C, N45E, N45H, N45I, N45J, N45L, N45P,
N46A, N46B, N46C, N46I, N46O, N46P, N46S, N46T, N46W, N46X, N46BB, N46CC, N46FF, N46II, N47A, N47C, N47D, N47E, N47H, N47I,
N48B, N48C, N48D, N48F, N48I, N48K, N48O, N48R, N48S, N48T, N48V, N48Y,
N49D, N49E, N49F, N49G, N49H, N49I, N49K, N49L, N49M, N49R, N49S, N49U,
N50A, N50F, N50G, N50I, N50N, N50P, N50S, N50T, N50Z,
N51A, N51C, N51E, N51I, N51J, N51L, N51N, N51S, N51T,
N52C, N52E, N52F, N52G,
N54C, N54D, N54F,
N55C, N55F, N55L, N55L, N55U, N55W, N55AA, N55CC, N55EE, N55HH, N55KK, N55LL, NX9, NX12, NX13, NX16, NX18, NX19, NX21.

個々のテクストについての詳細は巻末の表および Watanabe 1987, 47-54 参照。

Caption: i-iii

印章の説明（Caption）

i

N27	NA$_4$.KIŠIB ^{d}*a-šur*$_4$ LUGAL DINGIR.MEŠ
N28A	NA$_4$.KIŠIB ^{d}*a-šur*$_4$ LUGAL DINGIR.MEŠ
N31	NA$_4$.KIŠIB ^{d}*a-šur*$_4$ LUGAL DINGIR.MEŠ
N32	NA$_4$.KIŠIB ^{d}*a-šur*$_4$ LUGAL DINGIR.MEŠ
N36	NA$_4$.KIŠIB ^{d}*a-šur*$_4$ LUGAL DINGIR.MEŠ
N43+	[K]IŠIB ^{d}*a-šur*$_4$ LUGAL DINGIR.MEŠ
N45I	[*š]ur*$_4$ LUGAL DINGIR.MEŠ
N45M	NA$_4$.KIŠIB ^{d}⸢*a*⸣-[ ]
T cap. 1	NA$_4$.KIŠIB ^{d}*a-šur*$_4$ LUGAL DINGIR.MEŠ

ii

N27	EN KUR.KUR *ša la šu-un-né-*⸢*e*⸣
N28A	EN KUR.KUR *ša la šu-un-né-*[ ]
N31	EN KUR.KUR *ša la šu-un-*⸢*né*⸣*-e*
N32	EN KUR.KUR [ ]
N36	EN KUR.K[UR] *ša la šu-un-né-*⸢*e*⸣
N39	[ ]KUR *ša la šu-un-*[ ]
N43+	EN KUR.KUR *ša la šu-*[ ]
N45I	EN ⸢KUR⸣.KUR *šá la šu-un-né-*⸢*e*⸣
N47H	[ ]KUR *ša la šu-*[ ]
T cap. 2	EN KUR.KUR *ša* [ ]

iii

N27	NA$_4$.KIŠIB NUN-*e* GAL-*e* AD DINGIR.MEŠ
N31	NA$_4$.KIŠIB NUN-*e* GAL-[ ] AD DINGIR.MEŠ
N35+	[ ]-⸢*e*⸣ AD DINGIR.MEŠ
N36	NA$_4$.KIŠIB NUN-*e* GAL-*e* AD DINGIR.[ME]Š
N39	NA$_4$.KIŠIB LÚ.⸢NUN⸣[ ]
N46P	[ ]-⸢*e*⸣ AD DINGIR.ME[Š]
NX7	[ ]-⸢*e*⸣ AD DINGIR.⸢MEŠ⸣
T cap. 3	[ ]KIŠIB ⸢NUN-*e* GAL-*e*⸣ AD DINGIR.MEŠ

iv

N27	[*š*]*a la pa-qa-a-ri*
N31	*ša la pa-qa-a-ri*
N35+	*ša l*[*a*]
N36	*ša la pa-*[ ]-⌈*a*⌉-*ri*
N45F+	[ ]-⌈*qa-a-ri*⌉
N46N+	[*q*]*a-a-ri*
N51T	[ ]-*a-ri*
N56	[ ]-*ri*
NX7	*ša la pa-qa-*[ ]
T cap. 4	*ša* [*l*]*a* ⌈*pa*⌉-*qa-a-ri*

§1

1

N27	*a-de-e ša* ^{m}*aš-šur*-PAP-AŠ	MAN ŠÚ	MAN KUR	*aš-šur*
N28A	*a-de-e šá* ^{m}*aš-šur*-PAP-AŠ	----	MAN KUR	*aš-šur*
N31	*a-de-e šá* ^{m}*aš-šur*-PAP-AŠ	MAN ŠÚ	MAN KUR	*aš-šur*.KI
N32	*a-de-e šá* ^{m}*aš-šur*-PAP-AŠ	MAN ŠÚ	MAN KUR	*aš-šur*
N36	*a-de-e ša* ^{m}*aš-šur*-PAP-AŠ	MAN ŠÚ	MAN KUR	*aš-šur*
N43+	[ ]-*de-e ša* ^{m}*aš-šur*-ŠEŠ-SUM-*na*	MAN ŠÚ	MAN KUR	*aš-šur*
N45I	[P]AP-AŠ	----	MAN KUR	*aš-šur*.KI
N45M	*a-de-e* [			]
T i 1	*a-de-e ša* ^{m}*aš-šur*-PAP-AŠ	----	MAN KUR	*aš-šur*

2

N27	DUMU	^{md}30-PAP.MEŠ-SU	MAN ŠÚ	MAN KUR	*aš-šur-ma*
N28A	DUMU	^{md}30-PAP.MEŠ-SU	----	MAN KUR	*aš-šur*
N31	DUMU	^{md}30-PAP.MEŠ-SU	MAN ŠÚ	MAN KUR	*aš-šur-ma*
N32	DUMU	^{md}30-PAP.MEŠ-SU	----	MAN KUR	*aš-šur*.KI
N36	DUMU	^{md}30-PAP.MEŠ-SU	MAN ŠÚ	MAN KUR	*aš-šur*
N43+	[DU]MU	^{md}30-PAP.MEŠ-SU	MAN ŠÚ	MAN KUR	*aš-šur*
N45I	[	ME]Š-SU	----	MAN KUR	*aš-šur*.KI
T i 2	DUMU	^{md}30-PAP.MEŠ-SU	----	MAN KUR	*aš-šur*

3

N27	TA* ^{m}*ra-ma-ta-a-a*	EN URU	*ú-ra-ka-za-ba-nu*
N28A	⸢TA⸣ ^{m}*bur-da-di*	LÚ.EN URU	*kar-zi-ta-li*
N31	TA* ^{m}*tu-ni-i*	EN URU	KUR *ele-pa-a-a*
N32	TA* ^{m}*ḫa-tar-na*	EN URU	URU.*sik-ri-si*
N36	TA* ^{m}*ḫum-ba-re-eš*	LÚ.EN URU	URU.*na-aḫ-ši-mar-ti*
N43+	TA ^{m}*la-ar-ku-ut-la*	LÚ.EN URU	KUR *za-mu-u-a*
N451	[ ]	EN URU	URU.*i-za-a-a*
T i 3	TA ----	LÚ.EN.NAM	KUR *ku-na-*⸢*li*⸣*-a*

4A

N27	TA* DUMU.MEŠ-*šú* DUMU.DUMU.MEŠ-*šú* TA* URU.⸢*ú-ra-ka*⸣*-za-ba-nu-a-a*
N28A	[T]A DUMU.MEŠ-*šú* DUMU.DUMU.MEŠ-*šú* TA URU.*kar-zi-ta-li-a-a*
N31	-- DUMU.MEŠ-*šú* DUMU.DUMU.MEŠ-*šú* TA* KUR *ele-pa-a-a*
N32	-- DUMU.MEŠ-*šú* DUMU.DUMU.MEŠ-*šú* TA* URU.*sik-ri-sa-a-a*
N36	-- DUMU.MEŠ-*šú* DUMU.DUMU.MEŠ-*šú* TA* URU.*na-aḫ-ši-mar-ta-a-a*
N43+	TA DUMU.MEŠ-*šú* ŠEŠ.MEŠ-*šú* *qin-ni-šú* NUMUN É AD-*šú*
N451	[DUM]U.DUMU.MEŠ-*šu* [ ]
T i 4-10	----

4B (Lauinger 2012, 91-92参照)

N	----
T i 4	TA LÚ.2-*e* LÚ.GAL É
T i 5	⸢LÚ.A⸣.BA.MEŠ LÚ.DIB.PA.MEŠ LÚ.3.U$_5$.MEŠ
T i 6	LÚ.GAL URU.MEŠ LÚ.*mu-tir ṭè-me*
T i 7	LÚ.GAR-*nu*.MEŠ LÚ.GAL-*ki-ṣir*.MEŠ
T i 8	LÚ.EN GIŠ.GIGIR.MEŠ LÚ.EN *pet-*⸢*ḫal-la*⸣*-ti*
T i 9	LÚ.*zak-ku-e* LÚ.*kal-la-b*[*a*]-⸢*ni*⸣
T i 10-11a	LÚ.[*u*]*m-ma-a-ni* LÚ.⸢*a*⸣-[*ri*?*-ti*?] LÚ.⸢*kit*⸣*-ki-tu-u*

5

N27	----		*gab-bu*	TUR -- GAL	*mala*	*ba-šú-u*
N28A	-- [L]Ú.ERIM.MEŠ	ŠU.2-*šú*	*gab-bu*	TUR -- GAL	*ma-la*	*ba-šu-ú*
N31	-- LÚ.ERIM.MEŠ	ŠU.2-*šú*	*gab-bu*	TUR *u* GAL	*ma-la*	*ba-šu-u*
N32	-- LÚ.ERIM.MEŠ	ŠU.2-*šú*	*gab-bu*	TUR -- GAL	*ma-la*	*ba-šú-ú*
N36	-- LÚ.ERIM.MEŠ	ŠU.2-*šú*	*gab-bu*	TUR -- GAL	*ma-la*	*ba-šú-u*
N43+	-- ⸢LÚ.ERIM.MEŠ⸣	ŠU.2-*šú*	*gab-bu*	TUR -- GAL	*ma-l*[*a*	]
N451	-- ⸢LÚ.ERIM.MEŠ⸣	ŠU.2-*šú*	*gab-bu*	[		]
T i 11b-12	TA LÚ.ERIM.MEŠ	[	]	⸢TUR *u* GAL⸣	*mala*	*ba-*[ ]

6

N27	TA*	*na-paḫ*	^{d}UTU-*ši*	*a-di*	*e-reb*	^{d}UTU-*ši*
N28A	TA	*na-pa-aḫ*	^{d}*šam-ši*	*a-*⸢*di*	*e*⸣*-reb*	^{d}*šam-ši*
N31	TA	*na-pa-aḫ*	^{d}UTU-*ši*	*a-di*	*ra-ba*	^{d}*šam-ši*
N32	TA*	*na-pa-aḫ*	^{d}UTU-*ši*	*a-di*	*ra*$^{!}$*-ba*	^{d}UTU-*ši*
N36	⸢TA*	*na-pa-aḫ*	^{d}UTU-*ši*	*a*⸣*-di*	*ra-bé-e*	^{d}UTU-*ši*
N43+	TA*	*na-pa-aḫ*	^{d}UTU-*ši*	*a-di*	*ra-b*[*a*	]
N45I	[	]*-aḫ*	[			*š*]*i*
T i 14b-15a	TA	*na-pa-aḫ*	^{d}UTU-*ši* [x]	*a-di*	*e-reb*	^{d}UTU-*ši*

7

N27	*am-mar*	^{m}*aš-šur*-PAP-AŠ	MAN	KUR	*aš-šur*	LUGAL-*tu*	*be-lu-tu*
N28A	*am-mar*	^{m}*aš-šur*-PAP-AŠ	MAN	KUR	*aš-šur*	LUGAL-*tu*	EN-*tu*
N31	*am-mar*	^{m}*aš-šur*-PAP-AŠ	MAN	KUR	*aš-šur*	LUGAL-*tu*	EN-*tu*
N32	*am-mar*	^{m}*aš-šur*-PAP-AŠ	MAN	KUR	*aš-šur*	LUGAL-*tú*	EN-*tú*
N36	[			]	⸢*aš-šur*⸣	LUGAL-*u-tu*	EN-*u-tu*
N43+	*am-mar*	^{m}*aš-šur*-PAP-AŠ	MAN	KUR	*aš-šur*	LU[GAL	]
N45I	[*m*]*ar*	[					]
T i 15b-16a	*am-mar*	^{m}*aš-šur*-PAP-AŠ	MAN	KUR	*aš-šur*	LUGAL-*u-tú*	EN-*u-tú*

8

N27	*ina*	UGU-*šú-nu*	*ú-ba-šu-u-ni*
N28A	*ina*	UGU-*ḫi-šú-nu*	*up-pa-áš-u-ni*
N31	*ina*	UGU-*ḫi-šú-nu*	*up-pa-áš-u-ni*
N32	*ina*	UGU-*ḫi-šú*<*-nu*>	*up-pa-áš-ú-ni*
N36	⸢*ina*	UGU-*ḫi-šú*⸣*-nu*	*up-pa-šú-u-ni*
N43+	*ina*	UGU-*ḫi-šú-nu*	[ ]-⸢*pa*⸣-[ ]
T i 16b-17a	*ina*	UGU-*ḫi-šú-nu*	*up-pa-áš-u-ni*

9

N27	*is-se-ku-nu*	--	DUMU.MEŠ-*ku-nu*	DUMU.DUMU.MEŠ-*ku-nu*
N28A	*is-se-ku-nu*	--	DUMU.MEŠ-*ku-nu*	DUMU.DUMU.MEŠ-*ku-nu*
N31	*is-se-ku-nu*	--	DUMU.MEŠ-*ku-nu*	DUMU.DUMU.MEŠ-*ku-nu*
N32	*is-s*[*e*]	TA*	DUMU.MEŠ-*ku-nu*	DUMU.DUMU.MEŠ-*ku*-[ ]
N36	⸢*is-se*⸣*-ku-nu*	--	DUMU.MEŠ-*ku-nu*	DUMU.DUMU.MEŠ-*ku-nu*
N43+	*is-se-ku-nu*	--	DUMU.M[EŠ	]
T i 13a	[*s*]*e-šú-nu*		ERIM.MEŠ-*šú-nu*	----

10

N27	*ša* EGIR *a-de-e* *ina* *u_4-me* *ṣa-a-ti* *ib-ba-šú-u-ni*
N28A	*ša* EGIR *a-de-e* *ina* *u_4-me* ⌜*ṣa-a*⌝*-ti* *i*[*b*]*-šu-u-ni*
N31	*ša* EGIR *a-de-e* *a-na* *u_4-me* *ṣa-a-ti* *ib-ba-áš-šú-u-ni*
N32	*šá* EGIR *a-de-e* *a-na* *u_4-me* *ṣa-*[ ] *ib-ba-šu-ú-*[ ]
N36	*ša* EGIR *a-de-e* *a-na* *u_4-me* *ṣa-a-ti* *ib-ba-áš-šú-u-ni*
N43+	*ša* EGIR [ ] *a-na* ⌜*u_4*⌝$^{?}$*-m*[*e*]
T i 13b-14a	*ša* EGIR *a-de-e* *ina* [ ]*-me* ⌜*ṣa*⌝*-a-ti* *ib-ba-šú-ni*

11

N27	*šá* *ina* UGU ^{m}*aš-šur*-DÙ-A DUMU MAN GAL *ša* É UŠ-*ti* DUMU ^{m}*aš-šur*-PAP-AŠ
T i 17b-18a	-- *na* UGU ^{m}*aš-šur*-DÙ-A DUMU MAN GAL-*u* *šá* É UŠ-*te* DUMU ^{m}*aš-šur*-PAP-AŠ

12

N27	MAN KUR *aš-šur* *ša* *ina* UGU-*ḫi-šú* *a-de-e* *is-se-ku-nu* *iš-ku-nu-ni*
T i 18b-19	MAN KUR *aš-šur* *šá* [ ]-*ḫi-šú* *a-de-e* *is-se-ku*<*-nu*> *iš-kun-u-*[ ]

§2

13

N27	*ina* IGI ^{d}SAG.ME.GAR ^{d}*dele-bat*
N28A	[*i*]*na* IGI MUL.SAG.ME.GAR ⌜MUL⌝.*dele-bat*
N28C	*ina* IGI MUL.SAG.ME.GAR MUL.*dele-*[ ]
N45A	*ina* IGI MUL.SAG.ME.GAR ^{d}*d*[*ele*]
T i 20a	[ ]⌜ME.GAR MUL⌝.*dele-bat*

14

N27	MUL.UDU.IDIM.SAG.UŠ MUL.UDU.IDIM.GU_4.UD
N28A	[M]UL.⌜UDU⌝.IDIM.SAG.UŠ MUL.UDU.IDIM[ ]
N28C	MUL.UDU.IDIM.SAG.UŠ MUL.UD[U]
N30B	MUL[ ]
N45A	MUL.UDU.IDIM.SAG.U[Š]
T i 20b-21a	MUL.UDU.IDIM.SAG[ ] ⌜MUL⌝.UDU.IDIM.GU_4.UD

15

N27	MUL.*ṣal-bat-a-nu* MUL.GAG.SI.SÁ
N28A	[MU]L.*ṣal-bat-a-nu* MUL.GAG.⌜SI.SÁ⌝
N28C	MUL.*ṣal-bat-a-nu* MUL[ ]
N30B	MUL[ ]
N45A	MUL.*ṣal-bat-a-*[ ]
T i 21b	MUL.⌜*ṣal-bat-a-nu*⌝ M[UL]

16

N27	*ina* IGI *aš-šur* ^{d}*a-num* ^{d}BAD ^{d}É.A
N28A	[I]GI ^{d}*aš-šur* ^{d}*a-*⸢*num*⸣ ^{d}EN.L[ÍL] ^{d}É.A
N28C	*ina* IGI ^{d}*aš-šur* ^{d}*a-num* ⸢^{d}⸣[ ]
N45A	*ina* IGI ^{d}⸢*aš-šur*⸣ [ ]
T i 22	[^{d}]*aš-šur* ⸢^{d}⸣*a-*⸢*num*⸣ ^{d}BAD ⸢^{d}⸣[ ]

17

N27	^{d}30 ^{d}UTU ^{d}IM ^{d}AMAR.UTU
N28A	^{d}30 ^{d}*šá-maš* ⸢^{d}⸣[ ] ⸢^{d}AMAR⸣.UTU
N28C	^{d}30 ^{d}⸢UTU⸣ ^{d}[ ]
N30B	^{d}30 ⸢^{d}⸣[UT]U ^{d}IM [ ]
N45A	^{d}3[0]
T i 23a	^{d}30 ^{d}UT[U] ^{d}IM ^{d}MES

18

N27	^{d}PA ^{d}PA.TÚG ^{d}IB ^{d}U.GUR
N28A	^{d}AG ^{d}PA.TÚG ^{d}IB ^{d}U.GUR
N30B	^{d}PA ^{d}PA.TÚG ^{d}IB ^{d}⸢U.GUR⸣
N45A	^{d}AG ⸢^{d}⸣[ ]
T i 23b	^{d}PA ^{d}[ ]

19

N27	^{d}NIN.LÍL ^{d}*še-ru-u-a* DING[IR.]MAḪ
N28A	^{d}NIN.LÍL$^{!}$ ^{d}*še-ru-u-a*$^{!}$ ^{d}*be-let-*DINGIR.MEŠ
N30B	^{d}NIN[ ] ^{d}*še-ru-u-a* DINGIR.⸢MAḪ⸣
N45A	^{d}NIN.LÍL ^{d}*š[e*]
T i 23c-24a	[ ] ^{d}*še-ru-u-*⸢*a*⸣ ^{d}*be-let-*DINGIR.MEŠ

20

N27	⸢^{d}⸣15 ⸢*ša* URU.NINA.KI⸣ [*ar*]*ba-ìl*
N28A	^{d}15 *ša* URU.NINA.KI ^{d}15 *ša* URU.*arba-ìl*
N30B	^{d}15 [U]RU.NINA ^{d}15 *ša* URU.*arba-ìl*
N45A	^{d}15 *ša* URU.NINA ^{d}1[5]
T i	----

21

N27	[ ]MEŠ	*a-ši-*[		]
N28A	DINGIR.MEŠ	*a-ši-bu-ti*	AN-<*e*>	⸢*ù* KI⸣.TIM
N30B	DINGIR.MEŠ	*a-š*[*i-b*]*u-ti*	AN-*e*	-- KI.TIM
N45A	DINGIR.MEŠ	*a-ši-bu-ti*	AN-*e*	[ ]
T i 24b-25a	DINGIR[	]	AN-*e*	-- KI.⸢TIM⸣

22

N27	DINGIR.MEŠ	--	[ ]	DINGIR.MEŠ	KUR ⸢EME.GI$_7$⸣ *u* U[RI]
N28A	DINGIR.MEŠ	--	KUR *aš-šur*	DINGIR.MEŠ	KUR [K]I
N30B	DINGIR.MEŠ	--	KUR *aš-šur*[.K]I	DINGIR.MEŠ	KUR *šu-me-ri u* [UR]I[ ]
N45A	DINGIR.MEŠ	--	KUR ⸢*aš-šur*⸣	DINGIR.MEŠ	KUR EME[ ]
T i 25b-26a	DINGIR.MEŠ	*ina*	KUR ⸢*aš-šur*⸣	[ ]	⸢KUR⸣ *šu-me-ri* ⸢*u*⸣ URI.KI

23

N27	DINGIR.MEŠ	KUR.KUR	DÙ-*šú-nu*	*ú-dan-nin-*[*u-ni*]
N28A	DINGIR.MEŠ	KUR.KUR	DÙ-*šú-nu*	⸢*ú*⸣-[ ]
N30B	DINGIR[		]-*šú-nu*	⸢*ú*⸣-[ ]-⸢*nin*⸣-[ ]
N45A	DINGIR.MEŠ	KUR.KUR	DÙ-*šú-nu*	*ú-dan-ni-*[ ]
T i 26b-27	⸢DINGIR⸣[		] *ka-li-šú-n*[*u*	]-*dan-nin-*[ ]

24

N27	*iṣ-ba-tú*	*iš-ku-nu-n*[*i*]	
N45A	*is-*{*ṣi-bat-tu*}*-se-ku-nu*	[ ]	{ } 内は消し跡に書かれた文字。
N45H	⸢x x x⸣	⸢*iš-ku*⸣-*n*[*u*]	
T i 28	*iṣ-ba-tú* ***	[ ]	*** ＝空白であり、文字はない。

§3

25

N27	^{d}*aš-šur*	AD	DINGIR.MEŠ	EN	KUR.KUR	*ti-t*[*am-ma*]
N28A	^{d}*aš-š*[*ur*					]
N45A	^{d}*aš-šur*	AD	DINGIR.MEŠ	EN	KUR.KUR	[ ]
N45H	^{d}*aš-šur*	AD	DINGIR.MEŠ	[		]
T i 29	<^{d}>*aš-šur*	AD	DINGIR.MEŠ	EN	KUR.KU[R	]

26

N27	^{d}*a-num*	^{d}EN.LÍL	^{d}É.A	[ ]
N28A	^{d}*a-n[um*	LÍ]L	^{d}⸢É⸣[ ]	⸢MIN⸣
N45A	^{d}*a-num*	^{d}EN.LÍL	^{d}⸢É⸣[	]
N45H	^{d}*a-num*	^{d}EN.LÍ[L		]
T i 30a	⸢^{d}*a*⸣*-num*	^{d}BAD	^{d}É.A	--

27

N27	^{d}30	^{d}UTU	^{d}IM	^{d}AMAR.UTU	[ ]
N28A	^{d}30	⸢^{d}*šá-maš*⸣	^{d}IM	^{d}AMAR.UTU	MIN
N45A	^{d}30	^{d}UTU	^{d}IM	^{d}A[MAR	]
N45H	^{d}30	^{d}UTU	^{d}IM	[	]
T i 30b	^{d}3[0				]

28

N27	^{d}AG	^{d}PA.TÚG	^{d}IB	^{d}U.GUR	MIN
N28A	^{d}AG	[TÚ]G	^{d}IB	^{d}U.GUR	MIN
N45A	^{d}[A]G		----		
N45H	^{d}[ ]	^{d}⸢PA.TÚG⸣	^{d}[		]
T i 31	--	⸢^{d}⸣[ ]	^{d}IB	^{d}⸢U⸣[	]

29

N27	^{d}NIN.LÍL	^{d}*še-ru-u-a*	DINGIR.MAḪ	MIN
N28A	^{d}NIN.LÍL	⸢^{d}*še-ru*⸣*-u-a*	^{d}*be-let*-DINGIR.M[EŠ	]
N45A	^{d}NIN.LÍL	^{d}*še-ru-u-a*	DINGIR.MA[Ḫ	]
T i 32	⸢^{d}⸣NIN.L[ÍL	*r]u-u-a*	⸢^{d}⸣[	]

30

N27	^{d}15	*ša*	URU.NINA.KI	^{d}15	*ša*		^{d}⸢*arba*⸣*-ìl*	MIN
N28A	^{d}15	*ša*	⸢URU.NINA.KI⸣	^{d}15	*ša*	UR[U.]*a[rba-*		]
N45A	^{d}15	*ša*	URU.NINA	^{d}15	*ša*		*arba-ìl*	MIN
N46E	[ ]	*ša*	URU[K]I	^{d}15	*ša*	URU.*arba-ìl*		[ ]
T i 33	^{d}15	⸢*šá*⸣	UR[U K]I	^{d}15	⸢*ša*		*arba*⸣-[	]

31

N27	DINGIR.MEŠ DÙ-*šú-nu* *ša* URU.ŠÀ-URU MIN
N28A	DINGIR.MEŠ D[Ù]-*šú-nu* [*š*]*a* [ ]
N45A	DINGIR.MEŠ DÙ-*šú-nu* *šá* URU.ŠÀ-URU MIN
N46E	[ ]MEŠ DÙ-*šú-nu* *ša* URU.ŠÀ-URU M[IN]
T i 34	DINGIR.MEŠ ⌜*ka-li*⌝-*šú-nu* *šá* URU[ ]
T i 35	DINGIR.MEŠ ⌜*ka-li-šú*⌝-*nu* *šá* URU.ŠÀ-U[RU] (Tの重複誤写)

32

N27	DINGIR.MEŠ DÙ-*šú-nu* *ša* URU.NINA.KI MIN
N28A	DINGIR.MEŠ DÙ-*šú-nu* ⌜*ša*⌝ [ ]
N45A	DINGIR.MEŠ DÙ-*šú-nu* *šá* NINA MIN
N46E	[ ]MEŠ DÙ-*šú-nu* *ša* URU.NINA.KI M[IN]
T i 36a	DINGIR.MEŠ DÙ-*šú-nu* *š*[*a* NIN]A$^{?}$.KI MIN

33

N27	DINGIR.MEŠ DÙ-*šú-nu* [*š*]*a* URU.*kal-ḫa* MIN
N28A	DINGIR.MEŠ D[Ù]-*šú*-[ ]
N45A	DINGIR.MEŠ DÙ-*šú-nu* *šá* URU.*kal-ḫa* MIN
N46E	[ ]MEŠ DÙ-*šú-nu* *ša* URU.*kal-ḫa* M[IN]
T i 36b	DINGIR.MEŠ ⌜DÙ⌝-[ ]

34

N27	DINGIR.MEŠ DÙ-*šú-nu* [*š*]*a* URU.*arba-ìl* MIN
N28A	DINGIR.M[EŠ]
N45A	DINGIR.MEŠ DÙ-*šú-nu* *šá* *arba-ìl* MIN
N46E	[DINGI]R.MEŠ DÙ-*šú-nu* *ša* URU.*arba-ìl* M[IN]

35

N27	DINGIR.MEŠ DÙ-*šú*-[*š*]*a* URU.*kàl-zi* MIN
N45A	DINGIR.MEŠ DÙ-*šú-nu* *šá* URU.*kàl-zi* <MIN>
N46E	[DIN]GIR.MEŠ DÙ-*šú-nu* *ša* URU.*kàl-zi* M[IN]
T i 38$^{?}$	DINGIR.MEŠ [ ]

36

N27	DINGIR.MEŠ DÙ-*šú-nu* *ša* URU.KASKAL MIN
N45A	DINGIR.MEŠ DÙ-*šú-nu* *šá* URU.KASKAL MIN
N46E	[DIN]GIR.MEŠ DÙ-*šú-nu* *ša* URU.KASKAL MI[N]

37

N27 DINGIR.MEŠ KÁ.DINGIR.RA.KI *bár-sípa*.KI NIB[RU ---- MIN]

N45A DINGIR.MEŠ KÁ.DINGIR.RA.KI *bár-sípa*.KI NIBRU.KI DÙ-*šú-nu* MIN

N46E [ ]MEŠ KÁ.DINGIR.KI *bár-sípa*.KI NIBRU.KI ---- MIN

38

N27 DINGIR.MEŠ KUR *aš-šur* DÙ-*šú-nu* MIN

N45A DINGIR.MEŠ KUR *aš-šur*.KI ----

N46E [M]EŠ KUR *aš-šur* ----

39

N27 DINGIR.MEŠ KUR *šu-me-ri u* URI.KI DÙ-*šú-nu* MIN

N45A DINGIR.MEŠ KUR EME.GI$_7$' *u* URI.KI DÙ-*šú-nu* MIN

N46E DINGIR.MEŠ KUR *šu-me-ri u* URI.KI ---- MIN

40a

N27 DINGIR.MEŠ KUR.KUR DÙ-*šú-nu* MIN

N45A DINGIR<.MEŠ> KUR.KUR ⌈DÙ-*šú*⌉-*nu* MIN

N45L [DING]IR.MEŠ [ ]

N46E [ ]MEŠ KUR.KUR DÙ-*šú-nu* MIN

40b

N27 DINGIR.MEŠ *šá* AN-*e u* KI.TIM ---- MIN

N45A DINGIR.MEŠ *šá* AN-*e u* KI.TIM DÙ-*šú-n*[*u*]

N45L DINGIR.MEŠ *šá* [ ]

N46E [ ]MEŠ *šá* AN-*e u* TIM.KI' DÙ-*šú-nu* MIN

T i 44'? [ ]⌈MEŠ⌉ [ ]

40c

N27 ----

N45A [*š*]*u na-gi-šu* DÙ-*šú-nu* [ ]

N46E [ ]MEŠ KUR-*šu*' *na-gi-šu* DÙ-*šú-nu* MIN

T i 45'? ⌈DINGIR.MEŠ⌉ [ ]

§4

41

N27 *a-de-e* <*ša*> ^{m}*aš-šur*-PAP-AŠ MAN KUR *aš-šur ina* IGI DINGIR.MEŠ GAL.MEŠ

N45L *a-de-*⌈*e*⌉ [ ]

N46E ⌈*a*⌉*-de-e ša* ^{m}*aš-š*[*ur-* IG]I DINGIR.MEŠ GAL.MEŠ

T i 46' *a-de-e* [ ]

42

N27	*šá* AN-*e* -- KI.TIM *is-si-ku-nu iš-ku-nu-u-ni*
N45L	[ ] *is-si-k*[*u-*]
N46E	[*š*]*a* AN-*e u* TIM[.KI *i*]*š-ku-nu-u-ni*
T i 47’	*šá* AN-*e* [ ]

43

N27	-- *ina* UGU ^{m}*aš-šur*-DÙ-A DUMU MAN GAL *šá* É UŠ-*ti*
N46E	[U]GU ^{m}*aš-šur*-DÙ-A DUMU M[AN] É UŠ-*ti*
T i 48’	*ša ina* U[GU]

44

N27	DUMU -- ^{m}*aš-šur*-PAP-AŠ MAN KUR *aš-šur* EN-*ku-nu šá a-*⸢*na* DUMU MAN-*ti*⸣
N45L	[ ] *šá* ^{m}*aš-šur*-PAP-AŠ [ ]
N46E	DUMU -- ^{m}*aš-šur*-PAP-AŠ MAN KUR *aš-šur* [ ]-*ku-nu* <*ša*> *a-na* DUMU MAN-*u-te*
T i 49’$^{?}$	[ ] *ša* ^{m}[ ]

45

N27	*šá* É UŠ-*ti* MU-*šú iz-kur-u-ni* [ ]-*qi-du-šú-u-ni*
N45L	[ ] *iz-kur-u-*[ ]
N46E	[ ] É UŠ-*te* MU-*šú i*[*z*]-*u-ni ip-qid-du-šú-u-ni*
N46W	[ ] É UŠ-*te* M[U]
T i 50’$^{?}$	*ša* ⸢É$^{?}$⸣ [ ]

46

N27	*ki-ma* ^{m}*aš-šur*-PAP-AŠ MAN KUR *aš-šur* [*n*]*a šim-ti it-ta-lak*
N45L	[ ] *a-na š*[*im*]
N46E	[ ] MAN KUR *aš-š*[*ur n*]*a šim-te it-ta-lak*
N46W	*ki-ma* ^{m}*aš-šur*-PAP-AŠ MAN K[UR]
T i 51’a$^{?}$	[ ]

47

N27	^{m}*aš-šur*-DÙ-A DUMU MAN GAL *šá* É UŠ-*ti ina* GIŠ.GU.ZA
N45L	[ ] ⸢GIŠ⸣.G[U]
N46E	[ ]-*te ina* GIŠ.GU.ZA-*e*
N46W	^{m}*aš-šur*-DÙ-A DUMU MAN GAL *š*[*á*]
N55G	[ ]-⸢A DUMU MAN⸣ [ ]
T i 51’b	[ ] *ina*$^{?}$ GIŠ$^{?}$[ ]

48

N27 LUGAL-*ti* *tu-še-šab-ba* LUGAL-*u-tú* EN-*u-tú*
N30A [ ] *tu-še-š*[*ab*]
N46E [ ] LUGAL-*tú* EN-*tú*
N46W [ ] *tu-še-šaba-šú* LUGAL-*tu* [ ]
N55G [LU]GAL-*u-te* [ ]-*tú*
T i 52' ⌜x x⌝? [ ]

49a

N27 *šá* KUR *aš-šur ina* UGU-*ḫi-ku-nu up-pa-áš*
N30A [ ] *up-pa-áš*
N46E ---- *ina* UGU-*ku-nu* [ ]
N55G [ ]-*áš*

49b

N27 <*šum-ma at-tu-nu*> *ina* A.ŠÀ *ina ber-ti* URU
N46B [ ] *ina* [ ]
N46E [*b*]*er-te* URU
N46W [ ] *ina* A.ŠÀ -- *ber-ti* URU
N55G [ ]-⌜*ti* URU⌝

50

N27 *la ta-na-ṣara-šú-u-ni ina* UGU-*ḫi-*[*š*]*u la ta-ma-ḫaṣ-a-ni*
N30A [ ] UGU-*ḫi-šú l*[*a*]
N46B [ ] *ina* UGU-*ḫi-*[ ]
N46E *la ta-na-ṣara-šú-u-ni* [*t*]*a-ma-ḫaṣ-a-ni*
N46W [UG]U-*ḫi-šú la ta-ma-*[ ]
N55G ⌜*la*⌝ [*ṣar*]*a-šú-u-ni* [ ]-*ḫi-šú la ta-ma-ḫaṣ-a-ni*

51

N27 *la ta-mut-ta-a-ni ina ket-ti šá* ŠÀ-*bi-ku-nu*
N30A [ ] *ket-ti šá* Š[À]
N46B [ ] *ina ket-ti šá* ⌜ŠÀ-*bi-ku-nu*⌝
N46E *la ta-mu-t*[*a*? *n*]*i* [ ]-*ku-nu*
N55G *l*[*a t*]*a-mut-ta-a-ni* [*š*]*a* ŠÀ-*bi-ku-nu*

52

N27	*is-se-šú la ta-da-bu-ba-a-ni mil-ku* SIG$_5$
N30A	[*mi*]*l-ku* SIG$_5$
N46B	⌜*is-se-šú la*⌝ [ ] *mil-ku* SIG$_5$
N46E	*is-se-šú la ta-*[ ]
N55G	*is-se-šu* ⌜*la*⌝ *ta-da-bu-ba-*<*a-ni*> [SI]G$_5$

53

N27	*šá gam-mur-ti* ŠÀ-*bi-ku-nu la ta-*[ ]*-li-ka-šú-u-ni*
N30A	[ ] *la ta-mal-l*[*ik*]
N46B	*šá gam-mur-ti* ŠÀ-*bi-ku-nu la t*[*a*]
N46E	[ ] *gam-mur-te* ŠÀ-*bi-ku-nu la* [ ]
N55G	*ša gam-mur-ti* ŠÀ-*bi-ku-nu la ta-ma-lik-a-šú*<*-u-ni*>

54

N27	KASKAL SIG$_5$ *ina* GÌR.2-*šú* <*la*> *ta-šá-kan-a-ni*
N30A	[ ] *la ta-šak-kan-*[ ]
N46B	KASKAL SIG$_5$ *ina* GÌR.2.MEŠ-*šu la ta-šá-*[ ]
N46E	[*l*]*a ta-ša-kan-a-*[ ]
N55G	[ ]2-*šú la ta-šá-kan-a-ni*
N71	[SI]G$_5$ ⌜*ina* GÌR.2.MEŠ-*šú*⌝ *l*[*a*]
VAT 12374	⌜KASKAL SIG$_5$⌝ *i*[*na*]

55

N27	*šum-ma at-tu-nu tu-nak-kara-šú-u-ni* TA* ŠÀ ŠEŠ.ME-*šú*
N30A	[ ] *tu-nak-k*[*ar*]
N46B	*šum-ma at-tu-nu tu-nak-kar-a-šu-ni* TA* [ ]
N46E	[ ]-*šú*
N55G	[Š]EŠ.MEŠ-*šú*
N71	⌜*šum-ma*⌝ *at-tu-nu tu-n*[*ak*]
VAT 12374	⌜*šum-ma*⌝ [ ] TA* Š[À]

56

N27	GAL.MEŠ TUR.MEŠ *ina ku-mu*!*-šú ina* GIŠ.GU.ZA -- KUR *aš-šur*.KI
N30A	⌜GAL.MEŠ TUR⌝.MEŠ [ ]
N46B	GAL.MEŠ TUR.MEŠ *ina ku-mu-šú ina* GIŠ.GU.ZA -- KUR *aš-š*[*ur*]
N46E	GAL.⌜MEŠ⌝ [ ]
N55G	GAL.MEŠ TUR.MEŠ [ ]GU.ZA -- KUR *aš-šur*
N71	GAL.MEŠ TUR.MEŠ *ina ku-mu-šu ina* GIŠ.GU.ZA ⌜*šá*?⌝ K[UR?]
VAT 12374	[ ] *ina ku-mu-š*[*u*]

57

N27	*tu-še-šab-a-ni šum-ma a-bu-tú šá* ^{m}*aš-šur*-PAP-AŠ MAN KUR *aš-šur*
N30A	[ ] *aš-šur*.KI
N46B	[ ] *šum-ma a-bu-tu šá* ^{m}*aš-šur*-PAP-AŠ MAN KUR *aš-šur*
N46E	⸢*tu*⸣-[ ]
N55G	*tu-še-šab-a-ni* [ ] *ša* ^{m}*aš-šur*-PAP-AŠ MAN KUR *aš-šur*.KI
N71	*tu-še-šab-a-ni šum-ma a-bu-tu ša* ^{m}*aš-šur*-P[AP]
VAT 12374	[ ] *šum-ma a*-⸢*bu*⸣$^{?}$-*tu* ⸢*šá* ^{m}*aš*⸣-[ ]

58

N27	*te-na-a-ni tu-šá-an-n*[*a-a-n*]*i šum-ma* ^{m}*aš-šur*-DÙ-A DUMU MAN GAL
N30A	*te*-[ ]-A DUMU M[AN G]AL-*u*
N46B	*t*[*e*] *šum-ma* ^{m}*aš-šur*-DÙ-A DUMU MAN GAL-*u*
N55G	[*t*]*u-šá-na-a-ni šum-ma* ^{m}*aš-šur*-DÙ-A [ ]
N71	*te-na-a-ni tu-šá-an-na-ni* ⸢*šum-ma* ^{m}*aš-šur*⸣-[D]Ù-A DUMU MAN GA[L]
VAT 12374	*te-na-a*-⸢*ni*⸣ *tu-šá-na*-⸢*a*⸣-[ ] ⸢DUMU MAN GAL⸣-*ú*
T i 62’-63’a	⸢*te*⸣-[ ] DUMU [ ]

59

N27	*šá* É UŠ-*ti šá* ^{m}*aš-šur*-P[AP-A]Š MAN KUR <*aš-šur*> EN-*ku-nu*
N30A	[ ]⸢*aš-šur*-PAP-AŠ⸣ MAN KUR ⸢*aš-šur*⸣ [E]N-*ku*-[ ]
N46B	*ša* É [ ] *šá* ^{m}*aš-šur*-PAP-AŠ MAN KUR *aš-šur* ----
N48S	[ ] *šá* ^{m}*aš-šur*-PAP-AŠ MAN KUR [ ]
N55	[ ] É UŠ-*ti šá* ^{m}*aš-šur*-PAP-AŠ MAN KUR *aš-šur* [----$^{?}$]
N71	[ ] *šá* ^{m}*aš-šur*-PAP-AŠ MAN KUR *aš-šur*.KI EN-*ku-n*[*u*]
VAT 12374	*šá* ⸢É *re*⸣-[*du-ti*]-⸢PAP⸣-AŠ MAN KUR *aš-šur* EN-*k*[*u*]
T i 63’b-64’	[ ] *ša* ^{m}[ ]

60

N27	---- *ḫa-an-nu-ma la t*[*a-d*]*a-gal-a-ni*
N30A	[ ]-⸢*kal-limu*⸣-*k*[*a*]-*nu*-[ ]-*an-nu-um*-⸢*ma*⸣ *la* ⸢*ta*⸣-*da-ga*[*l*]
N46B	---- *ḫa-an-nu-um-ma la* [ ]
N48S	---- [ ] *la ta-da-gal-a-ni*
N55G	[ ]-*lim-u-ka-nu-ni ḫa-an-nu-um-ma* [*n*]*i*
N71	[*a*]*n-nu-um-ma la ta-da-gal*-⸢*a-ni*⸣
VAT 12374	[ ]-⸢*nu-ni*⸣ [*ḫ*]*a*-⸢*an-nu*⸣-{*nu*}*-*ma l*[*a*] ＊＝消し跡?
T i 65’	⸢*ú*⸣-*k*[*al*]

61

N27	LUGAL-*u-tú* EN-*u-tú* ---- *ina* UGU-*ḫi-ku-nu la ú*-<*pa*>-*áš-u-ni*
N30A	[ ]-*tú* EN-*tú šá* KUR *aš-šur ina* UGU-*ḫi-ku*-[ ]
N46B	LUGAL-*tu* EN-*tu šá* KUR *aš-šur ina* UGU-*ḫi-k*[*u*]
N48S	[ ] *ina* UGU-*ḫi-ku-nu l*[*a*]
N55G	LUGAL-⸢*u-tú* EN⸣-*u-tú šá* KUR *aš-šur*.KI [ ]
N71	[LUGA]L-[KU]R *aš-šur*.KI *ina* UGU-*ḫi-ku-nu la* ⸢*ú*⸣-[ ]-⸢*áš*⸣$^{?}$-[ ]
VAT 12374	[*t*]*u ša* KUR *aš-š*[*ur l*]*a ú-pa-š*[*u*$^{?}$]
T i 66’-67’	LUGAL-*u-t*[*u*] *ina* ⸢UGU-*ḫi*⸣-[ ]

§5

62

N27	*šum-ma at-tu-nu a-na* ^{m}*aš-šur*-DÙ-A DUMU MAN GAL *šá* É UŠ-*ti*
N30A	[*m*]*a* ⸢*at-tu*⸣-*nu a-na* ^{m}*aš-šur*-DÙ-[ ] GAL *šá* [ ]
N46E	[ ]-*ti*
N48S	*šum-ma at-tu-n*[*u*]
N72	[ ] *at-tu-nu a-n*[*a*]
VAT 12374	[ ]-⸢*šur*-DÙ⸣-A D[UMU]
T i 68’	⸢*šum-ma*⸣ [ ]

63

N27	*šá* ^{m}*aš-šur*-PAP-AŠ MAN KUR *aš-šur ú-kal-lim-u-ka-nu-ni*
N30A	*šá* ^{m}*aš-šur*-[ ] KUR *aš-šur*.KI *ú-kal*-⸢*lim-ú*⸣-*ka-nu*-[ ]
N46E	[*n*]*u-ni*
N48S	⸢*šá* ^{m}*aš-šur*-PAP-AŠ⸣ MAN KUR *aš*-[ ]
N72	[ ]-*šur*-PAP-AŠ MAN KUR [ ]

64

N27	*iq-ba-ka-nu-ni a-de-e ina* UGU-*ḫi-šú is-se-ku-nu*
N30A	*iq-ba*-[ ]-*nu-ni a-de-e ina* UGU-*ḫi-šú is-se-ku*-[ ]
N46E	[ ]-*šú* [ ]
N72	[ ]-*kan-u-n*[*i k*]*u*-⸢*nu*⸣

65

N27	*ú-dan-nin-u-ni iš-ku-nu-ni la ta-na-ṣar-a-ni*
N30A	*ú-dan-nin-u-ni iš-kun-u-ni la ta-na*-⸢*ṣar-ra*⸣-*ni*
N46E	[ ]-*ni* [ ]
N72	⸢*ú*⸣-[ ]
N73	[ ] *la t*[*a*]
T i 71’b-72’a	[ ] ⸢*la ta-na-ṣar-a-ni*⸣

66

N27	*ina* ŠÀ-*bi-šú ta-ḫa-ṭa-a-ni* ŠU.2-*ku-nu a-na* ḪUL?-⸢*ti*⸣
N30A	*ina* ŠÀ-*bi-šú ta-ḫa-ṭa-a-*[ ] ŠU.2-*ku-nu ina* ḪUL-*tì*
N46E	[ ]-*a-ni* [ ]
N73	[ ] ŠU.2-*ku-n*[*u*]
T i 72'b-73'a	[ ] ⸢ŠU.2⸣-*ku-*⸢*nu*⸣ *ina* ḪUL-*t*[*i*]

67

N27	*ina* ŠÀ-*bi-šú tu-bal-a-ni ep-šú bar-tu a-bu-tú la* DÙG.GA
N30A	*ina* ŠÀ-*bi-šú tú-bal-*⸢*a-ni*⸣ *ep-šú bar-tú a-bu-tú la* DÙG.GA-*tú*
N46E	[ ]-*šú* [G]A-*tú*
N47A	[ ] ⸢*a-bu*⸣-*tú la* DÙG.GA-*t*[*ú*]
N73	[ ] *ep-šu b*[*ar*]
T i 73'b-74'a	[ ] *bar-tú a-bu-tú l*[*a*]

68

N27	*la* SIG$_5$-*tú te-ep-pa-šá-né-šú-u-ni ina* LUGAL-*ti* KUR *aš-šur*
N30A	*la* SIG$_5$-*tú te-pa-šá-neš-šú-ni ina* LUGAL-*ti* KUR *aš-šur*
N46E	[*t*]*i*!? [ ]
N47A	[ ]-*ti* KUR *aš-šur*
N73	[ ] *ina* LUGAL-*u-t*[*i*]
T i 74'b-75'a	[ ] ⸢*te-pa-šá-neš-šú-ni*⸣ *ina* LUGAL-*t*[*i*]

69

N27	*tu-nak-kara-šú-u-ni* TA* ŠÀ-*bi* ŠEŠ.MEŠ-*šú* GAL.MEŠ TUR.MEŠ
N30A	*tu-nak-ka-ra-š*[*ú*] TA* ŠÀ ŠEŠ.MEŠ-*šú* GAL.MEŠ TUR.MEŠ
N46E	[ ]-*ni* [ ]
N47A	*tu*!-*nak-*[T]UR.MEŠ
N73	[ ] TA ŠÀ [ ]
T i 75'b-76'a	[ ] ⸢TA⸣ ŠÀ-*bi* ŠEŠ.MEŠ-*šú* GAL.MEŠ ⸢TUR.MEŠ⸣

70

N27	*ina ku-mu-šú* GIŠ.GU.ZA -- KUR *aš-šur tu-šá-aṣ-bat-a-ni*
N30A	---- GIŠ.GU.ZA -- KUR *aš-šur tú-šá-a*[*ṣ*]
N46E	[ ]-*šu* [ ]
N47A	*ina ku-*⸢*mu*⸣-*šú* GIŠ.GU.ZA ⸢*šá*⸣ K[UR]
N73	[ ] GIŠ.G[U]
T i 76'b-77'a	[ ] ---- KUR *aš-šur*.KI? *t*[*u*]-*bat-a-*[ ]

71

N27	LUGAL MAN-*ma*! EN MAN-*ma*! *ina* UGU-*ḫi-ku-nu ta-šá-kan-a-ni*
N30A	LUGAL MAN-*ma* EN MAN-*ma ina* UGU-*ḫi-ku-nu ta-šá-ka*[*n*]*-a-n*[*i*]
N47A	[*šá-nu-u*]*m-ma* EN *šá-nu-um-ma ina* UGU-*ḫi-ku-nu* [ ]
T i 77'b-78'	[ ] ⌈EN⌉ MAN-*ma ina* ⌈UGU⌉-*ḫi-ku-nu* ⌈*ta-šá-kan-a*⌉-[ ]

72

N27	*a-na* LUGAL MAN-*ma*! EN MAN-*ma*! *ma-mitu ta-tam-ma-a-ni*
N30A	*a-na* LUGAL *šá-ni-ma* ⌈DUMU⌉ MAN *šá-ni-ma ta-mì-tú* [ ]-*ma*-⌈*ni*⌉
N47A	[ ] MAN-*ma ma-mitu ta-tam-ma-ni*
N49I	[ ] ⌈*ta-tam-ma-a-ni*⌉
T i 79'	*a-na* ⌈LUGAL⌉ MAN-*ma* EN MAN-*ma ma-*[ ]*-tú ta-tam-ma-a-n*[*i*]

§6

73

N27	*šum-ma at-tu-nu a-bu-tú la* SIG$_5$-*tú la ba-ni-tú*
N36	*šum-ma at-t*[*u-n*]*u a-bu-tú la* DÙG.GA<-*tú*> *la* SIG$_5$-*t*[*ú*]
N47A	[ ] *la* x x-*tú la* x[ ]
N49I	[*t*]*ú la* DÙG.GA-*tú la ba-ni-tu*
T i 80'	⌈*šum-ma at-tu*⌉*-nu* ⌈*a-bu-tú la* x (x)-*tú la ba-ni-tú*⌉ （T iの最終行）

74

N27	*la ta-ri-su šá e-peš* LUGAL-*ti šá ina* UGU ^{m}*aš-šur*-DÙ-A
N36	*la ta-r*[*i-s*]*u šá e-peš* MAN-*u-te šá ina* UGU-*ḫi* ^{m}*aš-šur*-DÙ-A
N49I	[ ]⌈*e*⌉*-peš* LUGAL-*te šá ina* UGU ^{m}*aš-šur*-DÙ-A
T ii 1	*la ta-ri-is-su šá* [ ]

75

N27	DUMU MAN GAL *šá* É UŠ-*ti la tar-ṣa-tu-u-ni la ṭa-bat-u-ni*
N36	DUMU MAN GAL-*u šá* É UŠ-*te la tar-ṣa-tú-u-ni la ṭa-bat-*[ ]*-ni*
N47A	[ ] MAN GAL *šá* É U[Š]
N49I	[U]Š-*te la tar-ṣa-tu-u-ni* [ ]
T ii 2	DUM[U] LUGAL <GAL> *šá* É UŠ-*te l*[*a*]

76

N27	*lu ina pi*<-*i*> ŠEŠ.MEŠ-*šú* ŠEŠ.MEŠ AD<.MEŠ>-*šú* DUMU ŠEŠ.MEŠ AD.MEŠ-*šú*
N36	*lu ina pi-i* ⌈ŠEŠ⌉.MEŠ-*šú* ŠEŠ.MEŠ AD.MEŠ-*šú* ----
N49I	*lu-u ina pi-i* ŠEŠ.MEŠ-*šú* ŠEŠ.MEŠ AD.MEŠ-*šú* [ŠE]Š.MEŠ AD.MEŠ-*šú*
T ii 3a	*lu-u ina pi-i* ŠEŠ.M[EŠ]

77

N27	-- *qin-ni-šú* NUMUN -- AD-*šú lu ina pi-i* LÚ.GAL.MEŠ LÚ.NAM.MEŠ
N36	*lu-u* UN.MEŠ-*šú* [NU]MUN É AD-*šú lu-u ina pi-*⸢*i*⸣ [G]A[L L]Ú.NAM.MEŠ
N43+	[ ] *lu ina pi-i* LÚ.GAL.MEŠ LÚ.NAM.MEŠ
N49I	-- *qin-ni-šú* NUMUN É AD-*šú* [ ] *ina pi-i* LÚ.GAL.MEŠ LÚ.NAM.MEŠ
T ii 3b-4a	[ ] *lu-u ina pi-*⸢*i*⸣ [ ]

78

N27	*lu ina pi-i* LÚ.*šá ziq-ni* -- LÚ.SAG.ME
N36	*lu-u* ---- LÚ.*šá* [ ]-⸢*ni*⸣ -- LÚ[ ]
N39	[ ] LÚ.*šá ziq-ni* -- LÚ.SAG<.MEŠ>
N43+	*lu* [ ] -- LÚ.SAG.MEŠ
N49I	---- *šá* LÚ.*ziq-n*[*i lu*$^{?}$ *ina*] *pi-i* LÚ.SAG.MEŠ
T ii 4b-5a	[ ] -- LÚ.S[AG]

79

N27	*lu ina pi-i* LÚ.*um-ma-ni lu ina pi-i nap-ḫar ṣal-mat* SAG.DU
N28A	*u ina pi-i* LÚ.*um-ma-a-ni lu ina pi-i nap-ḫar* [ ]
N36	[*l*]*u-u ina pi-i* LÚ.*um-ma-ni lu-*⸢*u*⸣ ---- *nap-ḫar* [ ]-⸢*mat*⸣ SAG.DU
N39	*lu-u ina* ⸢*pi-i*⸣ LÚ.*um-ma-ni* [ ]-*ḫar ṣal-mat* SAG.DU
N43+	*lu ina pi-i* LÚ.*um-ma-*[ ] *lu ina pi-i nap-ḫar ṣal-mat* SAG.DU
N48D	[ ]-*mat* SAG.DU
N49I	---- LÚ.*um-ma-ni lu-u ina* <*pi-i*> *nap-ḫar ṣal-mat* SAG.DU

80

N27	*mala ba-šu-u ta-šam-ma-ni tu-pa-za-ra-a-ni*
N28A	*ma-la ba-šu-ú ta-šam-ma-a-ni tu-pa-za*[r_4]
N36	[*m*]*ala ba-šú-u ta-šam-ma-ni tu-ba-za-ra-ni*
N39	*ma-*⸢*la*⸣ *ba-šu-ú* [ ]-*ni tu-pa-za-ra-a-ni*
N43+	*mala* [ ] *ta-šam-ma-ni tu-pa-zar-a-ni*
N48D	[*za*]r_4-*a-ni*
N49I	*mala ba-šu-u ta-šam-ma-a-ni* [*za*]r_4-*a-ni*

81

N27	*la ta-lak-a-né-ni a-na* ^{m}*aš-šur*-DÙ-A DUMU MAN GAL
N28A	*la ta-*⸢*lak-a-né*⸣-[ ] ⸢*a-na*⸣ [ ]⸢*aš-šur*⸣-[ ]-⸢A⸣ DUMU MAN <GAL>
N36	⸢*la*⸣ *ta-lak-a-né-ni a-na* ^{m}*aš-šur*-DÙ-A DUMU MAN GAL-*u*
N39	⸢*la*⸣ *ta-lak-a-né-ni* [DU]MU MAN GAL
N43+	*l*[*a*] *a-na* ^{m}*aš-šur*-DÙ-A DUMU MAN GAL
N49I	⸢*la*⸣ *ta-lak-a-né-ni a-na* ^{m}*aš-šur*-DÙ-A [ ]

82

N27	šá É UŠ-ti la ta-qab-ba-a-ni
N28A	šá [ ] la ta-qab-[ ]-a-[ ]
N36	[ ] É UŠ-te la ta-qab-ba-neš-šú-un-ni
N39	šá É UŠ-ti la ta-qa-ba-a-ni
N43+	šá ⸢É⸣ [ ]
N48D	[ ] É UŠ-ti [ ]-ni
N49I	šá É UŠ-te la ta-qab-ba-a-ni

§7

83

N27	šum-ma ^{m}aš-šur-PAP-AŠ MAN KUR aš-šur ina ṣa-ḫa-ri -- DUMU.ME[Š]
N28A	šum-ma ^{m}aš-šur-PAP-AŠ MAN KUR aš-šur ina ⸢ṣa-ḫa⸣-[ ]
N36	[k]i-ma ^{m}aš-šur-PAP-AŠ MAN KUR aš-šur ina ṣa-ḫa-ri šá DUMU.MEŠ-šú
N39	[ ] ina ⸢ṣa⸣-ḫa-ri šá DUMU.MEŠ-šú
N43+	⸢šum-ma⸣ [ ]
N48D	[ ]MEŠ-šú
N49I	（いくつかの文字の痕跡）

84

N27	a-na šim-ti it-ta-lak ^{m}aš-šur-DÙ-A DUMU MAN GAL
N28A	a-na šim-ti it-ta-lak ^{m}aš-šur-DÙ-[ ] DUMU MAN GAL-u
N36	a-na šim-ti [ ]
N39	[i]t-ta-lak ^{m}aš-šur-DÙ-A [ ]
N45I	a-na šim-ti it-ta-[š]ur-DÙ-A DUMU MAN GAL-u
N48D	[ ]-A [ ]

85

N27	šá É UŠ-ti GIŠ.GU.ZA šá KUR aš-šur tu-šá-aṣ-bat-ta
N28A	šá É UŠ-ti GIŠ.GU.ZA šá KUR aš-š[ur] {⸢la⸣} ⸢tu⸣-šá-aṣ-bata {a-ni}
N39	[t]i GIŠ.GU.ZA šá KUR aš-šur tú-šá-aṣ-ba-ta
N45I	šá É UŠ-te GIŠ.GU.ZA šá KUR aš-šur t[u]-bat-ta
N48D	[šu]r.KI [ ]

86

N27	^{md}GIŠ.NU$_{11}$-MU-GI<.NA> ŠEŠ *ta-li-mì-šú* DUMU MAN *šá* É UŠ-*ti*
N28A	^{md}GIŠ.NU$_{11}$-⸢MU-GI⸣[ ] ŠEŠ *ta-li-mì-šú* DUMU MAN *šá* É UŠ-*ti*
N39	[Š]EŠ ⸢*ta*⸣-*li-mì-šú* [*t*]*i*
N45I	^{md}GIŠ.NU$_{11}$-MU-GI.NA ŠEŠ *ta-li-mu* DUMU MAN [U]Š-*te*
N48D	[ ]NA [ ]
N55P	[*š*]*a* É UŠ-*te*

87

N27	*šá* KÁ.DINGIR.RA.KI *ina* GIŠ.GU.ZA LUGAL-*ti* *šá* KÁ.DINGIR.RA.KI
N28A	*šá* KÁ.DINGIR[.KI] -- GIŠ.GU.ZA LUGAL-*ti* *šá* KÁ.DINGIR.KI
N39	-- KÁ.DINGIR.KI -- GIŠ.GU.ZA LUGAL-*ti* [ ]
N45I	*šá* KÁ.DINGIR.RA.KI *ina* GIŠ.GU.ZA LUGAL-*te* -- KÁ.DING[IR.RA.]⸢KI⸣
N48D	[R]A.KI [ ]
N55P	*š*[*a* G]U.ZA LUGAL-*te* -- K[Á]
N74	[*š*]*a* KÁ.DINGIR.KI

88

N27	*tu-še-šaba* LUGAL-*ti* KUR EME.GI$_7$ -- URI.KI KUR *kar-an-dun-iá-*<*aš*>
N28A	*tu-še-šá-b*[*a*] LUG[A]L-*tu* KUR *šu-me-ri* *u* URI.KI KUR *kar-an-dun-iá-*[ ]
N39	[*t*]*u-še-šá-ba* LUGAL-*tu* KUR *šu-me-ri* [*ka*]*r-an-dun-iá-àš*!
N45I	*tu-še-šaba-šu* LUGAL-*u-tu* KUR EME.GI$_7$ ⸢*u*⸣ [UR]I.KI KUR *kar-an-dun-iá-*<*aš*>
N46Q	[ ] ⸢LUGAL⸣-*tú* K[UR]
N49K	[ ] KUR *kar-*[ ]
N55P	[LUGA]L-*tú* KUR *šu-me-ri* *u* UR[I]
N55CC	*tu-š*[*e* K]UR *kar-an-d*[*un*]
N74	*t*[*u*] ⸢*u*⸣ UR[I].KI KUR *ka*[*r*]

89

N27	DÙ.A.BI! *ina* IGI-*ni-šú* *tu-šad-ga-la* *ti-din-tú*
N28A	DÙ.A.BI [ ]-*šú* *tu-šad-g*[*a*]
N39	DÙ.A.BI *ina* IGI-*šú* *tu-šad-ga-la* [ ]
N45I	DÙ.A.B[I] *ina* IGI-*šú* *tu-šad-ga-la* *ti-*[*di*]*n-tú*
N46Q	[ ] *ina* *pa-ni-šú* *t*[*u*]
N49K	[ ] *ti-din-t*[*ú*]
N55P	[ ]A.BI *ina* IGI-*šú* *tú-šad-ga-*[ ]
N55CC	[*l*]*a* *ti-din-*[ ]

90

N27	*am-mar* ^{m}*aš-šur*-PAP-AŠ MAN KUR *aš-šur* AD-*šú* *id-din-na-šú-ni*
N28A	⌜*am*⌝-*mar* ^{m}*aš-šur*-PAP-AŠ MAN KUR *aš-šur* [ ]
N39	[ ] ^{m}*aš-šur*-PAP-AŠ MAN KUR *aš-šur* AD-*šú* SUM-*šú-un-ni*
N45I	*am-mar* ^{m}*aš-šur*-PAP-AŠ MAN KUR *aš-šur* AD-*šú* *i-di-*[*u*]*n-ni*
N46Q	*am-mar* ^{m}*aš-šur*-P[AP]
N55P	[ ]-PAP-AŠ MAN KUR *aš-šur* AD-*šú* [ ]
N55CC	[*š*]*ú* SUM-*šú-u*[*n*]
N74	*am-mar* [ ]

91

N27	*is*$^{!}$-*se*$^{!}$-*šú* *ú-bal* 1-*en* *la* *ta-kal-la-a*
N28A	[ ]-⌜*se*⌝-*šú* *ub-bal* [ ]
N39	[ ] 1-*en* *la* *ta-ka-la-a*
N45I	*is-se-šú* *ub-bal* 1-*en* *la* *ta-*[*ka*]*l-la-a*
N46Q	*is-se-šú* *ub-b*[*al*]
N49K	*is-se-šú* *ub-b*[*al*]
N55P	[*š*]*ú* *ub-bal* 1-*e*[*n*]
N55CC	[ ] *la* *ta-kal-*[ ]
N74	[*š*]*ú*$^{!}$ ⌜*ú*⌝-*bal* [ ]

§8

92

N27	*šum-ma* ^{m}*aš-šur*-DÙ-A DUMU MAN GAL *šá* É UŠ-*ti*
N28A	⌜*šum*⌝-*ma* ^{m}*aš-šur*-⌜DÙ⌝-A ⌜DUMU⌝ MAN G[AL]
N39	[ ]-*šur*-DÙ-[ ] MAN GAL *šá* É UŠ-*ti*
N45I	*š*[*um*] ^{m}[*aš-š*]*ur*-⌜DÙ⌝-A [ ]
N46Q	*šum-ma* ^{m}[*š*]*ur*-DÙ-A DUM[U]
N46Z	[U]Š-⌜*ti*⌝
N49K	*šum-ma* ^{m}*aš-šur*-DÙ-A DUMU MAN G[AL]
N55P	[ ] ^{m}*aš-šur*-DÙ-A DUMU MAN GAL *ša* ⌜É⌝ [ ]
N55CC	[ ] *šá* É UŠ-*te*

93

N27	*šá* ^{m}*aš-šur*-PAP-AŠ MAN KUR *aš-šur ú-kal-lim-u-ka-nu-ni*
N28A	[ ] ⸢KUR⸣ *aš-šur ú-*⸢*kal-lim*⸣-[ ]
N31	*šá* ^{m}*aš-šur*-PAP-AŠ MAN KUR *aš-šur ú-kal-lim-u-ka-*[ ]
N39	*šá* ^{m}*aš-šur*-PAP-AŠ MAN KUR *aš-šur* [*l*]*im-u-ka-nu-*⸢*u*⸣*-ni*
N46Q	*ša* ^{m}*aš-šur*-PAP-AŠ MAN [ ]
N46Z	*šá* ^{m}*aš-š*[*ur*]-⸢*u*⸣*-ni*
N49K	[ ] MAN KUR *aš-šur ú-kal-lim-ú-*[ ]
N55P	[ ] *aš-šur ú-kal-lim-ú-ka-nu-*[ ]
N55CC	*šá* ^{m}*aš-š*[*ur*]*-nu-ni*

94

N27	*ù* ŠEŠ.MEŠ-*šú* DUMU AMA-*šú šá* ^{m}*aš-šur*-DÙ-A DUMU MAN GAL
N28A	[ ] ⸢AMA⸣-*šú* [ ]
N31	*ù* ŠEŠ.MEŠ-*šú* DUMU AMA-*šú šá* ^{m}*aš-šur*-DÙ-A [ ]
N39	*ù* ŠEŠ.MEŠ-*šú* DUMU AMA-*šú* [D]Ù-A DUMU MAN GAL
N45E	[MA]N GAL-*u*
N46Q	-- ŠEŠ.MEŠ-*šú* [ ]
N46Z	-- ŠEŠ.M[EŠ MA]N GAL-*u*
N49K	[ ] *šá* ^{m}*aš-šur*-DÙ-A DUMU MAN GAL
N55P	[A]MA-*šú šá* ^{m}*aš-šur*-DÙ-A DUMU MAN [ ]
N55W	[ ] *ša* ^{m}*aš-šur*-DÙ-A [ ]
N55CC	*ù* ŠEŠ.M[EŠ] DUMU MAN GAL

95

N27	*šá* É UŠ-*ti šá* ^{m}*aš-šur*-PAP-AŠ MAN KUR *aš-šur ina* UGU-*ḫi-šú-nu*
N28A	[ ] ^{m}[ ]-PAP-AŠ MAN KUR *aš-šur* [ ]
N31	*šá* É UŠ-*ti šá* ^{m}*aš-šur*-PAP-AŠ MAN KUR *aš-šur* {*šá*!} *ina* U[GU]
N39	[ ] É UŠ-*ti šá* ^{m}*aš-šur*-PAP-AŠ MAN KUR *aš-šur* [ ]
N45E	*šá* É U[Š *š*]*ur ina* UGU-*ḫi-šú-*[ ]
N46Z	*šá* É UŠ-*ti šá* ^{m}*aš-šur*-PAP-AŠ MAN KUR *aš-š*[*ur*] [*n*]*u*
N49K	*šá* É U[Š]
N55P	[ ] ^{m}*aš-šur*-PAP-AŠ MAN KUR *aš-šur ina* UG[U]
N55W	[ ] *ša* ^{m}*aš-šur*-PAP-AŠ MAN [ ]
N55CC	*šá* É U[Š U]GU-*ḫi-šú-nu*

96

N27	*a-de-e is-se-ku-nu iš-ku-nu-ni ket-tu šá-lim-tu*	
N28A	[ ] ⌜*is-se-ku-nu iš*⌝*-k*[*un*]	
N31	*a-de-e is-se-ku-nu iš-kun-u-ni ket-*[ ]	
N39	*a-de-e is-se-ku-nu iš-ku-nu-u-ni* [ ]	
N45E	[*n*]*u iš-kun-*[*t*]*u*	or: *t*]*ú*
N46Z	*a-de-e is-se-ku-nu iš-ku-nu-ni* [*š*]*á-lim-tu*	
N55P	[*s*]*e-ku-nu iš-ku-nu-ni k*[*et*]	
N55W	*a-de-e is-se-*[ ] *ket-tu šá-l*[*i*]	
N55CC	*a-de-*⌜*e*⌝ [*t*]*u šá-l*[*im*]	

97

N27	*la tu-kal-la-a-ni ina ke-na-a-te tar-ṣa-a-ti*
N31	*la tu-kal-la-a-ni ina ke-na-a-te tar-ṣ*[*a*]
N39	*la tu-kal-la-a-ni ina ke-na-a-*[ ]
N45E	*la tu-kal-*[*t*]*e*
N46E	[ ]-⌜*ṣa*⌝*-a-te*
N46Z	*la tu-kal-la-ni ina ke-na-a-te* [*t*]*i*
N55W	[ ] *ina ke-na-a-te* [ ]

98

N27	*la ta-ta-nap-pala-šú-u-ni ina ket-ti šá* ŠÀ*-bi-ku-nu*
N31	*la ta-tan-nap-pal-a-šú-u-ni ina ket-ti šá* [ ]
N39	[*l*]*a ta-ta-na-pal-a-šú-nu-u-ni ina ket-ti* [ ]
N45E	*la ta-ta-na-p*[*al k*]*u-n*[*u*]
N46E	*la ta-ta*[*n*]*-ku-nu*
N46Z	*la ta-ta-nap-pal-a-šá-nu-u-ni* [ ]
N55W	[ ] ⌜*ina ket-ti*⌝ [ ]

99

N27	*is-se-šú*<*-nu*>? *la ta-da-bu-ba-ni ina* A.ŠÀ *ber-ti* URU
N31	*is-se-šú-nu la ta-da-bu-*[ ] *ina* A.ŠÀ *ber-ti* URU
N39	[ ]*-šú-nu la ta-da-bu-ub-a-ni* [ ]
N45E	⌜*is*⌝*-se-šú-nu la ta-*[*t*]*i* URU
N46E	*is-se-šú-nu la* [ ]

100

N27 [*l*]*a ta-na-ṣar-a-šú-nu-u-ni*

N31 *la ta-na-ṣar-*[ ]

N39 [*t*]*a-na-ṣar-a-šú-nu-u-ni*

N45E *la ta-na-ṣara-šú-nu-u-*[ ]

N46E *la ta-na-ṣar-a-šú-n*[*u*]

§9

101

N27 [G]A[L] *šá* ⸢É⸣ UŠ-*ti*

N31 *šum-ma* ^{m}*aš-šur*-DÙ-A DUMU MAN GAL *šá* ⸢É⸣ [ ]

N39 [ ]-*ti*

N45E [*š*]*um-ma* ^{m}*aš-šur*-DÙ-A DUMU MAN GAL *šá* É UŠ-*t*[*e*]

N46E [*š*]*ur*-DÙ-A DUMU MAN GAL *ša* É UŠ-[ ]

N46I ⸢*šum-ma* ^{m}*aš-šur*-DÙ⸣-A DU[MU]

N49M [*šu*]*m-ma* ^{m}*aš-šur*-DÙ-A DUMU MAN GA[L]

102

N27 [ ]-*ka-nu-ni*

N31 *šá* ^{m}*aš-šur*-PAP-AŠ MAN KUR *aš-šur iq-ba-k*[*a*]

N45E [*š*]*a* ^{m}*aš-šur*-PAP-AŠ ---- *iq-ba-ka-nu-u-*[ ]

N46E ⸢*šá*⸣ ^{m}*aš-šur*-PAP-AŠ MAN KUR *aš-šur iq-ba-ka-nu-u-ni*

N46I [ ] *iq-ba-ka-nu-u-*[ ]

N49M [KU]R *aš-šur iq-ba-ka-n*[*u*]

103

N31 *u* ŠEŠ.MEŠ-*šú* DUMU AMA-*šú šá* ^{m}*aš-šur-*[ ]

N45E [ ] ŠEŠ.MEŠ-*šú* DUMU AMA-*šú ša* ^{m}*aš-šur*-DÙ-A DUMU MAN GA[L]

N46E -- ŠEŠ.MEŠ-*šú* DUMU AMA-*šú šá* ^{m}*aš-šur*-DÙ-A DUMU MAN GAL-*u*

N46I [ ] DUMU MAN GAL

N46X ⸢*ù*⸣ ŠEŠ.MEŠ-[ ]

N49M [*šu*]*r*-DÙ-A DUMU MAN GAL-*u*

104

N27 *šá* x[ ]

N45E [*š*]*a* É UŠ-*ti ina* UGU-*ḫi-šú-nu a-de-e is-se-*⸢*ku*⸣-[ ]

N46E *ša* É UŠ-*te ina* UGU-*ḫi-šú-nu a-de-e is-se-ku-nu*

N46I *šá* É U[Š] *is-se-ku-nu*

N46X [ ] É UŠ-*ti* [ ]

N49M [ ]-*e is-se-ku-n*[*u*]

105

N27	*i*[*š*]
N45E	[*i*]*š-kun-u-ni ta-ḫa-ṭa-ni* ŠU.2-*ku-nu ina* ḪUL-*tì*
N46E	*iš-ku-nu-u-ni ta-ḫa-ṭa-a-ni qa-at-ku-nu ina* ḪUL-*tì*
N46I	*iš-k*[*u in*]*a* ḪUL-*tì*
N46X	[ ]-*kun-u-ni ta*-[Ḫ]UL-*tì*
N49M	[*a*$^{?}$]-⸢*na*$^{?}$⸣ ḪUL-*t*[*ì*]

106

N27	*ina* Š[À]
N45E	[ ] ŠÀ-*bi-šú-nu tu-bal-a-ni*
N46E	*ina* ŠÀ-*bi-šú-nu tu-bal-a-ni*
N46I	*ina* ŠÀ-*šú*-[ ]
N46X	*ina* ŠÀ-*bi-šú-n*[*u*]

107

N27	*ep*-[ ]
N45E	*ep-šú bar-tú a-bu-tú* [*l*]*a* DÙG.GA-*tú te-pa-šá*-[ ]-*nu-u-ni*
N46E	*ep-šú bar-tú a-bu-tú la* DÙG.GA-*tú te-pa-šá-né-šú-nu-ni*
N46I	[ ]-*bu-tú la* DÙG.GA-[ ]
N46X	[ ]-*tu a-bu-tú la ṭa-a*[*b*]
N49M	[ ]-*bu-t*[*u*]

§10

108

N27	*š*[*um*]
N45E	[*šu*]*m-ma a-bu-tú l*[*a* S]IG$_5$-*tú*
N46E	[*t*]*ú la* DÙG.GA-*tú la de-iq-tú*
N46I	[ ] *a-bu-tú la* DÙG.GA-*tú la* [ ]
N49R	[*b*]*u-tu la* DÙG.GA-*tú la* [ ]
N75	[ ]⸢*a-bu*⸣-*tu la* ⸢DÙG.GA-*tu la*⸣ [ ]

109

N45A	[ ] ⸢*šá*⸣$^{?}$ [ ]
N45E	*la ba-ni-tú* [ ] UGU ^{m}*aš-š*[*ur-*] É UŠ-*te*
N46E	*la ba-ni-tú* [ ]*aš-šur*-DÙ-A DUMU MAN GAL *ša* É UŠ-*ti*
N46I	[U]GU ^{m}*aš-šur*-DÙ-A DUMU MAN GA[L]
N49R	[*š*]*ur*-DÙ-A DUMU MAN GAL *šá* É [ ]
N75	[ ] *ina* UGU ^{m}*aš-šur*-[ ]-⸢A DUMU MAN GAL⸣ [ ]

110

N27 D[UMU$^{?}$]
N45A DUMU ^{m}*aš-š*[*ur*]
N45E [ ]-*ku-nu* [ ]
N46E [ ] MAN KUR *aš-šur*.KI EN-*ku-nu la tar-ṣa-at-u-ni*
N46I [ ]-PAP-AŠ MAN KUR *aš-šur* EN-*k*[*u*]
N49R [ ] MAN KUR *aš-šur* EN-*k*[*u*]
N75 [ ] ^{m}*aš-šur*-PAP-AŠ MAN KUR [ ] ⸢EN-*ku-nu*⸣ [ ]

111 (= Wiseman l.113)

N27 [ ] *lu ina p*[*i*]
N45A *la ṭa-*⸢*bat-u-ni lu*⸣*-u ina pi-*⸢*i*⸣ [ ]
N45E [ ]-*u-ni* [ ]
N46E [ ]-*u-ni lu ina pi-i* LÚ.KÚR-*šú*
N46I [*b*]*at-u-ni lu ina* [ ]
N49R *la ṭa-b*[*a-*]
N75 [ ] *lu ina pi-i* ⸢LÚ.KÚR⸣-[ ]

112

N45A *lu-u ina pi-i sal-mì-šu*
N45E [*sa-l*]*i-mì-šú*
N46E *lu* <*ina*> *pi-i* LÚ.x ME$^{?}$
N49R [*p*]*i-i sa-*[ ]

113 (= Wiseman l.114)

N27 *lu ina pi-i* [ ]
N45A *lu-u ina p*[*i*]
N46E [ ]-*i* ŠEŠ.MEŠ-*šú*
N75 *lu ina pi-*⸢*i*⸣ [ ]

114

N45A ŠEŠ.MEŠ AD.MEŠ-*šu* DUMU ŠEŠ.MEŠ [ ]
N46E ŠEŠ AD.MEŠ-*šú* DUMU ŠEŠ AD.MEŠ-*šú*
N49R ŠEŠ AD.MEŠ-*šú* <DUMU>$^{?}$ Š[EŠ$^{?}$]
N75 [A]D.M[EŠ]-*šu*

§10: 110-119

115

N27	*qin-ni-šú* NUMUN [ ]
N45A	*qin-ni-šu* NUMUN É AD-*šu lu-u ina p*[*i*]
N46E	[ ] NUMUN É AD-*šú lu ina pi<-i>* ŠEŠ.MEŠ-*ku-nu*
N49R	[ ] *lu ina pi-i* ŠEŠ.MEŠ-*ku*-[ ]
N55I	[NU]MUN ⌜É⌝ [ ]

116

N27	DUMU.MEŠ-*ku*-[ ]
N45A	DUMU.MEŠ-*ku-nu* DUMU.MÍ.MEŠ-*ku-nu lu* [ ] LÚ.*ra-gi-me*
N46E	[k]*u*-[*n*]*u lu ina pi-i ra-gi-me*
N49R	[ ]MEŠ-*ku-nu lu ina pi-i* LÚ.*ra-g*[*i*]
N55I	[ ]-*nu* DUMU.M[Í!]

117

N27	LÚ.*maḫ*-[ ]
N45A	LÚ.*maḫ-ḫe*-⌜*e*⌝ [ ] *a-mat* DINGIR
N46E	[ ]-*li a-mat* DINGIR.MEŠ
N49R	[ʾ]*i-li a-mat* DINGIR
N55I	[*ma*]*ḫ-ḫe-e* DUMU *šá*-[ʾ*i*]

118

N27	*lu-u ina pi-i na*[*p*]
N45A	*lu-u ina -- nap-ḫar ṣal-mat* SAG.DU *mala ba-šú-u*
N46E	[*qaq-q*]*a-di mala ba-šu-u*
N49R	[*ṣ*]*al-mat* SAG.DU *mala ba-šu-u*
N55I	[ ]-*u ina -- nap-ḫar ṣal-mat* SA[G]

119

N27	*ta-šam-ma-n*[*i*]
N45A	*ta-šam-ma-a-ni tu-pa-za-ra-a-ni*
N46E	[*n*]*i*
N49R	[*t*]*u-pa-za-ra-a-ni*
N55I	[*t*]*a-šam-ma-ni tu-pa*-[ ]
N76	[*t*]*a-šam-m*[*a*]

120

N27	*la ta-lak-a-né-*[ ]
N45A	*la ta-*⸢*lak-a-né*⸣*-ni a-na* ^{m}*aš-šur-*DÙ-A DUMU MAN GAL-*u*
N46E	*la ta-lak-a-né-ni* [ ]
N49R	[*n*]*a* ^{m}*aš-šur-*DÙ-A DUMU MAN GA[L]
N55F	[*la*]*k-a-né-ni* [ ]
N55I	[*n*]*a* ^{m}*aš-šur-*DÙ-A DUMU MAN GAL-[ ]
N76	[*n*]*a* ^{m}*aš-šur-*D[Ù]

121

N27	*šá* É UŠ-⸢*ti*⸣ [ ]
N45A	[ ] ^{m}*aš-šur-*PAP-AŠ MAN KUR *aš-šur*
N46E	[U]Š-*te* DUMU ^{m}*aš-šur-*PAP-AŠ [ ]*-šur*
N49R	[ ] ^{m}*aš-šur-*PAP-AŠ MAN KUR *a*[*š*]
N55F	[*t*]*e* DUMU ^{m}*aš-šur-*PAP-AŠ [ ]
N55I	[ ] ^{m}*aš-šur-*PAP-AŠ MAN KUR *aš-šur*
N76	[ ] ^{m}*aš-šur-*P[AP]

122

N27	*la ta-*[ ]
N45A	*la ta-qab-ba-ni*
N46E	[*b*]*a-a*!*-ni*
N49R	[*b*]*a-a-*[ ]
N55F	[ ]*-a-ni*
N55I	*la t*[*a*]

§11

123

N27	⸢*šum*⸣*-ma at-tu-*[ ]
N45A	*šum-ma at-tu-n*[*u š*]*ur-*DÙ-A DUMU MAN GAL-*u*
N46E	*šúm-mu at-tú-nu* ^{m}*aš-šur-*DÙ-A [GA]L
N55I	[*a*]*t-tú-nu* ^{m}*aš-šur-*DÙ-A DU[MU]

124

N27	*šá* É UŠ-*ti* [ ]
N45A	*šá* É UŠ-*te ša* ^{m}*aš-šur-*PAP-AŠ MAN [ ]
N46E	*šá* É UŠ-*te ša* ^{m}*aš-šur-*PAP-AŠ MAN KUR *aš-šur*
N55F	[ ] UŠ-*ti* [ ]
N55I	[ ]*-šur-*PAP-AŠ MAN KUR *aš-šur*

125

N27	*iq-ba-ka-*[ ]
N45A	[*b*]*a-ka-nu-u-ni la* DÙG.GA-*tu l*[*a*]
N46E	*iq-*[*k*]*a-nu-u-ni la ṭa-ab-tú la de-iq-*[ ]
N55F	[ ]-*ni* [ ]
N55I	*i*[*q*]-*tú la* SIG_5-*tú*

126

N27	*te-ep-pa-šá-né-šú-*x[ ]
N45A	[*e*]*p-pa-šá-né-šu-un-ni ta-ṣa-ba-ta-*[ ]
N46E	[*t*]*e-pa-šá-né-šú-un-ni ta-ṣa-ba-ta šu-u-ni*
N55F	[ ]-*ni* [ ]

127

N27	*ta-du-ka-šú-u-*⸢*ni*⸣ [ ]
N45A	[*k*]*a-šu-u-ni a-na* LÚ.⸢KÚR-*šu ta-da*⸣-[*š*]*u-*[ ]-*n*[*i*]
N46E	*ta-d*[*u-k*]*a-šú-u-ni a-na* LÚ.KÚR-*šú ta-da-na-šu-u-ni*
N55F	[KÚ]R-*šu* [ ]
N55I	[ ]-*ka-šú-u-n*[*i*]

128

N27	*a-na* LUGAL-*u-ti* KUR *aš-š*[*ur*]
N45A	*a-na* LUGAL-*u-te* KUR *aš-šur tu-*[ ]
N46E	*a-na* LUGAL-*te* KUR *aš-šur tu-nak-*[*ka*]*r-a-šú-u-*[ ]
N55F	[ ]-*a-šú-ni*
N55I	[ ]-*ú-te* [ ]

129

N27	*a-na* LUGAL *šá-nim-ma* E[N]
N45A	*a-na* LUGAL MAN-*ma* EN MAN-*ma ma-m*[*itu*]
N46E	*a-na* LUGAL *šá-nim-ma* EN *šá-nim-m*[*a ta-tam*]-*ma-ni*
N55F	[*ma*]-*a-ni*
N55I	[ ] ⸢*šá*⸣-*ni*[*m*]

§12

130

N27	*šum-ma me-me-ni a-na* ᵐ*aš-šur-*[ ]
N45A	*šum-ma me-me-ni a-na* ᵐ*aš-šur-*DÙ-A DUMU [MAN GAL]
N46E	*šúm-mu me-me-ni a-na* ᵐ*aš-šur-*DÙ-A [*š*]*á* É UŠ-*te*
N55F	[U]Š-*ti*

131

N27	DUMU ^{m}*aš-šur*-PAP-AŠ MAN KUR *aš-šur* EN-*ku*-[ ]
N45A	DUMU ^{m}*aš-šur*-PAP-AŠ MAN KUR *aš-šur* EN-*ku-nu šá ina* [ ]
N46E	[D]UMU ^{m}*aš-šur*-PAP-AŠ MAN KUR *aš-šur* EN-[U]GU-*ḫi-šú*
N46S	DU[MU]
N55F	[ ]-*ku-nu* [ ]

132

N27	*a-de-e is-se-ku-nu i*[*š-ku*]*n*-[ ]
N45A	⸢*a-de-e is*⸣-*se-ku-nu iš-ku-nu-u-ni*
N46E	*a-de-e is-se-ku-nu* [ ]-*u-ni*
N46S	[ ] *is-se-ku-nu* [ ]
N55F	[ ] *i*[*s n*]*u* ⸢*iš*⸣-*ku-nu-u-ni*

133

N27	*si-ḫu bar-tu ša d*[*u-a-ki*]-*šu* [ ]
N45A	[*t*]*i-šu*
N46E	*si*-⸢*ḫu*⸣ *bar-tú ša d*[*u m*]*ut-te-šu*
N46S	[ ] *ša-mut-ti*-⸢*šu*⸣
N55F	[ ]-*mut-ti-šú* {*nu*}

134

N27	*ḫul-lu-qi-šú* [*š*]*ú-nu* [ ]
N45A	*ḫu*[*l k*]*a-nu-u-ni*
N46E	*ḫu*[*l i*]*q-ba-ka-nu-ni* or: *i-q*]*ab*$^{!?}$-*ka-nu-u-ni*
N46S	[ ] *a-na ka-šu-nu* [ ]
N49E	[*ḫ*]*ul-lu-q*[*i*]-*nu-u-ni*
N55F	*ḫul-lu-qi-šú*$^{!}$ {*nu*} [*i-q*]*ab-ba-ka-nu-u-ni*

135

N27	*ù at-tu-nu ina pi-i* [ ] *ta-šam-m*[*a*]
N46E	*ù* ⸢*at*⸣-*t*[*u*] *ta-šam-ma-ni*
N46S	⸢*ù*⸣ [*a*]*t-tu-nu ina p*[*i*]
N49E	*ù at-t*[*ú*]-*ni*
N55F	[*p*]*i-i me-me-ni ta-šam-ma-ni*

136

N27	*e-pi-šá-nu-ti šá* [ ] *la ta-ṣab-bat-*⸢*a-né-ni*⸣
N46E	*e-piš-a-nu-te šá bar-te la ta-ṣa-bat-a-né-ni*
N46S	[ ]*-šá-nu-t*[*i*]
N49E	*e-piš-a-nu-te šá bar-te la ta-ṣab-*[ ]
N55F	[*t*]*i la ta-ṣab-bat-a-né-ni*

137

N27	*ina* UGU ^{m}*aš-šur-*DÙ-A DUMU MAN G[AL] É UŠ-*ti*
N46E	*ina* UGU ^{m}*aš-šur-*DÙ-A DUMU MAN GAL *ša* É UŠ-*ti*
N49E	[ ] ^{m}*aš-šur-*DÙ-A DUMU MAN GAL-*u šá* É U[Š]
N55F	[GA]L *šá* É UŠ-*te*

138

N27	*la tu-bal-a-né-ni šum-m*[*a*]
N46E	*la tú-bal-a-né-ni šúm-mu am-mar ṣa-ba-ti-šú-nu*
N49E	[ ]*-bal-a-né-ni šum-ma am-mar ṣa-ba-*[ ]
N55F	*la tu-bal-a-né-ni* [ ]

139

N27	*du-u-a-ki-šú-nu ma-ṣa-ku-n*[*u*]
N46E	*du-a-ki-šú-nu ma-ṣa-ku-nu la ta-ṣab-bat-a-šá-nu-ni*
N49E	[*k*]*i-šú-nu ma-ṣa-ku-nu la ta-ṣab-*[ ]
N55F	（いくつかの文字の痕跡）
N77	[*n*]*u la t*[*a*]

140

N27	*la ta-du-ka-šá-nu-u-n*[*i*]
N46E	*la ta-du-ka-a-šá-nu-ni* MU-*šú-nu* NUMUN-*šú-nu*
N49E	[ ]*-du-ka-šá-nu-u-ni* MU-*šú-nu* NUMUN-[ ]
N77	[*n*]*i* MU-*šú-*[ ]

141

N27	*ina* KUR *la tu-ḫal-laq-q*[*a*]
N45D	[ ] *la tu-ḫ*[*al*]
N46E	*ina* KUR *la tu-ḫal-laq-qa-a-ni*
N49E	[ ]*-ḫal-laq-qa-ni*

142

N27	[ ] *d*[*u*']
N45D	[ ]-*ki-šú-nu*
N46E	[*š*]*úm-mu am-mar ṣa-ba-te-šú-nu du-a-ki-šú-nu*
N46T	[*k*]*i-šú-nu*
N49E	*šum-ma am-mar ṣa-ba-*[*k*]*i-šú-nu*
N77	[*šu*]*m-*⌜*ma*⌝ *a*[*m*]

143

N45D	*la* [D]UMU MAN GAL
N46E	*la-*⌜*a*⌝ <*ma-ṣa-ku-nu*> [GEŠT]U.2 *šá* ^{m}*aš-šur-*DÙ-A DUMU MAN GAL
N46T	*la ma-ṣa-*[ ] *šá* ^{m}*aš-šur-*DÙ-A DUMU MAN GAL
N49E	*la ma-ṣa-ku-nu* GEŠTU.2 *šá* ^{m}*aš-š*[*ur* GAL]-*u*

144

N45D	*šá* É U[Š]
N46E	*ša* É U[Š] *tú-pat-ta-a-ni is-se-šú*
N46T	[ ] *la tu-pat-ta-a-ni is-*[ ]
N49E	*šá* É UŠ-*ti la tu-pat-t*[*a*]

145

N45D	[*t*]*a-za-za-a-ni e-piš-a-n*[*u*]
N46E	*la* [*p*]*iš-a-nu-te šá bar-te*
N46T	[ ] *e-pi-šá-nu-ti šá bar-te*
N49E	[*t*]*a-za-za-ni e-pi-šá-nu-te* [ ]

146

N45D	[*ta-ṣ*]*ab-bat-a-ni la ta-du-k*[*a*]
N46E	*la ta-*[*t*]*a-du-ka-a-*[*ni*]
N46T	[ ] *la ta-d*[*u*]
N49E	[ ] *la ta-du-ka-*[ ]

§13

147

N27	*šum-ma e-pi-šá-nu-ti* ⌜*šá*⌝ [ ]
N36	*šum-ma e-pi-šá-nu-te šá bar-te lu-u e-*[*ṣ*]*u-te lu-u ma-a'-du-te*
N45D	[*pi*]*š-a-nu-ti šá bar-ti lu e-ṣu-ti l*[*u*]
N46E	[ ]*-a-nu-te šá b*[*ar*]
N47E	[*ṣ*]*u-ti lu ma-a'-d*[*u*]

148

N27	*is-se-šú-nu ta-šá-kan-a-*[S]IG$_5$-*t*[*ú*]
N36	*is-se-šú-nu ta-šá-*[ ]*-a-ni du-un-qu la du-un-qu*
N45D	[ ]*-nu ta-šá-kan-a-ni* SIG$_5$-*tú la* S[IG$_5$]
N46E	[ ] *du-un-qu la* ⸢*du-un*⸣-[ ]
N47E	[SI]G$_5$-*tu la* SIG$_5$-*tu*

149

N27	*ta-šan-*[*m*]*a-a-ni* {*l*[*a ta-qab-ba-a*]*-ni*} { }の中の文字は元来 l.152に属する
N36	*t*[*a*]*-ni*
N45D	[*m*]*a-a-ni*

150

N27	*a-na* ᵐ*aš-šur*-DÙ-A DUMU MAN G[AL]*-u-ti*
N36	*a-na* ᵐ*aš-šur*-DÙ-A DUMU MAN GAL-*u šá* [ ]*-ti*
N45D	*a-na* ᵐ*aš-šur*-DÙ-A DUMU MAN GAL *šá* É U[Š]
N46E	*a-na* ᵐ*aš-šur*-DÙ-A DUMU MAN GAL *š*[*a*]
N47E	[ ] DUMU MAN -- *šá* É UŠ-*ti*

151

N27	DUMU ᵐ*aš-šur*-PAP-AŠ MAN KUR *aš-šur* [ ]*-lak-a-né-*<*ni*>
N36	[D]UMU ᵐ*aš-šur*-PAP-AŠ MAN KUR *aš-šur la* [ ]*-lak-a-né-*[ ]
N45D	[ ]-PAP-AŠ MAN KUR *aš-šur la tal-lak-a-né-ni*
N46E	[ ] MAN KUR *aš-šur la ta-lak-a-né-ni*
N47E	[*ta*]*l-lak-a-né-ni*

152

N27	(l.149 参照) *lib-ba-ku-nu is-se-šú* [ ]⸢*ga-ma-ru*⸣-[ ]
N36	[ ]*-nu is-se-*[ ]
N45D	*la ta-qab-ba-a-ni* [ ]*-šú la gam-mur-u-ni*
N46E	*la ta-q*[*ab*] ŠÀ-*ku-nu is-se-šu la ga-mur-u-ni*
N47E	[*k*]*u-nu is-se-šú la gam-mur-u-*⸢*ni*⸣

153

N27	*ša* DIN[GIR *š*]*e-šá-bu-u-*[ ] *a-de-e ina* IGI DINGIR[ ]
N36	[ ]*-ši-šá-bu-u-n*[*i*]
N45D	*šá* DINGIR.MEŠ-*ni ú-še-šab-u-ni* [IG]I DINGIR.MEŠ-*ni*
N46E	*ša* DINGIR.MEŠ *ú-še-šab-u-ni a-de-e ina* IGI DINGIR.MEŠ-*ni*
N47E	[ ]*-de-e ina* IGI DINGIR.MEŠ-*ni*

154

N27	[*n*]*i* *ina* KEŠDA ⸢GIŠ⸣.BANŠUR(=⸢ABxAD⸣.TIM) [ ]
N36	[*ka*]*n-u-ni* *ina ri-k*[*is*] GIŠ.BANŠUR(=KAx⸢URUDU⸣) [ ]
N45D	*i-šá-kan-u-ni* *ina* KEŠDA GIŠ.BANŠUR(=KAxURUDU) [*t*]*e-e* GÚ.ZI
N46E	*ta-šá-kan-a-ni* *ina* KEŠDA GIŠ.BANŠUR(=ABxAD.TIM) *šá-te-e* *ka-si*
N47E	[ ] *šá-ti-e* G[Ú]

155

N27	*ni-pi-iḫ* ^{d}GIŠ.BAR A.MEŠ <Ì.MEŠ> *ṣi-bit* *tu-le-e*
N36	[ ]-⸢*pi*⸣-*iḫ* ^{d}GIŠ.BAR A.MEŠ [ ] *tu-le-e*
N45D	*ni-pi-iḫ* ^{d}GIŠ.BAR A.MEŠ Ì.MEŠ [*ṣ*]*i-bit* *tu-le-e*
N46E	*ni-pi-iḫ* ^{d}GIŠ.BAR A.MEŠ Ì.MEŠ *ṣi-bit* *tu-le-e*

156

N27	-- *a-ḫe-iš* *tu-tam-ma-a-ni* *a-na* ^{m}*aš-šur*-DÙ-A DUMU MAN GAL
N36	-- *a-ḫa-míš* *tu-tam-*[ ] *a-na* ^{m}*aš-šur*-DÙ-A DUMU MAN GAL-*u*
N45D	*a-na* *a-ḫe-iš* *tu-tam-ma-a-ni* *a-na* ^{m}*aš-šur*-DÙ-A DUMU MAN GAL
N46E	-- *a-ḫa-míš* *tu-tam-ma-a-ni* *a-na* ^{m}*aš-šur*-DÙ<-A> DUMU MAN GAL

157

N27	*šá* É UŠ-*ti* DUMU ^{m}*aš-šur*-PAP-AŠ MAN KUR *aš-šur* EN-*ku-nu*
N35+	[U]Š-*te* DUMU ^{m}*aš-šur*-PAP-AŠ [ ]
N36	*šá* É U[Š] A ^{m}*aš-šur*-PAP-AŠ MAN KUR *aš-šur* EN-*ku-nu*
N45D	*šá* É UŠ-*te* DUMU ^{m}*aš-šur*-PAP-AŠ MAN KUR *aš-šur* EN-*ku-nu*
N46E	*ša* É UŠ-*te* DUMU ^{m}*aš-šur*-PAP-AŠ MAN KUR *aš-šur* EN-*ku-nu*
N47A	[ ] EN-*ku-nu*

158

N27	*la* *tal-lak-a-né-ni* *la* *ta-qab-ba-a-ni*
N35+	[*l*]*a* *ta-qab-ba-a-ni*
N45D	*la* *tal-lak-a-né-ni* *la* *ta-qab-ba-a-ni*
N46E	*la* *ta-lak-a-né-ni* *la* *ta-qab-ba-a-ni*
N47A	*la* ⸢*tal*⸣-[ ]

159

N27	*e-pi-šá-nu-ti* *šá* *bar-ti* *u* LÚ.ERIM.MEŠ EN *ḫi-ṭi*
N35+	[ ]MEŠ EN *ḫi-ṭi*
N45D	*e-piš-a-nu-ti* *šá* *bar-ti* *ù* LÚ.ERIM.MEŠ EN *ḫi-ṭi*
N46E	*e-piš-a-nu-ti* *šá* *bar-te* *u* ERIM.MEŠ EN *ḫi-*[*ṭ*]*i*
N47A	*e-piš-šá-nu-te* *šá* *bar-te* *ù* ERIM.MEŠ EN [ ]

160

N27	*la ta-ṣa-ba-<ta>-a-né-ni la ta-du-ka-a-ni*
N35+	[ ]*-du-ka-a-ni*
N45D	*la ta-ṣab-bat-a-ni la ta-du<-ka>-a-ni*
N46E	*la ta-ṣa-bat-a-né-ni la ta-*⸢*du-ka*⸣*-a-ni*
N47A	*la ta-ṣab-bat-a-né-ni la ta-du-ka-*⸢*a*⸣-[ ]

161

N27	MU-*šú-nu* NUMUN-*šú-nu ina* KUR *la tu-ḫal-laq-qa-a-ni*
N35+	[ ]*-ḫal-la-qa-a-ni*
N38A	[*l*]*a t*[*u*]
N45D	MU-*šú-nu* NUMUN-*šú-nu ina* KUR *la tu-ḫal-laq-a-ni*
N46E	MU-*šú-nu* NUMUN-*šú-nu ina* KUR *la t*[*ú*]*-ḫal-laq-qa-a-ni*
N47A	MU-*šú-nu* NUMUN-*šú-nu ina* KUR *la tu-ḫal-la-*KA-*a-*[ ]

§14

162

N27	*šum-ma lu aš-šur-a-a -- da-gíl pa-ni šá* KUR *aš-šur*.KI
N35+	[ ]-⸢*gíl*⸣? IGI *šá* KUR *aš-šur*.KI
N38A	[ ] *da-gíl pa-*[ ]
N45D	*š*[*um l*]*u* LÚ.*aš-šur-a-a lu da-gíl pa-ni šá* KUR *aš-šur*
N46E	*šúm-mu lu* LÚ.*aš-šur-a-a -- da-gíl pa-ni šá* KUR *aš-šur*.KI
N47A	*šum-ma lu* LÚ.*aš-šur-a-a lu da-gíl pa-ni šá* KUR *aš-šur*

163

N27	*lu-u* LÚ.*šá ziq-ni lu-u* LÚ.SAG *lu* DUMU KUR *aš-šur*.KI
N35+	[ ] *lu* DUMU KUR *aš-šur*.KI
N38A	[S]AG *lu-u* DUMU KUR *aš-*[ ]
N39	*lu* LÚ.*šá ziq-ni lu* LÚ.S[AG]
N45D	*lu* ⸢LÚ⸣.*šá ziq-ni lu* LÚ.SAG *lu* DUMU KUR *aš-šur*
N46E	[ ]*šá ziq-ni lu* LÚ.SAG *lu* DUMU KUR *aš-šur*
N47A	*lu šá* ⸢*ziq-ni*⸣ *lu* LÚ.SAG *lu* DUMU KUR *aš-šur*

164

N27 lu-u DUMU.MEŠ KUR šá-<ni>-tim-<ma> lu ina šik-nat ZI mala ba-šu-u
N35+ [Z]I-tì? mala ba-šú-u
N38A [l]u-u ina šik-nat ZI ma[la]
N39 lu DUMU KUR šá-ni-ti-ma lu-⌜u⌝ [ ]
N45D lu DUMU KUR šá-ni-tim-ma lu ina šik-nat ZI-tì mala ba-šú-u
N46E [m]a lu ina šik-nat ZI-tì mala GÁL
N47A lu DUMU KUR šá-ni-tim-ma ** l[u Z]I-⌜tì⌝ mala ba-šú-u
**= lu ina nap-ḫar ṣal-mat SAG.DU mala ba-šú-u

165

N27 a-na ^{m}aš-šur-DÙ-A DUMU MAN GAL šá É UŠ-ti -- ina A.ŠÀ-šú
N35+ [ri-d]u?-ú-ti [ ]
N38A [ ] šá É UŠ-t[i]
N39 a-na ^{m}aš-šur-DÙ-A DUMU [M]AN GAL š[á] É [ ]
N45D a-na ^{m}aš-šur-DÙ-A DUMU MAN GAL šá É UŠ-te lu ina A.ŠÀ
N46E [ ]aš-šur-DÙ-A DUMU MAN GAL šá É UŠ-ti -- [ ]ŠÀ
N47A a-na ^{m}aš-šur-DÙ-A DUMU MAN GAL [ ] ⌜É⌝ [U]Š-ti -- ina A.ŠÀ

166

N27 -- ber-ti URU e-ta-as-ru-šú si-ḫu bar-tu ina UGU-ḫi-šú e-[ ]
N35+ [a]s-ru-šú [ ]
N38A [UR]U e-ta-as-⌜ru⌝-šu [UG]U-ḫi-šu e-tap-pa-šu
N39 [ ] e-ta-as-ru-uš si-ḫu bar-t[u]
N45D lu ina ŠÀ URU e-ta-as-ru-šú si-ḫu bar-tú ina UGU-ḫi-⌜šú⌝ e-tap-šú
N46E -- ina ŠÀ URU e-ta-as-ru-šu [ ]-ḫu bar-tú ina UGU-ḫi-šú e-tap-šu
N47A -- ber-ti URU e-ta-as-ru-šú si-ḫu bar-te [UG]U-ḫi-šú e-tap-⌜šu⌝

167

N27 at-tu-nu TA* ^{m}aš-šur-DÙ-A DUMU MAN GAL šá É UŠ-ti
N35+ [ ] TA* ^{m}aš-šur-DÙ-A [ ]-ti
N38A [ ]-DÙ-A DUMU MAN GAL šá É UŠ-t[i]
N39 at-tu-nu TA ^{m}aš-šur-DÙ-A DUMU M[AN]
N45D at-tú-nu TA* ^{m}aš-šur-DÙ-A DUMU MAN GAL šá É U[ ]
N46E [a]t-tu-nu TA ^{m}aš-šur-DÙ-A DUMU MAN GAL ša É UŠ-te
N47A at-tu-nu TA* ^{m}aš-šur-DÙ-A [š]á É UŠ-ti

168

N27	*la ta-za-za-a-ni la ta-na-ṣara-šú-u-ni*
N38A	[ ] *la ta-na-ṣar-a-*⸢*šú*⸣-[ ]*-ni*
N39	*la ta-za-za-a-ni l*[*a*]
N45D	*la ta-za-za-a-ni la t*[*a-n*]*a-ṣar-a-šú-u-ni*
N46E	[*l*]*a ta-za-za-a-ni la ta-na-ṣar-a-šú-u-ni*
N47A	*la ta-za*<*-za*>*-a-ni la ta-na-ṣar-a-šú-u-ni*

169

N27	LÚ.ERIM.MEŠ *šá bar-ti e-pa-šú-né-šú-u-ni ina gam-mur-ti* ŠÀ*-bi-ku-nu*
N38A	[*t*]*e e-pa-šu-neš-šu-*⸢*un-ni*⸣ [*b*]*i-ku-nu*
N39	LÚ.ERIM.MEŠ *šá bar-tu e-pu-šu-neš-*[ ] ŠÀ*-bi-ku-nu*
N45D	L[Ú] *šá bar-ti e-pu-šú-neš-šú-*[*ga*]*m-mur-te* Š[À]
N46E	[E]RIM.MEŠ *šá bar-tú e-pa-šú-né-šú-un-ni* [ ]
N47A	[ ]*-tu e-pa-áš-šu-né-šu-u-ni ina gam-mur-ti* ŠÀ*-ku-nu*
N48D	L[Ú]

170

N27	*la ta-du-*[ ]*-a-ni a-na* ^{m}*aš-šur-*DÙ-A DUMU MAN GAL
N38A	*la ta-du-ka-a-ni* [D]Ù-A DUMU MAN GAL
N39	*la ta-du-ka-a-n*[*i*]
N45D	*la ta-du-ka-a-ni* [ ]-A D[UMU]
N47A	⸢*la ta*⸣*-du-ka-a-ni a-na* ^{m}*aš-šur-*DÙ-A DUMU MAN GAL
N48D	*la t*[*a-*] DUMU MAN GA[L]
N55L	[ ]*-du-ka-a-ni* [ ]
N55AA	[ ] ⸢*a-na*⸣ ^{m}*aš-šur-*DÙ-A DUMU MAN GAL
N55KK	⸢*la ta*⸣-[ ]

171

N27	*šá* É UŠ-⸢*ti*⸣ *ù* ŠEŠ.MEŠ*-šú* DUMU AMA*-šú*
N38A	*šá* É UŠ-⸢*ti*⸣ [ŠE]Š.MEŠ*-šu* DUMU AMA*-šú*
N39	*šá* É UŠ*-ti u* [Š]EŠ.MEŠ*-šú* DUMU AMA*-šú*
N45D	*šá* É UŠ*-te* -- ŠEŠ.MEŠ*-šú* [ ]
N47A	*šá* É UŠ*-ti u* ŠEŠ.MEŠ*-šú* DUMU AMA*-šú* {*is-se-šú*}
N55L	[U]Š*-ti* [ ]
N55AA	*š*[*á*] *ù* ŠEŠ.MEŠ DUMU AMA*-šú*
N55KK	*ša* É U[Š *š*]*ú* DUMU AMA*-šú*

172

N27	la tu-še-za-ba-né-ni	
N35+	[ ]-ni	N35 + N4408
N38A	la tu-še-za-b[a]-⸢ni⸣	
N47A	la tu-še-za-ba-a-né-ni	
N48D	la [ ]	
N55L	[t]u-še-za-ba-a-né-ni	
N55KK	la t[u]	

§15

173

N27	šum-ma ša TA* ^{m}aš-šur-DÙ-A DUMU MA[N G]AL šá É UŠ-ti
N38A	[ ] TA* ^{m}aš-šur-DÙ-A DUMU MAN GAL šá É UŠ-ti
N39	šum-ma [š]á TA ^{m}aš-šur-DÙ-A DUMU MAN GAL [ ] É UŠ-ti
N45D	[m]a šá TA* ^{m}aš-šur-DÙ-⸢A⸣ [ ]
N47A	šum-ma šá ⸢TA ^{m}⸣aš-šur-DÙ-A DUMU MAN GAL šá É UŠ-ti
N48D	šum-ma šá TA ^{m}aš-šur-[ ]
N55L	[ ] É ri-du-ti
N55AA	šum-ma šá ⸢TA* ^{m}aš-šur-DÙ⸣-A DUMU M[AN]
N55KK	[š]ur-DÙ-A DUMU MAN GAL šá [ ]
N78	[ ] ⸢šá TA*$^{?}$ ^{m}⸣aš-[ ]

174

N27	DUMU ^{m}aš-šur-PAP-AŠ MAN KUR aš-šur EN-ku-nu šá ina UGU-ḫi-šú
N35+	[ ] ^{m}aš-šur-PAP-AŠ [ ]
N38A	[ ]-PAP-AŠ MAN KUR aš-šur EN-ku-nu šá ina UGU-ḫi-⸢šú⸣
N39	DUMU ^{m}aš-šur-PAP-AŠ MAN KUR aš-šur EN-ku-nu šá ina UGU-ḫi-šú
N45D	[ ] ^{m}aš-šur-PAP-AŠ MAN KUR aš-š[ur]
N47A	A ^{m}aš-šur-PAP-AŠ MAN KU[R]-ku-nu šá ina UGU-ḫi-šú
N47G	[ ] ⸢šá ina UGU⸣-[ ]
N48D	DUMU ^{m}aš-šur-PAP-AŠ MAN KUR aš-šur EN-ku-nu šá ina UGU-ḫi-šu
N55L	[-k]u-nu [ ]
N55AA	DUMU ^{m}[ ] ⸢MAN KUR aš⸣-[ ] šá [ ]
N55KK	[ ] aš-šur EN-k[u]
N78	[DU]MU ^{m}aš-šur-PAP-AŠ M[AN š]a ina UGU-ḫi-š[ú]

175

N27	*a-de-e is-se-ku-nu iš-ku-nu-u-ni ib-bala-kàt-u-ni*
N35+	*a-de-e is-se-ku-nu* [ ]x
N38A	*a-*[*i*]*š-kun-u-ni ib-bala-kàt-u-ni*
N39	*a-de-e is-se-ku-nu iš-*⌜*ku*⌝*-*[ ] *ib-bala-kàt-u-ni*
N45D	[ ]⌜*iš*⌝*-k*[*u*]
N47A	*a-de-e is-se-ku-nu* [*i*]*b-*⌜*bala*⌝*-kàt-u-ni*
N47G	[ ]*-nu-u-ni ib-bala-kàt-*[ ]
N48D	[ ] *ib-bala-kàt-u-n*[*i*]
N55L	[ ]*-ku-nu iš-ku-nu-ni* [ ]
N55KK	[ ]*-e is-se-*[ ]
N78	[*i*]*b-bala-k*[*àt*]

176

N27	*at-tu-nu is-se-šú ta-šá-kan-a-ni*
N35+	*at-tu-nu is-se-šú* [ ]
N38A	[ ]*-se-šú ta-šá-kan-a-ni*
N39	*at-tu-nu is-se-šú ta-š*[ ]
N47A	*at-tu-nu is-se-šú* {*nu*} *ta-š*[*á*]
N47G	[*š*]*á-kan-a-ni*
N55L	[ ]*-šú ta-šá-kan-a-ni*
N55KK	[ ] *is-se-*[ ]

177

N27	*šum-ma ki-i da-*ʾ*a-ni iṣ-ṣab-tu-ku-nu*
N35+	[*d*]*a-a-ni iṣ-ṣab-tu-ku-nu*
N38A	[*d*]*a-*ʾ*a-a-ni iṣ-ṣab-tu-ku-nu*
N39	*šum-ma ki-i da-a-ni i-ṣab-tu-ku-*[ ]
N46P	[*n*]*u*
N47A	[ ]*-*ʾ*a-a-ni* [ ]
N47G	[*i*]*ṣ-ṣab-tu-ku-nu*
N48D	*šum-ma ki-i d*[*a-*]
N55EE	[*m*]*a* ⌜*ki-i da*⌝*-*[ ]

178

N27	[*l*]*a ta-ḫal-liq-a-ni* *ina* UGU ^{m}*aš-šur*-DÙ-A
N35+	[*l*]*i*$^{?}$*-qa-a-né-ni* *ina* UGU ^{m}*aš-šur*-DÙ-A
N38A	[*l*]*a ta-ḫal-li-qa-a-né-ni* *ina* ⸢UGU⸣ ^{m}*aš-šur*-DÙ-A
N39	*at-tu-nu la ta-ḫal-liq-a-né-ni* *ina* UGU ^{m}*aš-šur*-[ ]
N46P	*at-tu-n*[*u*]
N47A	[ ] *la ta-ḫal-liq-a-ni* [ ]
N47G	[ ]*-a-né-ni* *ina* UGU ^{m}*aš-šur*-D[Ù]
N48D	*at-tu-nu l*[*a*]
N55EE	[*l*]*a ta-ḫal*-LAQ-*a*-[ ]
T iii 5a $^{?}$	[ ] ⸢*ina* UGU ^{m}*aš-šur*-DÙ-A⸣

179

N27	[U]Š*-ti la tal-lak-a-né-ni*
N35+	[*t*]*i la ta-lak-a-né-ni*
N38A	[ ] É UŠ*-ti la ta-lak-a-*[ ]
N39	DUMU MAN GAL*-u šá* É UŠ*-ti la tal-lak-a-né-ni*
N46P	[DUM]U MAN GAL *ša* É [ ]
N47A	[*t*]*i la tal-laka-né-ni*
N47G	[*t*]*e la ta-lak-a-né-*[ ]
N55EE	[*š*]*a* É UŠ*-te l*[*a*]
T iii 5b $^{?}$	⸢DUMU MAN GAL⸣ [ ]

§16

180

N27	[ ] *ḫu-ra-di*
N39	*šum-ma a*[*t*] ⸢*lu*⸣ *ḫu-ra-di*
N55EE	[*m*]*a at-tú-nu lu ḫ*[*u*]

181

N27	[ ] *ša*$^{?}$ KIN *ki-i* MÚRU KUR
N39	[ ] *lu* x[ ] ⸢KIN⸣ *ki-i* MÚRU KUR
N55C	[*l*]*u* ---- *ki-i qa-bal* KUR
N55EE	[ ] *qa-bal* x[ ]

182

N27	[ ] ⸢*pe*⸣*-er-re*
N39	*áš-*[ ] *lu-u ki-i ina pe-er-re*
N55C	*áš-ba-ka-*[*nu-ni*] *lu ki-i ina pe-er-re*

183

N27	[SI]G$_5$-tú
N39	te-rab-a-né-ni a-bu-t[u]
N55C	te-rab-a-n[é] a-bu-tú la DÙG.GA-tú
N79	[t]ú

184

N39	šá ^{m}aš-šur-DÙ-A DUMU MAN GAL šá É UŠ-ti
N55C	šá ^{m}aš-šur-DÙ-A [ ] šá É UŠ-te
N79	[ ]-ti

185

N31	[ ] ina UGU-ḫi-šú
N39	ina ŠÀ-b[i] ta-šá-kan-a-ni ina UGU-ḫi-šú
N45P	[b]i-ku-nu ta-šá-kan-a-ni [ ]
N55C	ina ŠÀ-ku-nu ta-[ ] ina UGU-ḫi-šú
N79	[U]GU-ḫi-[ ]

186

N31	ta-bala-k[àt] a-bu-tu
N39	ta-bala-k[àt] ep-šu bar-tu a-bu-tu
N45P	[ba]la-kàt-a-ni ep-šú bar-tú [ ]
N55C	ta-bala-kàt-a-ni [ ] a-bu-tú

187

N31	l[a]
N39	la DÙG.GA-tu te-pa-[ ]
N45P	[ ]-pa-šá-né-šu-[(u)-ni]
N55C	la DÙG.GA-tú te-pa-šá-neš-[ ]

§17

188

N31	šum-ma ^{m}[ ]
N39	šum-ma ^{m}aš-šur-DÙ-A DUMU MAN GAL-u [ ]
N45P	[ ] ^{m}aš-šur-DÙ-A DUMU MA[N G]AL šá É [UŠ-ti]
N49G	[ ] DUMU MAN GAL šá É [ ]
N55C	[šúm]-mu ^{m}aš-šur-DÙ-A DUMU MAN GAL [ ]

189

N39	DUMU ^{m}*aš-šur*-PAP-AŠ MAN K[UR]
N45G	DUMU ^{m}*aš-šur*-PAP-AŠ M[AN]
N45P	[E]N-⸢*ku-nu ina* u_4⸣*-me šá* ^{m}*aš-šur*-PAP-[ ]
*N49*G	[ ] *aš-šur* EN-*ku-nu ina* u_4*-me šá* ^{m}*aš-š*[*ur*]
N55C	[ ] ^{m}*aš*-⸢*šur*-PAP-AŠ⸣ MAN KUR *aš*-[ ]-*šur*-PAP-AŠ

190

N45G	MAN KUR *aš-šur* EN-*ku-nu* [ ]
N45P	[ ]-*ni*
*N49*G	[ ] *a-na šim-ti il-lak*-[ ]
N55C	⸢MAN⸣ [ ]
NX7	[*i*]*l-lak-ú-ni*

191

N45G	*šu-u la* LUGAL-*ka-nu*-[ ]
N45P	*š*[*u*]
*N49*G	[ ]-*nu-ni la* EN-*k*[*a*]
NX7	[ ]-*ka-nu-u-ni*

192

N45G	*dan-nu la ú-šap-pal-u*-[ ]
*N49*G	[ ]-*pa-lu-u-ni šap*-[*n*]*i*
N55LL	[*ša*]*p-pal-u*-⸢*ni šap*⸣-[ ]
NX7	[ ] *šap-lu la i-ma-táḫ-u-ni*

193

N45G	*šá du-a-ki la i-du-ku-u-ni š*[*a*]
*N49*G	*šá du-a-ki la* [ ]
N55LL	[*l*]*a i-du-ku*-[*ṭ*]*i*
NX7	[ ] *bal-lu-ṭí*

194

N31	[ ]-*laṭ-u-ni* [ ]
N45G	*la ú-bal-laṭ-u-ni am-mar i-qab-b*[*u*]
*N49*D	[ ] ⸢*ú*⸣-*ba-la-ṭ*[*a*]
*N49*G	[ ]-*laṭ-u-ni am-mar i*-[ ]
N55LL	*la ú-bal*-[ ]-*bu-u-ni*
NX7	[*ma*]*r i-qab-bu-u-ni*

195

N31	[ ]-šam-ma-a-ni [ ]
N45G	la ta-šam-ma-a-ni ki-i pi-i-šú
N49D	[l]a ta-šam-ma-a-ni [ ]
N49G	[ ] pi-i-šú
N55LL	la t[a]

196

N31	[ ]-šá-a-ni [ ]
N45G	la ⌜te⌝-[ ] LUGAL MAN-ma EN MAN-ma
N49D	[p]a-a-šá-a-ni [ ]
N49G	la te-p[a]
N55LL	la te-ep-pa-[ ]
NX7	[ ] te-pa-⌜šá-a⌝-ni [ ]

197

N31	[b]a-ʾa-a-ni
N45G	ina UGU-ḫi-šú tu-ba-[ ]
N49D	[ ] UGU-ḫi-šú tu-ba-ʾa-a-ni
N49G	[ ]-ḫi-šú tu-b[a]
N55LL	ina UGU-ḫi-š[ú]
NX7	[t]u-ba-a-ni

§18

198

N45G	šum-ma me-me-ni ina É.GAL bar-tu lu ina k[ala]
N49D	[l]u ina kala u_4-me
N55HH	[ ] ina É.GAL bar-[ ]
N55LL	[ ]⌜bar-tú lu⌝ [ ]
NX7	[k]ala u_4-me

199

N45G	[ ]-⌜u⌝ ina kala G[E$_6$ l]u-u ina KASKAL lu ina qaba-[ ]
N49D	lu ina kala GE$_6$ [ ]
N55HH	[KAS]KAL lu ina qaba-si KUR a-n[a]
NX7	[a-n]a!

200

N45G [MA]N KUR *aš-šur e-ta-pa-áš a*[*t-tu-nu*]

N49D [ ]-*šur*-PAP-AŠ MAN KUR *aš-šur e-tap-pa-*[ ]

N55HH [ ]-*nu*

NX7 ^{m}*aš-šur*-PAP-AŠ [ ]

201

N29 [ ] ⸢*mu-ši*⸣

N45G [(*šumma*) *l*]*u-u ina kala* u_4-*me lu-u ina kala m*[*u*]

N49D [*l*]*u ina kala* u_4-*me lu ina kala* G[E$_6$]

N55HH *la taša-me-a-*[ ]

NX7 [ ] *taša-me-a-šú* [ ]

202

N29 [ ]GAL!

N45G [*si*]-*mì-ni-šú* LÚ.A *šip-ri* TA* ŠÀ É.GAL

N49D [ ] LÚ.A *šip-ri* [ ]

N55HH [*ina l*]*a si-*{*la*}*-ma-n*[*i*] ŠÀ É.GAL

203

N45G [LU]GAL *it-tal-ka ma-a* AD-*ka*

N49D [DU]MU MAN *it-tal-ka* [ ]

N55F ⸢*ina* UGU DUMU⸣ [ ]

N55HH *ina* U[GU]-*ka*

204

N29 [ ]-*eš-ka* [ ]

N45G [*i*]*t-ti-ši ma-a* EN *lil-li-ka*

N49D [ ]-⸢*te-ši ma*⸣-*a* E[N]

N55F [ ] *i-ti-ši ma-a* E[N]

N55HH *re-eš-*[*l*]*i-k*[*a*]

205

N29 *at-tu-nu* [ ]-⸢*ma*⸣-*šu*!

N45G [*m*]*e-a-šú la tu-ra-ma-šu*

N48O *at-tú-nu la ta-*[*šam*]

N55F [ ] *la tu-ra-ma-šú* {*nu*}

206

N29	*la il-lak* [ ]
N45G	[*ma*$^{?}$*-ṣar*$^{?}$*-t*]*u-šú tu-da-a-na*
N47C	[ ]-⌜*da-a*⌝-*n*[*a*]
N48O	*la il-*[*t*]*u-da-a-na*
N49L	[ ]x-*tú-šú* [ ]
N55F	*l*[*a*] *tu-da-a-na*

207

N29	⌜*a*⌝-*di* 1-*en ina* ŠÀ-*bi-ku-nu* [*n*]*i*
N45G	*a-d*[*i*] ⌜ŠÀ-*bi-ku*⌝-*nu ša* EN-*šu i-ra-a-mu-u-ni*
N47C	[ ] *i-ra-ʾa-mu-u-ni*
N48O	*a-di* 1-*e*[*n* *š*]*a* EN-*šú i-ra-ʾa-mu-u-*[ ]
N49L	[ ] EN-*šú i-ra-a-mu-u-n*[*i*]
N55F	*a-di* 1-*en* [ ] *ša* EN-*šu i-ra-*⌜*ʾa-mu*⌝-[ ]

208

N29	*ina* UGU É EN.MEŠ-*šú* [ ]
N45G	*ina* UGU É EN.MEŠ-*šu mar-ṣa-šu-un-ni*
N47C	[ ]-*ni*
N48O	[*š*]*ú mar-ṣa-áš-šú-un-ni*
N49L	[ ] *mar-ṣa-šu-u-ni*
N55F	[ ] *mar-ṣa-šú-u-ni*

209

N29	[ ]-*u-ni ina* É.GAL *šùl-mu šá* LUGAL$^{!}$ [ ]
N45G	*i-lak-u-ni ina* É.GAL *šùl-mu šá* LUGAL EN-⌜*šu*⌝$^{?}$
N47C	*il-lak-u-ni ina* É.GAL [ ]
N48O	[ ]-*lak-u-ni* ---- *šùl-mu ša* LUGAL EN-*šú*
N49L	*il-lak-u-ni* [ ] EN-*šú*
N55F	*i*[*l*] EN-*šu*

210

N29	[T]A* DUMU MAN
N45G	*e-mar-u-ni ḫa-ra-me-ma* TA* DU[MU]
N47C	[ ]-*u-ni ḫa-ra-ma-a-ma* [ ]
N48O	*e-mar-u-ni ḫa-ra-me-ma* TA* DUMU MAN
N48V	[T]A DUMU MAN
N49L	*e-mar-u-ni ḫa-ra-me-*[ ]
N55F	*e-rab-u-*[ ]

211

N29 EN-*ku-nu* [*t*]*al-la-ka*

N35+ [ ] *tal-la-ka*

N45G EN-*ku-nu ina* É.GAL *tal-la-*⸢*ka*⸣

N47C [ ] *tal-la-*⸢*ka*⸣

N48O EN-*ku-n*[*u*] É.GAL *tal-la-ka*

N48V E[N?] *tal-la-k*[*a*]

N49L [ ] *ina* É.GAL *tal-l*[*a*]

N55F [ ] *ina* É.GAL [ ]

NX13 ⸢EN-*ku-nu ina* É.GAL⸣ [ ]-*ka*

§19

212

N29 [*ka*]*n-a-ni* -- *a-ḫe-iš*

N45G *šum-ma at-tu-nu* UKKIN *ta-šá-kan-a-ni* -- *a-ḫe-iš*

N47C [ ]-*iš*

N48O [*šú*]*m-mu at-tú-nu* ⸢*pu*⸣*-uḫ-ru ta-šá-kan-a-n*[*i* *a-ḫ*]*a-míš*

N49L *šum-ma at-t*[*u-n*]*u* UKKIN *ta-šá-kan-*[ ]

N55F *šum-ma at-tu-nu* UKKIN *ta-*[ ]

NX13 [ ]-*a-ni a-na a-ḫe-iš*

213

N29 *tu-tam-ma-a-ni* [LUGA]L-*tu ta-da-na-a-ni*

N45G *tu-tam-ma-a-ni a-na* 1-*en ina* ŠÀ-*bi-ku-nu* LUGAL-*u-tu ta-dan-a-ni*

N47C *tu-tam-ma-a-ni* [ ] *ta-dan-a-ni*

N48O *tú-ta-*[ ]-*ni a-na* 1-*en ina* ŠÀ-*ku-nu* [ ]-*tú ta-*⸢*dan*⸣*-na-a-ni*

N48V *tu-tam-ma-a-ni* [*t*]*a-dan-a-ni*

N49L [ ] *a-na* 1-*en ina* ŠÀ-*bi-ku-nu* LUGAL-*tú* [ ]

N55F [ ] *a-na* 1-*en ina* ŠÀ-*k*[*u*]

NX13 *tu-tam-ma-a-ni* [*t*]*a-da-na-a-ni*

§20

214

N29 [ ] ŠEŠ AD.MEŠ-*šú*

N45G *šum-ma at-tu-nu* TA* ŠÀ-*bi* ŠEŠ.MEŠ-*šú* ŠEŠ.MEŠ AD.MEŠ-*šú*

N47C [ŠE]Š.MEŠ-*šú* ŠEŠ.MEŠ AD.MEŠ-*šú*

N48V [ŠE]Š AD.MEŠ-*šú*

N49L *šum-ma at-*⸢*tu*⸣*-nu* TA* ŠÀ-*bi* ŠEŠ.MEŠ-*šú* ŠEŠ[ ]

N55F *šum-ma at-tu-nu* T[A*]

NX13 [ ] Š[EŠ A]D.MEŠ-*šú*

215

N29	DUMU ŠEŠ AD.MEŠ-⸢*šú*⸣ [ ]
N45G	DUMU ŠEŠ.MEŠ AD.MEŠ-*šú qin-ni-šu* NUMUN É AD-*šú*
N47C	[NU]MUN É AD-*šú*
N49L	[*q*]*in-ni-šú* NUMUN É AD-*šú*
N55F	DUMU ŠEŠ ⸢AD.MEŠ⸣-[ ]
NX13	[ ] NUMUN É AD-*šú*

216

N29	[*šu*]*r šu-nu-ni lu šá ina* KUR *šá-ni*$_7$!-*tim-ma*
N45G	*lu-u šá ina* KUR *aš-šur šu-nu-u-ni lu šá ina* KUR *šá-ni-tim-ma*
N47C	[ ] *ina* KUR *šá-ni-tim-ma*
N49L	*lu-u* [ ] KUR *šá-ni-tim-ma*
N55F	*lu šá ina* KUR [*š*]*ur* [ ]
NX13	[ ] KUR MAN-*tim-ma*

217

N29	[ ] ⸢É⸣.GAL *qur-bu-ti*
N45G	*in-nab-tu-u-ni lu-u ina kal-ze* É.GAL *qur-bu-ti*
N46CC	[*ka*]*l-ze* -- *qur-bu-ti*
N47C	[ ] É.GAL *qur-bu-ti*
*N49*L	*in-na*[*b*]
N55F	[ ] *lu-u* [ ]
NX13	*in-nab-tu-u-ni* [ ]-*bu-u-t*[*i*]

218

N29	[*t*]*i lu ina kal-za-a-né*
N36	*lu-u ina kal-ze* É.GAL *pa-ti-ú-ti* ⸢*lu-u ina*⸣ *kal-za-a-né*
N45G	*lu-u ina kal-ze* É.GAL *pa-ti-u-te lu ina kal-za-né*
N47C	[ ] *ina kal-za-a-né*
*N49*L	[ ]-⸢*ze* É⸣[ ]
N55F	[ ] *lu-u* [ ]
NX13	[ ]-*ti* [ ]

219

N29	GAL.MEŠ TUR.MEŠ [ ]
N36	GAL.MEŠ TUR.MEŠ *lu ina* GA[L<.MEŠ> TU]R.MEŠ
N45G	GAL.MEŠ TUR.MEŠ *lu-u ina* GAL.MEŠ TUR.MEŠ-*te*
N46CC	GAL.MEŠ TUR.MEŠ [ ]
N47C	GAL.MEŠ TUR.MEŠ [ ]

220

N29 [ ]MEŠ *lu ina* DUMU *muš-ke-nu-ti*
N36 [D]UMU SIG_5.MEŠ *lu-u ina* DUMU *muš-ke-n[u-t]i*
N45G *lu-u ina* DUMU SIG_5.MEŠ *lu-u ina* DUMU *muš-ke-nu-ti*
N46CC [DU]MU *muš-ke-nu-te*
N47C [ ] DUMU *muš-ke-nu-te*
N48A [*k*]*e-n*[*u*]

221

N29 [L]Ú.ÌR.MEŠ
N36 [ ]-*ni* -- LÚ.SAG *lu-u ina* ÌR.MEŠ
N45G *lu šá* LÚ.*ziq-ni lu* LÚ.SAG *lu-u ina* LÚ.ÌR.MEŠ
N46CC [L]Ú.ÌR.MEŠ
N47C [ ]SAG [ ]
N48A [SA]G *lu ina* [ ]

222

N29 *lu ina* LÚ.ŠÁM*.MEŠ [ ]
N36 [ ] *lu-u ina* DUMU KUR *aš-š*[*ur*] *ina* DUMU KUR!
N45G *lu-u ina* LÚ.ŠÁM*.MEŠ *lu ina* DUMU KUR *aš-šur lu ina* DUMU KUR
N46CC [K]UR
N47C [*š*]*ur*.KI [ ]
N48A [ ] *lu*! -- DUMU KUR.KUR?

ŠÁM* =NÍNDAxŠE.A.AN

223

N29 *šá-ni-tim-ma* [*mal*]*a ba-šu-ú*
N36 [ ] ⌈*nap*⌉-[ ]⌈*mala ba*⌉-*šu-u*
N45G ⌈*šá-ni-tim*⌉-*ma lu-u ina nap-ḫar ṣal-mat* SAG.DU *mala b*[*a*]
N46CC *šá-ni-tim-ma* [ ]x-*u*
N48A [ ] *ṣal-mat* SAG.DU *ma*[*la*]-*u*

224

N29 [-*šu*]*r*? ⌈*tu*⌉-*šá-aṣ-bat-a-ni*
N36 1-*e*[*n*]-*ku-nu* [ ] ---- *tu-*[*a*]*ṣ-bat-a-ni*
N45G 1-*en ina* ŠÀ-*bi*-⌈*ku-nu* {*ina*} GIŠ.GU⌉.ZA ---- *tu-šá-aṣ-bat-a-*[ ]
N46A [G]U.ZA ⌈*šá*⌉ [ ]
N48A [*n*]*u*! GIŠ.GU.ZA -- KUR *aš-šur tú-šá-aṣ-bat-a-ni*

225

N29	[d]a-na-neš-šu-un-ni
N36	LUGAL-ú-tú EN-ú-[tú?] šá KUR aš-š[ur t]a-da-na-neš-šú-ni
N45G	LUGAL-ú-tu EN-[š]ur ta-da-n[a]
N46A	[ ] aš-šur ta-da-[ ]
N48A	[ ] KUR aš-šur ta-da-na-né-šú-NU

226

N29	[ ] É UŠ-ti
N36	šum-ma ᵐaš-šur-DÙ-A DUMU MAN GA[L U]Š-te
N45G	šum-ma ᵐaš-šur-DÙ-[GAL]-u šá É U[Š]
N46A	[ ] É UŠ-te
N48A	[šúm-m]u ᵐaš-š[ur D]UMU MAN GAL ša É UŠ-ti

227

N29	[ ]-bat-a-ni
N36	GIŠ.GU.ZA šá KUR aš-šur la tu-[ ]-bat-⌜a⌝-ni
N45G	GIŠ.GU.ZA šá KUR aš-šu[r t]u-šá-aṣ-bat-⌜a⌝-[ ]
N46A	GIŠ.GU.ZA šá KUR aš-[ ]
N48A	GIŠ.GU.ZA šá KUR aš-šur!⌜KI⌝ la tú-šá-aṣ-bat-a-ni

228

N29	[ ]-⌜nu⌝ la up-pa-áš-u-n[i]
N45G	LUGAL-u-tu EN-u-t[u ---- ? k]u-nu la ⌜up⌝-[ ]
N46A	[LUG]AL-tú EN-tú šá KUR aš-šur ina UGU-ḫi-ku-⌜nu la⌝ [ ]
N48A	LUGAL-tú EN-tú šá KUR aš-šur ina UGU-ḫi-ku-nu la ú-pa-áš-ú-ni
N80	[ ]-tú [ ]-šú-ni

§21

229

N29	[ ] DUMU MAN GAL šá É UŠ-[ ]
N45G	šum-ma at-tu-n[u]-A DUMU MAN [ ] šá É UŠ-te
N46A	[šu]m-ma at-tu-nu ina UGU ᵐaš-šur-DÙ-A DUMU MAN GAL šá ⌜É⌝ U[Š]
N48A	šúm-mu at-tú-nu ina UGU ᵐaš-šur-DÙ-A DUMU MAN GAL šá É UŠ-te
N80	[ ] šá É UŠ-te
VAT 11534	šum-ma at-tu-nu -- UGU ᵐaš-šur-DÙ-A DUMU MAN GAL [ ]

230

N27	[DU]MU ^{m}*aš-šur*-PAP-AŠ MAN KUR *aš-šur* EN-*ku*<-*nu*> *la ta-ma-ḫaṣ-a-ni*
N28B	[ ]-*ku-nu* [ ]
N29	[ ] *la ta-ma-ḫaṣ-a-ni*
N45G	D[UMU] ⸢EN-*ku-nu*⸣ *la ta-ma-ḫaṣ-a-ni*
N46A	DUMU ^{m}*aš-šur*-PAP-AŠ MAN KUR *aš-šur* EN-*ku-nu* *la ta-ma-ḫaṣ-a-*[ ]
N48A	DUMU ^{m}*aš-šur*-PAP-AŠ MAN KUR *aš-šur* EN-*ku-nu* *la ta-ma-ḫaṣ-a-ni*
N56	[ ]-*a-ni*
N80	[*n*]*i*
VAT 11534	DUMU ^{m}*aš-šur*-PAP-AŠ MAN KUR *aš-šur* EN-*ku-nu* *la ta-maḫ*-[ ]

231

N27	[*l*]*a ta-mut-ta-a-ni* *šá ina* UGU-*ḫi-šú* *ṭa-bu-u-ni*
N28B	[*t*]*a-mut-ta-a-ni* [*b*]*u-u-ni*
N29	[*š*]*u* *ṭa-bu-u-ni*
N45G	*la* *ta-*⸢*mu*⸣*-ta-a-n*[*i*] ⸢*šá*⸣ *ina* UGU-*ḫi-šú* *ṭa-bu-u-ni*
N46A	*la* *ta-mut-ta-a-ni* *šá* *ina* UGU-*ḫi-šú* *ṭa-bu-u-ni*
N48A	*la* *ta-mut-ta-a-ni* *šá* *ina* UGU-*ḫi-šú* DÙG.GA-*u-ni*
N56	[ ]-⸢*a*⸣-*ni* [ ]
N80	[ ]-*ni*
VAT 11534	⸢*la*⸣ *ta*-[*m*]*u-ta-a*-[ ] UGU-*ḫi-šú* *ṭa-*⸢*bu-u*⸣*-ni*

232

N27	<*la*> *tu-ba-ʾa-a-ni* <*la*> *te-ep-pa-áš-a-ni*
N28B	*la* *t*[*u-b*]*a-a-ni* *la* *te-pa-áš-a-ni*
N29	[ ]-⸢*a-ni*⸣
N45G	*la* *tu-ba-a-ni* *la* *te-pa-šá-*⸢*ni*⸣
N46A	*la* *tu-ba-ʾa-a-ni* *la* *te-ep-pa-šá-a-ni*
N48A	[*t*]*u-ba-ʾa-a-ni* *la* *te-pa-šá-a-ni*
N80	[ ]-*ni*
VAT 11534	*la* ⸢*tu*⸣*-ba-ʾa-a-ni* ⸢*la*⸣ [ ]

233

N27	šum-ma la DÙG.GA-tú te-ep-pa-šá-né-šú-u-ni
N28B	[G]A-tu te-pa-šá-neš-šu-un-ni
N29	šum-ma la DÙG.GA-tu [ ]
N45G	[m]a la DÙG.GA-tu te-pa-šá-né-šu-un-ni
N46A	šum-ma la DÙG.GA-tú te-ep-pa-šá-neš-šú-u-ni
N48A	[ ] ⌜la DÙG.GA⌝-tú te-pa-šá-a-^{né}neš-šu-un-ni
N80	[ ]-ni
VAT 11534	[š]um-ma ⌜la⌝ DÙG.GA-tu te-p[a]

234

N27	mil-ku la SIG$_5$ {la} ta-ma-lik-a-šú-u-ni
N28B	[ ] SIG$_5$ ta-ma-lik-a-šú-u-ni
N29	[ ] ta-ma-lik-a-šú-u-ni
N45G	[l]a SIG$_5$ ta-mal-lik-a-šú-u-ni
N46A	mil-ku l[a S]IG$_5$ ta-mal-lik-a-š[ú]
N48A	[SI]G$_5$ ta-mal-li-ka-šú-u-n[i]
VAT 11534	[ ] l[a] dam-qu ta-mal-[ ]

235

N27	KASKAL la šal-mu ina GÌR.2-šú ta-šá-kan-a-ni
N28B	[ ]-mu ina G[ÌR.2]-šú ta-šá-kan-a-ni
N45G	KASKAL la šal-mu [ ]x ta-šá-kan-a-ni
N46A	KASKAL la šal-mu ina GÌR.2-šú ta-šá-kan-a-[]
N48A	[ ] GÌR.2-šú ta-šá-kan-a-[]
VAT 11534	[ ]x šal-<mu ina> še-⌜pe⌝-e-šú ta-[ ]

236

N27	ina ke-na-a-te tar-ṣa-a-ti la ta<-ta>-nap-pala-šú-u-ni
N28B	[ ]-na-a-te ---- la ta-ta-nap-pal-⌜a⌝-šú!-u-ni
N29	ina ke-na-a-ti [ ]-u-ni
N45G	ina ke-na-a-te [l]a? ta-ta-na-pal-a-šú-u-ni
N46A	ina ke-na-a-te tar-ṣa-a-te la ta-ta-nap-pal-a-[ ]
N48A	[t]i la t[a-ta-n]a-⌜pal⌝-[ ]
VAT 11534	[k]e-na-ZA-t[i ta]r-ṣa-⌜a⌝-ti [ ]

§22

237

N27	[A]Š MAN KUR *aš-šur* ---- *ina ṣa-ḫa-ri šá* DUMU.MEŠ-*šú*
N28B	[ ]-*ku-nu ina ṣa-ḫa-ri šá* DUMU.MEŠ-*šú*
N29	[*r*]*i šá* DUMU.MEŠ-*šu*
N35+	[ ] *ina ṣa-ḫa-r*[*i*]
N45G	[ ]-AŠ MAN KUR *aš-šur* ---- *ina ṣa-ḫa-ri šá* DUMU.MEŠ-*šú*
N46A	*šum-ma* ^{m}*aš-šur*-PAP-AŠ MAN KUR *aš-šur* EN-*ku-nu ina ṣa-ḫa*-[] *šá* DU[MU]

238

N27	[ ] *it-tal-lak lu šá* <LÚ.>*ziq-ni* [*lu* LÚ.SAG]
N28B	[ ]-*lak lu* LÚ.SAG *lu* LÚ.*šá ziq-ni*
N29	[ ] *lu* <LÚ.>*šá ziq-ni*
N35+	[ ] *lu* ⌜LÚ⌝.S[AG$^{?}$]
N45G	[ ] *it-tal-lak lu šá* LÚ.*ziq-ni* [*lu* LÚ.SAG]
N46A	*a-na šim-te it-tal-lak lu* LÚ.SAG [*lu* LÚ.*šá ziq-ni*]

239

N27	*a-na* ^{m}*aš-šur*-DÙ-A DUMU MAN GAL
N35+	[ ] DUMU M[AN]
N45G	[*n*]*a* ^{m}*aš-šur*-DÙ-A DUMU MAN GAL-*u*
N46A	*a-na* ^{m}*aš-šur*-DÙ-A DUMU MAN GAL
N48Q	[M]AN GAL

240

N27	[ ] *i-du-ak*
N28B	[ ] É UŠ-*ti i*-[ ]
N29	[ ] ⌜*i*⌝-*du-ak*
N45G	*šá* É UŠ-*te* [ ]
N46A	*šá* É UŠ-*te* ⌜*i*-⌝[ ]
N48Q	⌜*šá*⌝ [ ]
N81	[ ]-⌜*te i-du-ak*⌝

241

N27	[ ] KUR *aš-šur*.KI *it-ti-ši*
N45G	[LUG]AL-*u-tu šá* KUR *aš-šur it-ti-ši*
N46A	LUGAL-*tú šá* KUR *aš-šur it-ti-ši*
N48Q	[LU]GAL-*tú šá* KUR *aš-šu*[*r*]
N81	[*i*]*t-ti-ši*

§22: 237-246

242

N27	*[š]um-ma at-tu-nu is-se-šú ta-šá-kan-a-ni*
N29	[*n]u is-se-šú* [ ]
N45G	[ ] *is-se-šú ta-šá-kan-a-ni*
N46A	*šum-ma at-tú-nu* [ ]*-šá-kan-a-ni*
N48C	[ ]-⌜*se-šú ta-šá*⌝*-kan-a-n[i]*
N48Q	[*t]a-šá-kan-a-n[i]*
N81	[ ]*-kan-a-ni*

243

N27	*a-na* LÚ.ÌR*-nu-ti-šú ta-tu-ra-a-ni*
N29	[*u]r!-a-ni*
N45G	[*r]a-a-ni*
N46A	*a-na* LÚ.ÌR.MEŠ*-šú ta-tu-*[ ]
N48C	[*t]a-tú-ra-a-ni*
N81	[ ]*-a-ni*

244

N27	*la ta-bala-kàt-a-ni la ta-na-ki-ir-ra-ni*
N29	[ ]*-ni*
N45F+	*la ta-[bal]a-*⌜*kàt-a-ni*⌝ *la ta-na-ki-ra-ni*
N46A	[*ba]la-kàt-a-ni la ta-na-kir-*[ ]
N48C	[ ]*-ni la ta-na-kír-ra-ni*
N48Q	*[l]a ta-bala-*[ ]

245

N27	KUR.KUR *šá-ni-a-ti is-se-šú la tu-šam-kar-a-ni* ----
N45F+	KUR.KUR *gab-*⌜*bu*⌝ *is-se-šú la* ⌜*tu-šam*⌝*-kar-a-ni si-ḫu ina* [U]GU*-ḫi-šú la ta-*[ ]-⌜*a*⌝*-ni*
N46A	[*i]s-se-šú la tu-šam-kar-*[ ]*-šú la ta-šá-kan-a-ni*
N48C	[*s]e-šú la tu-šam-kar-a-ni* [ ]*-šú la ta-šá-kan-a-ni*
N48Q	[KU]R.KUR *ga[b*] *si-ḫu ina* UG[U]
N48R	[ ] ⌜*ina* UGU⌝-[ ]

246

N27	*la ta-ṣab-bat-a-né-šú-u-ni la ta-du-ka-šú-u-ni*
N45F+	*la ta-ṣab-bat-a-šú-u-ni l[a k]a-šú-u-ni*
N46A	*la ta-ṣab-*[ ]*-ni*
N48C	[ ]*-u-ni la ta-du-ka-šú-u-*⌜*ni*⌝
N48Q	*[l]a ta-ṣab-bat-*[ ]
N48R	[ ] *ta-du-k[a*]

247

N27	*ù* DUMU ^{m}*aš-šur*-DÙ-A DUMU MAN GAL *šá* É UŠ-*ti*
N45F+	[ ] ^{m}*aš-šur*-DÙ-A DUMU MAN GAL-*u ša* [ ]
N46A	⸢*ù*⸣ DUMU ^{m}*aš-šur*-DÙ-A [ ]
N48C	[*š*]*ur*-DÙ-A DUMU MAN GAL *šá* É UŠ-*t*[*i*]
N48Q	*ù* DUMU ^{m}*aš-š*[*ur*]

248

N27	GIŠ.GU.ZA *šá* KUR *aš-šur*.KI *la tu-šá-aṣ-bat*-U-*ni*
N45F+	GIŠ.GU.ZA *ša* KUR *aš-šur*.KI *la* [ ]
N46A	[*l*]*a tu-šá-a*[*ṣ*]
N48C	[ ] *šá* KUR *aš-šur*.KI *la tu-šá-aṣ-bat*-[ ]
N48Q	[G]IŠ.GU.ZA *šá* K[UR]
N48R	[G]IŠ.GU.ZA *šá* KUR *aš*-[ ]

§23

249

N27	*šum-ma at-tu-nu ina* IGI MÍ.*a-ri-ti*
N35+	*šum-ma at*-[ ]
N39	[ ]-*ma at-tu-nu ina* IGI MÍ.⸢PEŠ$_4$⸣
N45F+	*šum-ma at-tu-nu ina* IGI MÍ.*a-r*[*i*]
N48C	[ ] MÍ.PEŠ$_4$
N48R	[*šu*]*m-ma at-tu-nu i*[*na*]

250

N27	*šá* ^{m}*aš-šur*-PAP-AŠ MAN KUR *aš-šur* -- DAM ^{m}*aš-šur*-DÙ-A DUMU MAN GAL
N35+	[ ] *ù* DAM ^{m}*aš-šur*-DÙ-A DUMU MAN GAL
N39	*šá* ^{m}*aš-šur*-PAP-AŠ ⸢MAN⸣ KUR ⸢*aš-šur*.KI⸣ *ù* DAM ^{m}*aš-šur*-DÙ-A DUMU MAN GAL-*u*
N45F+	[ ] MÍ.DAM ^{m}*aš-šur*-DÙ-A DUMU MA[N]
N48C	*šá* ^{m}*aš-šur*-PAP-AŠ [D]UMU MAN GAL
N48R	[ ] *ù* [ ] ^{m}*aš-šur*-DÙ-[ ]

251

N27	*šá* É UŠ-*ti la ta-da-gal-a-ni*
N35+	*šá* É UŠ-*ti la ta-da-gal-a-ni*
N39	*šá* É <UŠ>-*ti la ta-da-gal-a-ni*
N45F+	[*l*]*a* ⸢*ta-da*⸣-*gal-a*-[ ]
N48C	*šá* É [ ]
N48R	[ ] *ta-da-gal-a*-[ ]

252

N27	*ki-ma it-tab-ši la tu-rab-ba-a-ni*
N35+	*ki-ma it-tab-ši la tu-rab-ba-a-ni*
N39	*ki-ma it-tab-ši la tu-ra-ba-a-ni*

253

N27	GIŠ.GU.ZA *šá* KUR *aš-šur*.KI *la tu-šá-aṣ-bat-a-ni*
N35+	GIŠ.GU.ZA *šá* KUR *aš-šur*.KI *la tu-šá-aṣ-bat-a-ni*
N39	GIŠ.GU.ZA *šá* KUR *aš-šur*.KI *la tu-šá-aṣ-bat-a-ni*
N48R	[Z]A *šá* KUR *aš-š*[*ur*]

254

N27	*e-pi-šá-nu-ti šá bar-ti la ta-ṣab-bat-a-ni*
N35+	*e-piš-a-nu-ti šá bar-ti la ta-ṣa-bat-a-né-ni*
N39	*e-pi-šá-nu-ti šá bar-ti la ta-ṣab-bat-a-né-ni*

255

N27	*la ta-du-ka-a-ni* MU-*šú-nu* NUMUN-*šú-nu*
N35+	[*l*]*a ta-du-ka-a-ni* MU-*šú-nu* ⌜NUMUN⌝-*šú-nu*
N38A	*la ta-du-k*[*a*]
N39	*la ta-du-ka-a-ni* MU-*šú-nu* NUMUN-*šú-nu*

256

N27	*ina* KUR *la tu-ḫal-laq-qa-a-ni da-me ku-um da-me*
N35+	*ina* KUR [*l*]*a tu-ḫal-laq-qa-a-ni da-a-me ku-um da-a-me*
N36B	[ ] *da-me ku-um da-me*
N38A	[ ] *la* [*t*]*u*-[*ḫa*]*l*-⌜*la-qa*⌝-*a*-[ ]
N39	*ina* KUR *la tu-ḫal-la-qa-a-ni da-me ku-um da-me*

257

N27	*la ta-ta-ba-ka-a-ni gi-imi-lu*
N35+	[*l*]*a ta-ta-ba-ka-a-ni gi-imi-li*
N36B	*la ta-ta-ba-ka-a-ni gi-imi-lu*
N38A	*la* [ ]-*ka*-[ ]
N39	*la ta-ta-bak-a-ni* ⌜*gi-imi*⌝-*lu*
T iv 1a	*la ta*-[*t*]*a-bak-a-ni* ⌜*gi*⌝-[ ]-*lu*

258

N27	[*š*]*ur*-DÙ-A DUMU MAN GAL *šá* É UŠ-*ti*
N35+	⸢*šá*⸣ ^{m}*aš-šur*-DÙ-A DUMU MAN GAL *šá* É U[Š-*t*]*i*
N36B	*šá* ^{m}*aš-šur*-DÙ-A DUMU MAN GAL-*u* *šá* É UŠ-*te*
N39	*šá* ^{m}*aš-šur*-DÙ-A [DUM]U MAN GAL *šá* É UŠ-*ti*
T iv 1b-2a	[ ]*aš-šur*-DÙ-A DUMU LU[GAL G]AL-*u* *šá* É UŠ-*te*

259

N27	*la* *t*[*u* *r*]*a-a-né-ni* *šum-ma* *at-tu-nu*
N35+	*la* *tu-tar*-⸢*ra*⸣-*a-né-ni* *šum-ma* *at-tu-nu*
N36B	*la* *tu-tar-ra-a-né-ni* *šum-ma* *at-tu-nu*
N38A	*l*[*a* *r*]*a-a-né-ni* [ ]
N39	[*r*]*a*-⸢*a-né-ni*⸣ [ ]-*ma* *at-tu-nu*
T iv 2b-3a	*la* ⸢*tu-tar-ra*⸣-*a-né-ni* ⸢*šum-ma*⸣ [ ]-⸢*tu-nu*⸣

260

N27	*a-na* ^{m}*aš-šur*-D[Ù] MAN GA[L] *šá* É UŠ-*ti*
N35+	*a-n*[*a* DU]MU MAN ⸢GAL⸣ [ ] UŠ-*ti*
N36B	*a-na* ^{m}*aš-šur*-DÙ-A DUMU MAN GAL *šá* É UŠ-*te*
N39	*a-na* ^{m}*aš-šur*-DÙ-A [ ]
N46N+	[ ] É UŠ-*ti*
N46FF	[ ] MAN GAL *šá* É UŠ-[ ]
T iv 3b	<*a-na*> ⸢^{m}⸣[*šu*]*r*-DÙ-[ ] MAN GAL *šá* É UŠ-*te*

261

N27	DUMU ^{m}*aš-šur*-PAP-AŠ [*k*]*u-nu*
N35+	DUMU ^{m}*aš-šur*-PAP-AŠ MAN KU[R] EN-*ku-nu*
N36B	DUMU ^{m}*aš-šur*-PAP-AŠ MAN KUR *aš-šur* EN-*ku-nu*
N39	[DUM]U ^{m}*aš-šur*-PAP-AŠ MAN KUR *aš-šur* [ ]
N46N+	[*n*]*u*
T iv 4a	⸢DUMU⸣ [ ]-AŠ MAN KUR *aš-šur* [ ]-*nu*

262

N27	*šam-mu* *šá* *m*[*u*]-*ni*
N35+	*šam-mu* *šá* *mu-a-ti-šú* *tu-šá-kal-a-šú-u-ni*
N36B	*šam-mu* *ša* *mu-a-ti-šú* *tu-šá-kal-a-šu-u-ni*
N39	[ ]-*šá-kal-a-šú-u-ni*
N46N+	*šam-mu* [ ]-⸢*u*⸣-*ni*
N46FF	*šam-mu* *šá* *mu-a-ti-šú* [ ]
T iv 4b-5a	*šam-mu* *šá* *mu-a*-⸢*ti-šú* *tu-šá-kal*⸣-[*a*]-⸢*šú*⸣-*u-ni*

263

N27	*ta-šá-qi-a-šú-u-ni*	*ta-pa-*[ ]
N35+	*ta-šá-qi-a-šú-u-ni*	⸢*ta*⸣*-pa-šá-šá-*⸢*a*⸣*-šú-u-ni*
N36B	*ta-šá-qi-a-šú-u-ni*	*ta-pa-šá-šá-šu-u-ni*
N39	[	]*-šá-áš-a-šú-ni*
N46N+	[	*-š*]*ú-ni*
N46FF	*ta-šá-qi-a-šú-u-ni*	[ ]
T iv 5b-6	⸢*ta*⸣-[ ]-⸢*qi-a-šú*⸣*-ú-ni*	[ ]

264

N27	*kiš-pe*	*t*[*e-e*]*p-pa-šá-né-šú-u-ni*	[	]
N31	*kiš-pe*	*te-ep-pa-šá-neš-un-ni*	DINGIR.MEŠ	*u* ^{d}15
N35+	*kiš-pe*	[*t*]*e-ep-pa-šá-neš-šú-u-ni*	DINGIR.MEŠ	⸢*u*⸣ ^{d}IŠ.TAR
N36B	*kiš-pe*	*te-pa-šá-né-šu-un-ni*	DINGIR.MEŠ	*u* ^{d}IŠ.TAR
N46N+	[	]*-ni*	[	]
N46FF	*kiš-pe*	*te-pa-šá-neš-šú-ni*	DINGIR	*u* [ ]
T iv 6b-7a	[ ]	⸢*te*⸣-[*p*]*a-šá-neš-šú-u-ni*	[	]

265

N27	*is-se-šú*	[ ]*-šá-za-n*[*a*]
N31	*is-se-šú*	*tu-šá-za-na-a-ni*
N35+	*is-se-šú*	*tu-šá-za-a-na-*⸢*a*⸣*-ni*
N36B	*is-se-šú*	*tu-šá-za-na-a-ni*
N38A	*is-se-šú*	*t*[*u*]
N39	[ ]x	*tu-šá-az-na-a-ni*
N46N+	[	]-⸢*a*⸣*-ni*
T iv 7b	[	]*-na-a-ni*

§24

266

N27	*šum-ma*	*at-t*[*u*]	*a-na*	^{m}*aš-šur*-DÙ-A	DUMU MAN GAL	*šá* É UŠ*-ti*
N31	*šum-ma*	*at-tu-nu*	*a-na*	^{m}*aš-šur*-DÙ-A	DUMU MAN GAL	[ ]
N35+	*šum-ma*	*at-t*[*u-n*]*u*	*a-*<*na*>	^{m}*aš-šur*-DÙ-A	DUMU MAN [G]AL	*šá* É UŠ*-ti*
N36B	*šum-ma*	*at-tu-nu*	*a-na*	^{m}*aš-šur*-DÙ-A	DUMU MAN GAL*-u*	*šá* É UŠ*-te*
N38A	*š*[*um-m*]*a* [					]
N39	[					] UŠ-[ ]
N46N+	[				]*-u*	[ ]
N46FF	*šum-ma*	[*t*]*u-nu*	*a-na*	^{m}[		]
N51T	[				] DUMU MAN GAL*-u*	⸢*ša* É UŠ⸣*-te*
T iv 8-9	[	]	⸢*a*⸣*-na*	^{m}*aš-šur-*[ ]-A	[	] ⸢*šá* É UŠ⸣*-te*

267

N27	DUMU ^{m}*aš-šur*-PAP-AŠ [M]AN KUR *aš-šur* EN-*ku-nu*
N31	DUMU ^{m}*aš-šur*-PAP-AŠ MAN KUR *aš-šur* [ ]
N35+	DUMU ^{m}*aš-šur*-PAP-AŠ ⸢MAN⸣ KUR *aš-šur* EN-*ku-nu*
N36B	DUMU ^{m}*aš-šur*-PAP-AŠ MAN KUR *aš-šur* EN-*ku-nu*
N38A	DUMU []*aš-š*[*ur*]
N46FF	[MA]N KUR *aš-šu*[*r*]
N51T	[*š*]*ur* EN-*ku-nu*
N55D	[ ] MAN KUR *aš-šur* EN-*ku*-[ ]
T iv 10	[ ]-*ku-nu*

268

N27	*ki-i nap-šate-ku-nu la tara-ʾa-ma-a-ni*
N31	[ ]-*ku-nu* [ ]
N35+	[*k*]*i-i* ZI.MEŠ-*ku-nu la tara-a-ma-a-ni*
N36B	*ki-i nap-šá-te-ku-nu la ta-ram-ma-ni*
N38A	[ ] *la tara-a-ma-ni*
N51T	[ ]-*ma-a-ni*
N55D	[ ]-*ku-nu la tara-a-ma-a*-[ ]
N55U	⸢*ki-i*⸣ [ ]
T iv11	[ ]-*ni* （T ivはこのあと欠損）

269

N27	*šum-ma at-tu-nu ina* IGI ^{m}*aš-šur*-DÙ-A DUMU MAN GAL *šá* É UŠ-*ti*
N31	[ ] *at-tu-nu* [ ] É UŠ-*te*
N35+	*šum-ma at-tu-nu ina* IGI ^{m}*aš-šur*-DÙ-A DUMU MAN GAL *šá* É UŠ-*ti*
N36B	*šum-ma at-tu-nu ina* IGI ^{m}*aš-šur*-DÙ-A [ ] *šá* É UŠ-*te*
N38A	[ ] ⸢DUMU⸣ MAN GAL *šá* É [ ]
N51T	[ ] GAL-*u* ⸢*ša* É UŠ⸣-*te*
N55D	[ ]-*šur*-DÙ-A DUMU MAN GAL *ša* É UŠ-*t*[*i*]
N55U	*šum-ma a*[*t*]

270

N27	*šá* ŠEŠ.MEŠ-*šú* DUMU AMA-*šú kar-ṣe-šú-nu ta-kal-a-ni*
N31	[*ṣ*]*e-šú-nu ta-kal-a-ni*
N35+	----
N36B	*šá* ŠEŠ.MEŠ-*šu* D[UMU] *kar-ṣe-šú-nu ta*-[ ]
N51T	[*k*]*al-a-ni*
N55D	[ ] DUMU AMA-*šú kar-ṣe-šú-nu ta-kal-a-n*[*i*]
N55U	⸢*šá*⸣ ŠEŠ.MEŠ-⸢*šú*⸣ [*t*]*a-kala-ni*

271

N27	la MUN-šú-nu ta-qab-ba-a-ni Á.2-ku-nu
N31	la DÙG.GA-ta-šú-nu [ ]-⸢ba⸣-a-ni Á.2-ku-nu
N35+	la MUN-šú-n[u]-ni Á.2-ku-nu
N36B	[ ] ta-qab-ba-[ ]
N51T	[ ]-ni [ ]
N55D	[ ]x-šú-nu ta-qa-ba-a-ni [ ]-ku-nu
N55U	[ ]-ku-nu

272

N27	ina É.MEŠ-šú-nu tu-bal-a-ni ina ŠÀ-bi-šú-<nu> ta-ḫa-ṭa-ni
N31	ina É[ ]-a-ni ina ŠÀ-bi-šú-nu [t]a-ḫa-⸢ṭa⸣-[ ]
N35+	ina É.MEŠ-šú-nu tu-b[al] ina ŠÀ-šú-nu t[a]-ḫa-[ṭ]a-a-ni
N55D	ina É.MEŠ-šu!-nu tu-bal-a-ni [Š]À-bi-šú-nu ta-ḫa-ṭa-a-ni
N55U	[ ] ina ŠÀ-bi-šú-nu t[a]

273

N27	TA* ŠÀ-bi ti-din-tú ša ---- AD-šú-nu id-din-áš-šá-nu-u-ni
N31	[ ]-din-tú šá ^{m}aš-šur-PAP-AŠ MAN KUR aš-š[ur]
N35+	T[A] šá ^{m}aš-šur-PAP-[ ] MAN KUR aš-šur AD-šú-nu i[d?]
N55D	TA ŠÀ ti-din-tu [ ]aš-šur-PAP-AŠ MAN KUR aš-šur AD-šú-nu i-din-na-šá-nu-ni
N55U	[ ] ti-din-te [ ] id-di-na-áš-šú-[ ]

274

N27	qi-ni-tu šá šú-nu iq-nu-u-ni ta-na-áš-šá-a-ni
N31	qi-ni-⸢tú šá šú⸣-[ ]
N35+	qi-ni-tú ⸢šá⸣ šú-nu iq-qi-nu-u-n[i] ⸢ta-na⸣-áš-šá-a-ni
N55D	[q]i-ni-tu šá šu-nu iq-nu-u-ni ta-na-šá-a-ni
N55U	[ ] iq-nu-u-ni ta-[ ]

275

N27	šum-ma ti-din-tú A.ŠÀ.MEŠ É.MEŠ GIŠ.KIRI$_{6}$.MEŠ
N35+	šum-ma ti-din-tu A.ŠÀ.MEŠ [ ] GIŠ.KIRI$_{6}$.MEŠ
N55D	šum-ma ti-din-tu A.ŠÀ.MEŠ É.MEŠ GIŠ.KIRI$_{6}$.MEŠ
N55U	[Š]À.⸢MEŠ É⸣[ ]

276

N27	UN.MEŠ ú-nu-⸢tú ANŠE.KUR.RA.MEŠ ANŠE⸣[ ]
N35+	UN.MEŠ ú-nu-tú ANŠE.KUR.RA[ ] ANŠE.GÌR.NUN.NA
N55D	UN.MEŠ ú-nu-tu ANŠE.KUR.RA.MEŠ ANŠE.⸢GÌR.NUN.NA⸣

277

N27	ANŠE.MEŠ GU$_4$.MEŠ UDU.MEŠ *šá* ^{m}*aš-šur*-PAP-AŠ MAN KUR *aš-šur*
N35+	ANŠE.MEŠ GU$_4$.MEŠ UDU.MEŠ *šá* ^{m}*aš-šur*-PAP$^{!}$-[ ] KUR *aš-šur*.KI
N55D	ANŠE.MEŠ GU$_4$.MEŠ UDU.MEŠ *šá* ^{m}*aš-šur*-PAP-[ ]
NX7	ANŠE.MEŠ GU$_4$.MEŠ UDU.MEŠ *šá* ^{m}*aš-šur*-PAP-AŠ MAN [ ]

278

N27	*a-*<*na*> DUMU.MEŠ-*šú id-din-u-ni la ina pa-né-šú-nu la šu-tú-u-ni*
N35+	*a-na* DUMU.MEŠ-*šú i-din-u-ni la ina* IGI-*šú-nu* [*l*]*a šu-tu-u-ni*
N46O	*a-*[ ] *la ina p*[*a*]
N55D	[*n*]*a* DUMU.MEŠ-*šú* [ ]-*din-u-ni la a-*[*na* *t*]*u*$^{?}$-*ni*
NX7	*a-na* DUMU.MEŠ-*šú* [*d*]*in-u-ni la ina pa-né-šú-*[ ]

279

N27	*šum-ma de-iq-ta-šú-nu ina* IGI ^{m}*aš-šur*-DÙ-A DUMU MAN GAL
N35+	⸢*šum*⸣-*ma de-iq-ta-šú-nu* ⸢*ina* IGI ^{m}⸣*aš-šur*-⸢DÙ-A DUMU⸣ MAN [ ]
N46O	[ ] *ina* IGI ^{m}*aš-šur*-[ ]
N55D	[ ] *de-iq-t*[*a*]*aš-šur*-DÙ-A DUMU MAN [ ]
NX7	*šum-ma de*$^{!}$-*iq-*[*š*]*ú-nu ina* IGI ^{m}*aš-šur*-DÙ-A [ ]

280

N27	*šá* É UŠ-*ti la ta-qab-ba-a-ni*
N35+	[ ] UŠ-*ti* [*l*]*a* ⸢*ta*⸣-[*b*]*a-a-ni*
N46O	[ ] *la ta-q*[*ab*]
N55D	[U]Š-*t*[*i*] ⸢*ta*⸣-*qa-ba-a-ni*
NX7	*šá* É UŠ-*ti* [*t*]*a-qab-ba-ni*

281

N27	*šum-ma ina* IGI-*né-šú la i-za-zu-u-ni is-*⸢*se-ku*⸣-*nu*
N35+	*šum-ma ina* IGI-⸢*né*⸣-[ ] *i-za-zu-u-ni is-se-ku-nu*
N46O	[ ] *is-se-ku-n*[*u*]
N55D	[*z*]*u-u-ni is-se-ku-nu*
NX7	*šum-ma* [ ] *la i-za-zu-*[ ] *is-se-ku-nu*

282

N27	*la* ⸢*ú*⸣-*sa-ta-maḫ-*⸢*ḫu-ni*⸣
N35+	*la ú-sa-ta-a-maḫ-u-ni*
N55D	[ ]-*u-ni*
NX7	*la ú-*[ ]

§25

283

N27	*a-de-e an-*[ ] ^{m}*aš-šur*-PAP-AŠ MAN KUR *aš-šur*
N35+	*a-de-e an-nu-ti šá* ^{m}*aš-šur*-PAP-AŠ MAN KUR *aš-šur*.KI
N45G	[ ] ⸢*an-nu*⸣*-ti* [ ]
N46O	*a-de-e an-n*[*u*] {*ša*}
N48F	[ ]-AŠ MAN KUR *aš-šur*
NX7	*a-de-e a*[*n t*]*i šá* ^{m}*aš-šur*-PAP-AŠ MAN KUR [ ]

284

N27	*ina* UGU ^{m}*aš-š*[*ur*]-A DUMU MAN GAL *šá* É *ri*<*-du*>*-u-ti*
N29	*ina* U[GU]
N35+	*ina* UGU ^{m}*aš-šur*-DÙ-A DUMU MAN GAL *šá* ⸢É UŠ-*ti*⸣
N45G	[U]GU ^{m}*aš-šur*-DÙ-A DUM[U]
N46O	*ina* UGU ^{m}[ ]
N48F	[ ] *šá* É UŠ-*te*
N55D	[ ]x UGU ^{m}*aš-šur*-DÙ-A [ ]
NX7	*ina* UGU [ ] DUMU MAN GAL *šá* É UŠ-*t*[*i*]

285

N27	-- ŠEŠ.ME[Š] AMA-*šú šá* ^{m}*aš-šur*-DÙ-A DUMU MAN GAL
N29	[ ] DUMU [ ]
N35+	-- ŠEŠ.MEŠ-*šú* DUMU AMA-*šú šá* ^{m}*aš-šur*-DÙ-A DUMU MAN GAL
N45G	-- ŠEŠ.MEŠ-*šú* DUMU AMA-*šú* [ ]
N46O	*ù* ŠEŠ.MEŠ-[ ] DUMU MAN GAL
N48F	[D]Ù-A DUMU MAN GAL-*u*
N55D	[ ] DUMU AMA-*šú* [ ]
NX7	[ ] DUM[U M]AN GAL

286

N27	*šá* É U[Š-*t*]*i ú-dan-nin-u-ni is-se-ku-nu*
N29	[ ] *ú-d*[*an*$^{!}$]
N35+	*šá* É UŠ-*ti ú-dan-nin-u-ni is-se-ku-nu*
N45G	*šá* É UŠ-*te ú-dan-*[ ]
N46O	*š*[*a*] *is-se-k*[*u*]
N48F	[*ni*]*n-u-ni is-se-ku-nu*
N55D	[*ri-du*]*-u*$^{!}$*-ti* [ ]
NX7	*šá* ⸢É⸣ [ ] ⸢*ú*⸣-[ ]

287

N27 *iš-k*[*u*]-*mì-tú* *ú-ta-mu-ka-nu-u-ni*
N29 [ ] *ta-mì-tu* [ ]
N35+ *iš-kun-*[*u*]-*ni* *ta-mì-tú* *ú-tam-mu-ka-nu-ni*
N45G *iš-ku-nu-u-ni* *ta-mì-*[ ]
N48F [ ] *ú-tam-mu-ka-nu-u-ni*
N55D [ ]-⸢*u-ni*⸣ [ ]

288

N27 *a-na* [ ] DUMU.DUMU.MEŠ-*ku-nu* *a-na* NUMUN-*ku-nu*
N29 [ ] DUMU.DU[MU]
N35+ [ ]-*nu* *a-na* NUMUN-*ku-nu*
N45G *a-na* DUMU.M[EŠ-*k*]*u-nu* DUMU[ ]
N48F [ ] ⸢*a-na*⸣ NUMUN-*ku-nu*

289

N27 *a-na* [*n*]*u* *šá* EGIR *a-de-e* *a-na* u_4*-me ṣa-a-ti*
N29 [ ] *šá* EGIR ⸢*a-de*⸣-[ ]
N35+ [NU]MUN[ ]
N45G [ ] NUMUN.NUMUN-[*ku-nu*]

290

N27 *ib-ba-áš-š*[*u* *n*]*i* *la* *ta-qab-ba-a-ni* *ṭè-mu*
N29 [ ] *ta-qab-ba-neš-*[ ]
N35+ *ib-ba-šú-u-ni* [ ] *ta-qab-ba-a-né-šú-ni* *ṭ*[*è*]
N48F [ ]-⸢*ni*⸣ [ ]

291

N27 *la ta-šá-kan*[*a*]-*šú-u-ni* *ma-a* *a-de-e* *an-nu-te*
N29 [ ] *ma-a*⸢*a*⸣-*de-e* *an-nu-*[ ]
N35+ [ ] *ma-a* *a-de-e* *an-nu-u-ti*
N36 [ ]-*e* *an-*⸢*nu-ti*⸣

292

N27 [*u*]*ṣ-ra* *ma-a* *ina* ŠÀ-*bi* *a-de-e-ku-nu* *la ta-ḫa-ṭ*[*i-a*]
N29 {*la*} *uṣ-ra* *ma-*⸢*a*⸣ [ ]
N35+ [ ] *ma-a* *in*[*a* Š]À *a-de-e-ku-nu* *l*[*a*]
N36 *uṣ-ra* *ma-a* *ina* ŠÀ-*bi* [*k*]*u-nu* *la ta-ḫa-ṭi-a*

293

N27 [nap-šat]e$^{?}$-ku-nu la tu-ḫal-la-qa
N29 ZI[.ME]Š-ku-nu la t[u]
N35+ ⸢ZI⸣[ ]-ku-nu la tu-ḫal-⸢la⸣-[ ]
N36 ZI.MEŠ-ku-nu [l]a-qa

294

N27 [KU]R-ku-nu a-na ḫa-pe-e UN.MEŠ-ku-nu
N29 ma$^{!}$-a KUR-ku-nu a-na ḫa-pé-e UN$^{!}$.ME[Š]
N35+ [ ]-na ḫ[a-p]e-e UN.MEŠ-ku-nu
N36 ma-a KUR-ku-nu a-na ḫa-pe-e UN.MEŠ-ku-nu

295

N27 [l]a-li la ta-da-<na> -- [ ]-bu-tú
N29 [ ] la ta-da-na ma-a a-bu-tú
N35+ a-n[a] a-bu-<tú>
N36 a-na šal-la-li la ta-da-na [t]ú

296

N27 [ ] šá ina IGI DINGIR u LÚ-ti maḫ-rat-u-ni
N29 an-ni-[ ] ša ina IGI DINGIR.MEŠ -- LÚ-ti maḫ-rat-u-ni
N35+ an-ni-tú šá ina IGI DIN[GIR ma]ḫ-rat-⸢u⸣-ni
N36 an-ni-tu šá ina IGI DINGIR.MEŠ -- a-me-lu-te [n]i

297

N27 ši$^{!}$-[ ]-⸢rat⸣ ina UGU-ḫi-ku-nu lu ṭa-ba[t]
N29 ⸢ši-i⸣ ina pa-né-ku-nu ⸢lu maḫ⸣-rat ina UGU-ḫi-ku-nu lu ṭa-bat
N35+ ši-i ina IGI.MEŠ-ku-n[u] UGU-ḫi-ku-nu lu ṭa-ba[t]
N36 ši-i [n]é-ku-nu lu maḫ-rat [ ] lu ṭa-bat

298

N27 [ ] a-na be-luti
N29 ^{m}aš-šur-DÙ-A DUMU ⸢MAN⸣ [G]AL šá É U[Š]-⸢ti⸣ a$^{!}$-na be-lu-ti
N35+ [ ] GAL šá É UŠ-ti a$^{!}$-na EN-uti
N36 ^{m}aš-šur-DÙ-A DUMU MAN GAL-u [ ] ⸢a⸣-na be-lu-te

299

N29 ⸢KUR⸣ u UN.MEŠ lu [ ]-ṣir
N35+ KUR [ ] ⸢UN.MEŠ⸣ lu na-ṣir
N36 KUR u UN.MEŠ [ ]

300

N29	EG[IR n]a LU[GAL-(u-)t]i lu na-bi MU-šu
N35+	EGIR a-na LUGAL-⸢ú⸣-[l]u na-bi MU-šú
N36	EGIR a-na LUGAL-u-te [ ]-šu
N49H	[ ] lu n[a]

301

N29	[M]AN-[m]a EN [U]GU-[l]a ⸢taša⸣-<ka>-⸢na⸣?
N35+	LUGAL MAN-ma EN MAN-ma ina UGU-ḫi-⸢ku⸣-nu -- ta-šá-kan-a-ni
N36	LUGAL MAN-ma EN MA[N-m]a [ ] la ta-šá-ka-na
N49H	[ ] ina UGU-ḫi-šú? [ ]

§26

302

N27	[m]e-me-ni ina UGU ^{m}aš-šur-PAP-AŠ MAN KUR aš-š[ur]
N29	šum-ma me-me-ni ina UGU ^{m}aš-šur-PAP-AŠ ----
N35+	šum-m[a] ina UGU ^{m}aš-šur-PAP-AŠ MAN KUR aš-šur
N49H	šum-ma me-me-<ni> ina UGU ^{m}aš-šur-PAP-AŠ ----

303

N27	[ḫ]u bar-tu e-ta-⸢pa⸣-áš ina GIŠ.GU.ZA MAN-ti
N29	si-ḫu bar-tu e-tap-áš ina GIŠ.GU.ZA LUGAL-ti
N35+	si-ḫu bar-[ ] e-tap-áš ina GIŠ.GU.ZA LUGAL-ti-šú
N49H	[ ] ina GIŠ.GU.ZA LUGAL-u-te

304

N27	[ ] šum-ma a-n[a]
N29	it-tu-šib šum-ma ⸢a⸣-[ ] LUGAL-ti-šú
N35+	it-tu-šib šum-ma a-na ⸢LUGAL⸣-ti-šú
N49H	it-t[u] šum-ma a-na LUGAL-u-te-šú

305

N27	ta-ḫa-[ ]-ni [l]a ta-ṣab-bat-a-né-šú-u-ni
N29	taḫa-du-a-ni la ta-ṣab-bat-a-šú-u-ni
N35+	ta-ḫa-du-a-ni la ta-[ ]-neš-šú-u-ni
N49H	ta-ḫa-[ ] la ta-ṣa-bat-a-šú-u-ni

306

N27 *la ta-du-ka-a-šú-u-ni šum-ma an-mar ṣa-ba-ti-šú*

N29 *la ta-du-ka-a-šú-u-ni šum-ma an-mar ṣa-ba-ti-šu*

N35+ *la ta-du-ka-a-šú-u-n[i] ṣa-bat-ti-šú*

N49H *la ta-d[u] šum-ma an-mar ṣa-ba-te-⸢šú⸣*

307

N27 *du-a-ki-šú ⸢la⸣ ma-ṣa-ku-nu a-na* LUGAL-*u-ti-šú*

N29 *du-a-ki-šu la ma-ṣa-ku-nu* [ ]

N35+ *du-⸢a⸣-k[i]-ti*

N49H ⸢*du-a*⸣-x[ ] *a-na* LUGAL-*u-te-šú*

308

N27 *ta-ma-gúr-a-⸢ni⸣ ta-mì-tú ša* LÚ.ÌR-*nu-ti*

N29 [ ]-*ma-g[úr-a]-ni ta-mì-tu šá* LÚ.ÌR.MEŠ-⸢*ti*⸣

N35+ *ta-*[ ].ÌR.MEŠ-*a-nu-*[*ti*]

N45G [ ]⸢ÌR⸣-*nu-*[*t*]*i*

N49H *t*[*a*] *ša* LÚ.ÌR-[ ]

309

N27 [*t*]*a-tam-ma-a-né-⸢šú⸣-u-ni ina* UGU-*ḫi-*[ ]

N29 *t*[*a*]-*né-šú-*[ ] *ina* UGU-*ḫi-šu*

N49H [ ] *ina* ⸢UGU⸣-[ ]

310

N27 ⸢*la*⸣ *ta-bala-kàt-a-⸢ni⸣ ina gam-mur-t*[*i*]

N29 *la ta-bala-⸢kàt-a⸣-ni ina gu-mur-ti* ⸢ŠÀ-*bi*⸣-*ku-nu*

N45G [*b*]*ala-kàta-ni* [ ]

311

N27 *qa-ra-bu is-se-šú ⸢la⸣ tu-p*[*a*]

N29 *qa-ra-a-bu is-⸢se⸣-šú la tu-pa-áš-⸢a-ni⸣*

N45G [*s*]*e-šú la tu-pa-šá-ni*

312

N27 KUR.KUR *šá-ni-a-te is-se-šú la tu-š*[*am-k*]*a*[*r*]

N29 [KU]R.KUR *šá-ni-a-ti is-se-šú la tu-šam-*[*k*]*ar-⸢a⸣-ni*

N45G [ ]-*šam-kar-a-ni*

313

N27	*ḫu-ub-tu-šú* *la ta-ḫab-bat-*[ ]
N29	*ḫu-ub-t*[*u*]*-šú* *la ta-ḫab-bat-a-né-*⸢*ni*⸣
N45G	*ḫu-*⸢*ub-tu-šú*⸣ *la ta-ḫab-*⸢*bat*⸣*-a-né-ni*

314

N27	*de-ek-tu-šú* *la ta-*[ ]*-a-ni*
N29	⸢*de*⸣*-ek-tu-šú* *la ta-du-ka-a-*⸢*ni*⸣
N45G	*de-ek-tu-šú* *la ta-du-ka-ni*

315

N27	MU-*šú* NUMUN-*šú* *ina* KUR *la* *tu-ḫ*[*al*]-⸢*a-ni*⸣
N29	MU NUMUN-*šú* *ina* KUR *la* ⸢*tu-ḫal-la-qa-a-ni*⸣
N45G	MU-*šú* NUMUN-*šú* *ina* KUR *la* *tu-ḫal-laq-a-ni*

316

N27	^{m}*aš-šur*-DÙ-A DUMU MAN GAL *šá* [] ⸢UŠ⸣-[ ]
N29	^{m}*aš-šur*-DÙ-A DUMU MAN ⸢GAL *šá* É UŠ-*ti*⸣
N35+	[U]Š-*ti*
N45G	^{m}*aš-šur*-DÙ-A DUMU MAN GAL-*u* *ša* É UŠ-*u-te*

317

N27	{*ina*} GIŠ.GU.ZA AD-*šú* *la* [*a*]*ṣ-bat-t*[*a*]
N28B	[*t*]*a-a-ni*
N29	GIŠ.GU.ZA ⸢AD-*šú* *la* *tu-šá*⸣*-aṣ-bat-a-ni*
N35+	[ ]*-aṣ-bat-a-ni*
N45G	GIŠ.GU.ZA AD-*šu* *la* *tu-šá-aṣ-bat-a-ni*

§27

318

N27	*šum-ma* *at-tu-nu* TA* [ ]
N28B	[ ]*-tu-nu* TA ⸢ŠÀ⸣-*bi* Š[EŠ.]MEŠ-*šú*
N29	*šum-ma* *at-tu-nu* TA* ŠÀ ŠEŠ.MEŠ-*šú*
N35+	[Š]À ŠEŠ.MEŠ-*šú*
N45G	*šum-ma* *at-tu-nu* TA* ŠÀ-*bi* ŠEŠ.MEŠ-*šú*

319

N27	ŠEŠ AD.MEŠ-*šú* DUM[U] ----?
N28B	ŠEŠ.MEŠ AD.MEŠ-*šú* DUMU ŠEŠ.MEŠ AD.MEŠ-*šú* ----
N29	ŠEŠ AD.MEŠ-*šú* DUMU ŠEŠ ⸢AD!-*šú*!⸣ ----
N35+	ŠEŠ AD.MEŠ-*šú* [ ]-*šú* ----?
N45G	ŠEŠ.MEŠ AD-*šú* DUMU ŠEŠ.ME[Š].M[EŠ]-⸢*šú*⸣ ----
N56	[*q*]*in-ni-šú*

320

N27	[T]A* ŠÀ-*bi* NUMUN <É> AD-*šú* [*b*]*i* [ ]
N28B	T[A] ŠÀ-*bi* NUMUN É AD-*šú* [ŠÀ]-*bi* NUMUN MAN *pa-ni-u-ti*
N29	TA* ŠÀ NUMUN É AD-*šú* TA* ŠÀ NUMUN MAN *pa-ni-ú-ut-ti*
N35+	TA*! ŠÀ NUMUN É AD-*šú* [NU]MUN MAN *pa-ni-ú-ti*
N45G	TA*! ŠÀ NUMUN É AD-*šu* [ ]
N56	---- NUMUN É AD-*šu* [ ] *pa-ni-u-tú*

321

N27	[ ] ⸢ŠÀ⸣-[ ] ⸢LÚ.⸣GA[L]
N28B	TA Š[À-*b*]*i* LÚ.⸢NUN⸣ LÚ.N[AM LÚ.SA]G TA* ŠÀ-[*b*]*i* DUMU KUR *aš-šur*.KI
N29	TA* ŠÀ LÚ.GAL LÚ.NAM LÚ.SAG TA* ŠÀ DUMU KUR *aš-šur*
N35+	TA* -- NUN-*e* LÚ.NAM [S]AG TA* ŠÀ ⸢DUMU⸣ KUR *aš-šur*
N56	TA* ŠÀ NUN-*e* [ ]⸢SAG⸣ TA* ŠÀ DUMU KUR *aš-šur*.KI

322

N27	[ ] *šá*-[ ]
N28B	TA ŠÀ-*bi* DUMU KUR *šá-ni-tim-ma ú-šak-pa-du-ka-nu-u-ni*
N29	TA* ŠÀ DUMU KUR *šá-ni*$_7$*-tim-ma ú-šak-pa-du-u-ka-*<*nu*>*-u-ni*
N35+	TA* ŠÀ DUMU KUR MAN-*tim-ma* [ ]-*šá-ak-pa-du-ka-nu-ni*
N56	⸢TA* ŠÀ DUMU⸣ KUR *ša-ni-tim-ma ú-šak-pa-ad-u-ka-nu-ni*

323

N28B	*iq-qa-ba-*<*ka-nu*>*-u-ni ma-a* ⸢*kar*⸣*-ṣe* ⸢*šá*⸣ ^{m}*aš-šur*-DÙ-A
N29	*i-qab-ba-ka-nu-ni ma-a kar*!*-ṣe šá* ^{m}*aš-šur*-DÙ-A
N35+	*i-qab-ba-ka-nu-ni* ⸢*ma-a*⸣ *kar-ṣe šá* ^{m}*aš-šur*-DÙ-A
N56	*i-qab-ba-ak-ka-nu-u-ni ma kar-ṣe*! *ša* ^{m}*aš-šur*-DÙ-A

324

N28B	DUMU MAN GAL-*u* *šá* É UŠ-*ti* *ina* IGI AD-*šú* *ak-la*
N29	DUMU MAN GAL *šá* É UŠ-*ti* *ina* IGI AD-*šú* *ak-la*
N35+	DUMU MAN GAL *šá* É UŠ-*ti* *ina* IGI AD-*šú* *ak-la*
N56	DUMU MAN GAL *ša* É UŠ-*te* *ina* IGI AD-*šú* *ak-la*

325

N28B	-- *a-bat-su* *la* DÙG.GA-*tu* *la* SIG$_5$-*tu* *qi-bi-a*
N29	*ma-a* *a-bat-su* *la* DÙG.GA-*tu* *la* SIG$_5$-*tu* *qi-bi-a*
N35+	-- *a-*⸢*bat*⸣*-su* *la* DÙG.GA-*tu* *la* SIG$_5$-*tú* *qi-bi-a*
N56	*ma-a* *a-bat-*⸢*su*⸣ *la* DÙG.GA-⸢*tú*⸣ *la* SIG$_5$-*tú* *qi-bi-a*

326

N28B	-- *ina ber-tu-šú* -- *ber-ti* AD-*šú* <*tu*>-*šam-*[ ]
N29	-- *ina ber-tu-*⸢*šú*⸣! -- *ber-ti* AD-*šú* *tu-šam-ḫa-ṣa-a-ni*
N35+	*ma-a* *ina ber-tu-šú* *ina* *ber-ti* AD-*šú* *tu-šam-ḫa-ṣa-ni*
N56	-- *ina ber-tu-šú* *ina* *ber-*[ ] A[D *ḫ*]*a-ṣa-a-ni*

327

N28B	[*n*]*a* *ze-a-ri* *ina* IGI *a-ḫe-iš* [ ]
N29	*a-na* *ze-a-ri* *ina* IGI *a-ḫe-iš* *ta-šá-kan-a-šá-nu-ni*
N35+	*a-na* *ze-a-ri* *ina* IGI *a-ḫe-iš* *ta-šá-kan-a-šá-nu-ni*
N38B	*a-na* *ze-a-ri* *ina* IGI *a-ḫe-iš* *ta-šá-kan-a-šú-*⸢*nu-ni*⸣
N56	*a-na* *z*[*e*]*-a-šu-n*[*u*]

§28

328

N28B	[*ṭ*]*è-*⸢*e*⸣*-m*[*u*]
N29	[*k*]*a-nu-*x[ ]
N35+	EN *qi-ʾi* *šá* *ṭè-e-mi* ⸢*i*⸣*-*[ ]*-nu-u-ni*
N38B	EN *qi-ʾi* *šá* *ṭè-e-mi* *i-šá-kan-u-ka-*[ ]
N56	E[N]
NX16	EN *qi-ʾi* *š*[*á*]

329

N28B	[*k*]*a-nu-*[ ]
N35+	*ú-šá-an-za-ru-ka-nu-ni* *n*]*e*?*-šú*
N38B	*ú-šá-an-za-ar-u-ka-nu-*⸢*ni*⸣ [*q*]*i*?*-b*[*a*?*-né-šu*]
N56	⸢*ú*⸣*-*[ ]
NX16	*ú-šá-an-za-ru-k*[*a*]

330

N28B	[L]Ú.ÌR[ ]
N35+	*ma-a lu* ŠEŠ.MEŠ-*šú ma-a* [Ì]R.MEŠ-*ni*
N38B	[ ]-*a lu* ŠEŠ.MEŠ-*šú* -- *lu* LÚ.⸢ÌR⸣[ ]
NX16	*ma-a lu* ŠEŠ.MEŠ-*šú* -- ⸢*lu*⸣ [ ]

331

N35+	*ša ina* UGU AD-*šú ú-*[*šá-an-z*]*i-ru-u-ni*
N38B	[ ]-*za-ar-u-ni*

332

N35+	-- *kar-ṣe-šú ina* IGI AD-*šú* [*ek-k*]*al-u-ni a-le-eʾ*
N38B	*ša kar-ṣe-*[ ]
NX16	-- *kar-ṣe-šú ina* IGI A[D]

333

N35+	*ma-a la* <*abutu*>$^{?}$ *šá* ^{d}*aš-šur* x[*ina* UG]U$^{?}$-*šú iq-bu-u-ni ta-kun*
N38B	[*š*]*a aš-šur* ^{d}UTU *ù* [ ]
NX16	[ ] *iq-bu-u-ni ta-*[ ]

334

N35+	*ma-a ina ba-lat aš-š*[*ur*] ⸢*ù*⸣$^{?}$ ^{d}UTU AD-*ku-nu* UDU.TI-*ú* ŠID
N38B	[*b*]*a-lat aš-šur* -- ^{d}UTU A[D]

335

N27	*ma-a* [ ]
N35+	*ma-a šá* Š[EŠ *k*]*ab-bi-da* ZI.MEŠ-*ku-nu uṣ-*[*r*]*a*
N38B	[ŠE]Š-*ku-nu k*[*a*]
NX16	*ma-a* -- ŠEŠ-*ku-nu* [ ]

§29

336

N27	*šum-ma* [ ]
N31	*šum-ma me-me-ni* ⸢*ú*⸣-[ ]-*nu-u-ni i-qab-ba-ka-*[ ]
N35+	*šum-m*[*a*]
N38B	[ ] *me-me-ni* [ ]
N49F	[ ]-*me-ni ú-šak-pa-du-ka-nu-u-ni* [ ]-*ba-kan-u-ni*
N82	[*d*]*u-k*[*a*]

337

N27	T[A]
N31	[ ] ŠEŠ.MEŠ-*šú* ŠEŠ AD.M[EŠ M]EŠ-*šú qin-ni-šú*
N35+	[ ]MEŠ-*šú* [*n*]*i-šú*
N49F	TA ŠÀ-*bi* ŠEŠ.MEŠ-*šú* ŠEŠ AD.⸢MEŠ-*šú*⸣ [DUMU ŠEŠ.]MEŠ AD.MEŠ-*šú qin-ni-*⸢*šu*⸣
N82	[ ] AD.MEŠ-[ ]

338

N31	NUMUN É AD-*šú lu* L[Ú.SAG]-*ni* DUMU KUR *aš-šur*
N35+	[*šá* L]Ú*.*ziq-ni* [ ]
NX15+	[ ] *lu* LÚ.*šá ziq-ni* [ ]
N82	[ ] *ziq-n*[*i*]

339

N31	*lu* DUMU KUR *š*[*á l*]*u ina nap-ḫar ṣal-mat* SAG.DU
N35+	[*m*]*a* [ ]
N52G	[*l*]*u* DUMU KUR MA[N-*ma* SA]G.DU
NX15+	[ ] *šá*-^{ni}*ni*$_7$-<*tim*>-*ma l*]*u ina nap-ḫa*[*r*]

340

N31	*ma-la ba-šu-u i-qab-ba-ka-nu-u-ni*
N35+	[*š*]*ú-u* [ ]
N46N+	[ ] *i-qab-ba-ka-nu-u-*⸢*ni*⸣
N52G	*ma-la* GÁL [ ]
NX15+	[ ] *i-qab-ba-kan-u-ni*

341

N31	*ma-a kar-ṣe šá* ŠEŠ.MEŠ-*šú* DUMU AMA-*šú ina* IGI-*šú*
N35+	[ ]MEŠ-*šú* [ ]
N46N+	⸢*ma-a*⸣ *k*[*ar*] DUMU AMA-*šú ina pa-né-šú*
N48K	[ ] DUMU AMA-*šú* [ ]
N49V	[*in*]*a* IGI-*š*[*u*]$^?$
N52G	[*m*]*a-a kar-ṣe šá* ŠEŠ[ ] *ina* IGI-*šú*
NX15+	*ma-a* [ ] *ina* IGI-*šú*

342

N27	[š]ú-nu
N31	ak-la ma-a šá-an-ḫi-ṣa ina ber-tu-šú-nu
N35+	[l]a m[a]
N46N+	ak-la m[a] ina be[r-t]u-šú-nu
N48K	[ ]-tu-šú-nu
N49V	[ ]-⸢a⸣ šám-ḫi-ṣa ina be[r]
N52G	[a]k-la ma-a šá-an-ḫi-[ ]
NX15+	ak-la m[a]

343

N27	[ ]-né-šú pur-sa
N31	ma-a ŠEŠ.MEŠ-šú DUMU AMA-šú TA* pa-né-šú pur-sa
N35+	ma-a [ ]-sa
N46N+	ma-a ŠEŠ.MEŠ-⸢šú⸣ [ ] pur-[ ]
N48K	[T]A IGI-šú pur-sa
N49V	[ ]-⸢a⸣ ŠEŠ.MEŠ-šú DUMU AMA-šú T[A*] ⸢IGI⸣-[ ]
N52G	[ ]MEŠ-šú DUMU AMA-šú T[A]

344

N27	[ ] la DÙG.GA-tu
N31	at-tu-nu ta-šam-ma-a-ni la DÙG.GA-tú
N35+	at-t[u]
N46N+	[a]t-tu-nu ta-[ ]
N48K	[ ]-šam-ma-a-ni la DÙG.GA!-tu
N49V	[t]u-nu ta-šam-ma-a-ni l[a]
N52G	[ ]-a-ni la DÙG.[ ]
NX15+	at-⸢tu⸣-nu ta-šam-ma-a-n[i] la ṭa-[ ]
T v 1a	at-tu-nu ta-šam!-ma-a-n[i l]a DÙG.GA-⸢tú⸣

345

N27	[t]a-qab-ba-a-ni
N31	šá ŠEŠ.MEŠ-šú ina IGI-šú ta-qab-ba-a-ni
N35+	šá ŠEŠ.[ ]
N46N+	š[á].MEŠ-šú ina pa-[ ]
N48K	šá ŠEŠ.MEŠ-<šú> [qa]b-ba-a-ni
N49V	[ ]-šú ina IGI-šú [ ]
NX15+	[ ] ina IGI-šú ta-qab-ba-a-ni
T v 1b-2a	šá ŠEŠ.MEŠ-šú ina IGI-šú ta-qab-ba-a-ni

346

N27	[*r*]*a-sa-a-šú-u-ni*
N31	TA* IGI ŠEŠ.MEŠ-*šú* *ta-par-ra-sa-šú-nu-u-ni*
N35+	TA* IGI ŠE[Š]
N46V	[*t*]*a-par-*[ ]
N48K	TA* IGI ŠEŠ.MEŠ-*šú* [*r*]*a-sa-šú-u-ni*
N49V	[ ]-*šú* *ta-*[ ]
NX15+	TA IGI ŠEŠ.MEŠ-*šú* *ta-par-ra-sa-*⸢*šú-ni*⸣
T v 2b-3a	⸢TA IGI⸣ ŠEŠ.⸢MEŠ⸣-*šú* *ta-par-ra-sa-šú-u-ni*

347

N27	[*t*]*u* *an-ni-tu*
N31	*šum-ma qa-bi-a-nu* *šá a-bu-tú* *an-ni-tú*
N35+	*šum-ma qa-bi-a-n*[*u*]
N46V	[ ] *šá a-bu-tú* *an-*[ ]
N48K	*šum-ma qa-bi-a-n*[*u* *t*]*ú* *an-ni-tú*
NX15+	*šum-*[ ] *qa-bi-a-nu-ti* *šá a-bu-tu* *an-ni-tu*
T v 3b-4a	*šum-ma qa-bi-a-*[*n*]*u-ti* *šá a-bu-tú* *an-ni-tú*

348

N27	⸢*iq*⸣*-b*[*a*]-⸢*šú*⸣*-u-ni*
N31	*iq-ba-ka-nu-u-n*[*i*] *tu-ra-ma-šú-u-ni*
N35+	[*i*]*q-ba-ka-nu-u-n*[*i*]
N46V	[ ]-*ni* *tu-ra-ma-š*[*ú*]
N48K	*iq-ba-ka-nu-u-*[ ]-*u-ni*
NX15+	[ ]-*u-ni* *tu-ra-ma-šá-nu-u-ni*
T v 4b-5a	*iq-ba-ka-nu-u-ni* *tu-ra-ma-šú-u-ni*

349

N27	*šum-ma* *la* [ ] DUMU MAN GA[L]
N31	*šum-ma* *la* *tal-lak-a-né-ni* *a-na* ^{m}*aš-šur*-DÙ-A DUMU MAN GAL
N35+	[*šu*]*m-ma* *la* *ta-lak-a-né-*[ ] ⸢DUMU⸣ MAN GAL
N46V	[ ]-*a-né-ni* *a-na* ^{m}*aš-šur-*[ ]
N48K	---- *la* *tal-lak-a-né-ni* *a-na* [ ]
NX15+	[*t*]*a-lak-a-né-ni* *a-*⸢*na*⸣ ^{m}*aš-šur*-DÙ-A [ ]
T v 5b-6a	*šum-ma* *la* *tal-lak-*⸢*a-né-ni*⸣ *a-na* ^{m}*aš-šur*-DÙ-A DUMU MAN GAL-*u*

350

N27	*šá* É UŠ-[ ]-*ni*
N31	*šá* É U[Š *l*]*a ta-qab-ba-a-ni*
N35+	*šá* É UŠ-⸢*ti*⸣ [ ]
N46V	[ ] *ta-qab-ba-a-*[ ]
N48K	*šá* É UŠ-*te* [ ]
NX15+	[ ] É UŠ-⸢*ti*⸣ *la ta-qab-ba-a-ni*
T v 6b-7a	*šá* É UŠ-*te la ta-qab-ba-a-ni*

351

N27	*ma-a* AD-[ ]-*ni*
N31	*ma-a* AD!-*ka a-de-*[ ]
N35+	*ma-a* AD-*u-ka a-de-*[ ]
N48K	[ ] *a-de-e* [ ]
NX15+	[ ] *a-de-e ina* [U]GU-*ḫi is-se-ni*
T v 7b-8a	*ma-a* AD-*ka a-de-e ina* UGU-*ḫi is-si-ni*

352

N27	*i-*⸢*sa-kan*⸣ [ ]
N31	[*k*]*an ú-tam-ma-n*[*a*]
N35+	*i-sa-kan ú-*[ ]
N48K	[ ] *ú-*[ ]
NX15+	*is-sa-kan* [*t*]*a-ma-na-a-*[ ]
T v 8b	*is-sa-kan ú-tam-ma-na-a-ši*

§30 （タイナト版は重複誤写によって§30を2回書いている。ここではTとT*で表示）

353

N27	*šum-m*[*a*] *šá* É UŠ-*te*	
N35+	*šum-ma ta-d*[*a*]⸢GAL⸣ *šá* É U[Š]	
NX15+	[*t*]*a-da-ga-la*⸢*a*⸣-[ ] UŠ-*ti*	
T v 9-10a	*šum-ma ta-da-ga-la a-na* ^{m}*aš-šur-*DÙ-A DUMU MAN GAL-*u šá* É UŠ-*te*	
T* v 16-17	*šum-ma ta-da-ga-la a-na* <^{m}>*aš-šur-***-DÙ-A DUMU LUGAL GAL-*u šá* É UŠ-*ti*	**＝消し跡

354

N27	ŠEŠ.MEŠ-*š*[*ú* *š*]*u*!-*u*[*š*]	
N35+	[ ] *kan-šu-*x[ ]	
NX15+	ŠEŠ.MEŠ-*šú* [*ka*]*n*!-*šu*!-*uš*	
T v 10b-11a	ŠEŠ.MEŠ-*šú la pal-ḫu-uš la kan-šu-uš*	
T* v 17-18	ŠEŠ.MEŠ-**-*šú* ⸢*la pal-ḫu-uš la*⸣ *kan-šú-*⸢*uš*⸣	**＝消し跡

355

N27	ma$^{!}$-ṣar-t[u t]u-n[u]
N35+	[ ] at-tu-nu
NX15+	ma-ṣar-[ ]
T v 11b	EN.NUN-šú la i-na-ṣu-ru at-tu-⌜nu⌝
T* v 18-19	EN.NUN-šú la i-na-ṣu-[r]u at-tu-nu

356

N27	ki-[ ]-⌜ri⌝-[ ]
N35+	[ ] la ta-g[a]
N45C	[ ] ⌜la ta-ga-ri⌝<-a>-⌜šú-nu-ni⌝
NX15+	ki-i ra-ma-[l]a tu$^{!}$-ga-ri-a-šá-nu-u-[ ]
T v 12	ki ra-ma-ni-ku-nu ṣa-a-li la ta-ga-ra-šú-nu-ni
T* v 19-20	ki ra-[ ] ṣa-a-li la ta-ga-ra-šú-nu-ni

357

N27	pu-l[uḫ$^{?}$ b]i-šú-[ ]
N35+	[ ] ina ŠÀ-šú-nu
N45C	[ ] ina ŠÀ-bi-šú-nu
NX15+	[ ] ina ŠÀ-bi-šú-nu
T v 13	pu-luḫ-tú NÍG.BA.MEŠ-te ina ŠÀ-⌜bi⌝-šú-nu
T* v 20-21	pu-⌜luḫ-tú NÍG.BA.MEŠ-te⌝ ina ŠÀ-bi-šú-nu

358

N27	l[a] Š[À]
N35+	[ ] ma-a A[D]
N45C	la tu-še-[ ] ma-a AD-ku-nu ina ŠÀ-bi a-de-e
NX15+	la tu-še-x[ ] ina ŠÀ a-de-e
T v 14-15a	la tu-še-rab-a-ni ma-a AD-⌜ku-nu⌝ ina ŠÀ-bi a-de-e
T* v 21-22	la tu-še-rab-a-n[i] ma-a AD-ku-nu ina ŠÀ a-de-e

359

N35+	i-s[a]
N45C	[ ] is-sa-kan ú-ta[m]
NX15+	is-sa-ṭ[ar]
T v 15b	is-sa-ṭar is-sa-kan ú-[t]am-ma-na-a-ši
T* v 22-23	is-sa-ṭar is-sa-kan ú-tam-ma-na-a-ši

§31

360

N35+	*šum*-[ ] EN-[ ]
N45C	*šum-ma at-tu-nu k*[*i*] EN-*ku-nu*
N48T	[*k*]*i-ma* ^{m}*a*[*š-šur*]
N50Z	[*n*]*u*
NX15+	*šum-ma* ⸢*at*⸣*-tu-nu ki-*[*š*]*ur*-PAP-AŠ MAN KUR *aš-šur* E[N]
T v 24-25a	*šum-ma at-tu-nu ki-ma* <^{m}>*aš-šur*-PAP-AŠ MAN KUR *aš-šur*·.KI EN-*ku-nu*

361

N35+	[ ] ^{m}*aš-š*[*ur*]
N45C	*a-na* [ ] ^{m}*aš-šur*-DÙ-A
N46J	[]-*na ši*[*m*]-A
N48T	[ ] *it-ta-l*[*ak*]
N50Z	*a-na šim-*[D]Ù-A
NX15+	*a-*[*n*]*a šim-ti it-ta-*⸢*lak*⸣ ^{m}*aš-šur*-DÙ-[ ]
T v 25b-26a	*a-na šim-ti it-ta-lak* ^{m}*aš-šur*-DÙ-A

362

N45C	DUM[U] *ina* GIŠ.GU.ZA [ ]
N46J	DUMU MAN GAL-*u šá* ⸢É⸣ [ ]ZA LUGAL-*tu it-t*[*u*]
N48T	[*t*]*e ina* GIŠ.GU.ZA [ ]
N50Z	DUMU MAN GAL-*u šá* [GI!Š.GU.ZA LUGAL-*u-te* ⸢*it*⸣*-t*[*u*]
NX15+	⸢DUMU⸣ MAN GAL *šá* É UŠ-*ti ina* GIŠ.GU.ZA LUGAL-*ti* [ ]
T v 26b-27	DUMU MAN GAL-*u šá* É UŠ-*ti ina* GIŠ.GU.ZA LUGAL-*ti it-tu-šib*

363

N35+	[ ] *la* [ ]
N45C	[ ] * ŠE[Š] *= *lu-u*
N46J	[ ]-*tu la* DÙG.GA-*tú šá* ŠE[Š AM]A-*šú*
N48T	[*l*]*a* DÙG.GA-*tú šá* ŠE[Š]
N50Z	[ ] *la* DÙG.GA-*tu ša* Š[EŠ.ME]Š-*š*[*ú*]
NX15+	*a-bu-tú la* DÙG.GA-*tu šá* ŠEŠ.MEŠ-*šú* DUM[U]
T v 28	*a-bu-tú la* DÙG.GA-*tú šá* ŠE[Š.M]EŠ-*šú* DUMU AMA-*šú*

364

N35+	*ina* IGI [ ] *tu-š*[*am*$^?$]
N45C	[ ] ⌜*ta*⌝-*q*[*ab*]
N46J	*ina* IGI ŠEŠ-*šú-nu* *t*[*a*$^!$]-*zar-a-ni*
N48T	[ŠE]Š{.MEŠ}-*šú-nu* *ta-qa*[*b*]-*a-ni*
N50Z	*ina* IGI ŠEŠ-*šú-nu* *ta*-⌜*qab*⌝-*ba*-[ ] *tu-šá-an-za-ra-ni*
NX15+	*ina* IGI ŠEŠ-*šú-nu* *ta-qab-ba*-⌜*a*⌝-[*n*]*i* *tu-šá-an*-[ ]
T v 29	*ina* IGI ŠEŠ-*šú-nu* *ta-qab-ba-a-ni* ⌜*tu-šá*⌝-*an-za-ra-ni*

365

N35+	[ ] *ina* Ḫ[UL]
N46J	*ma-a* ŠU.2-*ka* *ina* [*bí*]*l*
N48T	*ma-a* ŠU.2-*k*[*a*] ⌜*ú*⌝-*bíl*
N50Z	*ma-a* ŠU.2-⌜*ka* *ina* ḪUL-*tì*⌝ *ina* ŠÀ-*šú-nu* *ub-bíl*
NX15+	*ma-a* ŠU.2-*ka* *ina* ⌜ḪUL⌝-[*t*]*i* *ina* ŠÀ-*bi-šú-nu* [ ]
T v 30	*ma* ŠU.2-*ka* *ina* ḪUL-*ti* *ina* ŠÀ-*bi-šú-nu* *ú-bíl*

366

N35+	[ ] DUMU [ ]
N46J	*šum-ma* TA* IGI ^{m}*aš-šur*- [ ]
N48T	*šum-ma* T[A]
N50Z	*šum-ma* TA* IGI ^{m}*aš-šur*-DÙ-A DUMU MAN GAL-*u*
NX15+	*šum-ma* TA ⌜IGI ^{m}*aš-šur*-DÙ⌝-[G]AL
T v 31a	*šum-ma* TA IGI ^{m}*aš-šur*-DÙ-A DUMU MAN GAL

367

N46J	[ ] É UŠ-*ti* *tu-na-ka*[*r*]
N48T	[ ] UŠ-*te* *tu-n*[*a*]
N50Z	*šá* É UŠ-*te* *tu-na-kar-a-šá-n*[*u*]
NX15+	*šá* É U[Š *t*]*u*-⌜*na*⌝-*kar*-⌜*a*⌝-*š*[*á*]
T v 31b-32a	*šá* É UŠ-*ti* *tu-nak-kar-a-šá-nu-u-ni*

368

N35+	*di-ib*-[ ]
N46J	[*i*]*b-bé-šú-nu* *la* SIG$_5$.MEŠ *ina* IG[I]
N48T	[ ] SIG$_5$.MEŠ *ina* IG[I]
N50Z	*di-ib-bé-šú-nu* *la* SI[G$_5$]
NX15+	[Š]EŠ-*šú-nu*
T v 32b-33a	*di-ib-bi-šú-nu* ⌜*la* SIG$_5$.MEŠ *ina* IGI⌝ ŠEŠ-*šú-nu*

369

N46J	[ ]-*ba-a-ni* *ma-za-a-su* *šá* ^{m}[ ]
N48T	[*m*]*a-za-s*[*u*]
N50Z	*t*[*a-qa*]*b*-⌜*ba*⌝-[ ]
NX15+	*ta*-[ ]
T v 33b-34a	*ta-qa-ba-a-ni* *ma-za-su* *šá* ^{m}*aš-šur*-PAP-AŠ

370

N46J	[ ] *ú-kal-lim-u-šú-nu*-[ ]
NX14	⌜MAN KUR *aš-šur*!⌝ AD-*šú-nu* [ ] *ina* IGI ^{m}*aš-šur*-DÙ-A
NX15+	[*šu*]*r* ⌜AD⌝-*š*[*ú*]
T v 34b-35a	MAN KUR *aš-šur* AD-*šú-nu* *u-kal-lim-u-šá-nu*-⌜*ni*⌝ *ina* IGI ^{m}*aš-šur*-DÙ-A

371

N46J	[ ] ⌜É⌝ UŠ-*t*[*i*]
NX14	DUMU M[AN] *ta-qab-ba-a-ni*
T v 35b	DUMU MAN GAL-*u* *šá* ⌜É⌝ UŠ-*te* *ta-qab-ba-a-ni*

372

NX14	T[A*] *ú-na-kara-šú*-[ ]
T v 36	TA ŠÀ *ma-za*-⌜*sú*⌝-*šú-nu* *ú-na*-⌜*kar*⌝-*u-šá-nu-ni*

§32

373

N35+	*šum-ma* ---- *šar-šer-rù* *šá* *ina* U[GU] *pu*-⌜*uḫ*⌝-*r*[*i*]
N45J	[UG]U DINGIR.MEŠ *ša* *pu-uḫ-ri*
NX14	*šum-ma* ---- *šar-šer-rù* *šá* -- UGU DINGIR.⌜MEŠ⌝ [ ]
T v 37	*šum-ma* *at-tu-nu* *šar-š*[*er* ME]Š *šá* UKKIN

374

N35+	*lu* [ ]-*ku-nu* *lu* [ ]-*ku-nu* -- TÚG.*lu-bul-ta-ku-n*[*u*]
N45J	[ ]-*ku-nu* *lu* *na-pul-ta-ku-nu*
NX14	*lu pa-né-ku-nu* *lu* ŠU.2-*ku-nu* -- *lu-bul*-[ ]
T v 38	*lu pa-né-ku-nu* *lu* ŠU.2-*ku*-⌜*nu*⌝ [(x) x x x *k*]*u-nu*

375

N35+	*ta-p*[*a*]-*áš-a*-[*l*]*u-u* *ina* *si-qi-ku-nu*
N45J	[*k*]*u-nu*
NX14	*ta-pa-šá-áš-a-ni* *lu* *ina* *si-qi-k*[*u*]
T v 39a	*ta-pa-šá-šá-ni* *ina* *si-qi-ku-nu*

376

N35+	ta-rak-kas-a-[ ] šá [t]e-ep-pa-šá-a-ni
N45J	ta-rak-kasa-ni [š]á-a-ni
N48B	[p]a-šá-a-⸢ni⸣
NX14	ta-rak-kás-a-ni šá ma-miti pa-šá-ri te-e[p]
T v 39b-40	t[a-] šá ma-miti pa-šá-ri! te-p[a]

§33

377

N27	[t]u ⸢tu⸣-tar-r[a]
N48B	[ ]-tu-nu tur-tu tu-⸢tar⸣-[ ]
NX14	šum-ma at-tu-nu tur-t[u t]u-tar-⸢ra⸣-[ ]
T v 41	šum-ma at-tu-nu tur-tu tu-tar-ra-a-ni

378

N27	[ ]-in-ga-te
N48B	[t]a-pa-šar-a-ni ši-in-ga-a-[ ]
NX14	ma-mitu ⸢ta⸣-pa-šar-⸢a⸣-[ ]-i[n]
T v 42a	ma-mitu ta-pa-šar-a-ni ši-in-ga-ti

379

N27	[ ]-ri ta-ḫa-sa-sa-[ ]
N37	[ ] ta-ḫa-s[a]
N48B	[ ]-tu tur-ri ma-mitu pa-šá-a-ri [ ]
NX14	[m]e-ni šá [tu]r-⸢tu⸣! [ ] ta-ḫa-sa-[ ]
T v 42b-43	⸢me⸣-me-ni šá tur-ti tur-ri ma-mitu pa-ša-ri ta-ḫa-sa-sa-né-ni

380

N27	[ ] ⸢an-ni⸣-tú -- ^{m}aš-šur-DÙ-[ ]
N37	[ ] ta-mì-tu an-[š]ur-DÙ-A DUMU MAN [ ]
N48B	[t]e-pa-šá-a-ni ta-mì-tu an-[ ] ^{m}aš-šur-DÙ-A DUMU MAN GAL
NX14	[t]a-mì-tu an-[ ]
T v 44-45a	[t]e-ep-pa-šá-a-ni ta-mì-tú an-ni-tú a-na ^{m}aš-šur-DÙ-⸢A⸣ DUMU MAN GAL-u

381

N27	[ ]-PAP-[ ] KUR aš-šur [ ]
N37	šá É UŠ-ti DUMU [MA]N KUR aš-šur EN-ku-nu
N48B	šá [ ] ^{m}aš-šur-PAP-AŠ MAN KUR aš-šur EN-ku-nu
T v 45b-46a	šá É UŠ-te DUMU ^{m}aš-šur-PAP-AŠ MAN KUR aš-šur EN-ku-nu

382

N27	*šá u[l*]⸢EGIR⸣? [ ]
N37	*šá ul-tú* u$_4$*-me an-n[i d]i ša* EGIR *a-de-e*
N48B	[ ]*-ni-e a-[d]i šá* EGIR *a-de-e*
T v 46b	-- TA u$_4$*-me an-ni-e a-di šá* EGIR *a-de-e*

383

N27	[ ]MEŠ*-ku-nu* [ ]
N37	⸢*ib*⸣*-ba-áš-ši-u-*[ ]*-tu-nu* DUMU.MEŠ*-ku-nu* [ ] ⸢*a*⸣!*-na*
N48B	x[ ]*-tu-nu* DUMU.MEŠ*-ku-nu šá a-na*
T v 47a	*ib-ba-šú-u-ni at-tu-nu* DUMU.⸢MEŠ⸣*-ku-nu* <*ša*> *a-na*

384

N27	[ʾ]*a-*⸢*ku*⸣*-*[ ]
N37	<u$_4$->*me ṣ[a t]i ib-ba-áš-šú-u-ni ta-ʾa-ku-nu*
N48B	u$_4$*-m[e*]*-ba-áš-šu-u-ni ta-ʾa-*[ ]
T v 47b-48	u$_4$*-me ṣa-a-ti ib-ba-šú-u-ni ta-ʾa-ku-nu*

§34

385

N27	[*t]u-nu ki-i* -- {GAG} *kaq-qar ta-mì-ti a[n*]
N37	[*t]u-nu ki-i ina kaq-*⸢*qar*⸣ *ta-mì-tu an-ni-tu*
N48B	[*šu]m-ma at-tu-nu ki-i* -- *kaq-qar ta-*[ ]
T v 49-50a	*šum-ma at-tu-*⸢*nu*⸣ *ki ina kaq-qar ta-mì-ti* ⸢*an*⸣*-ni-ti*

386

N27	[*t]a-mì-tú šá da-bab-ti šap-*⸢*ti*⸣
N37	[ ]-⸢*za-a*⸣*-ni ta-mì-tu ša da-bab-ti šap-ti*
N48B	[*t*]*a-za-za-a-ni ta-mì-tu šá d[a*]
T v 50b-51a	*ta-za-za-*⸢*a*⸣*-ni ta-mì-tú šá* ⸢*da*⸣*-bab-ti* ⸢*šap*⸣*-ti*

387a

N27	[ ] ----
N37	[ ]*-tam-ma-a-ni ina gu-mur*<*-ti*> ŠÀ*-ku-nu la ta-tam-ma-a-ni*
N48B	*ta-tam-ma-a-ni ina* ⸢*gu*⸣*-mur-ti* [*l*]*a ta-ta-ma-a-ni*
T v 51b-52a	*ta-tam-ma-ni ina* ⸢*gu*⸣*-mur-ti* ŠÀ*-ku-nu la* ⸢*ta-tam-ma*⸣*-a-ni*

387b

N27	[ ]-*na* DUMU.MEŠ-*ku-nu šá* ⸢EGIR⸣ *a-de-*⸢*e*⸣
N37	[ ] DUMU.MEŠ-*ku-nu ša* EGIR *a-de-e*
N48B	⸢*a-na*⸣ DUM[U *š*]*a* EGIR *a-de-e*
Tv 52b-53a	*a-na* [ ]-*ku-nu šá* EGIR *a-de-e*

388

N27	[ ] *la tu-šal-mad-a-ni*
N37	*ib-ba-áš-šú-u-ni* [*t*]*u-šal-ma*!*-da-*⸢*ni*⸣
N48B	*ib-*[*l*]*a tu-*⸢*šal-mad*⸣*-a-*[ ]
T v 53b-54a	*ib-ba-áš-*⸢*šú*⸣*-*[ ]*-*⸢*ni*⸣ *la tu-šal-ma-da-a-ni*

389

N27	[G]IG ⸢*la*⸣ [*l*]*u*! *ina* UGU
N37	*šu*[*m-m*]*a at-tu-nu* [GI]G *la el*!*-lu*! *ina* UGU
T v 54b-55a	*šum-ma at-tu-nu* GIG *la* SIKIL *ina* UGU

390

N27	[ ] *a-de-e*
N36	[ ] *ta-šá-kan-a-ni* [*in*]*a* ŠÀ-*b*[*i*]*-de-e*
N37	*r*[*a k*]*u-nu ta-šá-kan-a-ni* [ ] *a-de-e*
T v 55b-56a	*ra-ma-ni-ku-*⸢*nu*⸣ *ta-šá-kan-a-*⸢*ni*⸣ *ina* ŠÀ *a-de-e*

391

N27	[ ]*aš-šur*-DÙ-A DUMU MAN G[AL]
N36	*šá* ^{m}*aš-šur*-PAP-AŠ MAN KUR *aš-šur šá ina* UGU ^{m}*aš-šur*-DÙ-A DUMU MAN GAL-*u*
N37	*šá* ^{m}*aš-š*[*ur š*]*ur*.⸢KI⸣ [ ] UGU ^{m}*aš-šur*-DÙ-A ⸢DUMU MAN GAL⸣
T v 56b-57a	*šá* ^{m}*aš-šur*-PAP-AŠ MAN KUR *aš-šur šá ina* UGU ^{m}*aš-šur*-DÙ-A DUMU MAN GAL

392

N27	[ ]-*a-ni*
N36	*šá* É UŠ-*te la te-rab-a-ni*
N37	[ ] UŠ-*ti* [ ]*-rab-a-ni*
T v 57b	*šá* É UŠ-*te la te-er-rab-a-ni*

393

N27	[*ṣ*]*a-a-ti aš-šur* DINGIR-[ ]
N36	*a-na* EGIR u_4*-me a-na* u_4*-me ṣa-a-ti aš-šur* DINGIR-*ku-nu*
N37	*a-na* EGIR u_4*-me a-na* -- *ṣa-a-ti* [*š*]*ur* DINGIR-*ku-nu*
T v 58	*a-na* EGIR u_4*-me a-na* u_4*-me ṣa-a-ti aš-šur* DINGIR-*ku-nu*

394

N27	[ ] EN-*ku-nu*
N36	^{m}*aš-šur*-DÙ-A DUMU MAN GAL *šá* ⸢É UŠ⸣-*ti* EN-*ku-nu*
N37	^{m}*aš-šur*-DÙ-A DUMU MAN GA[L *š*]*á* É UŠ-*ti* [*k*]*u-nu*
T v 59	^{m}*aš-šur*-DÙ-A DUMU MAN GAL *šá* É UŠ-*te* E[N]-*ku-nu*

395

N27	[ ].MEŠ-*k*[*u*]
N36	DUMU.MEŠ-*ku-nu* DUMU.DUMU.MEŠ-*ku-nu*
N37	DUMU.MEŠ-*ku-nu* DUMU.DUMU.MEŠ-*ku-nu*
T v 60a	⸢DUMU⸣.MEŠ-*ku-nu* DUMU.DUMU.MEŠ-*ku-nu*

396

N36	*a*-[ME]Š-*šú* *lip-lu-ḫu*
N37	*a*-⸢*na* DUMU.MEŠ⸣-*šú* *lip-lu-ḫu*
T v 60b	*a*-⸢*na* DUMU⸣.MEŠ-*šú* ⸢*lip*⸣-*lu-ḫu*

§35

397

N36	*šá ma-mit ṭup-pi an-ni*-x[ ]
N37	[ ]-*mit ṭup-pi an-ni-i*$^{!}$ *e*$^{!}$-*nu-u e-gu-u*
T v 61a	*šá ma-mit ṭup-pi an-ni-e e-nu-u e-gu-u*

398

N36	*i-ḫa-ṭu-u i-pa-sa-su* A[D$^{?}$]
N37	[*ṭ*]*u-u i-pa-sa-su* AD$^{?}$ [E]N *a-de*-⸢x x x (x)⸣
T v 61b-62a	⸢*i-ḫaṭ-ṭu*⸣ *i-pa-sa-su* AD EN *a*$^{!}$-*de-e* DINGIR.MEŠ GAL.MEŠ

399

N36	⸢*e*⸣-*ti*-⸢*qu*⸣$^{?}$ ⸢*i-par-ra*⸣-[ ]
N37	[ ]-*qù*$^{!?}$-*ma* *i-par-ra-ṣu ma-mit-su-un*
T v 62b-63a	⸢*e-te*⸣-*qu* *i-par-ra-ṣu ma-mit-su-un*

400

N37	[ ]-*pi* *a-de-e an-ni-i*
T v 63b-64a	*gab-ba-šú-nu* ⸢*ṭup-pi*⸣ *a-de-e an-ni-e*

401

N37	[ ] MAN DINGIR.MEŠ *u* DINGIR.MEŠ GAL.MEŠ EN.MEŠ-*ia*
T v 64b-65a	*ṭup-pi aš-šur* MAN ⸢DINGIR⸣.MEŠ *u* DINGIR.⸢MEŠ GAL.MEŠ EN⸣<.MEŠ>-*iá*

402

N27	[ ] ^{m}*aš-šur*-PAP-AŠ MAN KUR *aš-šur*
N37	[ ]x *lu-u ṣa-lam* ^{m}*aš-šur*-PAP-AŠ MAN KUR *aš-šur*
T v 65b-66a	*ú-na-kar-u-ma* -- *ṣa-lam* ^{m}*aš-šur*-PAP-⸢AŠ⸣ MAN KUR *aš-šur*

403

N27	*lu ṣa-lam* ^{m}[ ]-*ti*
N37	[DU]MU MAN GAL *šá* É UŠ-*ti*
T v 66b	-- ⸢*ṣa-lam* ^{m}*aš-šur*-DÙ-A DUMU MAN⸣ GAL *ša* É UŠ-*t*[*e*]

404

N27	*lu ṣa-lam* Š[EŠ]
N37$^{!?}$	[ ]x.MEŠ<-*šú*> [ ]
T v 67-68a	*lu ṣa-lam* ⸢ŠEŠ.MEŠ⸣-*šú* DUMU.AMA$^{!}$.MEŠ-*šú* *ša* ⸢*ina* UGU⸣-*ḫ*[*i-šu*] *ú-na-kar-u-ni*

405

N27	NA$_4$.KIŠIB NU[N]
T v 68b-69a	NA$_4$.KIŠIB <NUN> GAL-*e an-ni-e šá a-de-e šá* ^{m}*aš-šur*-DÙ-A DUMU MAN GAL

406

N27	*šá* É U[Š$^{!}$]
T v 69b-70a	*šá* É UŠ-*te* DUMU ^{m}*aš-šur*-PAP-AŠ MAN KUR *aš-šur* EN-*ku-nu*

407

N27	*ina* ŠÀ-*bi šá-ṭ*[*ir*$^{!?}$]-*šur* MAN DINGIR.MEŠ-*ni*
N29	[*in*]*a* NA$_4$.KIŠIB *šá* ^{d}*aš-šur* MAN [ ]
T v 70b-71a	*ina* ŠÀ *šá-ṭir-u-ni ina* NA$_4$.KIŠIB *šá aš-šur* LUGAL DINGIR.MEŠ

408

N27	*ka-nik*$_5$$^{!}$*-u-ni ina* [ ]-*kín-u-ni*
N29	[*in*]*a* IGI-*ku-nu šá-kín-u-ni*
T v 71b-72a	*ka-nik-u-ni ina* IGI-*ku-nu šá-kín-u-ni*

409

N27	*ki-i* ⸢DINGIR⸣-*ku-n*[*u t*]*a-na-ṣar-a-ni*
N29	*k*[*i*] *la ta-na-ṣar-a-*[ ]
T v 72b	*ki* DINGIR-*ku-nu la ta-na-*⸢*ṣar*⸣*-a-ni*

§36

410

N27 *šum-ma a[t]-ni ina* ^{d}GIŠ.BAR

N29 *šum-ma at-tu-nu tu-na-kar-[ ] a-na* ^{d}GIŠ.BAR

N35+ *šum-ma [ ]*

T v 73 *šum-ma at-tu-nu tu-na-kar-a-ni ina* ^{d}GIŠ.BAR

411

N27 *ta-pa-q[i*]MEŠ *ta-na-da-a-ni*

N29 *ta-pa-qid-a-[ ] ina* A.MEŠ *ta-na-da-a-[ ]*

N35+ [ ] *ina* A.M[EŠ]

T v 74 *⸢ta⸣-pa-qid-da-a-ni a-na* A.MEŠ *ta-na-da-a-ni*

412

N27 *ina ep-ri ta-[ ]-ma ši-pir ni-kil-ti*

N29 [ ] *ina mim-ma ši-pir ni-kil-ti*

T v 75-76a *ina ep-⸢ri⸣ ta-kàt-ta-ma-a-ni ina mim-ma ši-pir ⸢ni-kil-ti⸣*

413

N27 *ta-bat-a-ni tu-[ ] ta-sa-pan-a-ni*

N29 *ta-[ ] tu-ḫal-la*$^{!}$*-q[a]*

N35+ *ta-b[a]*

T v 76b-77 *ta-bat-a-ni tu-ḫal-la-qa-a-ni ta-sa-⸢pa⸣-na-a-ni*

§37

414

N27 AN.Š[ÁR$^{?}$ DI]NGIR.MEŠ [*š]im* [Ḫ]UL-*ti*

N29 AN.ŠÁR LUGAL DINGIR.MEŠ *mu-šim* [ ] *ši-mat* MÍ.ḪUL

N35+ AN.[ ]

T v 78-79a ^{d}*aš-šur* MAN DINGIR.MEŠ *⸢mu⸣-šim* NAM.MEŠ *ši-mat* MÍ.ḪUL$^{!}$

415

N27 *la* DÙG.GA-*ti l[i k]u-nu šá*$^{!}$*-bu-ut še-bu-ti*

N29 *la* DÙG.GA-*tu li-š[im*] ----

T v 79b *la* DÙG.GA-*ti li-ši-im-ku-nu* ----

416

N27 *[k]i-šid lit-tu-[ti a]-a i-qiš-ku-nu*

N29 ----

T v ----

§38

417

N27	[t]u na-ram-ta-šú a-mat KA-⸢šú⸣
N29	^{d}NIN.LÍL ḫi-ir-tu na-ram-ta-šú a-[ ]
N35+	（いくつかの文字の痕跡）
N50S	（いくつかの文字の痕跡）
T v 80-81a	^{d}NI[N].LÍL ḫi-ir-tú na-ram-ta-šú a-m[a]-ti-ku-nu

418

N27	[ ]-a iṣ-ba-ta ab-bu-tu-ku-un
N29	li-lam-mìn-ma a-a iṣ-bat ab-bu-tú-k[u]
N35+	[la]m-mìn-ma a-<a> iṣ-b[a]
N50S	[ ]-ku-un
T v 81b-82	li-⸢lam⸣-mì-in a-a i-ṣi-ba-ta a-bu-tú-ku-nu

§38A

418A

N29	^{d}a-num MAN DINGIR.MEŠ GIG ta-né-ḫu di-ʾu di-lip-tu
N35+	[ ]-num MAN DINGIR.MEŠ GIG t[a]
N50S	[ ]x di-lip-tú
T v 83-84a	^{d}⸢a⸣-num MAN DINGIR.<MEŠ> GIG ta-n[é]-ḫu di-⸢ʾu⸣-u di-lip-tú

418B

N29	ni-is-sa-tu la DÙG.GA NUMUN UGU nap-ḫar
N35+	[i]s-sa!-tú! NU DÙG.GA UZU UGU n[ap]
T v 84b-85a	ni-sa-tú la DÙG.⸢GA UZU UGU⸣ nap-ḫar

418C

N29	É.MEŠ-ku-nu l[i a]z-nin
N50S	[ ] li-šá-az-n[in]!
T v 85b	É.MEŠ-ku-nu l[i]

§39

419

N27	[n]a-an-nar [ ]
N29	^{d}30 na-an-nar AN.MEŠ -- ⸢KI.TIM⸣ [ ]
N35+	^{d}30 na-nar AN-e u KI.TIM [ ]
N50S	[ ]⸢ŠUB⸣!-bu
N56	^{d}30 na-an-nar AN-e u KI.TIM ina ⸢SAHAR.ŠUB⸣-bu
T v 86	^{d}30 na-nar AN-[ ]

420

N27	[*ḫ*]*al-lip-ku-nu* [ ]
N29	[ ] *ina* [ ] DINGIR.MEŠ *u* LUGAL *e-rab-ku-nu* [ ]
N35+	[ ] *ina* IGI DINGIR *u* LUGAL *e-*<*re*>*-eb-ku-*[ ]
N56	*li-ḫal-lip-ku-nu ina* IGI DINGIR.MEŠ *u* LUGAL *e-rab-ku-nu a-a iq-bi*
T v 87-88a	*li-ḫal-lip-ku-nu* [ ] ⸢*e-re*⸣*-eb-ku-nu* [ ]

421

N27	[ ]*-ma šér-re-me* MAŠ.DÀ -- [*d*]*a*
N29	GIM *šér-re-me* MAŠ.DÀ -- EDIN *ru-*[*u*]*p-*⸢*da*⸣
N35+	*ki-ma šér-re-me* MAŠ.DÀ -- EDIN [ ]
N56	*ki-i šér-ra-me* MAŠ.DÀ *ina* EDIN *ru-up-da*
T v 88b-89	[ ]*-me* ⸢MAŠ.DÀ⸣ -- ED[IN]*-da*

§40

422

N27	[ ]*-qa-ri di-*⸢*in*⸣ *k*[*it-t*]*i me-šá-ri*
N29	^{d}UTU *nu-úr šá-ma-mi u qaq-qari* ⸢*di-in*⸣ *kit-ti* ----
N35+	^{d}UTU *nu-úr* ⸢*šá*⸣*-ma-me u* <*qaqqari*> *di-*⸢*in*⸣ *k*[*it*] ----
N56	^{d}UTU *nu-úr šá-ma-me* -- *qaq-qa-ri di-in ket-te* ----
T v 90	[ ] ⸢x⸣ [x]

423

N27	[*k*]*u-nu liš-ši-ma*
N29	*a-a i-di-in-ku-nu ni-ṭil* IGI.2.MEŠ*-ku-nu li-ši-*[ ]
N35+	[*n*]*i-ṭil* IGI.2*-ku-nu li-ši-ma*
N56	*a-a i-di-in-ku-nu ni-ṭil* IGI.2*-ku-nu li-ši-*MU

424

N27	[*e*]*k-l*[*e*]*-tal-*⸢*la-ka*⸣
N29	*ina ek-let-ti i-*⸢*tal*⸣*-la-k*[*a*]
N35+	*ina ek-*[ ]
N56	*ina ek-let-te* ⸢IT⸣*-la-ka*

§41

425

N27	[*t]a-ḫi-šú* ⸢*šam*⸣*-ri* ⸢*li*⸣*-šam-qit-ku-nu*
N29	^{d}MAŠ *a-šá-red* [*l]i-ša[m*]
N35+	^{d}MAŠ *a-šá-red* DINGIR.MEŠ *ina šil-ta-ḫi-šu šam-ri l[i*]*-ku-nu*
N51F	⸢^{d}MAŠ *a-šá-re*⸣-x[ ]
N56	[ ] ⸢*šam-ri lu*⸣*-šam-qit-*[ ]
N83	[*re]d* DINGIR.ME[Š *k]u-nu*

426

N27	[ ] EDIN UZU$^{!}$.MEŠ*-ka* TI$_8$.MUŠEN *zi-i-bu*
N29	ÚŠ.MEŠ*-ku-nu* ⸢*li*⸣-[*k]a* [ ] *z[i*]
N35+	ÚŠ.MEŠ*-ku-nu li-mal-la* EDIN U[ZU*-k]u-nu* TI$_8$.MUŠEN *z[i]-i-bu*
N51F	ÚŠ.MEŠ*-ku-nu li-*[ ] TI$_8$.MUŠEN *zi-i-b[u]*
N83	ÚŠ.MEŠ*-k[u*] TI$_8$.MUŠEN [ ]

427

N27	[*š]á-kil*
N28B	*lu-šá-kil*
N35+	*li-šá-kil*

§42

428

N27	[ ] *ni-ṭil* IGI.2.ME[Š]*-ku-nu ḫi-ra-*⸢*ti*⸣*-ku-nu*
N35+	^{d}*dele-bat na-bat* MUL.MEŠ *ina ni-ṭil* IGI.2*-ku-nu ḫi-ra-a-te-*[*k]u-nu*
N51F	^{d}*dele-bat na-bat* MUL.MEŠ [ ]

429

N27	[ ]*-ni-il* DUMU.MEŠ-⸢*ku*⸣*-nu*
N35+	*ina* ÚR LÚ.KÚR*-ku-nu li-šá-ni-il* DUMU.MEŠ*-ku-nu*
N51F	*ina* ÚR LÚ.KÚR*-ku-nu l[i*]

430

N27	[L]Ú.KÚR *a-ḫu-u li-*⸢x-x⸣*-za mim-mu-ku-un*
N35+	*a-a i-bé-lu* É*-ku-un* LÚ.KÚR *a-ḫu-u li-za-i-za mim-mu-ku-un*
N51F	[ ] É*-ku-un* LÚ.KÚR *a-*[ ]

§43

431

N27	[M]EŠ MAḪ *e-rab* ⸢^{d}⸣[E]N *ina* É.*sag-gíl*
N29	MUL.SAG.ME.GAR [*r*]*ab* EN *ina* É.*sag-gíl*
N35+	^{d}SAG.ME.GAR EN DINGIR *ṣi-i-ru e-rab* EN *ina* É.*sag-íl*
N39	[^{d}]SAG.ME.GAR EN DINGIR.MEŠ M[AḪ] *e-*[ ] *ina* É.*sag-gíl*
N51F	^{d}SAG.ME.GAR EN DINGIR[ ]
T vi 1-2a	^{d}SAG.ME.[DI]NGIR.MEŠ MAH *e-rab* ^{d}E[N] *ina* É.*sag-gíl*

432

N27	[ ] *li-ḫal-li-qa nap-šate-ku-unu*
N29	*a-a* [*l*]*i-qa na*[*p*]
N35+	*a-a ú-kal-lim-ku-nu* -- *li-ḫal-li-qa nap-šate-ku-unu*
N39	*a-a ú-*⸢*kal*⸣*-lim-*[ ] *li-ḫal-li-qa nap-šate-ku-*[ ]
N51F	*a-a ú-kal-lim-ku-*[ ]
T vi 2b-3	⸢*a*⸣*-a ú*!*-kal-lim-ku-*⸢*nu*⸣ *ma*? *li-ḫ*[*al*]*-li-qa nap-šate-ku-*⸢*unu*⸣

§44

433

N27	[*t*]*u-u ḫi-ṭu ka*[*b-t*]*ú ma-mit la pa-šá-ri*
N29	^{d}AMAR[ ] ⸢*ma*⸣*-mit* [ ]
N35+	^{d}[IBIL]A *reš-tu-u ḫi-i-*⸢*ṭu*⸣ *kab-tu ma-mit la pa-šá-ri*
N39	^{d}AMAR.UTU IBILA *reš-tu-u ḫi-ṭu ka*[*b*] *ma-mit la pa-šá-ri*
N51F	⸢^{d}AMAR.UTU⸣ [ ]
T vi 4-5	^{d}AMAR.UTU [I]BILA *reš-tu-ú ḫi-*⸢*ṭu kab*⸣*-tú* [*m*]*a-mit la pa-*⸢*šá*⸣*-a-ri*

434

N27	[ ]*-nu li-šim*
N35+	[*t*]*i-ku-nu li-šim*
N39	*a-na šim-*<*ti*>*-ku-nu li-š*[*im*]
T vi 6	*a-na* ⸢*šim*⸣*-ti-ku-nu* ⸢*li*⸣*-ši-im*

§45

435

N27	[ ] NUMUN MU-*ku-nu* NUMUN-*ku-nu*
N29	^{d}NUMUN-[ ] NUMUN-*ku-*[ ]
N35+	[ ]*-nat* MU -- NUMUN MU-*ku-nu* NUMUN-*ku-nu*
N39	^{d}NUMUN-DÙ-*tú na-di-na-at* MU *u* NUMUN MU-*ku-nu* NUMUN-*ku-nu*
T vi 7-8a	^{d}NUMUN-DÙ-*tú na-*⸢*di*⸣*-na-at* MU *u* NUMUN MU-*ku-nu* NUMUN-*a-ku-*[*n*]*u*

436

N27 [*ḫ]al-liq*

N35+ [ ]*-liq*

N39 *ina* KUR ⌈*lu*⌉*-ḫal-liq*

T vi 8b *ina* KUR *li-ḫal-liq-qi*?

§46

437

N27 [*k]u-nu*

N29 ^{d}*be-let-*[ ] *ina* ⌈KUR⌉*-ku-nu*

N31 ^{d}*be-let-*DINGIR.MEŠ ^{d}*be-let nab-n[i-t]ú* ⌈*ta*⌉*-lit-tu ina* [*k]u-nu*

N39 ^{d}*be-let-*DINGIR.MEŠ ^{d}*be-let nab-ni-ti ta-lit-tu ina* KUR*-ku-nu*

T vi 9-10a ^{d}*be-let-*DINGIR.MEŠ EN-⌈*lat*⌉ *nab-ni-ti ta-lit-tú ina* KUR*-ku-nu*

438

N29 [ ]

N31 *lip-ru-us i[k* GEN]NA -- *la-ke-e*

N39 *lip-ru-us ik-*⌈*kil*⌉ [GEN]NA! *u*! *la-ke-e*

T vi 10b-11a *lip-ru-*⌈*us*⌉ *ik-kil* GENNA *u la-ke-e*

439

N29 [ ] *re-*[ ]

N31 *ina* SI[LA]*-ku-un*

N39 *ina* SILA *re-biti li-za-a[m*]*-rit-ku-un*

T vi 11b-12 *ina* SILA *re-[b]i-ti li*!*-iz-za-ma-a ta-rit-ku-un*

§47

440

N29 ^{d}[ ] *lip-r[u*]

N31 ^{d}IM [ ] *ina* KUR*-k[u*]

N50A ⌈^{d}⌉IM GÚ.GAL AN*-e* KI.TIM Š[ÈG!]

T vi 13-14a ^{d}IM GÚ.G[AL]*-e* KI.TIM ŠÈG *šam-ut-e ina* KUR*-ku-nu li[p-r]u-us*

441

N27 *ta-me-ra-a-ti-*[ ]

N29 [ ]

N31 [ ] *l[i*]

N50A *ta-me-ra-a-ti-ku-nu li-za-a[m*]

T vi 14b-15 *ta-me-ra-a-ti-ku-nu li-iz-za-am-[m]a-a a-*⌈*na*⌉ {*la*} DÙG.GA

442

N27	*ina ri-iḫ-ṣi dan-ni* KUR-*ku*-[ ]
N29!	*ina r*[*i*]
N46EE	[BU]RU$_5$
N50A	*ina ri-iḫ-ṣi dan-ni* KUR-*ku-nu* [ ] BURU$_5$
T vi 16-17a	*ina ri-iḫ-ṣi da*[*n* K]UR-*ku*-⌈*nu*⌉ *li-ir-ḫi-iṣ* BURU$_5$

443

N27	*mu-ṣa-ḫi-ir* KUR BURU$_{14}$-*ku-nu* ⌈*li*⌉!-[ ]
N46EE	*mu*-[*i*]*k-kil* NA$_4$.[ ]
N50A	*mu-ṣa-ḫi-ir* KUR BURU$_{14}$-*ku-nu* [ ] *ik-kil* NA$_4$.UR$_5$ *u* NINDU
T vi 17b-18a	*mu-ṣa-ḫi-ir* [BUR]U$_{14}$-[*k*]*u-nu li-kul ik-kil* NA$_4$.UR$_5$ *u* [ ]

444

N27	*ina* É.MEŠ-*ku-nu a-a ib*!-*ši* ŠE.PAD.MEŠ *a-n*[*a*]
N46EE	[ ] ŠE.PAD.MEŠ *a-na ṭe*-[ ]
N50A	*ina* É.MEŠ-*k*[*u*] ŠE.PAD.MEŠ *a-na ṭe-ia-ni*
T vi 18b-19a	[ ] ⌈*a-a ib-ši*⌉ ŠE.PAD.MEŠ ⌈*a-na ṭe-a-ni*⌉

445

N27	LI *taḫ-li-qa-ku-nu ku-um* ŠE.PAD.MEŠ *eṣ*-[ ]
N46EE	[ ] *ku-um* ŠE.PAD<.MEŠ> *eṣ-ma*-[ ]
N50A	*lu taḫ*!-[ ] *ku-um* ŠE.PAD.MEŠ *eṣ-ma-ti-ku-nu*
T vi 19b-20a	*lu taḫ*-[ ]-*qa-ku-nu ku-um* ŠE.PAD.MEŠ *eṣ-mat-tú-ku-n*[*u*]

446

N27	DUMU.MEŠ-*ku-nu* DUMU.MÍ.MEŠ-*ku-nu li-ṭe-nu ki-ṣir* [ ]
N46EE	[ ] *li-ṭe-nu ki*-[ ]
N50A	DUMU.MEŠ-*ku-nu* [ ] *ki-ṣir šá* ŠU.SI-*ku-nu*
T vi 20b-22a	DUMU.MEŠ-*ku-nu* DUMU.MÍ.MEŠ-*e-ku-nu li-ṭ*[*e*]-*e-nu ki-ṣir šá* ŠU.SI.MEŠ-*e-ku-nu*

447

N27	*ina le-ši lu* ⌈*la i-ṭa-bu qa*!-*qa*!⌉-*nu* TA*! [ ]
N46EE	[ ] ⌈*qa*!-*qa*!-*a*⌉?-[ ]
N50A	*ina le-e-še lu la i-ṭa-ab-b*[*u*] *a-ṣu-da-ti-ku-nu le-e-šu*
T vi 22b-24	*ina l*[*e*]-*e-ši* ⌈*lu*⌉ *la i-ṭa-bu qa-qa*-⌈*a*⌉-*nu* TA ŠÀ *a-ṣu-da-a-ti-ku-n*[*u*] NÍG.SILA$_{11}$.GÁ

448

N27	*le-kul* AMA UGU DUMU.MÍ-*šá* [ ]
N46EE	[ ] ⌜AMA⌝ UGU DU[MU]
N50A	*le-kul* AMA UGU DUMU.M[Í]
T vi 25-26a	*le-kul* ⌜AMA⌝ UGU DUMU.MÍ-*ti*-⌜*šá*⌝ KÁ-*šá le-di-il*

449

N27	*ina bu-ri-ku-nu* UZU.MEŠ DUMU.MEŠ-*ku-nu a*[*k*]
N46EE	[ ] UZU DUMU.MEŠ-*ku-nu* ⌜*ak-la*⌝ [ ]
N50A	---- UZU.MEŠ DUMU.MEŠ-*ku-nu ak-la ina bu-b*[*u*]
T vi 26b-27a	*ina bu-ri-ku-nu* UZ[U] DUMU.MEŠ-*ku-nu ak-la ina bu-bu-u*-⌜*ti*⌝

450

N27	*ḫu-šaḫ-ḫu* LÚ UZU LÚ *le-kul* L[Ú]
N46EE	[ ] LÚ KUŠ LÚ
N50A	[----$^{?}$] LÚ UZU LÚ *le-e-kul* LÚ KUŠ LÚ
T vi 27b-28	⌜*ḫu-šaḫ*⌝-*ḫi* LÚ UZU LÚ *le-kul* LÚ KUŠ LÚ

451

N27	*li-la-biš* UZU.MEŠ-*ku-nu* UR.GI$_7$.MEŠ ŠAH.MEŠ *le-kulu*
N46M+	[ ]-*lu*
N46EE	*li-la-biš* [ ] *le-ku-lu*
N50A	*l*[*i*] UZU.MEŠ-*ku-nu* UR.GI$_7$.MEŠ ŠAH<.MEŠ> *le-e-ku-lu*
N50N	[*bi*]*š* UZU.MEŠ-*k*[*u*]-*lu*
T vi 29-30a	*li-la-biš* UZU.M[EŠ]-*ku-nu* [U]R.GI$_7$.MEŠ ŠAH.MEŠ *le-ku-*[*l*]*u*

452

N27	G[IDI]M$^{?}$-*ku-nu pa-qi-du na-aq* A.MEŠ *a-a ir-*[ ]
N46M+	[ ]-*a ir-ši*
N46EE	GIDIM**-*ku-nu pa-*[ ] **＝消し跡の上に書かれた文字
N50A	[ ] *pa-qi-du na-aq* A.MEŠ *a-*[ ]
N50N	*e-ṭém-*⌜*ma-ku*⌝*-nu* [ ]MEŠ *a-a ir-še*
T vi 30b-31	*e*-⌜*ṭam*⌝-*ma-ku*-⌜*nu*⌝ *pa-qi-du na*-⌜*aq*⌝ {TA} A *a-a ir-š*[*i*]

§48

453

N27	^{d}IŠ.TAR EN MURUB$_4$ -- MÈ *ina* MÈ *da[n*]
N35+	[ ] ⸢MÈ⸣? [ ]
N46M+	[M]È *dan-ni* GIŠ.PAN-*ku-nu liš-bir*
N46EE	^{d}IŠ.TAR *be-let* MURUB$_4$ *u* M[È]-*bir*
N50A	^{d}IŠ.TAR *be-let* MURUB$_4$ -- MÈ *ina* M[È]
N50N	[ ] *dan-ni* GIŠ.PAN-*ku-nu* [ ]
T vi 32-33a	^{d}IŠ.TAR *be-let* M[URU]B$_4$ -- MÈ *ina* MÈ *dan-ni* GIŠ.BAN-*ku-nu liš-b[i]r*

454

N27	*i-di-ku-nu lik-si ina* ⸢KI⸣![ ] LÚ.KÚR-*k[u*]
N35+	[ ] LÚ.KÚR-*ku-nu* [ ]
N46M+	[ ]TA LÚ.KÚR-*ku-nu li-še-šib-ku-nu*
N46EE	*i-di-ku-nu lik-si* [ ]
N50A	*i-di-ku-nu li-ik-si ina* K[I]
N50N	[*n]u lik-si* [*š]e-šib-ku-nu*
T vi 33b-34	⸢*i*⸣-*di-ku-nu lik-si ina* KI.TA L[Ú *n]u {lu} li-še-šib-ku-nu*

§49

455

N27	^{d}U.GUR *qar-r[ad*] *ina* GÍR-⸢*šú*⸣ *la ga-mì-li nap-šate-ku-*[ ]
N35+	[ ] *nap-šate-ku-nu*
N46M+	[ ]-*šú la g[a na]p-*⸢*šate*⸣-*ku-nu*
N46EE	[G]UR UR.SAG DINGIR *in[a*]
N50A	^{d}U.GUR *qar-rad* DINGIR *ina* GÍR-*šú l[a*]
NX12	[ ] GÍR-*šú la ga-mì-li* [ ]
NX20	[GÍ]R-*šú la ga-mì-li* [ ]
T vi 35-36a	^{d}U.GUR *qar-*⸢*rad*⸣ DINGIR *ina* ⸢GÍR⸣-*šú la ga-mì-li nap-šate-ku-nu*

456

N27	*[l]i-bal-l[i] šá-ga-áš-t[ú] mu-t[a-a]-nu ina* ŠÀ-*bi-ku-nu liš-kun*
N35+	[Š]À-*ku-nu liš-kun*
N46EE	[*ba]l-*⸢*li*⸣ [ ]
N50A	⸢*li*⸣-*bal-li šag-gaš-tú* [ ]
NX12	[ ] *šá-ga-áš-tu* NAM.ÚŠ[ ]-*iš-ku-un*
NX20	[ ] *šag-ga-aš-tu* [*b]i-ku-nu liš-ku[n]*
T vi 36b-37	*li-bal-li šag-gaš-tú* NAM.ÚŠ.MEŠ *ina* ŠÀ-*ku-n[u*]-⸢*kun*⸣

§50

457

N27	^{d}NIN.LÍL *a-ši-bat* URU.NINA.KI	
N48U	^{d}NIN.LÍL *a-ši-bat* NINA.KI	
NX12	[NI]NA	
NX20	[NI]NA.KI	
T vi 38a	⸢^{d}NIN⸣.LÍL *a-ši-bát* <URU.>NINA.K[I]	*bát* = PAD

458

N27	[G]ÍR.AN.BAR [*ṭ]u it-ti-ku-nu li-ir-ku-su*
N35+	[*a]n-ṭu it-ti-ku-nu li-ir-ku-*[ ]
NX12	*pat-ri ḫa-an-ṭu* [*i]r-ku-su*
NX20	*pat-ru ḫa-am-ṭ[u n]u li-ir-ku-*[ ]
T vi 38b-39	[G]ÍR *ḫa-an-ṭu it-ti-ku-nu li-ir-ku-us*

§51

459

N27	[ ]*-bat* URU.*arb[a-ì]l re-e-mu gimi-lu*
N48U	^{d}IŠ.TAR *a-ši-bat* URU.*arba-ìl* ARḪUŠ$_4$ [ ]
NX12	[ ]*-ìl re-e-mu gimi-lu*
N84	[*r]e-e-mu g[i*]
T vi 40a	^{d}15 *a-ši-bát* URU.*arba-ìl* ARḪUŠ$_4$ [*gi*]*mi-lu*

460

N27	[ ]*-kan* UGU*-ku-un*
N35+	[*lu l*]*a*' *i-šá-kan* UG[U]
NX12	[UG]U*-ku-un*
NX17	⸢*a*⸣*-*[*a iš-kun*?]
T vi 40b	*a-a i-šá-kan* UGU*-ku-un*

§52

461

N27	[GI]G ⸢*ta*⸣*-né-*⸢*ḫu*⸣ [ ]
N48U	^{d}*gu-la a-zu-gal-la-tú* GAL*-tú* [ ]
NX12	[ ]x*-tu* GIG *ta-né-ḫu* [ ]
NX17	^{d}*gu-la a-*[ ]*-tú* G[AL]
T vi 41	^{d}*gu-la a-zu-gal-l[a-t]ú* GAL*-tú* GI[G] *ta-né-ḫu ina* ŠÀ*-bi-ku-nu*

462

N48U [ ]-⸢*mu* *la-zu* *ina* SU⸣-*ku*-⸢*nu*⸣ *l*[*i*]

NX12 [*in*]*a* *zu-um-ri*-[ ]

NX17 *si*-⸢*mu*⸣ *la-zu* *ina* *zu-um*-<*ri*>-*ku-nu* *liš-k*[*un*]

T vi 42 *si-mu* *la-zu* *ina* *zu-u*ʾ-*r*[*i*$^{!?}$]-⸢*ku*⸣-*nu* *li-šab*-[*š*]*i* ÚŠ.MEŠ *šar-ku*

463

NX17 *ki-ma* A.MEŠ *ru*-[ ]

T vi 43 *ki-ma* A.MEŠ *ru*-[*u*]*n-ka*

§53

464

NX17 ^{d}*se-bet-ti* DINGIR.ME[Š *qa*]*r-d*[*u-te* *ina* GIŠ.TUKUL.MEŠ-*šú-ni*]

T vi ----

465

NX17 *ez-zu-ti* *na-aš-pan*-[*ta-ku-nu* *liš-ku-nu*]

T vi ----

§54

466

NX17 [^{d}]*a-ra-miš* EN -- KUR$^{?}$ S[I$^{?}$]

N85 [ ]-*ku-n*[*u*]

T vi 44 ^{d}*a-ra-miš* EN URU KUR SI EN URU KUR ⸢*az-a-i*$^{?}$⸣ A.MEŠ SIG$_{7}$.MEŠ *li-mal-li*-⸢*ku-nu*⸣

§54A

466A

N ----

T vi 45 ^{d}IM ^{d}{DIŠ}*ša-la* *šá* URU.*kur-ba-ìl* *si*-⸢*iḫ-lu*⸣ UZU.MEŠ

466B

N ----

T vi 46 ⸢*la* DÙG.GA⸣ *ina* ⸢*zu*⸣-*mur* KUR-*ku*-[*n*]*u* *li-šab-ši*

§54B

466C

N85 [ ]-*tu*

T vi 47 ^{d}*šar-rat-a-am-qár*-⸢*ru-u-na*⸣ TA ŠÀ-*ku*-[*n*]*u* *li-šá-ḫi-ḫa* *tul-t*[*u*]

§54C

467

N37 ⸢^{d}⸣[ ]

N85 [*t*]*i- ba-a-a-ti*-DINGIR$^{!}$

T vi 48 ^{d}*ba-a-a-ti*$^{!}$-DINGIR <^{d}>*a-na-an-ti*-⸢^{d}⸣*ba-a-a-ti*-DINGIR

468

N37$^{!}$ *ina* ŠU.2 UR.M[AH]

N85 [ ] *lim-nu-ku-nu*

T vi 49 *ina* ŠU.2 UR.MAH *a-ki-li lim*$^{!}$*-nu-ku-nu*

§55

469

N37 ^{d}*kù-bába* ^{d}*k*[*ar*$^{!}$]*gar-ga-miš*

N85 [*g*]*a-miš*

T vi 50a ^{d}*kù-bába* ^{d}*kar-ḫu-ḫa šá* URU.*gar*-⸢*ga*⸣-*miš*

470

N37 *ri-im-ṭu dan-nu ina* ⸢ŠÀ-*ku-nu liš-kun*⸣ [ ]MEŠ-*ku-nu*

T vi 50b-51a *ri*$^{!?}$*-im-ṭu dan-nu ina* ŠÀ-*ku-nu liš-kun* ⸢ÚŠ⸣.MEŠ-*ku-nu*

471

N37 *ki-ma ti*$^{!}$*-ki ina qaq-qar lit-ta-tuk*$^{!}$

T vi 51b *ki-m*[*a t*]*i-ki ina qaq-qar lit-tu*$^{?}$*-tuk*$^{!}$

§56

472

N37 DIN[GIR G]AL.MEŠ *šá* AN-*e* KI.TIM *a-ši-bu-tu kib-ra*-⸢*a-ti*⸣

T vi 52-53a DINGIR.MEŠ GAL.MEŠ *šá* AN-*e* [K]I.TIM *a-ši-bu-te kib-ra-a-ti*

473

N37 *ma-la ina ṭup-pi an-ni-e* MU-*šú-nu zak-r*[*u*]

T vi 53b-54a *ma-la ina* [*ṭ*]*up-pi an-ni-e* MU-*šú*<*-nu*> *zak-ru*

474

N37 *lim-ḫa-ṣu-ku-nu li-kel-mu-ku-nu*

T vi 54b-55a *lim-ḫa*-⸢*ṣu*⸣-*ku-u-nu li-kal-mu-ku-nu*

475

N37	*ár-ra-tu ma-ru-uš-tu ag-giš li-ru-ru-ku-nu*
T vi 55b-56a	*a-ra-*[*t*]*ú ma-ru-uš-tú ag-giš li-ru-ru-ku-*[*n*]*u*

476

N37	*e-liš ina* TI.LA.MEŠ *li-sa-ḫu-ku-nu šap-liš ina* KI.TIM
T vi 56b-57a	*e-liš ina* TI.LA.MEŠ *li-sa-ḫu-u-ku-nu šap-liš ina* KI.TIM

477

N36	[ ] GIŠ.MI [ ]
N37	*e-ṭém-ma-ku-nu* A.MEŠ *li-za-mu-u* GIŠ.MI *u ud*!*-da*!
T vi 57b-58a	*e-*⸢*ṭam*⸣*-ma-ku-nu* A.MEŠ *li-za-mu-u* GIŠ.⸢MI⸣ [] *ú-da*

478

N36	[ ] *šá-ḫ*[*a*]
N37	*li-ik-ta-ši-*⸢*du-ku*⸣*-nu ina* ⸢*pu-uz-ri*⸣ [ ]
T vi 58b-59a	*lik-ta-še-du-ku-nu a-na pu-uz-ri šá-ḫa-ti*

479

N37	*la ta-nem-mì-da* ⸢NINDA⸣.MEŠ *u* A.MEŠ *li-z*[*i-b*]*u-ku-nu*
T vi 59b-60a	⸢*la*⸣ *ta-nem-mì-da* ⸢NINDA.MEŠ⸣ *u* A.MEŠ *li-zi-bu-*[*k*]*u-nu*

480

N36	*s*[*u*]
N37	*su-un-qu ḫu-*⸢*šaḫ*⸣*-ḫu bu-bu-tu* NAM.[Ú]Š.MEŠ
T vi 60b-61a	⸢*su-un-qu ḫu-šaḫ-ḫu*⸣ *bu-bu-tú mu-ta-nu*

481

N36	[ ] *a-*⸢*a*⸣ [ ]
N37	TA IGI-*ku-nu a-*[ ] *ip-pi-ṭir*! *si-si šá ar-da-te-ku-nu*
T vi 61b-62a	*ina* IGI-⸢*ku*⸣*-nu a-a ip-pi-ṭir* ⸢*si-si*⸣ *šá ar-da-ti-ku-n*[*u*]

482

N36	[ ] *šá* [ ]
N37	*mat-nate šá* LÚ.GURUŠ.MEŠ*-ku-nu ina ni-ṭil* IGI.2*-ku-nu* UR.GI$_7$ ŠAH.MEŠ
N48Y	[ ] LÚ.GURUŠ.MEŠ*-ku-nu* [ ]
T vi 62b-63	⸢*mat-nate šá* LÚ.GURUŠ*-ku-nu*⸣ *ina ni-ṭil* IGI.2.MEŠ*-ku-nu* UR.GI$_7$.MEŠ ŠAH.MEŠ

483

N36	*in*[*a*]
N37	*ina re-bit aš-šur li-in-da-šá-ru* LÚ.ÚŠ.MEŠ-*ku-nu* KI.TIM
N48Y	[*in*]*a re-bit* URU.*aš-š*[*ur*] LÚ.ÚŠ.MEŠ-*ku-n*[*u*]
T vi 64-65a	*ina* ⸢*re*⸣-*bit* URU.*aš-šur* ⸢*li*⸣-*in-da-šá-ru* LÚ.ÚŠ.MEŠ-*ku*-⸢*nu* KI⸣.TIM

484

N37	*a-a im-ḫur* [ ] *kar-ši* UR.GI$_7$ ŠAH.MEŠ *lu naq-bar-*{*qa*}*-ku-nu*
N48Y	[ ] *ina kar-ši* UR[ ]
N50C	[*n*]*a*-⸢*aq-bar*⸣-*ku*-[ ]
T vi 65b-66a	*a-a* ⸢*im*⸣-*ḫur ina kar-ši* UR.GI$_7$.MEŠ ŠAH.MEŠ *lu na*-⸢*aq*⸣!-*bar-ku-n*[*u*]

485

N37	U$_4$.MEŠ-*ku-n*[*u*]⸢*e*⸣-*ṭu-u* MU.MEŠ-*ku-nu lu ek-la ek-le-tú*
N48Y	[ ]MEŠ-*ku-nu* [*e*]*k-le*-[ ]
N50C	[ ]⸢*e*⸣-*ṭu-ú* MU.AN.NA.MEŠ-*ku*-[*nu e*]*k-le-tu*
T vi 66b-67	*u*$_4$*-me*.MEŠ-*ku*-⸢*nu*⸣ *lu e-ṭu-u* MU.MEŠ-*ku-nu lu ek*-⸢*la*⸣ *ek-le-ti*

486

N37	*la na*-[ ] *a-na šim*-⸢*ti*⸣ *li-ši-mu*
N48Y	[*l*]*i-ši-m*[*u*]
N50C	*la na-ma-a-r*[*i t*]*i-ku-nu li-ši-i*-[ ]
T vi 68	*la na-ma-ri a-na* ⸢*šim*⸣-*ti-ku-nu li-ši-mu*

487

N37	*ina t*[*a d*]*i-lip-tu n*[*a*]-*ta-ku-nu liq-ti*
N50C	[ ]-*lip-ti na-piš-ta-ku-n*[*u*]
T vi 69	*ina ta-né-ḫi di-lip-ti n*[*a*]-*piš-ti-ku-nu* ⸢*liq-ti*⸣

488

N37	*bu-bu-lu a-bu-bu la maḫ-ru ul-tú* -- KI.TIM
N48Y	[N]Á.À[M]
N50C	[ ] *a-bu-bu* ---- *ul-tu* ŠÀ KI.TIM
T vi 70	U$_4$.NÁ.ÀM *a-bu-bu la maḫ-ru ul-tú* -- KI.TIM

489

N37	*li-la-a-ma na-aš-pan-ta-ku-nu liš-kun mim-ma* DÙG.GA *lu ik-kib-ku-nu*
N50C	*li*-[*k*]*u-nu liš-ku*-[G]A *lu ik-kib-ku*-[ ]
T vi 71-72a	*li-la-am-ma na-aš-pan-ta*-[*k*]*u-nu liš***-*kun mim-ma* DÙG.GA *lu ik-kib-ku-nu* ** ＝消し跡

490

N37	*mim-ma* GIG ⌈*lu*⌉ *ši-mat-ku-nu qi-i-ru ku-up-ru lu ma-ka-la-ku-nu*
N50C	[GI]G *lu ši-mat-ku-*[*k*]*u-up-ru lu ma-ka-*[ ]
N52F	[*q*]*i-*⌈*i-ru ku*⌉*-*[ ]
T vi 72b-73	*mim-ma* GIG *lu ši-mat-ku-nu qi-i-ru ku-up-ru lu* ⌈*ma*⌉*-ka-la-ku-nu*

491

N37	KÀŠ ANŠE.NÍTA *lu maš-qit-ku-nu nap-ṭu lu pi-šat-ku-nu*
N50C	[ ] *maš-qit-ku-*[ ]
N52F	[AN]ŠE.NÍTA *lu maš-qit-ku-nu* [ ]
T vi 74	KÀŠ.ANŠE<.NÍTA> *lu maš-qit-ku-nu nap-ṭu lu pi-iš-šat-ku-nu*

492

N37	*e-la-pu-u-a šá* ÍD *lu tak-tim-ku-nu*
N46C	[ ] *lu tak-tim-ku-nu*
N50C	[ ]-⌈*tim*⌉-[ ]
N52F	*e-la-pu-u šá* ÍD [ ]
T vi 75	*e-la-pu-u šá* ÍD *lu tak-ti-im-ku-nu*

493

N37	*še-e-d*[*u*] *ú-tuk-ku ra-bi-ṣu lem$^{!}$-nu* É.MEŠ-*ku-nu li-ḫi-ru*
N46C	[ ]MEŠ-*ku-nu li-ḫi-ru$^{!}$*
N52F	[]-*e-du ú-tuk-ku* [ ] É.MEŠ-*ku-nu li-ḫi-ru*
T vi 76	*še-e-du ú-tuk-ku* ⌈MÁŠKIM⌉ [*l*]*em-nu* É-*ku-nu li-ḫi-ru*

§57

494

N37	DINGIR.MEŠ *an-nu-te lid-gu-lu šum-ma a-né-nu ina* UGU ^{m}*aš-šur*-PAP-AŠ
N46C	[ ]-*né-nu ina* UGU [PA]P-AŠ
N46JJ	[*g*]*u-lu šu*[*m*]
N49B	[ ]-AŠ
N86	[*in*]*a* UGU [ ]
N87	DINGIR[ ]-⌈*nu-ti*⌉ *li*[*d*]
T vi 77-78a	DINGIR.MEŠ *an-nu-ti lid-gu-lu šum-ma a-né-ni ina* UGU ^{m}*aš-šur*-PAP-AŠ

495

N37	MAN KUR *aš-*⌈*šur*⌉ -- *ina* UGU ^{m}*aš-šur*-DÙ-A DUMU MAN GAL *šá* É UŠ-*ti*
N46C	MA[N]
N46JJ	[ ] KUR *aš-šur* -- *ina* UG[U]-*te*
N49B	MAN K[UR] DUMU MAN GAL *šá* É ⌈UŠ⌉-[ ]
N86	[ ] MAN GAL-*ú* [ ]
N87	MAN KUR *aš-šur* EN$^{!}$-*ni* [ ]
T vi 78b-79a	MAN KUR *aš-šur* -- *ù* ^{m}*aš-šur*-DÙ-A DUMU MAN GA[L]-⌈*u*⌉ *šá* É UŠ-*te*

496

N37	-- ŠEŠ.MEŠ-*šú* DUMU AMA-*šú* *šá* ^{m}*aš-šur*-DÙ-A DUMU MAN GAL *šá* É UŠ-*ti*
N46C	[ ]x-*šú* ----
N46JJ	-- ŠEŠ[ ] MAN GAL-*u* ⌈*ša*⌉ [ ]
N49B	[ME]Š-*šú* DUMU AMA-*šú* *šá* ^{m}*aš-šur*-DÙ-A DUMU MAN GAL [ ] UŠ-<*te*/*ti*>
N86	[ ]-⌈DÙ⌉-A [ ]
N87	-- ŠEŠ.MEŠ-*šú* DUMU AMA-[ ]
T vi 79b-80	*u* ŠEŠ.MEŠ-*šú* DUMU AMA-[ ] *šá* ^{m}*aš-šur*-DÙ-A DUMU MAN GAL-*u* *šá* É UŠ-*t*[*e*]

497

N37	*ù re-eḫ-ti* DUMU *ṣi-it* ŠÀ-*bi* *šá* ^{m}*aš-šur*-PAP-AŠ MAN KUR *aš-šur* ----
N46C	----
N46JJ	[*šu*]*r* ⌈EN⌉-[ ]
N49B	-- *re-eḫ-ti* DUMU.MEŠ *ṣi-it* ŠÀ-*bi* [ ] ^{m}*aš-šur*-PAP-AŠ MAN KUR *aš-šur* EN-*i-ni*
N87	-- ⌈*re*⌉-*eḫ-ti* DUMU[ ]
T vi 81-82a	*u re-eḫ-ti* DUMU.MEŠ *ṣi-it lib-bi* *šá* ^{m}*aš-šur*-[ ]-AŠ ⌈MAN KUR *aš-šur*⌉ ----

498

N37	*si-ḫu bar-tu né-ep-pa-áš-u-ni* *pi-i-ni* TA
N46C	*si-ḫu bar-tú* [ ]-*áš-u-ni* *pi*-⌈*i*⌉-*ni* ⌈TA⌉
N49B	[*ḫ*]*u bar-tu né-ep-pa-áš-u-ni* [ ]-⌈*i*⌉-*ni* TA*
N49S	*si-ḫ*[*u*] *pi-i*-[ ]
T vi 82b-83a	⌈*si-ḫu*⌉ *bar-tú né-ep-pa-áš-u*-[*n*]*i* [ ]

499

N37	LÚ.KÚR-*šú* *ni-šá-kan-u*-⌈*ni*⌉ *šum-ma*
N46C	[M]EŠ-*šú* *ni-šá-kan-u-ni* [ ]
N49B	LÚ.KÚR-*šú* *ni-šá-kan-u-ni* [ ]
N49S	[ ] *šum-ma*
T vi 83b-84a	[KÚ]R-*šú* *ni-ša-kan-u*-[*n*]*i* ⌈*šum-ma*⌉

500

N37	*mu-šam-ḫi-ṣu-u-tú mu-šad-bi-bu-tu li-iḫ-šu*
N46C	*mu-šam-ḫi-ṣu*!*-tu mu-šad-bi-bu-tú li-iḫ-šú*
N49B	*mu-šam-ḫi-ṣu-tu mu-šad-bi-bu-tu* [ ]*-šu*
N49S	[ ] *li-iḫ-*[ ]
T vi 84b-85a	[ ]*-ṣu-u-te mu-šad-bi-bu-*⸢*ti li-iḫ*⸣*-*[ ]

501

N37	*ša a-mat* MÍ.ḪUL *la* DÙG.GA*-tu la ba-ni-tu*
N46C	[ ] *a-mat* MÍ.ḪUL *la* DÙG.GA*-tú la ba-*⸢*ni*⸣*-tú*
N49B	*šá a-mat* ḪUL*-tì la* DÙG.GA*-tu la ba-ni-tu*
T vi 85b-86a	[ ] *a-mat* ḪUL.⸢TIM *la* DÙG.GA⸣ [ ] ⸢*ba*⸣*-ni-tú*

502

N27	[*s*]*u*?*-ra-a-te* -- *l*[*a k*]*e-na-*[*t*]*i*
N37	*da-bab sur-ra-a-ti* -- *la ke-na-a-ti*
N46C	*da-bab su-ra-a-ti u la ke-na-a-te*
N49B	[ ]*-ra-a-ti* -- *la ke-na-a-ti*
N49S	*da-bab su-*[ ]
T vi 86b-87a	*da-bab sur-ra-*⸢*a*⸣*-te* -- ⸢*la ke-na-a-te*⸣

503

N27	[ ] ^{m}[*š*]*ur-*DÙ-A DU[MU M]AN GAL *šá* É UŠ*-ti*
N37	*šá ina* UGU ^{m}*aš-šur-*DÙ-A DUMU MAN GAL *šá* É UŠ*-ti*
N46C	*šá ina* UGU ^{m}*aš-šur-*DÙ-A [D]UMU MAN GAL*-u šá* É UŠ*-te*
N49B	[ ]*aš-šur-*DÙ-A DUMU MAN GAL *šá* É UŠ*-ti*
N49S	[U]GU ^{m}[ ]
T vi 87b-88a	[UG]U ^{m}*aš-šur-*DÙ-A DUMU MAN ⸢GAL⸣*-u* ⸢*šá* É UŠ*-te*⸣

504

N27	[ ]MEŠ*-šú* DUMU.MEŠ AMA*-šú šá* ^{m}*aš-šur-*DÙ-A DUMU MAN GAL
N37	*ù* ŠEŠ.MEŠ*-šú* DUMU AMA*-šú šá* ^{m}*aš-šur-*DÙ-A DUMU MAN GAL
N46C	*u* ŠEŠ.MEŠ*-šú* DUMU AM[A*-š*]*ú*? *šá* ^{m}*aš-šur-*DÙ-A DUMU MAN GAL*-u*
N49B	[ ]*-šú* DUMU AMA*-šú šá* ^{m}*aš-šur-*DÙ-A DUMU MAN GAL
T vi 88b-89a	⸢*u* ŠEŠ⸣[ ]*-šú* DUMU ⸢AMA⸣*-šú* ⸢*šá*⸣ ^{m}*aš-šur-*DÙ-A DUMU MAN GAL*-u*

505

N27 šá É UŠ-ti ni-šam-mu-u-ni nu-pa-zar-u-ni
N37 šá É UŠ-ti ni-šam-mu-u-ni nu-pa-za-ru-u-ni
N46C šá É UŠ-te ni-šá-mu-u-ni nu-pa-za-ar-u-ni
N49B [ ] ** [ ]-u-ni
N88 （いくつかの文字の痕跡）
T vi 89b-90a šá [ ]-mu-u-ni [ ]-pa-za-⸢ar⸣-u-ni
** N49Bの挿入句: [u re-eḫ-t]i DUMU.MEŠ ṣi-it ŠÀ-bi [šá ^{m}aš-šur-PAP-AŠ MAN KUR aš-š]ur EN-i-ni

506

N27 [ ]-DÙ-A DUMU MAN GAL šá É UŠ-ti EN-ni
N37 a-na ^{m}aš-šur-DÙ-A DUMU MAN GAL šá É UŠ-ti be-lí-ni
N46C ⸢a-na ^{m}aš⸣-šur-DÙ-A DUMU MAN GAL-u šá É UŠ-te EN-ni
N49B [U]Š-ti [ ]
N88 [ ]-ti [ ]
T vi 90b-91a a-[ ] MAN GAL-u [t]e EN-in-⸢ni⸣

507

N27 [ ]-u-ni U$_4$.MEŠ am-mar a-[ ]-nu DUMU.MEŠ-ni
N37 la ni-qa-bu-u-ni u$_4$-mu am-mar a-né-nu DUMU.MEŠ-ni
N46C [ ]-qa-bu-u-ni u$_4$-me am-mar a-né-nu DUMU[ ]-ni
N49B [ ]-⸢u-ni⸣? [ ]
N88 [n]i [ ]
T vi 91b-92a [ ]-bu-u-ni [ ] a-né-ni [ ]

508

N27 [ ] ^{m}aš-š[ur DUM]U MAN GAL šá É UŠ-ti
N37 DUMU<.DUMU>.MEŠ-ni bal-ṭa-a-ni-ni ^{m}aš-šur-DÙ-A DUMU MAN GAL šá É UŠ-ti
N46C [ ]MEŠ-ni bal-ṭa-a-ni-ni ^{m}aš-šur-DÙ-A DUM[U] É UŠ-te
N47I [DUM]U.⸢DUMU⸣[ ]
N88 [DUM]U.MEŠ-ni [ ] É U[Š]
T vi 92b-93 [DUM]U.MEŠ-ni [ ] GAL-u [ ]

509

N27 [šá-nu]-um-ma
N37 la ⸢LUGAL⸣-ni-ni la EN-⸢ni⸣-ni šum-ma LUGAL MAN-ma DUMU LUGAL MAN-ma
N46C la LUGAL-ni-ni la EN-ni-n[i] DUMU LUGAL MAN-ma
N47I [ ] la EN-x[ ]
N88 [LU]GAL MAN-ma
VAT 9424 [ ]⸢LUGAL⸣? [ ]

510

N27	[ ]-*ni*
N37	*ina* UGU-*ḫi-ni* DUMU.MEŠ-*ni* DUMU.DUMU.MEŠ-*ni* *ni-šá-kan-u-ni*
N46C	*ina* UGU-*ni* DUMU.MEŠ-*ni* D[UMU]
N47I	[ ]MEŠ-*ni* *ni*-[ ]
N88	[DUM]U.MEŠ-*ni* GAR-*nu-n*[*i*]
VAT 9424	[*n*]*i* *ni-šá*-⸢*kan*⸣-[ ]

511

N37	⸢DINGIR⸣.MEŠ *ma-la* MU-*šú-nu* *zak-ru* *ina* ŠU.2-*i-ni*
N46C	[DI]NGIR.MEŠ *ma-la* MU-*šú-nu* *zak-ru* *ina* ŠU.2-[ ]
N47I	[M]U-*šú-nu* *za*[*k*]
N88	[Š]U.2-*ni*
VAT 9424	[ ] ⸢ŠU.2-*ni*⸣

512

N37	NUMUN-[*i-n*]*i* NUMUN.NUMUN-*i-ni* *lu-ba-ʾi-ú*
N46C	[ ] *lu-ba-ʾi*-[ ]
N47I	[ ] *lu*-[ ]
N88	NUMUN-*ni* [*ʾ*]*i-ú*
VAT 9424	NUMUN-*ni* NUMUN.⸢NUMUN⸣-*ni* [ ]

§58

513

N37	*šum-ma* ---- *ina* ŠÀ *a-de-e* *an-nu-te* ⸢*šá*⸣ ^{m}*aš-šur*-PAP-AŠ MAN KUR *aš-šur* EN-[*ku-nu*]
N46C	[ ]-*ma* *at-tú-nu* *ina* ŠÀ *a-de-e* *an-nu-te* *šá* ^{m}[ ]
VAT 9424	[Š]À-*bi* *a-de*-<*e*> ⸢*an-nu*-⸣*ti* *šá* ^{m}*a*[*š*]
T vii 1-2a	[*š*]*um-ma* *at-tu-nu* *ina* ŠÀ ⸢*a-de*⸣-[*e* M]AN KUR *aš-šur* ----

514

N27	[^{m}]*aš-šur*-D[Ù]
N37	[U]GU ^{m}*aš-šur*-DÙ-A DUMU MAN ⸢GAL⸣ [ ]
N46C	[ ] UGU ^{m}[ ]-*šur*-DÙ-A DUMU MAN GAL-*u* *šá* É UŠ-*t*[*e*]
VAT 9424	[DU]MU MAN GAL-*u* *šá* ⸢É⸣ [ ]
T vii 2b	*ina* UGU ^{m}*aš-šur*-DÙ-A DU[MU] ⸢É UŠ-*te*⸣

515

N27	[ ]MEŠ-*šú* DUMU [ ]
N46C	[*š*]*ur*-D[Ù] DUMU MAN GAL-*u šá* É UŠ-*te*
VAT 9424	[ ]-*šú šá* ^{m}*aš-šur*-[D]Ù-A DUM[U]
T vii 3-4a	⸢*ù*⸣ ŠEŠ.MEŠ-*šú* DUMU AM[A DU]MU MAN GAL-*u šá* É UŠ-⸢*te*⸣

516

N27	[ ] *ṣi-it* ŠÀ-*bi šá* ^{m}*aš-šur*-[ ]
N46C	*u re-e*[*h* K]UR *aš-šur*
N49O	[ ] ⸢KUR *aš-šur*⸣
VAT9424	[*r*]*e-eḫ-ti* DUMU.M[EŠ]
T vii 4b-5a	⸢*u*⸣ [ ]-⸢*eḫ-ti* DUMU⸣[*ṣ*]*i-it* ŠÀ-*bi šá* ^{m}*aš-šur*-[PAP-A]Š MAN K[UR]

517

N27	[*k*]*u*$^{!?}$-*nu* ---- *a-de-e is-se-ku-nu* [ ]
N46C	EN-*ku-nu* ---- *is-se-ku-nu* [*n*]*i*
N49O	---- ⸢*šá*⸣ *ina* ⸢UGU⸣-*ḫ*[*i-šu*$^{?}$]-*ni ta-ḫa-ṭa*-[ ]
T vii 5b-7a	⸢EN⸣-[ ]-⸢*nu*⸣ ---- ⸢*a*⸣-*de-e is-se-ku*-[*i*]*š-k*[*un*]-*u-ni* ⸢*ta-ḫa-ṭa-a-ni*⸣

518

N27	[ ] ----$^{?}$ *ina* GIŠ.TUKUL.MEŠ-[ ]
N46C	^{d}*aš-šur* AD DINGIR.MEŠ ---- *ina* GIŠ.TUKUL.ME[Š]-*qit*-[ ]
N49O	[ ] *ez-zu-u-ti li*-[ ]
T vii 7b-8	^{d}[ ] DINGIR.MEŠ [G]AL.MEŠ [ ] GIŠ.TUKUL.MEŠ-*šú* ⸢*e*⸣-[*zu*]-*ti li*-⸢*šam*⸣-*qit-ku-nu*

§59

519

N27	[ ]IGI.DU EN [ ]-*šá*-[ ]
N39	^{d}⸢IGI.DU⸣ EN ⸢*a*⸣-[ ]
N49O	[ ] EN SAG.KAL UZ[U]
T vii 9	⸢^{d}⸣IGI.DU EN *a-šá*-⸢*re*⸣-*du* UZU.MEŠ-*ku-nu*

520

N27	[T]I$_{8}$.MUŠEN *zi-i-bu* [ ]
N39	TI$_{8}$.MUŠEN *z*[*i*]
T vii 10	[T]I$_{8}$.MUŠEN *zi-i-bu li-šá-kil*

§60

521

N27	^{d}É.A LUGAL ZU.AB [ ]
N28A	[ ] IDIM A.MEŠ *la* TI.LA
N39	^{d}É.A MAN ZU.AB EN IDIM A.MEŠ [ ]
N49O	[ ] IDIM A.MEŠ *l[a*]
T vii 11a	⸢^{d}⸣É.A MAN ZU.AB EN IDIM A.M[EŠ] *la ba-la-ṭi*

522

N27	*liš-qi-ku-nu a-ga-nu-ti-l[a*]
N28A	*liš-qi-ku-nu* [ ] *li-mal-li-ku-nu*
N35+	[ ] *a-g[a*]
N39	[ ] *a-ga-nu-til-la-a* [ ]
N49O	[*l*]*a-a* [ ]
T vii 11b-12	*liš-qi*$^{!}$*-ku-nu* ⸢*a*⸣*-ga-nu-til-la-a* ⸢*li*⸣*-mal-li-ku-nu*

§61

523

N27	DINGIR.MEŠ GAL.MEŠ *šá* AN-*e* [K]I.TIM A.MEŠ -- Ì[ ]
N28A	[*š*]*a* AN-*e* [K]I.TIM A.MEŠ -- Ì.MEŠ [ ]-*ku-ni liš-ku-nu*
N35+	DINGIR.MEŠ GAL.MEŠ *šá* AN-*e* K[I]
T vii 13-14	[D]INGIR.MEŠ GAL.MEŠ *šá* AN-⸢*e*⸣ KI.TIM A.MEŠ *u* Ì.GIŠ ⸢*a*⸣*-na* NÍG.GIG-*ku-nu* ⸢*liš*⸣*-ku-nu*

§62

524

N27	^{d}GIŠ.BAR *na-din ma-ka-li a-n[a*]
N28A	[*d*]*in ma-ka-le-e a-na* ---- TUR.MEŠ GAL.MEŠ
N35+	^{d}GIŠ.BAR *na-din ma-ka-li* ⸢*a*⸣-[ ]
T vii 15	⸢^{d}⸣GIŠ.BAR *na-din ma-ka-*[*l*]*i* ⸢*a*⸣*-na* DINGIR.MEŠ ---- GAL.MEŠ

525

N27	⸢MU⸣*-ku-nu* NUMUN-*ku-nu* ---- [ ]
N28A	[ ] NUMUN-*ku-nu* ---- *liq-mu*
N35+	NUMUN.MEŠ-*ku-nu* NUMUN.NUMUN-*ku-n[u*]
T vii 16	[M]U.MEŠ-*ku-nu* NUMUN.MEŠ-[*k*]*u-nu ina* ^{d}GIŠ.BAR *liq-mu*

§63

526

N27	KIMIN.KIMIN DINGIR.MEŠ *ma-la ina ṭup-p[i*]
N28A	----
N31	KIMIN.KIMIN ----
N35+	KIMIN DINGIR.MEŠ *ma-la* <*ina*> *ṭup-pi a-d[e]-e an-[*]
T vii 17-18a	KIMIN DINGIR.MEŠ *ma-la ina ṭup-⸢pi⸣ a-⸢de-e⸣ an-ni-e* [M]U-*šú-nu* ⸢*zak-ru*⸣

527

N27	*am-mar* SIG_4 *kaq-qu-ru* ⸢*li*⸣*-s[i*]
N28A	[*m]ar* SIG_4 [*ka*]*q-qu-ru lu-si-qu-né-ku-nu*
N31	*am-mar* SIG_4 [ ]*-qar lu-si-qu-né-ku-nu*
N35+	*am-mar* SIG_4 *kaq-qu-ru* ⸢*li*⸣*-si-q[u*]
N38A	[ ]*-qar* [ ]
T vii 18b-19a	⸢*am-mar* SIG_4 *kaq-qu*⸣*-ru* ⸢*lu-si-qu-né-ku-nu*⸣

528

N27	*kaq-qar-ku-nu ki-i* AN.BAR *le-pu-š[u*]
N28A	[*k*]*i-i* AN.⸢BAR⸣ *le-pu-šu me-me-ni*
N31	*kaq-qar-ku-nu ki-i* ⸢AN⸣.BAR *le-pu-šú me-me-ni*
N35+	[ ] *ki-i* AN.BAR *le-e-pu-šú me-me-ni*
N38A	[*k*]*i-i* AN.BAR [ ]
T vii 19b-20a	*kaq-qar-ku-nu k[i* A]N.⸢BAR⸣ *le-pu-šu me-me-*⸢*ni*⸣

529

N27	*ina* ŠÀ*-bi l[u] la i-[*]
N28A	[*l*]*a i-par-ru-a*
N31	*ina* ŠÀ*-bi [l]u la i-par-ru-ʾa*
N35+	*ina* ŠÀ*-bi* [ ]
N38A	[*l*]*a i-par-ru-a*
N51N	[ ]*-ru-ʾa*
T vii 20b	⸢*ina* ŠÀ*-bi*⸣ *lu* ⸢*la i*⸣*-par-ru-ʾa*

§64

530

N27	*ki-i šá* TA* ŠÀ ⸢AN⸣-[ ] ZABAR ŠÈG ⸢*la*⸣ *i-za-nun-a-ni*
N28A	*ki-i šá* TA ŠÀ AN-*e* [ ] ŠÈG *la i-za-nun-a*-AN
N31	*ki-i šá* TA* ŠÀ [ ]-*e šá* ZABAR ŠÈG *la i-za-nun-u-ni*
N35+	*ki-i šá* TA* ŠÀ AN-*e šá* ZABAR ŠÈG *l*[*a*]
N38A	[ZAB]AR ŠÈG [ ]
N51N	*ki-i* -- TA* ŠÀ-*bi* AN-⸢*e*⸣ [ŠÈ]G *la i-za-nun-u*-[ ]
T vii 21-22a	*ki-i šá* ⸢TA ŠÀ⸣ A[N] *šá* ZABAR [Š]ÈG *la i-za-nun-a-ni*

531

N27	*ki-i ḫa-an*-⸢*ni-e*⸣ [Š]ÈG [*n*]*a*-[*a*]*l-šú ina* ŠÀ A.ŠÀ.MEŠ-*ku-nu*
N28A	[ ]-*šu ina* -- A.ŠÀ.MEŠ-*ku*-[*n*]*u*
N31	[*n*]*a-al*-[ ] -- A.ŠÀ.MEŠ-*ku-nu*
N35+	*ki-i ḫa-an-ni-e zu-un-nu na-al-šú* [ ]
N38A	[ ]-*al-šu ina* -- A.ŠÀ[.M]EŠ-*ku-nu*
N51N	[ ] *zu-un-nu n*[*a*]
T vii 22b-23a	*ki-i ḫa-an-ni-e* [Š]ÈG *na-al-šu ina* -- A.ŠÀ[.M]EŠ-*ku-nu*

532

N27	*ta-me-rate-k*[*u*]-*nu lu la* DU-*ak ku-um* [*na-a*]*l-šú*
N28A	*ta-me-ra-ti-ku-nu* [*i*]*l-lak ku-um* ŠÈG
N28C	[*u*]*m zu-un*-⸢*nu*⸣
N31	[*r*]*a*?-[*k*]*u-nu lu la* DU-*ak* ----
N35+	*ta-me-ra-a-ti-ku-nu lu* <*la*> ⸢*il*⸣?-*l*[*ak*]
N38A	[ ] *la i-lak* [ ]
T vii 23b-24	*ta-me-ra-te*-[*ku-n*]*u lu la il-lak ku-um* ŠÈG

533

N27	*pe-eḫ-n*[*a*] *ina* KUR-*ku-nu li-iz*-[ ]
N28A	*pe-e*ʾ-*na-a-ti* [ ]-*nu li-iz-nuna*
N28C	[ ]-*nu-na*
N31	----
N35+	*pe-e*ʾ-*na-a-ti* [K]UR-*ku-n*[*u*]
N38A	[ ]-*a-ti ina* KUR-*ku-nu li-iz-nuna*
T vii 25	[*p*]*e*-ʾ*e-na-a-ti* [*i*]*na* KUR-*ku-nu li-iz-nu-na*

§65

534

N27	ki-⌈i⌉ [N]A ina IGI IZI l[a]
N28A	[z]u-u-ni
N31	[z]u-u-ni
N38A	[IG]I IZI la i-za-zu-u-ni
N51E	ki-i šá AN.NA ina IGI IZI [ ]
T vii 26a	[k]i-i šá AN.NA [I]ZI la i-za-zu-u-⌈ni⌉

535

N27	[t]u-nu [L]Ú.KÚR-[ ]	
N28A	[z]a [ ]	
N28C	[t]ú!?-nu [k]u-nu	（536行から移動）
N31	at-tu-nu [D]UMU.MEŠ-ku-nu	
N38A	at-tu-nu [t]a-za-za DUMU.MEŠ-ku-nu	
N50G	at-tu-nu ina I[GI] DUMU.MEŠ-ku-nu	
N51E	[ ] ina IGI ⌈LÚ⌉.KÚR-ku-[ ]	
T vii 26b-27	at-⌈tu⌉-nu [ ] IGI LÚ.KÚR-ku-nu l[a]-za-a-za DUMU.MEŠ-ku-⌈nu⌉	

536

N28C	[bat]a
N31	[t]a-ṣa-ba-ta
N38A	DUMU.MÍ.MEŠ-ku-nu ina ŠU.2-ku-nu [ ]-t[a]
N51E	DUMU.MÍ.MEŠ-ku-nu [ ]
T vii 28	[DU]MU.MÍ.MEŠ-ku<-nu> ina ŠU.2-k[u] la ta-ṣab-ba-ta

§66

537

N27	[ ] ANŠE.GÌR.NUN.N[A]
N31	[á]š-šú!-u-ni
N50G	-- ki-i šá NU[MUN]
N51E	-- ki-i šá NUM[UN] šá A[NŠE]
NX12	KIMIN ki-i šá NUMUN šá ANŠE.k[u]
NX19	[ ]-⌈i⌉ šá NUMUN šá! ANŠE.k[u]
T vii 29a	-- [k]i-i šá NUMUN šá ANŠE.ku-di[n-ni] la-áš-šu-u-ni

538

N27	[N]UMUN-*ku-nu* NUMUN *šá* DU[MU]
N28C	[*k*]*u-nu* [ ]
N31	[ ]-*ku-nu* <NUMUN *šá*> DUMU.MEŠ-*ku-nu*
N50G	MU-*ku-n*[*u*]
N51E	MU-*ku-nu* NUMUN-*ku-nu* [ ]
NX12	MU-*ku-nu* NUMUN-*ku-nu* NU[MUN] DUMU.MEŠ-*ku-nu*
NX19	[ ]-*nu* NUMUN *šá* ŠEŠ.MEŠ-[ ]
T vii 29b-30	MU-*ku-nu* [NU]MUN-*ku-nu* NUMUN *šá* ŠEŠ.[M]EŠ-*ku-nu*

539

N27	[ ]-*ku-nu* TA* KUR *l*[*i*]
N31	[ ]-*iḫ-liq*
N50G	DUMU.MÍ.ME[Š]
N51E	DUMU.MÍ.MEŠ-*ku-nu* [ ]
NX12	DUMU.MÍ[ ] TA* KUR *li*-[ ]
T vii 31	[DUM]U.⌜MÍ⌝.MEŠ-*ku-nu* TA [K]UR *li-iḫ-li-iq*

§67

540

N27	*k*[*i*]
N31	[ ]-*kit* KAŠ
N51E	*ki-i šá* SI *šá* x[ ]
NX12	*ki-i šá qar-nu šá* x[ ]
NX19	[ ]-⌜*i*⌝ *šá* ⌜SI⌝ *šá* x[ ]
T vii 32	⌜*ki-i šá* SI⌝ [*šá*(-)x x]-*ni* NUMUN *u sík-kit* KAŠ

541

N27	*ina* ⌜ŠÀ⌝ [ ]
N31	[ ] *la* [ ]
N46II	[ ]-⌜*ti*⌝ *la i*⌝-*p*[*ar*]
N51E	*ina* ŠÀ *šak-nu-n*[*i*] *la i-par-ru-u*-[ ]
NX12	*ina* ŠÀ-*bi šak-nu-ni k*[*i*] *la i-par-ru-ʾu-u-ni*
T vii 33-34a	*ina* ŠÀ-*bi* [ ]-*ni* ⌜*ki*⌝-*i šá* NUMUN.MEŠ-*ni an-nu-te* [*l*]*a* ⌜*i*⌝-*p*[*ar-ru-u*]ʾ-*u-ni*-⌜*ni*⌝

542

N27	[*s*]*ík-kit* K[AŠ$^{?}$]
N31	[ ]x-*ni-šá* [ ]
N46II	[ ] *la ta-sa*-[ ]
N51E	[ ] *la ta-sa-ḫ*[*ar*]
NX12	[ ] *ta-sa-ḫar-u-ni*
T vii 34b-35	*ù sik-kit* KAŠ [*a*]-⸢*na*$^{?}$ x x⸣-*ni-šá la* ⸢*ta*⸣-*sa-ḫar-u-ni*

543

N27	[ ]-*ku-nu* NUMUN.MEŠ *šá* Š[EŠ$^{?}$]
N31	[ ]-*nu* [ ]
N46II	[ ]-*ku-nu* DUMU.MÍ[.MEŠ-*ku-nu*]
N51E	[ ] NUMUN *šá* ŠEŠ[ ]
NX12	[*n*]*u*
T vii 36	[M]U-*ku-nu* NUMUN-*ku-nu* NUMUN *šá* ŠEŠ.MEŠ-*ku-nu* DUMU.MEŠ-*ku-nu*

544

N27	[ ] UGU *pa-né šá*$^{!}$ *kaq-qa-ri* [ ]
N31	[*l*]*i-iḫ-liq*
N46II	[ ] *li-iḫ*-[ ]
NX12	*ina* ---- KUR *l*[*i*]
T vii 37	[*in*]*a* UGU *pa-né šá kaq-qi-ri li-iḫ-li-iq*

§68

545

N27	^{d}UTU *ina* [GI]Š.⸢APIN⸣ *šá* AN.BAR URU-*ku*-[ ]
N31	[ ]-*nu*
N46BB	[ ]-⸢*gi*⸣-*k*[*u*]
N50M	^{d}UTU *ina* GIŠ.APIN *šá* AN.B[AR] *na-gi-ku-nu*
T vii 38-39a	⸢^{d}⸣UTU *ina* GIŠ.APIN *šá* AN.BAR ⸢URU⸣-*ku-nu* KUR-*ku-nu* [*n*]*a-gi-ku-nu*

546

N27	*lu*-[*b*]*al*$^{!}$-*ki*[*t*]
N31	[ ]-*kit*
N50M	*l*[*u*]
T vii 39b	*lu-šá-bal-kit*

§69

547

N27	---- *ki-i šá* ⌈U_8⌉ [ ]*-tú šal-qa-*[ ]
N46BB	[*t*]*u-u-ni* UZU *šá* DUMU-[ ]
N50M	KIMIN.KIMIN *ki-i šá* ⌈U_8⌉ [ ] UZU *šá* DUMU-*šá*
T vii 40-41a	KIMIN.KIMIN *ki-i šá* U_8 *an-*[*n*]*i-ti* [*ša*]*l-qa-at-u-ni* UZU *šá* DUMU-*šá*

548

N27	*ina pi-i-šá šá-kín-u-ni ki-i ḫa-an-ni-*⌈*i/e*⌉$^{?}$
N46BB	[ ]x
N50M	*ina pi-*[ ]
T vii 41b-42a	*ina* KA-*šá* [*š*]*á-kín-u-ni ki-i ḫa-an-ni-i*

549

N27	UZU *šá* ŠEŠ.MEŠ-*ku-nu* DUMU.MEŠ-*ku-nu* DUMU.MÍ.MEŠ-*ku-nu*
N46BB	UZU *šá* ---- DUMU.MEŠ-*ku-*[ ]
N49U	[ ]*-ku-nu* DUMU.MEŠ-*ku-nu* [ ]
N50M	[DUM]U.MEŠ-*k*[*u*]
T vii 42b-43a	[U]ZU.MEŠ [*š*]*á* ---- DUMU.MEŠ-*ku-nu* DUMU.MÍ.MEŠ-*ku*<-*nu*>

550

N27	*a-na bu-ri-ku-nu lu-šá-kilu-ku-n*[*u*]
N46BB	[ ] *lu-šá-ki-li-ku-n*[*u*]
N49U	[*n*]*u lu-šá-kil-u-ku-nu*
T vii 43b	*ina bu-r*[*i*]*-ku-nu li*$^{?}$<-*šá*>-*kilu*$^{?}$-*ku-*⌈*nu*⌉

§70

551

N27	*ki-i šá kab-su kab-su-tú* NIM MÍ.NIM-*tú šal-*[*q*]*u-u-ni*
N37	[*k*]*ab-su kab-su-tú* UDU.NIM ---- ⌈*šá*$^{?}$*-al*⌉*-qu-u-ni*
N46BB	[ ]*-qu-u-*[ ]
N49U	[*s*]*u-tú* UDU.NIM MÍ.UDU.NIM-*tú* [ ]
N51I	*ki-i šá kab-su kab-su-tú* NIM MÍ[ ]
T vii 44-45a	*ki-i šá kab-su kab-su-tú* UDU.NIM ⌈MÍ⌉.NIM-*tú* [*š*]*al-qu-u-ni*

552

N27	*er-re-šú-nu*	TA*	GÌR.2.MEŠ-*šú-nu*	*kar-ku-u-ni*
N37	[ ]-*šú*!-*nu*	TA	GÌR.2-*šú*<-*nu*>	*kar-ku-u-ni*
N49U	[	T]A*	GÌR.2.MEŠ-*šú-nu*	*kar-ku-u-ni*
N51I	*er-re-šú-nu*	TA*	GÌR.2-*šú-nu*	*kar*-[ ]
T vii 45b-46a	*er-re-šú-nu*	TA	GÌR.2-⸢*šú*⸣-*nu*	[*k*]*ar-ku-u-ni*

553

N27	----	*er-re šá* DUMU.MEŠ-*ku-nu*	DUMU.MÍ.MEŠ-*ku-nu*	TA* GÌR.2.MEŠ-*ku-nu*
N37	*er-re-ku-nu*	[ ]-*re šá* DUMU.MEŠ-*ku-nu*	DUMU.MÍ.MEŠ-*ku-nu*	TA GÌR.2-*ku-nu*
N49U	[		M]Í.MEŠ-*ku-nu*	TA* GÌR.2.MEŠ-⸢*ku*⸣-[ ]
N51I	----?	*er-re šá* DUMU.MEŠ-*ku-nu*	DUMU.MÍ.MEŠ-*k*[*u*	]
T vii 46b-47a	----	*er-re šá* DUMU.MEŠ-*k*[*u*]-*nu*	[DU]MU.MÍ.MEŠ-*ku*<-*nu*>	TA GÌR.2.MEŠ-*ku-nu*

554

N27	*li-kar-ku*
N37	⸢*li*⸣-*kar-ku*
N49U	⸢*li-kar*⸣-*ku*
N51I	*li-kar*-[ ]
T vii 47b	⸢*li*⸣-*kar-ka*

§71

555A

N49U	[*šum-ma at-tu-nu ina* ŠÀ *a-de*]-⸢*e*⸣ *an-nu-ti šá* ^{m}*aš-šur*-PAP-AŠ MAN KUR ⸢*aš-šur*⸣

555B

N49U	[*ina* UGU ^{m}*aš-šur*-DÙ-A DUMU MAN GAL *šá* É U]Š-*ti ta-ḫa-ṭa-a-ni*

555

N27	--	*ki-i šá* MUŠ	--	^{d}NIN.KILIM	*ina* ŠÀ-*bi*	1-⸢*et ḫu-re*⸣-*te*
N37	[KIM]IN	*ki-i šá* MU[Š]	*ù*	^{d}NIN.KILIM	*ina* ŠÀ-*bi*	1-*et ḫu-ri-ti*
N49U	[				Š]À	1-*et ḫu-ri-ti*
N51I	--	*ki-i šá* MUŠ	--	^{d}NIN.KILIM	*ina* ŠÀ	1-*e*[*t*]
T vii 48	--	[ ] ⸢*šá*⸣ MUŠ	--	⸢^{d}⸣NIN.KILIM	*ina* ŠÀ	[ ]-*et ḫu-re-te*

556

N27	*la e-rab-u-ni la i-ra-bi-ṣu-u-ni*
N37	*la er-rab-u-*⸢*ni*⸣ [*l*]*a i-rab-b*[*i*]
N49U	[ ]-*ni*
N51I	*la er-rab-u-ni la i-rab-bi-*[ ]
T vii 49	[*l*]*a e-rab-u-*[*n*]*i la i-rab-*[*b*]*i-ṣu-u-ni*

557

N27	*ina* UGU *na-kas* ZI.MEŠ *šá a-ḫe-iš i-da-ba-bu-u-ni*
N37	[Z]I.MEŠ *ša a-ḫe-iš i-da-ba-bu-u-ni*
N49U	*ina* UGU ---- ZI.MEŠ [ ]
T vii 50	[ ] UGU ---- ZI.MEŠ ⸢*šá*⸣ *a-ḫe-iš id-d*[*a*]*-bu-ub-u-ni*

558

N27	[*a*]*t-tu-nu* MÍ.MEŠ-*ku-nu ina* ŠÀ-*bi* 1-*en* É *la te-rab-ba*
N37	*at-tu-nu* MÍ.⸢MEŠ-*ku*⸣-*nu ina* ŠÀ 1-*en* É *la te-ra-ba*
N51I	*at-tú-nu* MÍ.MEŠ-*ku-nu ina* ŠÀ 1-*en* É *l*[*a*]
T vii 51	[*a*]*t-tu-nu* MÍ.MEŠ-[*k*]*u-nu ina* ŠÀ 1-*en* É *la te-ra-ba*

559

N27	---- [U]GU *na-kas* ZI.MEŠ *šá a-ḫe-iš du-ub-ba*
N37	*ina* UGU 1-*et* G[IŠ.N]Á *la ta-ta-la ina* UGU *na-kas* ZI.MEŠ *šá a-*[ ]-*ba*
N51I	*ina* UGU 1-*et* GIŠ.NÁ *la ta-*[ ] *ina* UGU *na-kás* ZI.MEŠ *šá a-*[ ]
T vii 52-53	[*i*]*na* UGU 1-*et* GIŠ.⸢NÁ⸣ *la ta-*⸢*tal*⸣-*la ina* UGU *na-kas* [Z]I.MEŠ *šá a-*⸢*ḫe*⸣-*iš du-*[*u*]*b-ba*

§72

560

N27	[ ] *u* GEŠTIN *ina* ŠÀ-*bi er-re e-rab-u-ni*
N37	KIMIN.KIMIN *ki-i šá* NINDA.MEŠ *u* GEŠTIN.MEŠ *ina* ŠÀ *er-re-*[ ] *er-rab-u-ni*
T vii 54a	---- *ki-i šá* NINDA.MEŠ -- ⸢GEŠTIN⸣ *ina* <ŠÀ> *er-re-ku-nu e-ra*[*b*]-⸢*u*⸣-*ni*

561

N27	[*ki-i ḫa-an-ni*]-*i ta-mì-tú an-ni-tú ina* ŠÀ-*bi er-*⸢*re*⸣-[ ]
N37	---- *ta-mì-*⸢*tu an*⸣-[ ] ⸢ŠÀ *er*⸣-*r*[*e*]
T vii 54b-55a	---- *ta-mì-tú* ⸢*an-ni-tú ina* ŠÀ *er-re*⸣-*ku-nu*

562

N27	[D]UMU.MÍ.MEŠ-*ku-nu lu-še-r*[*i*]
N37	*er-re šá* DU[MU M]Í.MEŠ-*ku-nu lu-še-ri-bu*
T vii 55b	*er-re šá* DUMU.MEŠ-*ku-*⸢*nu*⸣ DU[MU]⸢MEŠ⸣-*ku-nu lu-še-ri-*⸢*bu*⸣

§73

563

N37	K[IMIN.KIMIN *k*]*i-i šá* A.MEŠ *ina* ŠÀ *ta*[*k-k*]*u-si ta-nap-pa-ḫa-a-ni*
T vii 56a	---- *ki-i šá* ⸢A.MEŠ⸣ *ina* ⸢ŠÀ⸣ *tak-ku-si ta-nap*!*-pa-ḫa-a-ni*

564

N37	*a-n*[*a k*]*a-šú-nu* MÍ.MEŠ-*ku-nu* DUMU.MEŠ-*ku-nu* DUMU.MÍ.MEŠ-*ku-nu*
N50F	[ ] DUMU.MÍ.MEŠ-*ku-nu*
T vii 56b-57a	*a-na* ⸢*ka-šú*⸣-[ ]⸢MEŠ-*ku-nu* DUMU.MEŠ⸣-*ku-nu* DUMU.MÍ.MEŠ-*ku-nu*

565

N37	*li-p*[*u-ḫ*]*u-ku-nu* ÍD.MEŠ-*ku-nu* [*k*]*u-nu* ⸢PÚ⸣.MEŠ-*ši-na*
N50F	[ ] IGI.2.MEŠ-*ku-nu* PÚ.M[EŠ]
T vii 57b-58a	*li-pu-ḫu-ku-nu* ⸢ÍD.MEŠ-*ku-nu* IGI.2⸣[ ]-*ku-nu* A.MEŠ-*ši-na*

566

N37	*a-na qí-*[*i*]*n-niš lu-*[*ḫ*]*i-ru*
N50F	[ ] *qí-in-niš lu-sa-ḫi-r*[*u*]
T vii 58b	*a-na qí-niš* ⸢*lu*⸣*-sa-ḫi-ra*

§74

567

N36C	[*ina p*]*i-*⸢*it*⸣*-ti* KÙ.GI *i*[*na*]-*ku-nu lu-šá-l*[*i*]
N37	KIMIN.KIMIN NINDA.MEŠ *a-na* ⸢GI!⸣.NA KÙ.GI *ina* KUR-*k*[*u*] *lu-šá-li-ku*
N50F	[ ] *pi-it* KÙ.GI *ina* [ ] *lu-šá-li-ku*
N89	[ ] *pi-*[ ]
T vii 59	---- [N]INDA.MEŠ *ina pi-*⸢*it*⸣*-ti* KÙ.GI *ina* KUR-*ku-nu* ⸢*lil*⸣*-qú*

§75

568

N36C	[ ] *šá* LÀL *ma-ti-qu-u-ni* ÚŠ.MEŠ *šá* MÍ.MEŠ-*ku-nu*
N37	KIMIN *ki-i šá* LÀL ⸢*ma*⸣-[*t*]*e-qu-u-n*[*i*] ÚŠ.MEŠ *šá* MÍ.MEŠ-*ku-nu*
N50F	---- *ki-i šá* LÀ[L]-*ti-qu-u-ni* ÚŠ.MEŠ *šá* MÍ.MEŠ-*ku-nu*
N89	[K]IMIN.KIMIN *ki-*⸢*i šá*⸣ [ ]
T vii 60	KIMIN.KIMIN ⸢*ki-i*⸣ *šá* LÀ[L] *ma-ti-qu-u-ni* ÚŠ.MEŠ *šá* ⸢MÍ⸣.MEŠ-*ku-nu*

569

N36C	DUMU.MEŠ-ku-nu ---- ina pi-i-ku-nu ⌜li⌝-in-ti-iq
N37	DUMU.MEŠ-ku-nu DUMU.MÍ.MEŠ-k[u]-ku-nu ⌜li⌝-AḪ-ti-iq
N50F	DUMU.MEŠ-ku-nu DUMU.MÍ.MEŠ-ku-nu ina pi-i-ku-nu li-im-ti-iq
N89	[D]UMU.MEŠ-ku-nu DUMU.MÍ.M[EŠ]
T vii 61	DUMU.MEŠ-ku-nu DUMU.M[Í].MEŠ-ku-nu ina pi-i-ku-nu li-im-ti-iq

§76

570

N36C	---- ki-i šá šá-aṣ-b[u-t]e? tul-tú ta-kul-u-ni
N37	KIMIN ki-i šá šá-aṣ-b[u?]-tu ta-kul-u-ni
N50F	[ ] šá šá-⌜aṣ⌝-[ ]-tu ta-kul-u-ni
N50T	[ ]-⌜aṣ-bu⌝-[ ]
N54B	[ ]-⌜ni⌝
T vii 62	---- ki-i šá šá-aṣ-b[u]-ti tul-tú ta-kul-u-ni

571

N36C	ina bal-ṭu-te-ku-nu UZU.MEŠ-ku-nu UZU šá MÍ.M[EŠ]
N37	ina bal-ṭu-te-ku-nu UZU.M[EŠ] šá MÍ.MEŠ-ku-nu
N50T	[ṭ]u-ti-ku-nu UZU.MEŠ-k[u] šá MÍ.MEŠ-ku-nu
N54A	[k]u-nu x[ ]
N54B	[M]Í.MEŠ-ku-nu
T vii 63	ina bal-ṭu-ti-ku-n[u] UZU.MEŠ-ku-nu UZU.MEŠ šá M[Í.]MEŠ-ku-nu

572

N36C	DUMU.MEŠ-ku-nu DUMU.MÍ.MEŠ-ku-nu tu-es-su l[u]
N37	DUMU.MEŠ-ku-nu DUMU.MÍ.MEŠ-ku-nu tu-es-⌜su⌝ [ ] ta-kul
N47D	D[UMU]
N50T	DUMU.M[EŠ k]u-nu tu-es-si lu t[a]
N54A	[l]u ta-[ ]
N54B	[l]u ta-kul
T vii 64	⌜DUMU⌝.MEŠ-ku-nu DUMU.M[Í.M]EŠ-ku-nu tu-es-su lu ⌜ta⌝-kul

§77

573a

N36C	---- DINGIR.MEŠ ma-la ina ṭup-pi a-de-e an-ni-i MU-šú-nu zak-ru
N37	KIMIN.KIMIN ----
N47D	KIMIN DINGIR.MEŠ [ ] MU-šú-nu zak-r[u]
N50T	[l]a ina ṭup-pi a-d[e]
T vii	----

573b

N36C	GIŠ.PAN-*ku-nu* *liš-bi-ru* [*i*]*na* KI.TA KÚR-*ku-nu*
N37	GIŠ.PAN-*ku-nu* *liš-bi-*[*r*]*u* *ina* KI.TA LÚ.KÚR-⸢*ku*⸣-*n*[*u*]
N47D	[ ] *ina* KI.TA LÚ.K[ÚR]
N54A	[KÚ]R-*ku-nu*
T vii 65a	GIŠ.PA[N]-*ku-nu* *liš-b*[*i-r*]*u* *ina* KI.TA LÚ.KÚR-*ku-nu*

574

N36C	*lu-še-šib-*{*šib-*}*bu* GIŠ.PAN [ ]-*ku-nu* *lu-šá-bal-kitu*
N37	*lu-še-ši-bu-ku-nu* GIŠ.PAN *ina* ŠU.2-*ku-nu* *lu-šá-bal-ki-*[ ]
N47D	[ ] GIŠ.PAN *ina* ŠU.2-*ku-nu* [ ]
N54A	*lu-še-ši-b*[*u*]
N54B	*lu-še-šib-u-ku-nu* [ ]
T vii 65b-66a	*lu-še-ši-*[ ]-*ku-nu* GIŠ.PAN *ina* ŠU.2-*ku-nu* *lu-*⸢*šá*⸣-*bal-ki-tú*

575

N36C	GIŠ.GIGIR.M[EŠ] *a-na qí-*[*l*]*u-šá-di-il-lu*
N37	GIŠ.GIGIR.MEŠ-*ku-nu* *a-na q*[*í*]*-niš* *lu-šá-di-lu*
N47D	GIŠ.GIGIR.MEŠ-*ku-nu* *a-na* [ ]
N51G	[ ]-*nu* ⸢*a*⸣-[ ]
N54A	[GI]Š.GIGIR.MEŠ-*ku-nu* [ ]-*šá-di-lu*
N54B	[ ]-⸢*ku*⸣-[ ]
T vii 66b	GIŠ.GIGIR.MEŠ-*ku-nu* *a-na qí-niš* *l*[*u*]-⸢*šá-di-lu*⸣

§78

576

N36C	KIMIN [ ]-*lu* *ka-šu-du-ni* *de-ku-*⸢*ú*⸣-[ ]
N37	KIMIN *ki-i* *šá* *a-a-lu* *ka-šu-du-u-ni* *de-ku-u-ni*
N47D	⸢KIMIN⸣ *ki-i* *šá* *a-a-lu* *k*[*a*]
N51G	---- *ki-i* *šá* *a-a-lu* *ka-šu-d*[*u*]
N54A	[*d*]*e-ku-u-ni*
T vii 67a	---- *ki-i* *šá* *a-a-lu* *kaš-šu-*[*d*]*u-u-ni* *de-*⸢*ku*⸣-*u-ni*

577

N36C	[*k*]*u-nu* DUMU.MEŠ-*ku*<-*nu*> *ina* ŠU.2 EN [ÚŠ.MEŠ-*ku*]-*nu*
N37	*a-na ka-šú-nu* ŠEŠ.MEŠ-*ku-nu* DUMU.MEŠ-*ku-nu* ---- EN [ ]
N47D	*a-na ka-šu-*[*n*]*u* ŠEŠ[ ]
N51G	*a-na ka-šú-nu* ŠEŠ.MEŠ-*ku-nu* [ ]
N54A	[M]EŠ-*ku-n*[*u* M]EŠ-*ku-nu*
T vii 67b-68a	*a-na ka-a-šú-nu* ŠEŠ.MEŠ-*ku-nu* ⸢DUMU⸣.MEŠ-*ku-*⸢*nu*⸣ ----

578

N36C	*[liš-ka]-nu-ku-n[u]*	----
N37	*lu-ka-ši-du*	*li-du-ku-ku-[ ]*
N47D	*lu-ka-ši-du*	*li-d[u]*
N51G	*lu-ka-ši-du*	*li-d[u]*
N54A	[	*l]i-du-ku-ku-nu*
T vii 68b	*lu-kaš-ši-du*	*li-du-ku-ku-nu*

§79

579

N36C	[					*]-galu-ni*
N37	KIMIN	*ki-i*	*šá*	*bur-di-ša-ḫi*	*la*	*ta-[ ]*
N47D	----	*ki-i*	*šá*	*bur-di-ša-ḫi*	*la*	*t[a]*
N48I	[					*t]a-da-gal-u-ni*
N51G	----	*ki-i*	*šá*	*bur-di-ša-ḫi*	*la*	*ta-da-gal-[ ]*
N51S	[	*]-i*	*šá*	*bu[r*		]
N54A	[					*t]a-da-gal-u-ni*
T vii 69a	----	*ki-i*	*šá*	*bur-⸢di⸣ šá-ḫi*	*la*	*[t]a-da-gal-u-ni*

580

N36C	*ina*	*bi-iš-ka-ni-šá*	[		*]-i*	*at-tu-nu*
N37	*ina*	*bi-iš-ka-ni-šá*	*la ta-sa-ḫ[ar*			]
N47D	*a-na*	*biš-ka-ni-šá*	*la ta-s[a-ḫa]r-u-[ ]*	*ki-i*	*ḫa-an-ni-e*	*[a]t-tu-nu*
N48I	[		*t]a-sa-ḫar-u-ni*	*ki-i*	*ḫa-ni-[*	]
N51G	*ina*	*bi-iš-ka-ni-šá*	*la ta-sa-ḫa[r]*	*ki*	*ḫa-an-ni-i*	----
N51S	*ina*	*bé-eš-ka-n[i*	]	*ki-i*	*ḫa-an-[*	]
N54A	*ina*	*biš-ka-ni-šá*	[		*ḫ]a-an-ni-i*	----
T vii 69b-70a	*ina*	*bé-eš-ka-ni-šá*	*la ta-sa-ḫar-⸢u-ni⸣*		----	*[a]t-tu-⸢nu⸣*

581a

N36C	[				]
N37	*ina*	UGU	MÍ.MEŠ-*ku-nu*	----	
N47D	*ina*	UGU	MÍ.MEŠ-*ku-nu*	DUMU.MEŠ-*ku-nu*	DUMU.MÍ.MEŠ-*ku-nu*
N48I	[		]x-*ku-nu*	DUMU.MEŠ-*ku-nu*	[ ]
N51G	*ina*	UGU	MÍ.MEŠ-*ku-nu*	DUMU.MEŠ-[	]
N51S	[			]	DUMU.MÍ.MEŠ-*ku-*[ ]
N54A	*ina*	UGU	MÍ.MEŠ-*ku-nu*	[	*k]u-nu*
T vii 70b	<*ina*	UGU>	MÍ.MEŠ-*ku-nu*	DUMU.MEŠ-*ku-nu*	----

581b

N36C	[ ] ⸢É.MEŠ-*ku*⸣-*nu* [ ]-*ḫu-ra*
N37	*ina* É.MEŠ-*ku-n*[*u*]
N47D	*a*-[ ] É.MEŠ-*ku-nu la ta-sa-ḫu-ra*
N48I	[ ]MEŠ-*ku-nu la ta-sa-ḫu-r*[*a*]
N51G	*ina* É.MEŠ-*ku-nu la ta-sa-ḫ*[*u-*]
N51S	[ ]
N54A	*ina* É.MEŠ-*ku-nu la ta-sa-aḫ-ḫu-ra*
T vii 71	*a-na* ⸢É⸣[*k*]*u-nu la ta-sa-ḫu-ra*

§80

582

N36C	[ ]-*ṣab-batu-ni*
N37	KIMIN.KIMIN *ki-i šá* MUŠEN *ina du-ba-q*[*i*]
N47D	[*k*]*i-i šá* MUŠEN *ina tu-ba-qi iṣ-ṣab-bat-u-ni*
N48I	[*i*]*ṣ-ṣa-bat-u-ni*
N51G	---- *ki-i šá* MUŠEN *ina du-ba-qi iṣ-ṣab-bat-u-*[ ]
N51S	---- *ki-i* ⸢*šá*⸣ [ ]
N54A	[*q*]*i iṣ-ṣab-bat-u-ni*
T vii 72-73a	⸢KIMIN⸣.KIMIN *ki-i šá* MUŠEN *ina* ⸢*du-ba*⸣-*qi i-sa-pak-u-ni*

583

N36C	*a-na ka-šú-nu* [ ] EN ÚŠ.MEŠ-*ku-nu*
N37	*a-na ka-šú-nu* ŠEŠ.MEŠ-*ku-nu* [ ]
N47D	[*k*]*a-šu-nu* ŠEŠ.MEŠ-*ku-nu* DUMU.MEŠ-*ku-nu* [E]N ÚŠ.MEŠ-*ku-nu*
N48I	*a-na ka-šú-nu* [ ] ŠU.2 EN ÚŠ.MEŠ-*ku-nu*
N51G	*a-na ka-šú-nu* ŠEŠ.MEŠ-*ku-nu* DUMU.MEŠ-*ku-nu ina* ŠU.2 E[N]
N54A	*a-na ka-šú-nu* [*k*]*u-nu ina* ŠU.2 [E]N ÚŠ.MEŠ-*ku-nu*
T vii 73b-74a	*a-na ka-šú-nu* ŠEŠ.MEŠ-*ku-nu* DUMU.MEŠ-*ku-nu ina* ŠU.2 LÚ.KÚR-*ku-nu*

584

N36C	*liš-ka-nu-ku-nu*
N37	*li-iš-ku-nu-ku-*[ ]
N47D	*liš-ka-nu-ku-nu*
N48I	*liš-ka-nu-ku-nu*
N51G	*liš-ka-nu-ku-*[ ]
N54A	*liš-ka-nu-ku-nu*
T vii 74b	*liš-ka-nu-ku-nu*

§81

585

N36C	[				]-*ku-nu*	ŠEŠ.MEŠ-*ku-nu*
N37	KIMIN.KIMIN	UZU.MEŠ-*ku-nu*	UZ[U			]
N47D	[	*k*]*u-nu*	UZU	*šá*	MÍ.MEŠ-*ku-nu*	[ ]
N48I	[				M]Í.MEŠ-*ku-nu*	ŠEŠ.MEŠ-*ku-nu*
N51G	----	UZU.MEŠ-⸢*ku*⸣-*nu*	UZU.MEŠ	*šá*	MÍ.MEŠ-*ku-nu*	ŠEŠ[ ]
N54A	[			]	⸢MÍ⸣.M[EŠ *n*]*u*	ŠEŠ.MEŠ-*ku-nu*
T vii 75a	----	UZU.MEŠ-*ku-nu*	UZU.MEŠ	*šá*	[ŠEŠ$^{?}$.]MEŠ-*ku-nu*	MÍ.MEŠ-*ku-nu*

586

N36C	DUMU.MEŠ-*ku-nu*	[		]
N37	DUMU.MEŠ-*ku-nu*	DUMU.MÍ.ME[Š		]
N47D	⸢DUMU⸣.MEŠ-*ku-nu*	DUMU.MÍ.MEŠ-*ku-nu*	[	]
N51G	[ ]	----$^{?}$	[*ki*]-*i*	*qi-ru*
N54A	DUMU.MEŠ-*ku-nu*	[		]
T vii 75b-76a	DUMU.MEŠ-*ku-nu*	----	*ki*	*qi-i-ri*

587

N36C	[*r*]*i*	*nap-ṭi*	*lu-ṣal-li-mu*
N37	*ku-up-ri*	*nap-ṭi*	[ ]
N47D	[*u*]*p-ri*	⸢*nap*⸣-*ṭi*	*lu-ṣal-li-mu*
N48I	*ku-up-ri*	*nap-ṭi*	*lu-ṣa-li-m*[*u*]
N51G	*ku-up-ri*	*nap-ṭi*	*l*[*u*]
N54A	[	*na*]*p-ṭu*	*li-ṣal-li-mu*
T vii 76b	*ku-u*[*p*]-*ri*$^{!}$	*nap-ṭi*	*lu-ṣal-li-mu*

§82

588

N36C	[		*u*]*š-ḫe*⸢*ú*⸣-*ma-mu*	*ina*	*kip-pi*
N37	KIMIN	*ki-i šá ḫa-e-*[			]
N47D	[		]-*ru-uš-ḫe* *ú-ma-mu*	*ina*	*kip-pi*
N54A	[		]	*ina*	⸢*kip*⸣-*p*[*i*]
T vii 77a	----	*ki-i šá ḫa-*⸢*e-pa-ru*⸣-*u*[*š*]-*ḫe*	*ú-ma-mu*	*ina*	*kip-pi*

589

N36C	[		MÍ.MEŠ$^?$]-*ku-nu*	ŠEŠ.MEŠ-*ku-nu*	DUMU.MEŠ-*ku-nu*
N37	*is-sa-pa-ku-u-*⸢*ni*⸣	*a*[*t*			]
N47D	[	*t*]*u-nu*	----	ŠEŠ.MEŠ-*ku-nu*	[ ]
N51C	[			*k*]*u-nu*	D[UMU]
N54A	[*s*]*a-pa-ku-u-ni*	[			]
T vii 77b-78a	*i-sa-pa-ku-u-ni*	*at-tu-nu*	----	ŠEŠ.MEŠ-*ku-nu*	D[UM]U.MEŠ-*ku-nu*

590

N30C	DU[MU$^!$.]MÍ.[	]	ŠU.2	LÚ.KÚR-*ku-nu*	*na-*⸢*aṣ*⸣*-b*[*i*]
N36C	[			KÚ]R-*ku-nu*	*na-ṣa-bi-ta*
N37	DUMU.MÍ.MEŠ-*ku-nu*	*ina*	ŠU[.		]
N47D	[*k*]*u-nu*	*ina*	ŠU.2	LÚ.KÚR-*ku-nu*	[ ]-*ta*
N51C	[				]-*aṣ-b*[*i*]
N54A	[				*b*]*i-ta*
T vii 78b	----	*ina*	ŠU.2	LÚ.KÚR-*ku-nu*	*na-ṣa-bi-ta*

§83

591

N30C	----	UZU.MEŠ-⸢*ku-nu*⸣	UZU.⸢MEŠ⸣	*šá*	MÍ.MEŠ-*ku-nu*	ŠEŠ.MEŠ-*ku-n*[*u*]
N36C	[				]-⸢*ku*⸣-*nu*	ŠEŠ.MEŠ-*ku-nu*
N37	KIMIN.K[IM]IN	UZU.MEŠ-[				]
N50P	[	]	UZU.MEŠ	*šá*	M[Í	]
N51C	----	UZU.MEŠ-*ku-nu*	UZ[U].MEŠ	*šá*	[ ]	ŠEŠ.MEŠ-*ku-nu*
N90	----	⸢UZU.MEŠ-*ku*⸣-[				]
T vii 79a	----	UZU.MEŠ-*ku-nu*	UZU.MEŠ	*šá*	----	ŠEŠ.MEŠ-*ku-nu*

592

N30C	⸢DUMU.MEŠ-*ku-nu*⸣	DUMU.MÍ<.MEŠ>-*ku-nu*
N37	[ ]	DUMU.MÍ<.MEŠ>-*ku-n*[*u*]
N50P	[ ]	DUMU.MÍ.MEŠ-*ku-nu*
N51C	DUMU.MEŠ-*ku-nu*	[ ]
N90	DUMU.MEŠ-⸢*ku-nu*⸣	DU[MU]
T vii 79b-80a	DUMU.MEŠ-*ku-nu*	DUMU.MÍ.MEŠ-*ku-nu*

593

N30C	*ki-i* UZU.MEŠ	[ ]	*ḫur-ba-bíl-li*	*li-ga-am-ru*
N36C	[		*ḫ]ur-ba-bíl-li*	[ ]*-ru*
N50P	*k*[*i*			]
N51C	*ki-i* UZU	*šá*	*ḫur-ba-bi-li*	[ ]
N90	[	] *šá*	*ḫur-ba-bi-l*[*i*	]
T vii 80b	*ki-i* UZ[U]	*šá*	*ḫur-ba-bil-li*	*lig-mu-ru*

§84

594

N30C	----	[*š*]*a*	*ina*	ŠÀ	*ka-ma-a*[!]*-ni*	*ša*	LÀL
N32	----	[		Š]À	*ka*[!]*-ma-a-ni*	--	LÀL
N37	KIMIN.KIM[IN						]
N50P	----	⸢*ki*⸣*-i šá*	*ina*	ŠÀ*-b*[*i*			]
N51C	----	*ki-i šá*	*ina*	ŠÀ	*ka*[!]*-ma-a-ni*	[	]
N90	----	*ki-i šá*	*ina*	ŠÀ	*ka-m*[*a*		]
T vii 81a	----	*ki-i šá*	*ina*	⸢ŠÀ⸣	[*k*]*a-ma-*⸢*ni*⸣	[ ]	LÀL

595

N30C	ḪABRUD.MEŠ	*pa-*[*l*]*u-šá-a-ni*
N32	ḪABRUD.M[EŠ	]
N51C	ḪABRUD.MEŠ	*pal-lu-šá-a-*[ ]
N90	[ ]	*pal-lu-šá-a-*⸢*ni*⸣
T vii 81b	ḪABRUD.MEŠ	*pa-lu-za-a-*[*n*]*i*

596

N30C	----	*ina* ŠÀ	UZU.MEŠ-⸢*ku*⸣*-nu*	UZU.MEŠ *šá*	MÍ.MEŠ*-ku-nu*
N32	----	*ina* ŠÀ	UZU.MEŠ*-ku-nu*	UZU.MEŠ *šá*	MÍ.MEŠ-⸢*ku-nu*⸣
N50P	----	*ina* ŠÀ*-bi*	UZU.MEŠ-⸢*ku*⸣*-n*[*u*		]
N51C	----	*ina* ŠÀ	UZU.MEŠ*-ku-nu*	UZU.MEŠ *šá*	MÍ.M[EŠ]
N90	----	*ina* ŠÀ	UZU.MEŠ*-ku-nu*	[	]
T vii 82a	*ki-i ḫa-an-ni-e*	----	UZU[.M]EŠ*-ku-nu*	UZU.MEŠ *šá*	----

597

N30C	ŠEŠ.MEŠ*-ku-nu*	DUMU.MEŠ*-ku-nu*	DUMU.MÍ.MEŠ*-ku-nu*
N32	⸢ŠEŠ.MEŠ⸣-[ ]-⸢*nu*⸣	DUMU.MEŠ*-ku-nu*	----
N50P	[ ]	DUMU.MEŠ*-ku-nu*	DUMU.MÍ.MEŠ-[ ]
N51C	[ŠE]Š.MEŠ*-ku-nu*	DUMU.MEŠ*-ku-nu*	DUMU.MÍ[ ]
T vii 82b-83a	ŠEŠ.MEŠ*-k*[*u*]*-nu*	DUMU.MEŠ*-ku-nu*	DUMU.⸢MÍ.MEŠ⸣*-ku-n*[*u*]

598

N30C	ina bal-ṭu-te-ku-nu	ḪABRUD.MEŠ	lu-*-pal-li-šu	* ＝消し跡
N32	ina bal-ṭu!-te-ku-nu	ḪABRUD<.MEŠ>	lu pal-lu-šá	
N51C	ina bal-ṭu-ti-ku-nu	ḪABRUD	lu(-)p[al]	
N90	ḪABRUD[.(MEŠ) ina bal-ṭu-te-ku-nu]		lu [ ]	
T vii 83b	⌈ina⌉ bal-ṭu-ti-ku-nu	⌈ḪABRUD⌉.MEŠ	lu pa-⌈lu-za⌉	

§85

599

N27	K[IMIN.KIMI]N!?	BURU$_5$.!	NUMUN!	bar!-mu	kal-mu-tú	mu-nu	a-ki-lu
N51C	KIMIN.KIMIN	BURU$_5$	N[UMUN		]	mu-nu	a-ki-lu
T vii 84-85a	KI[MIN.KIMIN!]	⌈BURU$_5$.MEŠ⌉	NUMUN	bar!-mu	kal-ma-tú	mu-nu	[ ]

600

N27	URU.MEŠ-ku-nu	KUR-ku-nu	na-gi-ku-nu	⌈lu⌉-šá-ki-lu
N51C	UR[U	]	na-gi-ku-nu	lu-šá-[ ]
T vii 85b	[ ]-ku-nu	KUR-ku-nu	A.ŠÀ.MEŠ-ku-nu	lu-⌈šá⌉-ki-lu

§86

601

N27	----	ki-i	NIM	ina	ŠU.2	<LÚ.KÚR->ku-nu	le-pa-šú-ku-nu
N30C	KIMIN	ki-⌈i⌉	zu-um-bi	ina	ŠU.2	LÚ.KÚR-ku-nu	le-pa-šú-ku-nu
N32	KIMIN.KIMIN	ki-i	NIM	ina	ŠU.2	KÚR-ku-nu	le-pa!-šu-ku-nu
N50P	KIMIN.KIMIN	ki-i	zu-u[m			]	le-pa-šu-[ ]
N51C	KIMIN.KIMIN	ki-i	zu-um-bi	ina	[	]	le-pa-šu-ku-nu
NX21	----	ki-i	zu-um-bi	ina	ŠU.2	LÚ.KÚR-ku-nu	le-pa-šu-ku-nu
N90	[						n]u
T vii 86	----	ki-i	zu-um-bi	ina	ŠU.2	LÚ.KÚR-ku-nu	le-pa-šu-ku-nu

602

N27	LÚ.KÚR-ku-nu	li-im-ri-is-ku-nu
N30C	LÚ.⌈KÚR⌉-ku-nu	li-[i]m-ri-is-ku-nu
N32	LÚ.KÚR-ku-nu	li-im-ri-is-ku-nu
N50P	LÚ.KÚR-ku-nu	[ ]
N51C	LÚ.KÚR-[	]
NX21	LÚ.KÚR-ku-nu	lim-ri-is-ku-nu
N90	LÚ.KÚR-ku-n[u	r]i-is-ku-nu
T vii 87	[L]Ú.KÚR-ku-nu	li-im-ri-is!-ku-nu

§87

603

N27	*ki-i šá pi-is-pi-su*	----	*bé-ʾi-šú-u-ni*
N28C	[		]-⌈*ʾi-šu*⌉-*u-ni*
N30C	⌈*ki-i*⌉ *ša pi-is-pi-su*	----	[*ʾ*]*i-šu-u-ni*
N32	*ki-i šá pi-is-pi-su*	----	*bé-ʾi-šu-ú-ni*
N36	*ki-i šá pi-is-pi-su*	*an-ni-u*	*bé-ʾi-šu-u-ni*
N50P	*ki-i šá pi-is-*[		]
N51C	*ki-i šá pi-is-pi-s*[*u*	]	*bé-ʾi-šu-ú-ni*
NX21	*ki-i šá pi-is-<pi>-su*	*an-ni-u*	*bé-ʾi-šu-u-ni*
N90	[*p*]*i-*⌈*su*⌉	----	⌈*bé-ʾi*⌉-*šu-u-ni*
T vii 88-89a	[ ] ⌈*pi*⌉-*is-pi-su*	*an-ni-*⌈*ú*⌉	[ ]-*ʾi-šu-u-ni*

604

N27	*ki-i ḫa-an-ni-e*	*ina* IGI DINGIR	*u*	LUGAL	--	LÚ-*ti*
N28C	[					*m*]*e-lu-ti*
N30C	----	[ ] DINGIR.MEŠ	--	LUGAL	--	*a-me-lu-te*
N32	----	[		LU]GAL	--	*a-me-lu-te*
N36	*ki-i ḫa-an-ni-i*	*ina* IGI DINGIR	*u*	LUGAL	--	LÚ-*u-te*
N51C	[			LUGA]L	--	[L]Ú-*ti*
NX21	----	*ina* IGI DINGIR	*u*	LUGAL	--	*a-me-lu-te*
N90	*ki-i ḫa-ni-i*	[				]-*te*?
T vii 89b-90	⌈*ki*⌉-*i ḫa-an-ni-e*	⌈*ina*⌉ IGI DINGIR.MEŠ	⌈*u*⌉	[ ]	*u*	*a-me-lu-te*

605

N27	*ni-piš-ku-nu*	*li-ib-<ʾi>-ši*
N28C	[	]-*ʾi-ši*
N30C	⌈*ni*⌉-*piš-*⌈*ku*⌉-*nu*	*lib-ʾi-ši*
N32	*ni-piš-ku-nu*	*li-ib-ʾi-iš*
N36	*ni-piš-ku-nu*	*lib-ʾi-iš*
NX21	*ni-piš-*⌈*ku*⌉-*nu*	[*l*]*u-ba-i-šu*
N90	*ni-piš-*⌈*ku*⌉-[*n*]*u*	*lib-iš*
T vii 91	⌈*ni-piš-ku-nu*⌉	*lib-iš*

§88

606

N27	----	*a-na ka-na-šú-nu* MÍ.MEŠ-*ku-nu*	----	DUMU.MEŠ-*ku-nu*
N28C	[			DUM]U.MEŠ-*ku-nu*
N30C	[		]-⸢*ku-nu*⸣	DUMU.MEŠ-*ku-nu*
N32	[	]x-*ku-nu*	ŠEŠ.MEŠ-*ku-nu*	{*at-tu-nu*}
N36	----	[	]x ⸢ŠEŠ⸣.MEŠ-*ku-nu*	DUMU.MEŠ-*ku-*<*nu*>
N38A	[			*k*]*u-nu*
NX21	[KI]MIN.KIMIN	*a-na ka-na-šú-nu* MÍ.MEŠ-*ku-nu*	ŠEŠ.MEŠ-*ku-nu*	[DUM]U.MEŠ-*ku-nu*
N90	[			*n*]*u*
T viii 1-2a	----	[ ]-*n*[*a*	]	DUMU.MEŠ-*ku-nu*

607

N27	DUMU.MÍ.MEŠ-*ku-nu*	*ina*	*pi-til-ti*	*li-iḫ-na-qu-ku-nu*
N28C	[		*i*]*l-ti*	*li-iḫ-n*[*a*]*-qu-ku-nu*
N30C	[			]-*nu*
N32	[			*n*]*u*?*-qu-ku-nu*
N36	DUMU.MÍ.MEŠ-*ku-nu*	[		*i*]*ḫ-nu-qu-ku-nu*
N38A	[		]	*li-iḫ-nu-qu-ku-nu*
NX21	----	*ina*	*pi-til-te*	*li-iḫ-na-qu-ku-nu*
N90	DUMU.MÍ.MEŠ-*ku-nu*	[		]-*nu-qu-ku-nu*
T viii 2b	----	*ina*	*pi-til-*[	]

§89

608

N27	*ki-i*	*šá*	*ṣal-mu*	*šá*	DUḪ.LÀL	*ina*	IZI	*i-šá-rap-u-ni*
N28A	[*k*]*i-i*	[						]
N28C	[						IZ]I	*i-šá-rap-u-ni*
N32	[							*r*]*a-pu-u-ni*
N36	[						]	*iš-šar-rap-u-ni*
N38A	*ki-*⸢*i*	*šá*⸣	*ṣa-lam*	*šá*	DUḪ.LÀL	*ina*	IZI	*iš-šar-rap-u-ni*
NX21	[ ]	*šá*	*ṣa-lam*	--	DUḪ.LÀL	*ina*	IZI	*i-šar-rap-u-ni*
N90	[						] ⸢IZI⸣	*i-šar-rap-u-ni*
T viii 3	*ki-i*	*šá*	*ṣa-lam*	*šá*	DU[Ḫ			]

609

N27	[*d*]*i* *ina* A.MEŠ *i-maḫ-ḫa-ḫu-u-ni*
N28A	[*š*]*a* IM *ina* [ ]
N28C	[*ḫ*]*a-ḫu-u-ni*
N38A	*šá* *ṭi-di* *ina* A.MEŠ *i-ma-ḫa-ḫu-u-ni*
N50U	[ ]-⌜*u-ni*⌝
NX21	[ ]MEŠ *i-maḫ-ḫa-ḫu-u-ni*
N90	[*ḫ*]*a-ḫu-u-ni*
T viii 4	[*š*]*á* IM *ina* A.MEŠ *im-ma-ḫa-*⌜*aḫ-ḫu-u-ni*⌝

610

N27	[*ḫ*]*a-an-ni-e* *la-an-ku-nu* *ina* ^{d}GIŠ.BAR *liq-mu-u*
N28A	---- *la-an-ku-nu* *ina* ^{d}GIŠ.BAR *liq-mu-*[ ]
N28C	[*n*]*u* *ina* ^{d}GIŠ.BAR *liq-mu-u*
N32	[ ]-*nu* [ ]
N36	[*k*]*i-i* *ḫa-an-ni-e* [ ]
N38A	---- *la-an-ku-nu* *ina* ^{d}GIŠ.BAR *liq-mu-ú*
N50B	[ ] *liq-m*[*u*]
N50U	---- *la-*⌜*an*⌝*-k*[*u*]
NX21	[*l*]*iq-mu-u*
N90	[BA]R *liq-mu*$^{!}$*-u*
T viii 5	[ ]-*i* *ḫa-an-ni-e* *la-an-ku-nu* *ina* ^{d}GIŠ.BAR *liq-*⌜*mu*⌝-[ ]

611

N27	[ ]MEŠ *lu-ṭa-bu-ú*
N28A	*ina* A.MEŠ *li-ṭa-bu-u*
N28C	[ ]-*ṭa-bu-u*
N32	[ ]-*u*
N36	[ ]⌜MEŠ⌝ *lu-ṭa-bu-u*
N38A	*ina* A.MEŠ *li-ṭa-ab-bu-ú*
N50U	[ ] ⌜A⌝.MEŠ *lu-ṭa-bu-*[ ]
NX21	[*b*]*u-u*
N90	[*b*]*u-u*
T viii 6	[ ] A.MEŠ *li-ṭa-bu-*[ ]

§90

612A

N28C	[*šum-ma at-tu-nu ina* ŠÀ(*-bi*) *a-de*]*-e an-nu-ti šá* ^{m}*aš-šur-*PAP-AŠ MAN KUR *aš-šur*

612B

N28C	[--/*u*? DUMU.]⸢MEŠ-*šú*⸣ DUMU.DUMU.MEŠ-⸢*šú*⸣ [*ta-ḫa*]-⸢*ṭa*⸣-*a-ni*

612

N27	[		GI]Š.GIGIR	*an-ni-tú*	*a-di*	*sa-se-e-*[ ]
N28A	--	*ki-i ša*	GIŠ.GIGIR{MEŠ}	----	*a-di*	*sa-se-šá*
N28C	--	*ki-i šá*	GIŠ.GIGIR	*an-ni-tu*	*a-di*	[*s*]*i-i-šá*
N38A	KIMIN	*ki-i šá*	GIŠ.GIGIR	----	*a-di*	*sa-se-šá*
N50B	KMIN	*ki-i šá*	GIŠ.GIGIR	*a*[*n*		]
N50U	[				*d*]*i*	*sa-se-šá*
T viii 7a	--	[*k*]*i-i šá*	GIŠ.GIGIR	----	*a-*⸢*di*⸣	*sa-se-šá*

613

N27	[		*r*]*a-aḫ-ṣa-tú-u-ni*	*k*[*i*]*-i*	*ḫa-an-ni-e*
N28A	*ina*	ÚŠ.MEŠ	*ra-aḫ-ṣa-tu-u-*[ ]	*ki-i*	*ḫa-an-ni-e*
N28C	[*in*]*a*	ÚŠ.MEŠ	*ra-aḫ-*{*aḫ-*}*ṣa-tu-*[*u*]*-ni*	[*k*]*i-i*	*ḫa-an-ni-e*
N36	[ ]	ÚŠ.MEŠ	[		]
N50U	*ina*	ÚŠ.MEŠ	*ra-aḫ-ṣ*[*a*		]
NX9	*ina*	ÚŠ.MEŠ	*ra-aḫ-ṣa-tu-u-ni*	----	
N90	[		*r*]*a-aḫ-ṣa-tu-u-ni*	[	]
T viii 7b-8a	*ina*	ÚŠ.MEŠ	⸢*ra*⸣-[	*k*]*i-i*	*ḫa-an-ni-e*

614

N27	[*ina* MÚRU LÚ.KÚ]R-*ku-nu*	GIŠ.GIGIR.MEŠ-*ku-nu*
N28A	GIŠ.GIGIR.MEŠ-*ku-nu*	*ina* MÚRU LÚ.KÚR-*ku-nu*
N28C	*ina* MÚRU LÚ.KÚR-*ku-n*[*u*]	GIŠ.GIGIR.MEŠ-*ku-nu*
N36	GIŠ.GIGIR.MEŠ-*ku-nu*	[ ]
N50B	GIŠ.GIGIR.MEŠ-*ku-nu*	*ina* MÚR[U]
N50U	[	KÚ]R-*ku-nu*
NX9	GIŠ.GIGIR.MEŠ-*ku-nu*	*ina* MÚRU LÚ.KÚR-*ku-nu*
N90	[*n*]*u*	*ina* MÚRU LÚ.KÚR-*ku-n*[*u*]
T viii 8b-9a	GIŠ.GIGIR.MEŠ-*ku-*[	*in*]*a* MÚRU LÚ.KÚR-*ku*<-*nu*>

615

N27	[*r*]*a-mì-ni-ku-nu lu-šar-ḫi-ṣu*
N28A	*ina* -- ÚŠ.MEŠ -- *ra-ma-ni-ku-nu li-ra-aḫ-ṣa*
N28C	*ina* ŠÀ ÚŠ.MEŠ *šá ra-mì-ni-ku-nu lu-ša*[*r*]
N36	[ ]-*ra-aḫ-ṣa*
N50B	[ ] *ša ra-ma-ni-ku-*[ ]
N50U	*ina* -- ÚŠ.MEŠ *šá ra-ma-ni-*[ ]-*aḫ-*[ ]
NX9	*ina* -- ÚŠ.MEŠ *šá ra-ma-ni-ku-nu li-ra-aḫ-*[ ]
N90	[M]EŠ ⸢*šá*⸣ *ra-ma-n*[*i lu ra*]-*aḫ-ṣa-at*
T viii 9b	*ina* -- ÚŠ.MEŠ *šá ra-ma-ni-ku-*⸢*nu li*⸣-[ ]

§91

616A

N50B	DINGIR.MEŠ *ma-la ina ṭup-p*[*i*]
NX9	[DING]IR.MEŠ *ma-la ina ṭup-pi a-de-*[*e*] *an-né-e* MU-*šu-nu zak-*[*ru*]

616

N27	[ ] *lu-šá-aṣ-bi-ru-ku-nu*
N28A	*ki-i* GIŠ.BAL *lu-šá-aṣ-biru-ku-nu*
N28C	[*k*]*i-*⸢*i*⸣ *pi-laq-qi lu-šá-ṣa-biru-ku-nu*
N36	[ ]-*ku-nu*
N50B	*ki-i* GIŠ.*pi-laq-*[ ]
NX9	[*k*]*i-i* GIŠ.*pi-laq-qi* [ ]-*ṣa-*[ ]
N90	[ ]-⸢*i*⸣ GIŠ.*pi-laq-qi lu-šá-aṣ-bi-ru-ku-nu*
T viii 10	*ki-i pi-laq-qi lu-šá-aṣ-biru-ku-n*[*u*]

617

N27	[L]Ú.KÚR-*ku-nu le-pa-šú-ku-nu*
N28A	*ki-i* MÍ *ina* IGI LÚ.KÚR-*ku-nu le-pa-šu-ku-nu*
N28C	*ki-i* MÍ *ina* IGI LÚ*!.KÚR-*ku-nu l*[*e-p*]*a-šú*<-*ku*>-*nu*
N36	[*n*]*u*
N45N	⸢*ki-i*⸣ [ ]
N50B	*ki-i* MÍ *ina* IGI [ ]
NX9	[*k*]*i-i* MÍ *ina* IGI LÚ.K[ÚR]
N90	[ ]-⸢*i*⸣ MÍ *ina* IGI LÚ.KÚR-*ku-nu le-pa-šu-ku-nu*
T viii 11	[*k*]*i-i* MÍ *ina* IGI LÚ.KÚR-*ku-nu le-pa-šú-k*[*u*]

§92

618A

N28A		----	DINGIR.MEŠ *ma-la ina ṭup-pi <a-de-e> an-ni-i* MU-*šu-nu zak-ru*
N45N		----	DINGIR.MEŠ *ma-l[a*]
T viii 12a	[K]IMIN.KIMIN		----

618

N27	[		Š]EŠ.MEŠ-*ku-nu*	DUMU.MEŠ-*ku-nu*
N28A	*a-na*	*ka-šú-nu*	----	DUMU.MEŠ-*ku-nu*
N28C	[	*k*]*a-šú-nu*	ŠEŠ.MEŠ-*ku*<-*nu*>	DUMU.MEŠ-*ku-nu*
N45N	*a-na*	*ka-šú-n*[*u*		]
N50B	*a-na*	*ka-šú-*[		]
NX9	[*n*]*a*	*ka-*[		]
NX22	[ ]	⌜*ka*⌝-*šú-nu*	ŠEŠ.MEŠ-[	]
N90	[	*k*]*a*$^{?}$-*šu-nu*	----	DUMU.MEŠ-*ku-nu*
T viii 12b-13a	*a-na*	*ka-a-šú-nu*	ŠEŠ.MEŠ-*ku-*⌜*nu*⌝	DUMU.MEŠ-*ku-nu*

619

N27	[*n*]*u*	*ki-i*	*al-lu-ti*	*a-na*	*qí-in-niš*
N28A	DUMU.MÍ.MEŠ-*ku-nu*	*ki-i*	*al-lu-ti*	*a-na*	*qi-in-niš*
N28C	DUMU.MÍ<.MEŠ>-*ku-nu*	*ki-*⌜*i*⌝	[*t*]*i*	*a-na*	*qí-niš-ši*
N50B	[ ]	*ki-i*	*al-*[		]
NX22	[	*k*]*i-i*	*al-lut*$^{!}$*-te*	*a-na*	*q*[*í*]
N90	DUMU.MÍ.MEŠ-*ku-nu*	[	]-*ti*	*a-na*	*qi-in-niš*
T viii 13b-14a	----	*ki-i*	*al-lu-t*[*i*	]-*na*	*qí-in-niš*

620

N27	[ ]-*di-lu-ku-*⌜*nu*⌝
N28A	*lu-šá-di-lu-ku-nu*
N28C	*lu-šá-di-lu-ku-nu*
N51A	[*š*]*á-*⌜*di-lu-ku-nu*⌝
N90	*lu-šá-di-*⌜*lu-ku*⌝-*nu*
T viii 14b	*lu-šá-di-lu-ku-*⌜*nu*⌝

§93

621

N27	[ ]	DÙG.⸢GA-*tú*⸣	*la* SIG$_5$-*t*[*ú*	*l*]*u-šal-bu-ku-nu*
N28A	*ki-i* IZI	*la* DÙG.GA	*la* SIG$_5$	*lu-šal-bu-ku-nu*
N28C	*ki-i* IZI	*l*[*a*]-*tu*	*la* SIG$_5$-*tú*	*lu-šal-bu-ku-nu*
N46G	[	*de-i*]*q-tú*	*la* ⸢DÙG.GA-*tú*	*lu-šal*⸣-[ ]
N50B	*ki-i* I[ZI			]
N51A	[ ]	*la* DÙG.GA-*tu*	[	]-*nu*
NX22	[	]	*la* SI[G$_5$	]
N90	[	]-*tu*	*la* SIG$_5$-*tu*	*lu-šal-bu-ku-nu*
T viii 15	*ki-i* IZI	*la* DÙG.GA-*tú*	*la* SIG$_5$-*tú*	*lu-šal-bu-ku-*[ ]

§94

622

N27	[			]MEŠ-*ku-nu*	*e-ra*[*b*]-*u-ni*
N28A	⸢*ki-i šá* Ì⸣[		Š]À-*bi*	UZU.MEŠ	*e-rab-u-ni*
N28C	*ki-i šá* Ì.MEŠ	*ina*	----	UZU.MEŠ	*e-rab-u-ni*
N46G	[ ]MEŠ	*ina*	ŠÀ	UZU.MEŠ	*e-rab-u-*[ ]
N50B	*ki-i š*[*a*				]
N51A	[		Š]À	UZU	*er-rab-u-ni*
N90	[			*n*]*u*	*er-rab-u-ni*
T viii 16	*ki-i šá* Ì.MEŠ	*ina*	ŠÀ-*bi*	UZU.MEŠ	*e-rab-u-ni*

623

N27	[		]	*an-ni-tú*	*ina* ŠÀ-*bi*	UZU.MEŠ-*ku-nu*
N28A	----	⸢*ta-mì-tu*⸣	[ ]-*tu*	*ina*	ŠÀ-*bi*	UZU.MEŠ-*ku-nu*
N28C	*ki-i ḫa-an-ni-e*	*ta-mì-tú*	*a*[*n*]-⸢*tu*⸣	[ ]	⸢ŠÀ	UZU⸣.MEŠ-*ku-nu*
N46G	----	[	]-*ni-tú*	*ina*	ŠÀ	UZU.MEŠ-*ku-*[ ]
N50B	[ ]	*ta-mì-tú*	*a*[*n*			]
N51A	[		]-*tu*	*ina*	ŠÀ	UZU.MEŠ-*ku-nu*
N90	----	*ta-*⸢*mì*⸣-*tu*	*an-ni-t*[*u*			*n*]*u*
T viii 17	----	[*t*]*a-mì-tú*	*an-ni-tú*	*ina*	ŠÀ!-*bi*	UZU.MEŠ-*ku-nu*

624

N27	[			]MEŠ-<*ku-nu*>	DUMU.MÍ.MEŠ-*ku-nu*
N28A	⸢UZU.MEŠ	*šá*	MÍ.MEŠ-*ku-nu*	DUMU⸣.MEŠ-*ku-nu*	[ ]⸢MEŠ-*ku*⸣-*nu*
N28C	UZU.MEŠ	*šá*	ŠEŠ.MEŠ-<*ku-nu*>	DUMU.MEŠ-*ku-nu*	DUMU.MÍ[ ]
N46G	[	]	----	[DUM]U.MEŠ-*ku-nu*	DUMU.MÍ.MEŠ-*ku-nu*
N50B	[			]	DUMU.MÍ.MEŠ-*k*[*u*]
N51A	[		]-*nu*	DUMU.MEŠ-*ku-nu*	----
N90	UZU	*šá*	ŠEŠ.ME-*ku-nu*	DUMU.MEŠ-*k*[*u*	]
T viii 18a	[UZ]U.MEŠ	*šá*	----	DUMU.MEŠ-*ku-nu*	----

625

N27	[ ]-*ri-bu*
N28A	*lu-še-ri-bu*
N28C	*lu-še-ri-i-*[ ]
N46G	*lu-š*[*e*]
N51A	[*š*]*e-ri-bu*
N90	[*r*]*i*?-⸢*bu*⸣
T viii 18b	*lu-še-ri-bu*

§95

626

N28A	[	*r*]*e*?	⸢*a-na*⸣	^{d}EN	*i*[*ḫ*]-*ṭu-u-ni*
N28C	*ki-i šá*	*a-ra-ru*	*a-na*	^{d}EN	*iḫ-ṭu-u-ni*
N46G	[	*r*]*a-ru*	*a-na*	^{d}EN	*iḫ-ṭ*[*u*]
N51A	[ ]	*a-ra-re*	*a-na*	^{d}EN	[*n*]*i*
N90	[ ]	*a-ra-ru*	*a-na*	EN	*iḫ-ṭ*[*u*?]-*u-ni*
T viii 19	*ki-i šá*	*a*-⸢*ra*⸣-*ru*	*a-na*	^{d}EN	*iḫ-ṭu-u-ni*

627

N28A	[		]⸢x x	GÌR.2⸣.MEŠ-*šú-nu*	*ú*-⸢*pa*⸣!-*ti-qu-u-ni*
N28C	*kap-pi*	*šá*	Á.2.MEŠ-*šú-nu*	GÌR.2.MEŠ-*šú-nu*	*ú-pa-t*[*i-q*]*u-u-ni*
N31	*kap-pi*	*šá*	Á.2.MEŠ-*šú-nu*	GÌR.2.MEŠ-*š*[*ú*]	*ú-bat-tú*!-*qu-u-ni*
N46G	[	*š*]*a*	Á.MEŠ-*šú-nu*	GÌR.2.MEŠ-*šú-nu*	*ú-b*[*at*]
N51A	*kap-pi*	*šá*	Á.2.MEŠ-*šú-nu*	[	] ⸢*ú*⸣-*bat-ti-qu-u-ni*
N90	[	]	⸢Á⸣.2.MEŠ-*šú-nu*	GÌR.2-*šú-nu*	*ú-bat-ti-qu-ni*
T viii 20-21a	[*k*]*ap-pi*	*šá*	Á.MEŠ-*šú-nu*	GÌR.2.MEŠ-*šú-nu*	⸢*ú*⸣-*bá-ti-qu-u-ni*

628

N27	IGI.2.[ ]
N28A	[ ]-⸢*ga-lil-u-ni*⸣
N28C	[IG]I.2.MEŠ-*šú-nu* *ú-ga-li-lu-u-ni*
N31	IGI.2.MEŠ-*š*[*ú*] *ú-gal-lil-u-ni*
N46G	[*n*]*u* *ú-ga-lil-u-*[ ]
N51A	[*g*]*a-lil-u-ni*
N90	[ ]-*gal-lil-u-ni*
T viii 21b-22a	IGI.MEŠ-*šú-nu* ⸢*ú*⸣-*ga-lil-u-ni*

629

N27	*ki-*⸢*i*⸣ [ ]
N28A	⸢*ki-i*⸣ [ ]-*ni-e* *lig-ma-ru-ku-*⸢*nu*⸣
N28C	[ ]-⸢*i*⸣ *ḫa-an-ni-e* *li-ig-mur-u-ku-nu*
N31	*ki-i* *ḫa-an-ni-i*$^{?}$ [ ]
N46G	[*ḫ*]*a-an-ni-e* *lig-ma-r*[*u*]
N50I	[ ] *lig-ma-*⸢*ru-ku*⸣-[ ]
N51A	[ ] *li-gi-*<*mu/ma*>*-ru-ku-nu*
N90	*ki-i* *ḫa-an-ni-e* [ ]x-⸢*ku*⸣-*nu*
T viii 22b-23a	*ki-i* *ḫa-an-ni-e* [*l*]*ig-ma-ru-ku-nu*

630

N27	*ki-*⸢*i*⸣ [ ]
N28A	*ki-i* [ ]x *ina* A.MEŠ *lu-*⸢*ni-šu-ku-nu*⸣
N28C	[ ]x *ina* A.MEŠ *lu-ni-šú-u-ku-nu*
N31	*ki-i* ⸢GI⸣.AMBAR *ina* A.MEŠ *lu-n*[*i*]
N46G	[ ] ⸢*a*⸣-*pa-*[*ri*] A.MEŠ *l*[*u*]
N50I	[ ].MEŠ *lu-ni-šú-ku-nu*
N90	*ki-i* <GI.>AMBA[R].MEŠ *lu-ni-šú-ku-nu*
T viii 23b-24a	*ki-i* ⸢GI⸣.AMBAR.MEŠ *ina* A.MEŠ [*l*]*u-ni-šú-u-ku-nu*

631

N27	*ki-*⸢*i* *qa-né*⸣-[*e*]
N28A	[*ri*]*k*$^{?}$*-si* LÚ.KÚR-*k*[*u* *li*]*p-ku-nu*
N28C	[*s*]*i* LÚ.KÚR-*ku-nu* *lu-šá-lip-ku-nu*
N31	[ ] *rik-si* L[Ú]
N50I	[ ] ⸢GI$^{!}$⸣.MEŠ *ina* *rik-si* LÚ.KÚR-*ku-nu* [ ]-*šal-lip-ku-nu*
N90	[ ] LÚ.KÚR-*ku-nu* *lu-šá-lip-ku-nu*
T viii 24b-25	*ki-i* GI.MEŠ *ina* *rik-si* [L]Ú.KÚR-*ku-nu* *li-šá-lip-ku-nu*

§96

632

N27	[*t*]*u-nu a-na* [ ] ----$^{?}$
N28A	[ ]-*šur*-PAP-AŠ [ ] KUR *aš-šur* ----
N28C	[MA]N KUR *aš-šur* ----
N31	*šum-ma at-tu-nu* -- ^{m}*aš-šur*-PAP-AŠ MAN KUR *aš-šur* ----
N50I	[*m*]*a at-tu-nu* -- ^{m}*aš-šur*-PAP-AŠ MAN KUR *aš-šur* ----
N52E	[ ] KUR *aš-šur* ----$^{?}$
N90	[P]AP-AŠ MAN KUR *aš-šur* EN-*ku-nu*
T viii 26	[*šu*]*m*-⸢*ma*⸣ *at-tu-nu* -- ^{m}*aš-šur*-PAP-AŠ MAN KUR *aš-šur* ----

633

N27	*ù* ^{m}*aš-šur*-DÙ-A DUMU [ ]
N28A	[ ] ^{m}*aš-šur*-DÙ-A [ ]
N28C	*u* ^{m}*aš-šur*-DÙ-A DUMU MAN GAL [ ]
N31	*ù* ^{m}*aš-šur*-DÙ-A DUMU MAN GAL *šá* É UŠ-*te*
N50I	⸢*ù*⸣ ^{m}*aš-šur*-DÙ-A DUMU [MA]N GAL-*u ša* É UŠ-*te*
N52E	[U]Š-*ti*
N55R	*ù* ^{m}*aš-šur*-DÙ-A D[UMU]
N90	[*š*]*á* É UŠ-*ti*
T viii 27	⸢*ù*⸣ ^{m}*aš-šur*-DÙ-A DUMU MAN GAL-*u* ⸢*šá* É⸣ UŠ-*te*

633A

N52E	[ ]-*šú šá* ^{m}*aš-šur*-DÙ-A
N90	*u* ŠEŠ.MEŠ-*šu* [DUMU AMA]*aš-šur*-DÙ-A
T viii	----

633B

N52E	[*t*]*i* -- *re-eḫ-ti* DUMU.MEŠ
N90	DUMU MAN GAL *šá* É UŠ-*ti* [ ] DUMU.MEŠ
T viii 28a	---- ⸢*ù*⸣ *re-eḫ-ti* DUMU.MEŠ

633C

N52E	[*šu*]*r*-PAP-AŠ MAN KUR *aš-šur*
N90	*ṣi-it* ŠÀ-*bi šá* ^{m}*aš-šur*-PAP-AŠ [ ]
T viii 28b-29a	*ṣi-it* ŠÀ-*bi* ⸢*šá*⸣ ^{m}*aš-šur*-PAP-AŠ ⸢MAN KUR *aš-šur*⸣

634

N27	*tu-ram-ma-a-ni* *a-n[a*]
N28A	[*l]ak-a-ni*
N28C	[ ]x *a-na* ZAG -- GÙB *tal-lak-a-ni*
N31	*tu-ram-ma-a-ni* *a-na* ZAG *u* GÙB *tal-lak-a-ni*
N50I	[*t*]*u-ra-ma-a-ni* *a-na* Z[AG] ⌜*tal*⌝-*lak-a-ni*
N52E	[ ] *a-na* ZAG -- GÙB *tal-lak-a-ni*
N55R	[Z]AG *u* GÙB *tal-lak-a-n*[*i*]
N90	[*t*]*u-ram-ma-a-ni* *a-na* ZAG -- GÙB [*la*]*k-a-ni*
T viii 29b-30a	⌜*tu-ram*⌝-*ma-a-ni* *a-na* ZAG -- ⌜GÙB⌝ *tal-lak-a-ni*

635

N27	*šá* *a-na* ZAG *il-lak-u-n*[*i*]
N28A	[ ]-*ni*$^{?}$ [ ]
N28C	[*l*]*e-ku-lu-šú*
N31	*šá* *a-na* ZAG *il-lak-u-ni* GÍR.MEŠ *le-ku-la-šú*
N50I	*ša* *a-na* ZAG *il-l*[*ak-*] GÍR.MEŠ *le-ku-la-šú*
N52E	[*la*]*k-u-ni* GÍR.MEŠ *le-kul-a-šú*
N55R	[GÍR.AN.]BAR.MEŠ *le-ku-la-šú*
N90	*šá* *a-na* ZAG *il-lak-u-ni* [ME]Š *le-kul-a-šú*
T viii 30b-31	*šá* *a-na* ZAG *il-lak-u-ni* GÍR.MEŠ *le-ku-la-šu*

636

N27	*šá* *a-na* GÙB *il-lak-u-ni* GÍR.MEŠ-*ma* *le-kula-š*[*ú*]
N28C	[ ]-⌜*ku-lu-šú*⌝
N31	*šá* *a-na* GÙB *il-lak-u-ni* GÍR.MEŠ-*ma* *le-ku-la-šú*
N50I	*š*[*a* G]ÍR.MEŠ-*ma* *le-k*[*u*]
N52E	[ ] GÍR.MEŠ-*ma* *le-kul-a-šú*
N55R	[GÍR.AN.B]AR-*ma* *le-ku-la-šú*
N90	[*š*]*á* <*a-na*> GÙB *il-lak-u-ni* [ME]Š-*ma* *le-*[*k*]*ul-a-*⌜*šu*⌝
T viii 32	[*š*]*á* *a-na* GÙB *il-lak-u-ni* GÍR.MEŠ-*me* *le-ku-l*[*a*]

§96A

636A

N31	*a-na* *ka-a-šú-nu* MÍ.MEŠ-*ku-nu* ŠEŠ.MEŠ-*ku-nu*
N50Y	[ ] *ka-*⌜*a*⌝-[ ]
N52E	[*š*]*ú-nu* MÍ.MEŠ-*ku-nu* ----$^{?}$
N55R	[M]Í.MEŠ-*ku-nu* ----
T viii 33a	⌜*a*⌝-*na* *ka-a-šú-nu* ----

636B

N31	DUMU.MEŠ-*ku-nu* DUMU.MÍ.MEŠ-*ku-nu*
N50Y	[ME]Š-*ku-nu*
N55R	DUMU.MEŠ-*ku-nu* [ ]
N90	DUMU.MEŠ-*ku-nu* DUMU.MÍ.MEŠ-*k*[*u*]
T viii 33b	DUMU.MEŠ-*ku-nu* DUMU.MÍ.MEŠ-*ku-nu*

636C

N31	*ki-i* UDU.NIM *ga-*⸢*de*⸣-[*l*]*i-*⸢*qi-lu*⸣-[ ]
N50Y	*ki-*[ ]
N52E	[N]IM *ga-de-e* ⸢*li*⸣?-*q*[*i*?]
N55R	[NI]M *ga-de-e* [ ]-*ku-nu*
N90	[ ]-*ku-*[ ]
T viii 34	[*k*]*i-i* UDU.NIM *ga-*⸢*de*⸣-*e li-qi-lu-ku-nu*

§97

637

N27	---- *ki-i šá kil-lu šá su-ʾe* ---- *i-ḫa-lul-u-ni*
N50Y	KIMIN *ki-i šá kil-lu* [ ]
N51J	[*k*]*i-i šá kil-lu šá su-ʾe* [ ]
N51L	---- *ki-i šá kil-lu šá s*[*u*]
N55R	[ ] *šá su-ʾe an-nu-te* [ ]
T viii 35-36a	---- *ki-i šá ki-il-lu šá su-ʾe-e an-*⸢*nu*⸣-[ ] ⸢*i*⸣-*ḫal-la-lu-u-ni*

638

N27	*ki-i ḫa-ni-e at-tu-nu* MÍ.MEŠ-*ku-nu* DUMU.MEŠ-*ku-nu*
N50Y	[ ] *at-tu-nu* MÍ.MEŠ-*ku-*[ ]
N51J	[*k*]*i-i ḫa-an-ni-e at-tu-nu* MÍ.[ ]
N51L	[ ] *at-tu-nu* MÍ.MEŠ-*ku-nu* [ ]
N55R	[M]Í.MEŠ-*ku-nu* DUMU.MEŠ-*ku-nu*
T viii 36b-37a	---- *at-tu-*⸢*nu* MÍ.MEŠ⸣-*ku-nu* [D]UMU.MEŠ-*ku-nu*

639

N27	DUMU.MÍ.MEŠ-*ku-nu la ta-nu-ḫa la ta-ṣa-la-la*
N50Y	[ ] *la ta-nu-ḫ*[*a*]
N51J	[D]UMU.MÍ.MEŠ-*ku-nu la ta-nu-ḫa*! *la t*[*a*]
N51L	DUMU.MÍ.MEŠ-*ku-nu la* [ ] *la ta-ṣa-la-la*
N55R	[ ]-*ḫa la ta-ṣa-la-la*
T viii 37b-38a	DUMU.MÍ.MEŠ-*ku-nu la ta-nu-ḫa* [*l*]*a ta-ṣa-la-la*

640

N27	*[e]ṣ-ma-te-ku-nu*	*a-na*	*<a>-ḫe-iš* {ḪI}	*lu*	*la*	*i-qa-ri-ba*
N50Y	*[e]ṣ-ma-te-ku-nu*	*a-[*				]
N51J	*eṣ-ma-a-te-ku-nu*	*a-na*	*a-ḫe-iš*	*lu*	*la* [	]
N51L	*eṣ-[*	*]-na*	*a-ḫe-iš*	[		]
N55R	[		*]-iš*!	*lu*	*la*	*i-qar-ri-ba*
T viii 38b-39	*eṣ-mat-⸢e⸣-ku-nu*	*⸢a⸣-na*	*a-ḫe-iš*	*lu*	*la*	*i-qar-ri-ba*

§98

641

N27	*[k]i-i*	*šá*	ŠÀ-*bu*	*šá*	*ḫu-up-pu*	*ra-qu-u-ni*
N30B	*ki-i*	*šá* [				]
N50Y	[ ]-⸢*i*⸣	*šá*	*li[b*			]
N51J	*[k]i-i*	*šá*	*lib-bu*	*šá*	*ḫu-up-pi*	*ra-qu-*[ ]
N51L	[ ]-⸢*i*⸣	*šá*	ŠÀ-*bu*	*šá*	[	]
N55R	[				*p]i*	*ra-qu-u-ni*
T viii 40	*ki-i*	*šá*	*lib-bu*	*šá*	*ḫup-<pi>*	*ra-⸢qu⸣-u-ni*

642

N27	----	*[li]b-bé-ku-nu*	*li-ri-qu*
N30B	----	ŠÀ-*ba-[*	]
N51L	----	[ ]-*ku-nu*	[ ]
N55R	----	[	]-*ri-qu*
T viii 41	*ki ḫa-an-ni-e*	*lib-ba-ku-nu*	*li-ri-iq*

§99

643

N27	----	*ki-i*	LÚ.KÚR-*ku-nu*	*ú-pa-ta-ḫu-ka-⸢nu⸣-ni*
N30B	----	*ki-i*	L[Ú	]
N51L	----	*ki-i*	LÚ.KÚR-*ku-nu*	*ú-pa-t[a*]
N55R	----	[	*n]u*	⸢*ú*⸣-[ ]-⸢*nu*⸣-*n[i]*
NX18	----	[ ]	LÚ.KÚR-*ku-n[u*	]
T viii 42	KIMIN.KIMIN	*ki-i*	LÚ.KÚR-*ku-nu*	*ú-pa-taḫ-u-⸢ka⸣-[*]

644

N27	LÀL	Ì.MEŠ	*zi-in-za-ru-ʾu*	ÚŠ	GIŠ.ERIN
N30B	LÀL.MEŠ	Ì.ME[Š			]
N51J	LÀL.MEŠ	Ì.MEŠ	*zi-in-za-r[u*		]
NX18	LÀL	----	*zi-i[n*		]
T viii 43	[L]ÀL	Ì.MEŠ	*zi-iʾ-za-ru-ʾu*	ÚŠ.MEŠ	GIŠ.ERIN

645

N27	*a-na šá-kan pi-it-ḫi-ku-nu li-iḫ-liq*
N30B	*a-na šá-ka-a-[ni*]
N51J	*a-na šá-kan pi-i[t*]
N52C	*a-⌈na⌉* [ ]
NX18	[ ] *šá-kan pi-it-ḫi-*[ ]
T viii 44	*a-na šá-kan ⌈pi-it⌉-ḫi-ku-nu li-iḫ-liq-qi*

§100

646

N27	[ ] *šá mar-tu mar-ra-tú-u-ni*
N30B	*ki-i šá mar-tu ⌈mar-rat-u-ni⌉*
N51J	[*k*]*i-i šá mar-tu* [ ]
N52C	*ki-i šá* ZÍ-*tú mar-rat-⌈u-ni⌉*
NX18	[ ] *šá mar-tú mar-*[ ]
T viii 45a	*ki-i šá mar-tú mar-rat-u-ni*

647

N27	[ ] MÍ.MEŠ-*ku-nu* DUMU.MEŠ-*ku-nu* DUMU.MÍ.MEŠ-[ ]-*nu*
N30B	*at-t*[*u*] MÍ.MEŠ-*ku-nu* DUMU.MEŠ-*ku-nu* DUMU.MÍ.MEŠ-*ku-*[ ]
N48L	[ ]-*tu-nu* [*k*]*u-nu*
N51J	[ ] MÍ.MEŠ-*ku-nu* DUMU.MEŠ-[ ]
N52C	*at-*[ ] MÍ.MEŠ-*ku-nu* DUMU.MEŠ-*ku-nu* DUMU.MÍ.MEŠ-*k*[*u*]
T viii 45b-46	⌈*at-tu-nu*⌉ [ ]MEŠ-*ku-nu* DUMU.MEŠ-*ku-nu* DUMU.MÍ.MEŠ-*ku-nu*

648

N27	[ ] *lu mar-ra-ku-⌈nu⌉*
N30B	*ina* UGU *a-ḫe-iš lu ma-ra-ku-*[ ]
N48L	*ina* UGU-*ḫi* [ ]-*nu*
N52C	[ ] *a-ḫe-iš lu mar-ra-ku-*[ ]
NX18	[ ]-⌈*iš*⌉ [ ]
T viii 47	[ ] UGU *a-ḫe-iš lu mar-ra-ku-nu*

§101

649

N30B	KIMIN ^{d}UTU *ḫu-ḫa-ru šá* ZABAR *ina* UGU-*ḫi-ku-nu* ----
N48L	[*ḫ*]*i-ku-nu* DUMU.MEŠ!-*ku-*[ ]
N52C	KIMIN ^{d}UTU *ḫu-ḫa-ru ša* ZABAR *ina* UGU-[ ]
T viii 48-49a	-- ⌈^{d}⌉UTU *ḫu-ḫa-⌈ru⌉ šá* ZABAR *ina* UGU-*ḫi-ku-nu* [DU]MU.MEŠ-*ku-nu*

650

N30B	---- *li-is-ḫu-up ina giš-par-ri šá la na-par-šu-di*
N48L	[*l*]*a na-par-šú-di*
N52C	[DUMU.M]Í.MEŠ-*ku-nu li-is-ḫu-pu ina giš-par-ri šá l*[*a*]
T viii 49b-50a	---- *li-is-ḫu-up ina giš-par-ri* [*l*]*a na-par-šu-di*

651

N30B	⸢*li*⸣-*di-ku-nu a-a ú-še-ṣi nap-šate-kunu*
N48L	[ ]-*šate-ku-nu*
N52C	[*d*]*i-ku-nu a-a ú-še-ṣi nap-*[ ]
T viii 50b-51	*li-di-ku-nu a-a ú-še-ṣi* [*n*]*ap-šate-ku-unu*

§102

652

N30B	*ki-i šá* KUŠ.*na-a-du* ---- *šal-qa-tu-u-ni* A.MEŠ-*šá*
T viii 52-53a	*ki-i šá na-a-du an-ni-tú šal-qa-tu-u-ni* A.MEŠ-*šá*

653

N30B	*ṣa-ap-pa-ḫu-u-ni*! *ina kaq-qar ṣu-ma-miti lap-lap-tu*
T viii 53b	*ṣa-pa-ḫu-u-ni ina kaq-qar ṣu-ma-mì-ti lap-*⸢*lap*⸣-[ ]

654

N30B	KUŠ.*na-da-ku-nu lu ta-ḫi-bi*
T viii 54a	*na-da-ku-nu lu ta-ḫi-bi*

655

N30B	[*ṣ*]*u-um* A.MEŠ *mu-u-ta*
T viii 54b	*ina ṣu-um me-e m*[*u*]

§103

656

N30B	---- [ ] ⸢KUŠ.E.SIR⸣ ---- ⸢*bat*⸣!-*qa-tu-u-ni*
N51H+	---- [*k*]*i-i šá* KUŠ.E[ ]
T viii 55	KIMIN KIMIN *ki-i šá* KUŠ.⸢E⸣.SIR *an-ni-tú bat-qa-tu-u-n*[*i*]

657

N30B	[SIR.ME]Š-*ku-nu*
N51H+	*ina kaq-qar pa-qut-ti* [S]I[R?]
T viii 56	*ina kaq-qar pu-qut-ti ga-zi-ri* KUŠ.E.SIR-*ku-nu*

658

N51H+	*li-par-ma ina* UG[U *k*]*u-nu p*[*iš*$^{!?}$]
T viii 57	*lib-tu*$^{!}$*-qu ina* UGU ŠÀ-*bi-ku-nu piš-la*

§104

659

N51H+	^{d}EN.LÍL EN GIŠ.GU.ZA [G]U.ZA-*ku-n*[*u*]
T viii 58	^{d}EN.LÍL EN GIŠ.G[U].ZA-*e* GIŠ.G[U].ZA-*ku-nu lu-šá-bal-kit*

§105

660

N36C	[NA]M.MEŠ DINGIR.MEŠ
N51H+	^{d}PA *na-ši ṭup-pi* NAM.MEŠ DIN[GIR]
T viii 59a	⸢^{d}AG⸣ *na-ši ṭup-pi* NAM.MEŠ DINGIR.MEŠ

661

N36C	⸢*lip-ši*⸣-[*iṭ/ṭi* MU-*ku-nu*] NUMUN-*ku-nu ina* KUR *lu-ḫal-liq*
N51H+	MU-*ku-nu lip-ši-ṭi* NUMUN-*ku-nu ina* KUR *li-ḫal-*[ ]
T viii 59b-60	MU-*ku-nu lip-šiṭ* NUMUN-*ku-nu ina* KUR *li-ḫal-líq*

§106

662

N51H+	GIŠ.IG *ina* IGI.MEŠ-*ku-nu lu-š*[*ar*$^{!}$]
N54B	G[IŠ]
T viii 61	GIŠ.IG *ina* IGI-*e-ku-nu lu-šar-ḫi-ṣu*

663

N51H+	GIŠ.IG.MEŠ-*ku-n*[*u*]x[ ]
N54B	[GI]Š.I[G]
T viii 62	GIŠ.IG.MEŠ-*e-ku-nu lu la i-pat-ti-a*

奥付（Colophon）

664

N36C	ITI.GU$_{4}$.SI.SÁ UD.16.KÁM
N54B	ITI.GU$_{4}$[ ]
N54D	[G]U$_{4}$.SI.SÁ UD.18.KÁM
N54F	[ ] UD.18.KÁM
T viii 63	ITI.GU$_{4}$.SI.SÁ UD.⸢16⸣[+x]$^{?}$.KÁM

§103: 658-Colophon: 669

665

N36C	*lim-mu* ^{md}PA-EN-PAP LÚ.GAR KUR URU.BÀD-LUGAL-*uk*-⸢*ku*⸣
N54B	*lim-mu* ^{md}AG-E[N]
N54F	[E]N-PAP [ ]
N54G	[*m*]*u* ^{md}PA-E[N] KUR URU.BÀD-LUGAL-*uk*-[ ]
N91	[*u*]*k*-*k*[*a*]
T viii 64-65	*lim-mu* ^{md}AG-EN-PAP LÚ.GAR KUR URU.BÀD$^{!}$-LUGAL-*uk-ka*

666

N36C	*a-de-e* ---- *ina* UGU ^{m}*aš-šur*-DÙ-A
N44B	[ ]-⸢*de-e šá* ^{m}*aš-šur*⸣-PAP-AŠ MAN KUR *aš-šur*.KI [UG]U ^{m}*aš-šur*-DÙ-A
N54C	⸢*a*⸣-*d*[*e*] ----$^{?}$ [ ]
N54G	[ ] ---- [ ] UGU ^{m}*aš-šur*-D[Ù]
T viii 66	⸢*a-de-e*⸣ ---- *ina* UGU ^{m}*aš-šur*-DÙ-IBILA

667

N27	[K]I
N36C	DUMU MAN GAL *šá* É UŠ-*ti šá* KUR *aš-šur*
N44B	DUMU MAN GAL *šá* É UŠ-*ti* [ ] KUR *aš-šur*.KI
N54C	DUMU MAN <GAL> *šá* É UŠ-*ti ša* ⸢KUR⸣ [ ]
N54E	[U]Š-*te ša* K[UR]
T viii 67-68a	DUMU LUGAL GAL-*u šá* É *ri-du-ti ša* KUR *aš-šur*

668

N27	[ ]NA
N36C	*ù* ---- ^{md}GIŠ.NU$_{11}$-M[U]
N44B	[ ] *ina* UGU ^{m}GIŠ.NU$_{11}$-MU-GI.NA
N54A	*ù* ---- ^{md}[ ]
N54E	⸢*ù*⸣ ---- ^{md}GIŠ.NU$_{11}$-MU-GI.NA
N92	[N]A
T viii 68b	⸢*ù*⸣ ---- ^{md}GIŠ.NU$_{11}$-MU-GI.NA

669

N27	[R]A.KI
N36C	DUMU MAN *šá* É UŠ-*ti* [ ]
N44B	DUMU MAN {GAL} *šá* É UŠ-[DING]IR.RA.KI
N54A	[ ] *ša* É UŠ-[ ]
N54E	[M]AN *ša* [ ]-*ú*-[ ] KÁ.DINGIR.RA.KI
N92	[ ]KI
T viii 69-70	DUMU LUGAL *ša* É *ri-du-ti ša* KÁ.DINGIR.RA.KI

670

N44B	*šak*-[ ]
N54E	*šak-n*[*u-*(*u-*)*ni*]
T viii 71	[*š*]*a-ak-nu-*[*ni*]?

対　　訳

アッカド語の読み（トランスクリプション）と邦訳

アッカド語の読み（トランスクリプション）

1. 印章の説明①　i-iv

印章の説明①　i-iv

b　i　*kunuk Aššur šar ilānī*

b　ii　*bēl mātāti ša lā šunnê*

b　iii　*kunuk rubê rabê* (=GAL-*e*) *abi ilānī*

b　iv　*ša lā paqāri*

2. 表題①　§§1-2: 1-24

§1: 1-12（ニムルド版）

ab　1　*adê ša Aššur-aḫu-iddina* (*šar kiššati*) *šar māt Aššur*

ab　2　*mar'i Sîn-aḫḫē-erība* (*šar kiššati*) *šar māt Aššur*(*-ma*)

a　3　(*N27*:) *isse Ramataya bēl āli Urakazabanu* (28A, N31, N32, N36, N43+, *N45I* ではそれぞれの固有名詞)

a　4A　(*N27*:) (*isse*) *mar'ēšu mar'ē mar'ēšu isse Urakazabanu'āyē* (N28A, N31, N32, N36 ではそれぞれの固有名詞) (/N43+: *isse mar'ēšu aḫḫēšu qinnīšu zar'i bēt abīšu*)

4B（タイナト版については総譜翻字と翻訳の4B参照）

b　5　(*ṣāb qātēšu*) *gabbu ṣeḫer* (*u*) *rabi mala bašû*

ab　6　*isse napāḫ šamši adi rabā'* (/N36: *rabê*; *N27*, N28A, T: *erēb*) *šamši*

a　7　*ammar Aššur-aḫu-iddina šar māt Aššur šarruttu bēluttu* (/N36, T: *šarrūtu bēlūtu*)

a　8　*ina muḫḫīšunu uppašūni* (/*N27*: *ubbašūni*)

a　9　*issēkunu* (/T: *issēšunu*; N32: *isse*) *mar'ēkunu* (/T: *ṣābēšunu*) *mar'ē mar'ēkunu*

a　10　*ša urki adê ana* (/*N27*, N28A, T: *ina*) *ūmē ṣâti ibbaššûni*

a　11a　*N27*, T: *ša ina muḫḫi Aššur-bāni-apli mar'i šarri rabi'i* (=GAL(*-u*))

a　11b　*N27*, T: *ša bēt ridūti/e mar'i Aššur-aḫu-iddina*

a　12　*N27*, T: *šar māt Aššur ša ina muḫḫīšu adê issēkunu iškunūni*

§2: 13-24

ab　13　*ina pān*(*ē*) *Nēberi Delebat*

ab　14　*Kayyamāni Šiḫṭi*

ab　15　*Ṣalbatāni Šukūdi*

ab　16　*ina pān*(*ē*) *Aššur Anum Ellil Ea*

ab　17　*Sîn Šamaš Adad Marduk*

邦　訳

1. 印章の説明①　i-iv

印章の説明①　**i-iv**（ニムルド版、タイナト版、アッシュル版による）
[i-ii] 神々の王、国々の主であるアッシュルの変更を許さない印章。[iii-iv] 大いなる君主、神々の父（であるアッシュル）の異議申し立てを許さない印章。

2. 表題①　§§1-2: 1-24

ニムルド版　§1: 1-12
[1-2] 全地の王、アッシリア王センナケリブの息子、（同じく）全地の王、アッシリア王エサルハドンが、[3] ウラカザバヌの町長ラマタヤと [4A] その息子たち、孫たち、ウラカザバヌの住民、[5]（彼の手の中の）すべての人々、大小の、存在する限りの（*mala bašû*）人々と、[6] 日が昇る所から日が沈む所まで [7-8] アッシリア王エサルハドンが、その上に王権と支配権を行使する（*uppašūni*）人々、[9-10] あなた方と、この誓約（アデー）以後、将来生まれる（*ibbaššûni*）あなた方の息子たち、あなた方の孫たちと、

タイナト版　§1: 1-12
[1-2] アッシリア王センナケリブの息子である（同じく）アッシリア王エサルハドンが [3] クナリアの代官、[4B] 副官たち、執事たち、書記たち、戦車の御者たち、（戦車に乗る）第3の者たち、町長たち、情報官吏たち、長官たち、歩兵隊長たち、戦車隊長たち、騎馬隊長たち、免税対象者たち、先導（偵察）者たち、専門家たち、盾［を持つ者たち（？）］、職人たち、[5] 彼の手の（＝彼に属する）すべての人々、大小の、存在する限りの人々、[6] 日が昇る所から日が沈む所まで、[7-8] アッシリア王エサルハドンが、その上に王権と支配権を行使する人々と、[9-10] 彼らと、この誓約（アデー）以後、将来に生まれる彼らの者たちと、

N27, T: [11-12] アッシリア王エサルハドンがその息子、大皇太子アッシュルバニパルのためにあなた方と誓約（アデー）を設定した。

(以下、ニムルド版、タイナト版、アッシュル版の該当箇所による再構成)
§2: 13-24
[13] 木星、金星、[14] 土星、水星、[15] 火星、シリウスの前で、[16] アッシュル、アヌ、エンリル（エッリル)、エア、[17] スィン、シャマシュ、アダド、マルドゥク、[18] ナブー、ヌスク、ウラシュ、ネルガル、[19] ムリス、シェルア、ベーレト・イリー、[20] ニネヴェのイシュタル、アルバイルのイシュタル、[21] 天と地に住む神々、[22] アッシリアの神々、シュメールとアッカドの神々、[23] 諸外国のすべての神々の前で有効とし、[24] あなた方と設定した誓約（アデー）。

ab　18　*Nabû Nusku Uraš Nergal*

ab　19　*Mullissi Šerūʾa Bēlet-ilī*

a　20　*Ištar ša Ninuʾa Ištar ša Arbaʾil*

ab　21　*ilānī āšibūti šamê* (*u*) *erṣeti*

ab　22　*ilānī māt Aššur ilānī māt Šumeri u Akkadi*

ab　23　*ilānī mātāti kalīšunu udannin*[*ūni*]

ab　24　*issēkunu* (*N27*, T: *iṣbatu*) *iškunūn*[*i*]

3. 命令①　§3: 25-40

§3: 25-40

ab　25　*Aššur abi ilānī bēl mātāti tit*[*ammâ*]

ab　26　*Anum Ellil Ea* MIN　　　MIN = 「同じく」

ab　27　*Sîn Šamaš Adad Marduk* MIN

ab　28　*Nabû Nusku Uraš Nergal* MIN

ab　29　*Mullissi Šerūʾa Bēlet-ilī* MIN

a　30　*Ištar ša Ninuʾa Ištar ša Arbaʾil* MIN

ab　31　*ilānī kalīšunu ša Libbi-āli* MIN

ab　32　*ilānī kalīšunu ša Ninuʾa* MIN

ab　33　*ilānī kalīšunu ša Kalḫa* MIN

ab　34　*ilānī kalīšunu ša Arbaʾil* MIN

ab　35　*ilānī kalīšunu ša Kalzi* MIN

ab　36　*ilānī kalīšunu ša Ḫarrāna* MIN

ab　37　*ilānī Babili Barsippa Nippuri* (*kalīšunu*) MIN

ab　38　*ilānī māt Aššur* (*kalīšunu*) MIN

ab　39　*ilānī māt Šumeri u Akkadi* (*kalīšunu*) MIN

ab　40a　*ilānī mātāti kalīšunu* MIN

ab　40b　*ilānī ša šamê u erṣeti* (*kalīšunu*) MIN

ab　40c　*ilānī mātīšu nagīšu kalīšunu* MIN

4. 表題②　§4a: 41-45

§4a: 41-45

a　41　*adê ša Aššur-aḫu-iddina šar māt Aššur ina pān*(*ē*) *ilānī rabûti*

ab　42　*ša šamê* (*u*) *erṣeti issēkunu iškunūni*

a　43　(T: *ša*) *ina muḫḫi Aššur-bāni-apli marʾi šarri rabiʾi* (=*N27*: GAL) *ša bēt ridūti*

a　44　*marʾi* (*ša*) *Aššur-aḫu-iddina šar māt Aššur bēlīkunu ša ana marʾa šarrutti* (/N46E: *šarrūte*)

a　45　*ša bēt ridūti šumšu izkurūni ipqidūšūni* (/N46E: *ipqiddūšūni*)

3. 命令①　§3: 25-40

§3: 25-40

25 神々の父、国々の主であるアッシュルにおいて、それぞれに誓え（*tit*[*ammâ*]）！
26 アヌ、エンリル（エッリル）、エアにおいて、同じく。
27 スィン、シャマシュ、アダド、マルドゥクにおいて、同じく。
28 ナブー、ヌスク、ウラシュ、ネルガルにおいて、同じく。
29 ムリス、シェルア、ベーレト・イリーにおいて、同じく。
30 ニネヴェのイシュタル、アルバイルのイシュタルにおいて、同じく。
31 リッビ・アーリ（＝アッシュル市）のすべての神々において、同じく。
32 ニネヴェのすべての神々において、同じく。
33 カルフのすべての神々において、同じく。
34 アルバイルのすべての神々において、同じく。
35 カルズィのすべての神々において、同じく。
36 ハランのすべての神々において、同じく。
37 バビロン、ボルスィッパ（バルスィッパ）、ニップルのすべての神々において、同じく。
38 アッシリアのすべての神々において、同じく。
39 シュメールとアッカドのすべての神々において、同じく。
40a 諸外国のすべての神々において、同じく。
40b 天と地のすべての神々において、同じく。
40c 彼（＝誓いを立てる者）の地方のすべての神々において、同じく。

4. 表題②　§4a: 41-45

§4a: 41-45

41-45 あなた方の主人であるアッシリア王エサルハドンがその名を呼んで皇太子の地位に任じた息子である大皇太子アッシュルバニパルに関して、アッシリア王エサルハドンが、天と地の偉大な神々の前で、あなた方と共に設定した誓約。

5. 制定事項① §4b: 46-49a

§4b: 46-49a

a　46　*kīma Aššur-aḫu-iddina šar māt Aššur ana šīmti ittalak*

a　47　*Aššur-bāni-apli mar'a šarri rabi'u* (=GAL) *ša bēt ridūti/e ina kussê*

a　48　*šarrutti* (N55G: *šarrūte*) *tušeššabāšu* (/*N27*: *tušeššabbā*) *šarruttu* (*N27*, *N46W*: *šarrūtu*) *bēluttu* (/*N27*: *bēlūtu*)

a　49a　(*ša māt Aššur*) *ina muḫḫīkunu uppaš*

6. 条件節① §§4c-6: 49b-82

§4c: 49b-61

a　49b　*<šumma attunu> ina eqli ina berti āli*

a　50　*lā tanaṣṣarāšūni ina muḫḫīšu lā tamaḫḫaṣāni*

a　51　*lā tamuttāni ina ketti ša libbīkunu*

a　52　*issēšu lā tadabbubāni milku danqu*

a　53　*ša gammurti libbīkunu lā tamallikāšūni*

a　54　*ḫarrānu danqu ina šēpēšu lā tašakkanāni*

a　55　*šumma attunu tunakkarāšūni issu libbi aḫḫēšu*

a　56　*rabûti ṣaḫ*(*e*)*rūti ina kūmuššu ina kussê māt Aššur*

a　57　*tušeššabāni šumma abutu ša Aššur-aḫu-iddina šar māt Aššur*

a　58　*tennâni tušannâni šumma Aššur-bāni-apli mar'a šarri rabi'u* (=GAL(-*u*))

a　59　*ša bēt ridūti ša Aššur-aḫu-iddina šar māt Aššur* (*bēlkunu*)

a　60　(N30A, N55G, VAT, T: *ukallimūkanūni*) *ḫannûmma lā tadaggalāni*

a　61　*šarruttu bēluttu* (/*šarrūtu bēlūtu*) *ša māt Aššur ina muḫḫīkunu lā uppašūni*

§5: 62-72

a　62　*šumma attunu ana Aššur-bāni-apli mar'i šarri rabi'i* (=GAL) *ša bēt ridūti*

a　63　*ša Aššur-aḫu-iddina šar māt Aššur ukallimūkanūni*

a　64　*iqbâkkanūni adê ina muḫḫīšu issēkunu*

a　65　*udanninūni iškunūni lā tanaṣṣarāni* (/N30A: *tanaṣṣarrāni*)

a　66　*ina libbīšu taḫaṭṭâni qātēkunu ina* (/*N27*: *ana*) *lemutti*

a　67　*ina libbīšu tubbalāni epšu bārtu abutu lā ṭābtu*

a　68　*lā de'iqtu teppašāneššūni ina šarrutti māt Aššur*

a　69　*tunakkarāšūni issu libbi aḫḫēšu rabûti ṣaḫ*(*e*)*rūti*

a　70　(*ina kūmuššu*) *kussê* (/*N47A*: *kussû ša*) *māt Aššur tušaṣbatāni*

a　71　*šarru šanûmma bēlu šanûmma ina muḫḫīkunu tašakkanāni*

a　72　*ana šarri šanîmma bēli* (/N30A: *mar'i šarri*) *šanîmma māmmītu* (/N30A: *tāmītu*) *tatammâni*

5. 制定事項①　§4b: 46-49a

§4b: 46-49a

[46] アッシリア王エサルハドンが逝去した後に（*kīma*）、[47-49a] あなた方は大皇太子アッシュルバニパルを王座に就けなければならない。彼があなた方の上に（アッシリアの）王権と支配権を行使しなければならない。

6. 条件節①　§§4c-6: 49b-82

§4c: 49b-61

[49b] 〈もしあなた方が万が一にも、〉野でも町でも [50] 彼（＝アッシュルバニパル）を守らないならば、[51-53] 彼のために戦わないならば、彼のために死ぬ用意がない（＝死なない）ならば、あなた方の心の誠実さをもって（*ina ketti ša libbīkunu*）彼と話をしないならば、あなた方の心のすべて（から）の良い助言（によって）彼に助言しないならば、[54] 良い道を彼（の足）に用意しないならば―。[55-56] もしあなた方が万が一にも、彼を（王座）から退けるならば、そして彼の兄たち、または弟たちの一人を彼の代わりにアッシリアの王座に [57] 就けるならば―。もしあなた方が万が一にも、アッシリア王エサルハドンの言葉（*abutu*）を [58-60] 変えるならば、取り換えるならば―。もしあなた方が万が一にも、（あなた方の主人である）アッシリア王エサルハドンの（／が示した）大皇太子アッシュルバニパルに従わないならば、[61] そして（その結果）彼があなた方の上にアッシリアの王権と支配権を行使できなくなるならば―。

§5: 62-72

[62-65] もしあなた方が万が一にも、（あなた方の主人である）アッシリア王エサルハドンが示し、従うように命じ、そのためにあなた方と誓約を設定した大皇太子アッシュルバニパルを守らないならば、[66-69] 彼に対して罪を犯すならば、彼に対する悪事にあなた方の手を伸ばすならば、陰謀（*epšu*）、反乱（*bārtu*）、好ましくない、悪意のある言葉（*abutu lā ṭābtu lā deʾiqtu*）を実行に移すならば、彼をアッシリアの王権から退けるならば、彼の兄たち、または弟たちの一人に [70] 彼の代わりにアッシリアの王座を掌握させるならば、[71] 別の王、別の主人をあなた方の上に据えるならば、[72] 別の王、別の主人に誓いを立てる（*māmītu/tāmītu tatammâni*）ならば―。

§6: 73-82

a 73 šumma attunu abutu lā deʾiqtu (/ṭābtu) lā banītu (/N36: deʾiqtu)
ab 74 lā tarissu ša epēš šarrutti/e (/N36: šarrūte) ša ina muḫḫi Aššur-bāni-apli
a 75 marʾi šarri rabiʾi (=GAL(-u)) ša bēt ridūti lā tarṣatūni lā ṭābatūni
a 76 lū ina pî aḫḫēšu aḫḫē abbēšu (marʾē aḫḫē abbēšu)
a 77 qinnīšu (/N36: lū nišēšu) zarʾi (bēt) abīšu lū ina pî rabûti pāḫāte
a 78 (lū ina pî) ša ziqni ([lū ina] pî) ša rēši
ab 79 (lū ina pî) ummâni lū (ina pî) napḫar ṣalmāt qaqqadi
ab 80 mala bašû tašammâni tupazzarāni (/N36: tubazzarāni)
a 81 lā tallakānenni ana Aššur-bāni-apli marʾi šarri rabiʾi (=GAL(-u))
a 82 ša bēt ridūti/e lā taqabbâni (/N36: taqabbâneššunni)

7. 制定事項②　§7: 83-91

§7: 83-91

a 83 šumma (/N36: [k]īma) Aššur-aḫu-iddina šar māt Aššur ina ṣaḫāri (ša) marʾēšu
a 84 ana šīmti ittalak Aššur-bāni-apli marʾa šarri rabiʾu (=GAL(-u))
a 85 ša bēt ridūti kussû ša māt Aššur tušaṣbatā (/N39: tušaṣbattā)
a 86 Šamaš-šumu-ukīn aḫi talīmīšu (/N45I: aḫu talīmu) marʾa šarri ša bēt ridūti/e
a 87 (ša) Babili (N27, N45I: ina) kussê šarrutti/e (ša) Babili
ab 88 tušeššabā (/N45I: tušeššabāšu) šarrutti (/šarruttu) māt Šumeri (u) Akkadi māt Karandunyaš
ab 89 kalāma ina pānēšu tušadgalā tidintu
a 90 ammar Aššur-aḫu-iddina šar māt Aššur abūšu iddinaššūni (/iddinnaššūni, iddinaššunni)
a 91 issēšu ubbal issēn lā takallâ

8. 条件節②　§§8-17: 92-197

§8: 92-100

a 92 šumma Aššur-bāni-apli marʾa šarri rabiʾu (=GAL) ša bēt ridūti/e
a 93 ša Aššur-aḫu-iddina šar māt Aššur ukallimūkanūni
a 94 (u) aḫḫēšu marʾē ummīšu ša Aššur-bāni-apli marʾi šarri rabiʾi (=GAL(-u))
a 95 ša bēt ridūti ša Aššur-aḫu-iddina šar māt Aššur ina muḫḫīšunu
a 96 adê issēkunu iškunūni kettu šalimtu
a 97 lā tukallāni ina kēnāte tarṣāti/e
a 98 lā tatanappalāšanūni (/-šunūni, šuʾūni) ina ketti ša libbīkunu
a 99 issēšunu lā tadabbubāni ina eqli berti āli
a 100 lā tanaṣṣarāšunūni

§9: 101-107

a 101 šumma Aššur-bāni-apli marʾa šarri rabiʾu (=GAL) ša bēt ridūti/e

§§6-9: 73-107

§6: 73-82

73-75 もしあなた方が万が一にも、大皇太子アッシュルバニパルによる王権の行使にとって悪意のある（／好ましくない）、芳しくない（／悪意のある）、不適切な言葉を、76 彼の兄弟たちの口からでも、彼の叔父たちの、従兄弟たちの口からでも、77 彼の家族の、彼の父の家の子孫の口からでも、あるいは高官たち、代官たちの口からでも、78 髭のある高官たち、あるいは宦官たちの口からでも、79-80 職人たちの、あるいはすべての黒頭（＝人間）たちの口からでも、聞いて従うならば、（それを）隠すならば、81-82 大皇太子アッシュルバニパルのもとに来ないならば、（それを）言わないならば—。

7. 制定事項②　§7: 83-91

§7: 83-91

83-85 もしアッシリア王エサルハドンが、その息子たちがまだ幼いうちに逝去した場合に、あなた方は大皇太子アッシュルバニパルにアッシリアの王座を掌握させなければならない。86-91 また彼と「同等の」兄弟、バビロンの皇太子シャマシュ・シュム・ウキンをバビロンの王座に就けなければならない。シュメールとアッカド、カランドゥンヤシュの全地を彼に支配させなければならない。彼の父であるアッシリア王エサルハドンが彼に与えたものはすべて彼が携えて行かなければならない。何一つ留め置くな！。

8. 条件節②　§§8-17: 92-197

§8: 92-100

92-93 もしあなた方が万が一にも、アッシリア王エサルハドンがあなた方に示した大皇太子アッシュルバニパルに対して、94-100 アッシリア王エサルハドンがそのためにあなた方と誓約を設定した大皇太子アッシュルバニパルの兄弟たち、彼（＝アッシュルバニパル）の母の息子たちに対して誠実さと敬意（*kettu šalimtu*）をもたないならば、彼らに誠実に適切に（*ina kēnāte tarṣāti*）その都度答えないならば、あなた方の心の誠実さをもって（*ina ketti ša libbīkunu*）彼らと話さないならば、野でも町でも彼らを守らないならば—。

§9: 101-107

101-102 もしあなた方が万が一にも、アッシリア王エサルハドンがあなた方に（従うように）命じた

a 102 *ša Aššur-aḫu-iddina* (*šar māt Aššur*) *iqbâkkanūni*

a 103 (*u*) *aḫḫēšu mar'ē ummīšu ša Aššur-bāni-apli mar'i šarri rabi'i* (=GAL(-*u*))

a 104 *ša bēt ridūti/e ina muḫḫīšunu adê issēkunu*

a 105 *iškunūni taḫaṭṭâni qātēkunu* (/*qātkunu*) *ina* (/*N49M*: [*an*]*a*[?]) *lemutti*

a 106 *ina libbīšunu tubbalāni*

a 107 *epšu bārtu abutu lā ṭābtu teppašāneššunūni*

§10: 108-122

a 108 *šumma abutu lā ṭābtu lā de'iqtu*

a 109 *lā banītu ša ina muḫḫi Aššur-bāni-apli mar'i šarri rabi'i* (=GAL) *ša bēt ridūti/e*

a 110 *mar'i Aššur-aḫu-iddina šar māt Aššur bēlīkunu lā tarṣatūni*

a 111 *lā ṭābatūni lū ina pî nak*(*i*)*rīšu*

a 112 *lū ina pî salmīšu* (/*N45E*: [*sāl*]*imīšu*)

a 113 *lū ina pî aḫḫēšu*

a 114 *aḫḫē abbēšu mar'ē aḫḫē abbēšu*

a 115 *qinnīšu zar'i bēt abīšu lū ina pî aḫḫēkunu*

a 116 *mar'ēkunu mar'ātēkunu lū ina pî rāgimi*

ab 117 *maḫḫê mār šā'ili amāt ili* (/N46E: *ilānī*)

ab 118 *lū ina* (*pî*) *napḫar ṣalmat qaqqadi mala bašû*

a 119 *tašammâni tupazzarāni*

a 120 *lā tallakānenni ana Aššur-bāni-apli mar'i šarri rabi'i* (=GAL(-*u*))

a 121 *ša bēt ridūti/e mar'i Aššur-aḫu-iddina šar māt Aššur*

a 122 *lā taqabbâni*

§11: 123-129

a 123 *šumma* (/N46E: *šummu*) *attunu Aššur-bāni-apli mar'a šarri rabi'u* (=GAL(-*u*))

a 124 *ša bēt ridūti/e ša Aššur-aḫu-iddina šar māt Aššur*

a 125 *iqbâkkanūni lā ṭābtu lā de'iqtu*

a 126 *teppašāneššūni* (/N45A, N46E: *teppašāneššunni*) *taṣabbatāšūni*

a 127 *tadukkāšūni ana nak*(*i*)*rīšu taddanāšūni*

a 128 *ana šarrūte/i* (/*šarrutte*) *māt Aššur tunakkarāšūni*

a 129 *ana šarri šanîmma bēli šanîmma mām*[*ītu tatam*]*mâni*

§12: 130-146

a 130 *šumma* (/N46E: *šummu*) *mēmēni ana Aššur-bāni-apli mar'i* [*šarri rabi'i š*]*a bēt ridūti/e*

a 131 *mar'i Aššur-aḫu-iddina šar māt Aššur bēlīkunu ša ina* [*m*]*uḫḫīšu*

a 132 *adê issēkunu iškunūni*

a 133 *sīḫu bārtu ša d*[*u'ākī*]*šu šamuttīšu*

ab 134 *ḫulluqīšu ana kâšunu* [*i*]*qabbâkkanūni*

a 135 *u attunu ina pî mēmēni tašammâni*

§§10-12: 108-146

大皇太子アッシュルバニパル関して、[103-106] またそのためにあなた方と誓約を設定した大皇太子アッシュルバニパルの兄弟たち、彼（＝アッシュルバニパル）の母の息子たちに対して罪を犯すならば、彼らに対する悪事にあなた方の手を伸ばすならば、[107] 陰謀、反乱、好ましくない言葉を実行に移すならば―。

§10: 108-122

[108-111] もしあなた方が万が一にも、あなた方の主人であるアッシリア王エサルハドンの息子である大皇太子アッシュルバニパルに関して、好ましくない、悪意のある、芳しくない言葉を、彼の敵の口からでも、[112] 彼の味方の口からでも、[113-114] あるいは彼の兄弟たち、彼の叔父たち、従兄弟たち、[115-117] 彼の家族、彼の父の家の子孫の口からでも、あるいはあなた方の兄弟たち、息子たち、娘たちの口からでも、あるいは「呼ばわる者」、「神がかりの人」、神々の言葉を問う者の一員の口からでも、[118] すべての黒頭（＝人間）たちの口からでも、[119] 聞いて従うならば、（それを）隠すならば、[120-121] アッシリア王エサルハドンの息子である大皇太子アッシュルバニパルのところに来ないならば、[122]（それを）言わないならば―。

§11: 123-129

[123-125] もしあなた方が万が一にも、アッシリア王エサルハドンが（従うように）命じた大皇太子アッシュルバニパルに対して、好ましくない、悪意のある事を [126] 実行に移すならば、彼（＝アッシュルバニパル）を捕えるならば、[127] 彼を殺すならば、彼を彼の敵に渡すならば、[128] 彼をアッシリアの王権から退けるならば、[129] 他の王、他の主人に誓いを立てる (*tatam*[*mâni*]) ならば―。

§12: 130-146

[130-134] もし誰かが万が一にも、アッシリア王エサルハドンがそのためにあなた方と誓約を設定した大皇太子アッシュルバニパルに対して、彼を殺すこと（*d*[*u'ākī*]*šu*）、彼を死なせること（*šamuttīšu*）、滅ぼすこと（が目的）の謀反（*sīḫu*）、反乱についてあなた方に言うならば、[135] そしてあなた方が万が一にも、（それを）誰かの口から聞いて従うならば、[136] 反乱の実行者たち（*ēpišānūti ša bārte*）を捕えないならば、[137] 大皇太子アッシュルバニパルのもとに [138] 連れて来ないならば―。もし彼らを捕えること、[139] 殺すことがあなた方にとって可能である場合に、あなた方

a 136 *ēpišānūti/e ša bārti/e lā taṣabbatānenni*

a 137 *ina muḫḫi Aššur-bāni-apli marʾi šarri rabiʾi* (=GAL(*-u*)) *ša bēt ridūti/e*

a 138 *lā tubbalānenni šumma* (/N46E: *šummu*) *ammar ṣabātīšunu*

a 139 *duʾākīšunu maṣâkunu lā taṣabbatāšanūni*

a 140 *lā tadukkāšanūni šumšunu zarʾašunu*

a 141 *ina māti lā tuḫallaqqāni*

a 142 *šumma* (/N46E: *šummu*) *ammar ṣabātīšunu duʾākīšunu*

a 143 *lā maṣâkunu uznê ša Aššur-bāni-apli marʾi šarri rabiʾi* (=GAL(*-u*))

a 144 *ša bēt ridūti lā tupattâni issēšu*

a 145 *lā* [*t*]*azzazzāni ēpišānūti/e ša bārte*

a 146 *lā ta*[*ṣ*]*abbatāni lā tadukkā*[*ni*]

§13: 147-161

a 147 *šumma ēpišānūti/e ša bārti/e lū ēṣūte/i lū maʾdūte*

a 148 *issēšunu tašakkanāni dunqu lā dunqu* (/*deʾiqtu lā deʾiqtu*)

a 149 *tašammâni*

a 150 *ana Aššur-bāni-apli marʾi šarri rabiʾi* (=GAL) *ša bēt ridūti*

a 151 *marʾi Aššur-aḫu-iddina šar māt Aššur lā tallakānenni*

a 152 *lā taqabbâni libbakunu issēšu lā gammurūni*

a 153 *ša ilānī uševššabūni adê ina pān*(*ē*) *ilānī*

ab 154 *išakkanūni* (/N46E: *tašakkanāni*; 誤記) *ina rikis paššūri šatê kāsi*

b 155 *nipiḫ Girra mê šamni ṣibit tulê*

a 156 (*ana*) *aḫeʾiš* (/*aḫamiš*) *tutammâni ana Aššur-bāni-apli marʾi šarri rabiʾi* (=GAL(*-u*))

a 157 *ša bēt ridūti/e marʾi Aššur-aḫu-iddina šar māt Aššur bēlīkunu*

a 158 *lā tallakānenni lā taqabbâni*

a 159 *ēpišānūti/e ša bārti/e u ṣābu bēl ḫīṭi*

a 160 *lā taṣabbatānenni* (/N45D: *taṣabbatāni*) *lā tadukkāni*

a 161 *šumšunu zarʾašunu ina māti lā tuḫallaqāni* (/*N27*, N45D, N46E: *tuḫallaqqāni*; *N47A*: *tuḫallaKAāni*)

§14: 162-172

a 162 *šumma* (/N46E: *šummu*) *lū Aššurāyu* (*lū*) *dāgil pānē/ī ša māt Aššur*

a 163 *lū ša ziqni lū ša rēši lū marʾa māt Aššur*

ab 164 *lū marʾa* (*marʾē*) *māti šanītimma* ** *lū ina šiknat napulti mala bašû*

**= *N47A*: *lū ina napḫar ṣalmāt qaqqadi mala bašû*

a 165 *ana Aššur-bāni-apli marʾi šarri rabiʾi* (=GAL) *ša bēt ridūti/e* (*lū*) *ina eqli* (/*N27*: *eqlīšu*; 誤記)

a 166 (*lū*) *ina libbi* (/*N27*, *N47A*: *berti*) *āli ētasrūšu* (/*N39*: *ētasrūš*) *sīḫu bārtu/e ina muḫḫīšu ētapšū* (/ N38A: *ētappašū*)

a 167 *attunu isse Aššur-bāni-apli marʾi šarri rabiʾi* (=GAL) *ša bēt ridūti/e*

a 168 *lā tazzazzāni lā tanaṣṣarāšūni*

a 169 *ṣābu ša bārtu/i/e eppašūneššūni* (/*eppašūneššunni*; *N39*, N45D: *ēpušūneššūni*) *ina gammurti*

§§13-14: 147-172

が万が一にも、彼らを捕えないならば、[140] 彼らを殺さないならば、彼らの名と彼らの子孫を [141] 国から滅ぼさないならば—。[142] もし彼らを捕えること、殺すことがあなた方にとって可能でない場合に、[143-144] あなた方が万が一にも、大皇太子アッシュルバニパルの耳に入れないならば、[145] 彼の側に立たないならば、反乱の実行者たちを [146] 捕えないならば、殺さないならば—。

§13: 147-161

[147-149] もしあなた方が万が一にも、反乱の実行者たち（*ēpišānūti ša bārte*）—その数が多くても少なくても—の側に就くならば、良いことでも、悪意のあることでも（*dunqu lā dunqu/ de'iqtu lā de'iqtu*）、聞いて従うならば、[150-151] アッシリア王エサルハドンの息子である大皇太子アッシュルバニパルのもとに来ないならば、[152]（それを）言わないならば—。もしあなた方の心が万が一にも、完全に彼と共にないならば、[153-155] あなた方が万が一にも、神々（の像）を据えて、神々の前で誓約を設定する者と、卓を用意することによって（*ina rikis paššūri*）、杯から飲むことによって（*šatê kāsi*）、火をともすことによって（*nipiḫ girra*）、水によって、油によって、（あるいは）胸をつかむことによって（*ṣibit tulê*）、[156-157] 互いに誓い合う（*tutammâni*）ならば、あなた方の主人であるアッシリア王エサルハドンの息子、大皇太子アッシュルバニパルのところに [158] 来ないならば、（それを）言わないならば、[159] 反乱の実行者たち（*ēpišānūti ša bārte*）と犯罪者たちの一群（*ṣābu bēl ḫīṭi*）を [160] 捕えないならば、殺さないならば、[161] 彼らの名と彼らの子孫を国から滅ぼさないならば—。

§14: 162-172

[162] もしアッシリア人あるいはアッシリアに服従する人、[163] 髭のある（役）人あるいは宦官、アッシリアの市民、[164] あるいは他の国の市民が、（*N47A*: あるいは存在するすべての黒頭（＝人間）たちの一人でも、）あるいは存在するすべての命ある者の一人でも、[165] 大皇太子アッシュルバニパルを野でも、[166] 町でも幽閉した場合に、（そして）彼に対する謀反、反乱を実行に移した場合に、[167] あなた方が万が一にも、大皇太子アッシュルバニパルの側に [168] 立たないならば、彼を守らないならば、[169] 彼に対する反乱を実行に移す（／移した）一群の人々（*ṣāb ša bārtu*）を、あなた方の心のすべてから（*ina gammurti libbīkunu*）[170-171] 殺さないならば、大皇太子アッシュルバニパル、彼の兄弟たち、彼の母の息子たちを [172] 救わないならば—。

libbīkunu
a 170 *lā tadukkāni ana Aššur-bāni-apli marʾi šarri rabiʾi* (=GAL)
a 171 *ša bēt ridūti* (*u*) *aḫḫēšu marʾē ummīšu*
a 172 *lā tušezzabānenni*

§15: 173-179

a 173 *šumma ša isse Aššur-bāni-apli marʾi šarri rabiʾi* (=GAL) *ša bēt ridūti*
a 174 *marʾi Aššur-aḫu-iddina šar māt Aššur bēlīkunu ša ina muḫḫīšu*
a 175 *adê issēkunu iškunūni ibbalakkatūni*
a 176 *attunu issēšu tašakkanāni*
a 177 *šumma kī daʾāni iṣṣabtūkunu*
a 178 *attunu lā taḫalliqāni* (/*taḫalliqānenni*) *ina muḫḫi Aššur-bāni-apli*
a 179 *marʾi šarri rabiʾi* (=GAL(-*u*)) *ša bēt ridūti lā tallakānenni*

§16: 180-187

a 180 *šumma attunu lū ḫurādē*
a 181 [ ] *lū* x[ ] *ša*[?] *šipri kī qabal māti*
ab 182 *ašbāka*[*nūni*] *lū kī ina perrē*
a 183 *terrabānenni abutu lā ṭābtu* (/[*deʾ*]*iqtu*)
a 184 *ša Aššur-bāni-apli marʾi šarri rabiʾi* (=GAL) *ša bēt ridūti*/*e*
a 185 *ina libbīkunu tašakkanāni ina muḫḫīšu*
a 186 *tabbalakkatāni epšu bārtu abutu*
a 187 *lā ṭābtu teppašānešš*ū[*ni*]

§17: 188-197

a 188 *šumma* (/*N55C*: *šummu*) *Aššur-bāni-apli marʾa šarri rabiʾu* (=GAL(-*u*)) *ša bēt* [*ridūti*/*e*]
a 189 *marʾa Aššur-aḫu-iddina šar māt Aššur bēlīkunu ina ūme ša Aššur-aḫu-iddina*
a 190 *šar māt Aššur bēlīkunu ana šīmti illakūni*
a 191 *šū lā šarrakanūni lā bēlkanūni*
a 192 *dannu lā ušappalūni šaplu lā imattaḫūni*
a 193 *ša duʾāki lā idukkūni ša balluṭi*
a 194 *lā uballaṭūni ammar iqabbûni*
a 195 *lā tašammâni kī pîšu*
a 196 *lā teppašāni šarru šanûmma bēlu šanûmma*
a 197 *ina muḫḫīšu tubaʾʾâni*

9. 制定事項③　§18: 198-211

§18: 198-211

a 198 *šumma mēmēni ina ekalli bārtu lū ina kala ūmi*

§15: 173-179

[173-175] もしあなた方が万が一にも、あなた方の主人であるアッシリア王エサルハドンがそのためにあなた方と誓約を設定した、息子である大皇太子アッシュルバニパルに対して反逆する者（*ibbalakkatūni*）の [176] 側に就くならば—。[177] もし彼らがあなた方を力づくで捕えた場合に、[178-179] あなた方が万が一にも、逃げないならば、大皇太子アッシュルバニパルのところに来ないならば—。

§16: 180-187

[180-184] もしあなた方が—警護兵として［…］、あるいは … 任務のために徴用されて国内にあな［た方の］住まいがある時でも、あるいは労働部隊に入隊している時でも一万が一にも、大皇太子アッシュルバニパルにとって好ましくない（［悪］意のある）言葉を [185] あなた方の心に抱くならば、彼に対して [186-187] 反逆するならば、陰謀、反乱、好ましくない言葉を実行に移すならば—。

§17: 188-197

[188-190] もしあなた方の主人であるアッシリア王エサルハドンの息子、大皇太子アッシュルバニパルが、あなた方の主人であるアッシリア王エサルハドンが逝去する日に、[191] 万が一にも、あなた方の王でないならば、あなた方の主人でないならば、[192]（そのために）彼（＝アッシュルバニパル）が強い者を低くできないならば、低い者を高くできないならば、[193] 彼が殺すべき者を殺せないならば、彼が生かすべき者を [194] 生かせないならば、あなた方が万が一にも、彼（＝アッシュルバニパル）が命じるすべてのことに [195] 聞き従わないならば、彼の口の（言う）通りに（*kī pîšu*）[196] 行わないならば、他の王、他の主人を [197] 彼の代わりに求めるならば—。

9. 制定事項③　§18: 198-211

§18: 198-211

[198] もし宮殿の誰かが、昼間でも、[199-201] 夜間でも、遠征にあっても、国内にあっても、アッシリ

a 199 lū ina kala mūši lū ina ḫarrāni lū ina qab(as)si māti ana
a 200 Aššur-aḫu-iddina šar māt Aššur ētapaš (/N49D: ētappaš) a[ttu]nu
a 201 lā tašamme᾽āšu [(šumma)l]ū ina kala ūmi lū ina kala mūši
a 202 [ina l]ā siminīšu (/simānīšu) mar᾽a šipri issu libbi ekalli
a 203 ina muḫḫi mar᾽i šarri ittalka mā abūka
a 204 rēška ittiši mā bēlī lillika
a 205 attunu lā ta[šamm]e᾽āšu lā turammâšu (/N55F: turammâšunu; 誤記)
a 206 lā illak [maṣṣar[?]]tušu tuda᾽᾽anā
a 207 adi issēn ina libbīkunu ša bēlšu ira᾽᾽amūni
a 208 ina muḫḫi bēt bēlēšu marṣaššūni (/marṣaššunni)
a 209 illakūni ina ekalli šulmu ša šarri (/N55F: i[llakūni ina ekalli ana pānē šarri][?]) bēlīšu
a 210 emmarūni (/N55F: errabū[ni]) ḫarammēma (/N47C: ḫarammāma) isse mar᾽i šarri
a 211 bēlīkunu ina ekalli tallakā

10. 条件節③　§§19-27: 212-327

§19: 212-213

a 212 šumma attunu puḫru tašakkanāni (ana) aḫe᾽iš (/N48O: [aḫ]amiš)
a 213 tutammâni ana issēn ina libbīkunu šarruttu (/N45G: šarrūtu) taddanāni (/N48O: taddannāni)

§20: 214-228

a 214 šumma attunu issu libbi aḫḫēšu aḫḫē abbēšu
a 215 mar᾽ē aḫḫē abbēšu qinnīšu zar᾽i bēt abīšu
a 216 lū ša ina māt Aššur šunūni lū ša ina māti šanītimma
a 217 innabtūni lū ina kalzē ekalli qurbūti
a 218 lū ina kalzē ekalli pati᾽ūti lū ina kalzānī
a 219 rabûte ṣaḫ(e)rūte lū ina rabûte ṣaḫ(e)rūte
a 220 lū ina mar᾽i damqi lū ina mar᾽ē muškēnutte/i
a 221 lū ša ziqni (lū) ša rēši lū ina urdānī
a 222 lū ina šāmūte lū ina mar᾽ē māt Aššur lū ina mar᾽ē māti (/N48A: mātāti[?])
ab 223 šanītimma lū ina napḫar ṣalmāt qaqqadi mala bašû
a 224 issēn ina libbīkunu (N45G: ina) kussû (N46A: ša) (māt Aššur) tušaṣbatāni
a 225 šarrūtu bēlūtu ša māt Aššur taddanāneššūni (/taddanāneššunni, taddanāneššūNU)
a 226 šumma (/N48A: [šumm]u) Aššur-bāni-apli mar᾽a šarri rabi᾽u (=GAL(-u)) ša bēt ridūti/e
a 227 kussû ša māt Aššur lā tušaṣbatāni
a 228 šarruttu bēluttu (/N45G: šarrūtu bēlūtu) ša māt Aššur ina muḫḫīkunu lā uppašūni

§21: 229-236

a 229 šumma (/N48A: šummu) attunu ina muḫḫi Aššur-bāni-apli mar᾽i šarri rabi᾽i (=GAL) ša bēt ridūte
a 230 mar᾽i Aššur-aḫu-iddina šar māt Aššur bēlīkunu lā tamaḫḫaṣāni

ア王エサルハドンに対する反乱を実行に移した場合に、あなた方は彼に聞いて従ってはならない。(もし) 昼間でも、夜間でも[202] ふさわしくない時に宮殿からの使者が[203-204] 一人の王子のところに「あなたの父上があなたをお呼びになりました。我が主よ、来てください」と言って来た場合に、[205] あなた方は彼に聞き従うな！　彼を帰らせる (＝放免する) な！[206-211] 彼 (王子) は行くな！

あなた方のうちの一人の、その主人を愛し、その主人の家を心配する者 (*ša bēlšu ira*ʾʾ*amūni ina muḫḫi bēt bēlēšu marṣaššūni*) が宮殿に行って彼の主人である王の無事を確かめるまで、あなた方は彼 (王子) の［警護 (？)］を強化しなければならない。その後であなた方はあなた方の主人である王子と共に宮殿に行かなければならない。

10. 条件節③　§§19-27: 212-327

§19: 212-213

[212] もしあなた方が万が一にも、集会 (*puḫru*) を設けて互いに[213] 誓う (*tutammâni*) ならば、あなた方の中の一人に王権を与えるならば—。

§20: 214-228

[214] もしあなた方が万が一にも、彼 (＝アッシュルバニパル) の兄弟たち、叔父たち、[215] 従兄弟たち、彼の一族、彼の父の子孫から、[216] あるいはアッシリアの中にいる者たちでも、他の国に[217] 逃亡した者たちでも、宮殿の内域にいる者たちでも、[218] 宮殿の外域にいる者たちでも、[219] 強大または弱小な宮殿官吏たちでも、強大な者たちでも、弱小な者たちでも、[220] 貴族でも、市民たちでも、[221] 髭のある役人でも、宦官でも、(そこで生まれた) 奴隷たちでも、[222-223] 買われた者 (奴隷) たちでも、アッシリアの市民でも、他国の市民たちでも、存在する限りのすべての黒頭 (＝人間) たちでも、[224] あなた方の中の一人に (アッシリアの) 王座を掌握させるならば、[225] アッシリアの王権 (と) 主権を彼に与えるならば—。[226] もしあなた方が万が一にも、大皇太子アッシュルバニパルに[227] アッシリアの王座を掌握させないならば、[228] (そして) 彼がアッシリアの王権と主権をあなた方の上に行使できないならば—。

§21: 229-236

[229-230] もしあなた方が万が一にも、あなた方の主人であるアッシリア王エサルハドンの息子である大皇太子アッシュルバニパルのために戦わないならば、[231] 死ぬ用意がない (＝死なない) ならば、

a 231 *lā tamuttāni ša ina muḫḫīšu ṭābūni*
a 232 *lā tubaʾʾâni lā teppašāni*
a 233 *šumma lā ṭābtu teppašāneššūni* (/*N28B*, N45G, N48A: *teppašāneššunni*)
a 234 *milku lā damqu/danqu tamallikāšūni*
a 235 *ḫarrānu lā šalmu ina šēpēšu tašakkanāni*
a 236 *ina kēnāti/e* (*tarṣāti/e*) *lā tatanappalāšūni*

§22: 237-248

a 237 *šumma Aššur-aḫu-iddina šar māt Aššur* (*bēlkunu*) *ina ṣaḫāri ša marʾēšu*
a 238 *ana šīmte ittalak lū ša rēši lū ša ziqni* (/*N27*, N45G: *lū ša ziqni* [*lū ša rēši*])
a 239 *ana Aššur-bāni-apli marʾi šarri rabiʾi* (=GAL(-*u*))
a 240 *ša bēt ridūti/e iddūʾak*
a 241 *šarruttu* (/N45G: *šarrūtu*) *ša māt Aššur ittiši*
a 242 *šumma attunu issēšu tašakkanāni*
a 243 *ana urdānuttīšu taturrāni*
a 244 *lā tabbalakkatāni lā tanakkirāni* (/*tanakkirrāni*)
a 245 *mātāti gabbu* (/*N27*: *šaniʾāti*) *issēšu lā tušamkarāni sīḫu ina muḫḫīšu lā tašakkanāni*
a 246 *lā taṣabbatāneššūni lā tadukkāšūni*
a 247 *u marʾa Aššur-bāni-apli marʾi šarri rabiʾi* (=GAL(-*u*)) *ša bēt ridūti*
a 248 *kussû ša māt Aššur lā tušaṣbat*[*āni*] (/*N27*: *tušaṣbatūni*, 誤記)

§23: 249-265

a 249 *šumma attunu ina pān*(*ē*) *arīti*
a 250 *ša Aššur-aḫu-iddina šar māt Aššur* (*u*) *aššat Aššur-bāni-apli marʾi šarri rabiʾi* (=GAL(-*u*))
a 251 *ša bēt ridūti lā tadaggalāni*
a 252 *kīma ittabši lā turabbâni*
a 253 *kussû ša māt Aššur lā tušaṣbatāni*
a 254 *ēpišānūti ša bārti lā taṣabbatānenni* (/*N27*: *taṣabbatāni*)
a 255 *lā tadukkāni šumšunu zarʾašunu*
a 256 *ina māti lā tuḫallaqāni* (/*tuḫallaqqāni*) *dāmē kūm dāmē*
a 257 *lā tatabbakāni gimillu/i*
a 258 *ša Aššur-bāni-apli marʾi šarri rabiʾi* (=GAL(-*u*)) *ša bēt ridūti/e*
a 259 *lā tutarrānenni šumma attunu*
a 260 *ana Aššur-bāni-apli marʾi šarri rabiʾi* (=GAL) *ša bēt ridūti/e*
a 261 *marʾi Aššur-aḫu-iddina šar māt Aššur bēlīkunu*
a 262 *šammu ša muʾātīšu tušakkalāšūni*
a 263 *tašaqqiʾāšūni tapaššašāšūni*
a 264 *kišpī teppašāneššūni* (/*teppašāneššunni*) *ilu* (/*ilānī*) *u ištaru*
a 265 *issēšu tušaznâni* (/*tušazanâni*)

彼にとって好ましいこと（*ša ina muḫḫīšu ṭābūni*）を [232] 求めないならば、（それを）実行しないならば―。[233] もしあなた方が万が一にも、好ましくないこと（*lā ṭābtu*）を彼らに対して実行に移すならば、[234] 彼に悪意のある助言（*milku lā damqu/danqu*）を与えるならば、[235] 彼の足にとって安全ではない道（*ḫarrānu lā šalmu*）を用意するならば、[236] 常に誠実に（適切に）彼にその都度答えないならば―。

§22: 237-248

[237-238] もし（あなた方の主人である）アッシリア王エサルハドンが、彼の息子たちがまだ小さいうちに逝去した場合に、[239-240]（そして）宦官でも髭のある役人でも、大皇太子アッシュルバニパルを殺した場合に、[241]（また）アッシリアの王権を奪い取った場合に、[242] もしあなた方が万が一にも、彼の側に就くならば、[243] 彼の従者となるならば、[244]（彼に）反逆しないならば、敵対しないならば、[245] すべての（／他の）国々を彼に敵対させないならば、[245a] 彼に対して謀反を起こさないならば、[246] 彼を捕えないならば、彼を殺さないならば、[247] そして大皇太子アッシュルバニパルの息子に [248] アッシリアの王座を掌握させないならば―。

§23: 249-265

[249-251] もしあなた方が万が一にも、アッシリア王エサルハドンの妊婦（＝子を宿す者）、そして大皇太子アッシュルバニパルの妻を尊重しないならば、[252]（その子が）生まれた後には、（その子を）育てないならば、[253]（その子に）アッシリアの王座を掌握させないならば、[254] 反乱の実行者（*ēpišānūti ša bārti*）を捕えないならば、[255] 殺さないならば、彼らの名と彼らの子孫を [256] 国から滅ぼさないならば、血に対して血を（*dāmē kūm dāmē*）[257-261] 注がないならば、大皇太子アッシュルバニパルの仇（*gimillu*）を討たないならば―。もしあなた方が万が一にも、あなた方の主人であるアッシリア王エサルハドンの息子である大皇太子アッシュルバニパルに [262]「彼の死の草」（*šammu ša mu'ātīšu* ＝彼に死をもたらす草）を食べさせるならば、[263] 飲ませるならば、彼（の体）に擦り込むならば、[264] 彼に対して邪術（*kišpī*）を行うならば、（そして）（守護）神（／神々）と守護女神を [265] 彼に対して怒らせるならば―。

§24: 266-282

a 266 *šumma attunu ana Aššur-bāni-apli marʾi šarri rabiʾi* (=GAL(-*u*)) *ša bēt ridūti/e*

a 267 *marʾi Aššur-aḫu-iddina šar māt Aššur bēlīkunu*

ab 268 *kī napšātēkunu lā taraʾʾamāni* (/*N36B*: *tarammāni*)

a 269 *šumma attunu ina pān(ē) Aššur-bāni-apli marʾi šarri rabiʾi* (=GAL(-*u*)) *ša bēt ridūti/e*

a 270 *ša aḫḫēšu marʾē ummīšu karṣēšunu takkalāni*

a 271 *lā ṭābtašunu taqabbâni aḫēkunu*

a 272 *ina bētātīšunu tubbalāni ina libbīšunu taḫaṭṭâni*

a 273 *issu libbi tidinte/u ša Aššur-aḫu-iddina šar māt Aššur abūšunu iddinaššanūni*
(/*N55U*: *iddinaššu*[*nūni*], N55D: *iddinnaššanūni*)

a 274 *qinītu ša šunu iqnûni* (/*N35+*: *iqqinûni*) *tanaššâni*

a 275 *šumma tidintu eqlāti bētāti kirâti*

a 276 *nišē unūtu sisê kudunu*

a 277 *emārē alpē immerē ša Aššur-aḫu-iddina šar māt Aššur*

a 278 *ana marʾēšu iddinūni lā ina pānēšunu lā šūtūni*

a 279 *šumma deʾiqtašunu ina pān(ē) Aššur-bāni-apli marʾi šarri rabiʾi* (=*N27*: GAL)

a 280 *ša bēt ridūti lā taqabbâni*

a 281 *šumma ina pānēšu lā izzazzūni issēkunu*

a 282 *lā ussatammaḫūni* (/*N35+*: *ussatāmaḫūni*)

§25: 283-301

a 283 *adê annûte ša Aššur-aḫu-iddina šar māt Aššur*

a 284 *ina muḫḫi Aššur-bāni-apli marʾi šarri rabiʾi* (=GAL) *ša bēt ridūti/e*

a 285 (*u*) *aḫḫēšu marʾē ummīšu ša Aššur-bāni-apli marʾi šarri rabiʾi* (=GAL(-*u*))

a 286 *ša bēt ridūti/e udanninūni issēkunu*

a 287 *iškunūni tāmītu utammûkanūni*

a 288 *ana marʾēkunu marʾē marʾēkunu ana zarʾīkunu*

a 289 *ana zarʾi zarʾīkunu ša urki adê ana ūmē ṣâti*

a 290 *ibbaššûni lā taqabbâni* (/N29: *taqabbâneš*[*šanūni*], *N35+*: *taqabbâneššu*<*nū*>*ni*) *ṭēmu*

a 291 *lā tašakkan*[*ā*]*šuʾūni mā adê annûte*

a 292 *uṣrā mā ina libbi adêkunu lā taḫaṭṭiʾā*

a 293 *napšātēkunu lā tuḫallaqā*

a 294 *mā mātkunu ana ḫapê nišēkunu*

a 295 *ana* [*šal*]*āli* (/N36: *šallāli*) *lā taddanā* (*mā*) *abutu*

a 296 *annītu ša ina pān(ē) ili* (/N29, N36: *ilānī*) (*u*) *amēlutte/i maḫratūni*

a 297 *šī ina pānēkunu lū maḫrat ina muḫḫīkunu lū ṭābat*

a 298 *Aššur-bāni-apli marʾa šarri rabiʾu* (=GAL(-*u*)) *ša bēt ridūti ana bēlutti/e* (/*bēlūti*)

a 299 *māti u nišē lū naṣir*

ab 300 *urki ana šarrūte/i lū nabi šumšu*

§§24-25: 266-301

§24: 266-282

[266-267] もしあなた方が万が一にも、あなた方の主人であるアッシリア王エサルハドンの息子である大皇太子アッシュルバニパルを [268] あなた方の命のごとく愛さないならば—。[269] もしあなた方が万が一にも、大皇太子アッシュルバニパルの前で [270] 彼の兄弟たち、彼の母の息子たちを誹謗するならば、[271] 彼らについて好ましくないことを言うならば、あなた方の腕を [272] 彼らの家々に対して伸ばすならば、それらに対して罪を犯すならば、[273] 彼らの父であるアッシリア王エサルハドンが彼らに与えた贈り物から、[274]（あるいは）彼らが獲得したものを奪い取るならば—。[275-278] もし、アッシリア王エサルハドンが彼の息子たちに与えた畑、家、庭、人々（使用人）、用具、馬、ラバ（＝雄ロバと雌馬との間の雑種）、ロバ、牛、羊が彼らの前にないならば（*lā ina pānēšunu*）、（それらが）万が一にも、彼らのものでないならば—。[279-280] もしあなた方が万が一にも、大皇太子アッシュルバニパルの前で彼ら（＝兄弟たち）について良いこと（*de'iqtašunu*）を言わないならば、[281]（それによって）彼らが彼（＝アッシュルバニパル）の前に立てないならば、[282] あなた方と仲間になれないならば—。

§25: 283-301

[283-287]〈もしあなた方が万が一にも、〉アッシリア王エサルハドンが大皇太子アッシュルバニパルと彼の兄弟たち、大皇太子アッシュルバニパルの母の息子たちのためにあなた方と結び、設定し、あなた方に誓わせた（*tāmītu utammûkanūni*）この誓約（について）、[288-292] この誓約以降の将来に生まれるあなた方の息子たち、あなた方の孫たち、あなた方の子孫、あなた方の子孫の子孫に言わないならば、（次の）教えを彼らに与えないならば、（すなわち）「この誓約を守れ！　あなた方の誓約に対して罪を犯すな！[293]（それによって）あなた方の命を滅ぼすな！[294-296] あなた方の国を破壊に、あなた方の民を捕囚に委ねるな！　神々と人々の前で受け入れられるこの言葉が [297] あなた方の前でも受け入れられるように。あなた方にとっても好ましいものであるように。[298-299] 大皇太子アッシュルバニパルが国と民の主権を掌握することが守られるように。[300] 将来、王権には彼の名が呼ばれるように。[301] あなた方にとって別の王、別の主人を据えてはならない」。

a 301 *šarru šanûmma bēlu šanûmma ina muḫḫīkunu* (/*N49H*: *muḫḫīšu*?) *lā tašakkanā* (/*N35+*: *tašakkanāni*; 誤記)

§26: 302-317

a 302 *šumma mēmēni ina muḫḫi Aššur-aḫu-iddina* (*šar māt Aššur*)

a 303 *sīḫu bārtu ētapaš ina kussê šarrutti* (/*N49H*: *šarrūte*, *N35+*: *šarruttīšu*)

a 304 *ittūšib šumma ana šarruttīšu* (/*N49H*: *šarrūtēšu*)

a 305 *taḫaddu'āni lā taṣabbatānešš ūni* (/*N49H*: *taṣabbatāšūni*)

a 306 *lā tadukkāšūni šumma ammar ṣabātīšu* (/*N35+*: *ṣabattīšu*)

a 307 *du'ākīšu lā maṣâkunu ana šarrūtīšu* (/*N49H*: *šarrūtēšu*, *N35+*: [*šarrut*]*ti*)

a 308 *tamaggurāni tāmītu ša urdānutti*

a 309 *tatammâneššūni ina muḫḫīšu*

ab 310 *lā tabbalakkatāni ina gammurti* (/N29: *gummurti*) *libbīkunu*

a 311 *qarābu issēšu lā tuppašāni*

a 312 *mātāti šani'āti issēšu lā tušamkarāni*

a 313 *ḫubtušu lā taḫabbatānenni*

a 314 *dēktušu lā tadukkāni*

a 315 *šumšu zar'ušu ina māti lā tuḫallaqāni*

a 316 *Aššur-bāni-apli mar'a šarri rabi'u* (=GAL(-*u*)) *ša bēt ridūti*/*e*

a 317 *kussê abīšu lā tušaṣbatāni*

§27: 318-327

a 318 *šumma attunu issu libbi aḫḫēšu*

a 319 *aḫḫē abbēšu* (/N45G: *abīšu*) *mar'ē aḫḫē abbēšu* (/N29: *abīšu*) (*qinnīšu*)

a 320 *issu libbi zar'i bēt abīšu issu libbi zar'i šarrānī pāni'ūti*/*u* (/N29: *pāni'utti*)

a 321 *issu libbi rubê* (/*N27*, N29: *rabi'i*) *pāḫete ša rēši issu libbi mar'i māt Aššur*

a 322 *issu libbi mar'i māti šanītimma ušakpadūkanūni*

a 323 *iqabbâkanūni mā karṣē ša Aššur-bāni-apli*

a 324 *mar'i šarri rabi'i* (=GAL(-*u*)) *ša bēt ridūti*/*e ina pān*(*ē*) *abīšu aklā*

a 325 (*mā*) *abassu lā ṭābtu lā de'iqtu qibi'ā*

a 326 (*mā*) *ina bertuššu* (*ina*) *berti abīšu tušamḫaṣāni*

a 327 *ana ze'āri ina pān*(*ē*) *aḫe'iš tašakkanāšanūni* (/N38B, N56: *tašakkanāšunūni*)

11. 命令② §28: 328-335

§28: 328-335

a 328 *bēl qi'i ša ṭēmu išakkanūkanūni*

a 329 *ušanzarūkanūni* [*q*]*ib*[*ân*]*eššu*

a 330 *mā lū aḫḫēšu* (*mā*) *lū urdānī*

a 331 *ša ina muḫḫi abīšu u*[*šanz*]*irūni* (/N38B: [*ušan*]*zarūni*)

§§26-28: 302-335

§26: 302-317

[302-303] もし誰かが（アッシリア王）エサルハドンに対して謀反、反乱を実行に移した場合に、（そして）王座に [304] 就いた場合に、もしあなた方が万が一にも、彼の王権を [305] 喜ぶならば（、彼を捕えないならば、[306-307] 彼を殺さないならば）—。もし彼を捕えること、彼を殺すことがあなた方にとって可能でない場合に、あなた方が万が一にも、彼の王権を [308] 認めるならば、臣下の誓い（*tāmītu ša urdānutti*）を [309] 彼に誓う（*tatammānešš ūni*）ならば、彼に対して [310] あなた方の心のすべてから（*ina gammurti/ gummurti libbīkunu*）反逆しないならば、[311] 彼との戦いを行わないならば、[312] 他の国々を彼に対して敵対させないならば、[313] 彼を捕虜として収監しないならば、[314] 彼を殺さないならば、[315] 彼の名と彼の子孫を国から滅ぼさないならば、[316] 大皇太子アッシュルバニパルに [317] 彼の父の王座を掌握させないならば—。

§27: 318-327

[318] もしあなた方が万が一にも、彼（＝アッシュルバニパル）の兄弟たち、[319] 叔父たち、従兄弟たち、[320] 彼の父の家の子孫、先代の王たちの子孫、[321] あるいは君主たち、代官、宦官、あるいはアッシリアの市民、[322] 外国の市民のうちの、あなた方を悪巧みに導いて、[323-325]「大皇太子アッシュルバニパルを、その父の前で中傷せよ！　彼について何か好ましくないこと、悪意のあることを言え！」とあなた方に言う（者によって）、[326] 彼（＝アッシュルバニパル）とその父の間に争いを生じさせるならば、[327] 彼らに対して互いに憎しみを持つように仕向けるならば—。

11. 命令②　§28: 328-335

§28: 328-335

[328-329] あなた方に指示を与えてあなた方をののしるように仕向ける「妬む者」に（次のように）言え！ [330-332]「彼の父に対してののしるようにさせた者たち、彼を彼の父の前で誹謗する彼の兄弟たち、従者たちはどこにいるのか？ [333] アッシュル、シャマシュ、[…] が彼について言った（言葉）は真実ではなかったのか？ [334] あなた方の父は、アッシュルとシャマシュの同意なしに「生ける羊」

a 332 (*ša*) *karṣēšu ina pān*(*ē*) *abīšu* [*ekk*]*alūni alê*ʾ

a 333 *mā lā* <*abutu*>[?] *ša Aššur Šamaš u* [*Adad*[?] *ina muḫḫ*]*īšu iqbûni takūn*

a 334 *mā ina balāt Aššur u Šamaš abūkunu udutilû imnu*

a 335 *mā aḫūkunu kabbidā napšātēkunu uṣ*[*r*]*ā*

12. 条件節④　§§29-33a: 336-380a

§29: 336-352

a 336 *šumma mēmēni ušakpadūkanūni iqabbâkkanūni*

a 337 *issu libbi aḫḫēšu aḫḫē abbēšu* [*mar*ʾ*ē aḫ*]*ḫē abbēšu qinnīšu*

a 338 *zar*ʾ*i bēt abīšu lū š*[*a rēši*] *lū ša ziqni lū mat*ʾ*i māt Aššur*

ab 339 *lū mar*ʾ*i māt šan*[*ītimm*]*a lū ina napḫar ṣalmat qaqqadi*

ab 340 *mala bašû iqabbâkkanūni*

a 341 *mā karṣē ša aḫḫēšu mar*ʾ*ē ummīšu ina pān*(*ē*)*šu*

a 342 *aklā mā šamḫiṣā* (/*šanḫiṣā*) *ina bertuššunu*

a 343 *mā aḫḫēšu mar*ʾ*ē ummīšu issu pān*(*ē*)*šu pursā*

a 344 *attunu tašammâni lā ṭābtu*

a 345 *ša aḫḫēšu ina pānēšu taqabbâni*

a 346 *issu pān*(*ē*) *aḫḫēšu taparrasāšūni* (/N31: *taparrasāšunūni*; 誤記)

a 347 *šumma qābi*ʾ*ānu* (/NX15+, T: *qābi*ʾ*ānūti*) *ša abutu annītu*

a 348 *iqbâkkanūni turammâšūni* (/NX15+: *turammâšanūni*)

a 349 (*šumma*) *lā tallakānenni ana Aššur-bāni-apli mar*ʾ*i šarri rabi*ʾ*i* (=GAL(-*u*))

a 350 *ša bēt ridūti/e lā taqabbâni*

a 351 *mā abūka adê ina muḫḫī*<*ka*> *issēni*

a 352 *issakan utammanâši*

§30: 353-359

a 353 *šumma tadaggalā ana Aššur-bāni-apli mar*ʾ*i šarri rabi*ʾ*i* (=GAL(-*u*)) *ša bēt ridūti/e*

a 354 *aḫḫūšu lā palḫuš lā kanšuš*

a 355 *maṣṣartūšu lā inaṣṣurū attunu*

a 356 *kī ramānīkunu ṣâli lā tagarri*ʾ*āšunūni* (/NX15+: *tugarri*ʾ*āšanūni*, T: *tagarrâšunūni*)

a 357 *puluḫtu namurrāte ina libbīšunu*

a 358 *lā tušerabâni mā abūkunu ina libbi adê*

a 359 *issaṭar issakan utammanâši*

§31: 360-372

a 360 *šumma attunu kīma Aššur-aḫu-iddina šar māt Aššur bēlkunu*

a 361 *ana šīmti ittalak Aššur-bāni-apli*

a 362 *mar*ʾ*a šarri rabi*ʾ*u ša bēt ridūti/e ina kussê šarrutti* (/*šarrūte*, *šarruttu*) *ittūšib*

a 363 *abutu lā ṭābtu ša aḫḫēšu mar*ʾ*ē ummīšu*

(の呪文) を唱えた (とする) のか？[335] あなた方の兄弟 (sg.) を尊重せよ！ (そして) あなた方の命を守れ！」

12. 条件節④　§§29-33a: 336-380a

§29: 336-352

[336] もし誰かが万が一にも、あなた方を悪巧みに導くならば、あなた方に言うならば、[337] 彼 (＝アッシュルバニパル) の兄弟たち、叔父たち、従兄弟たち、家族、[338] 彼の父の家の子孫、あるいは宦官でも、髭のある役人でも、アッシリアの市民でも、[339] 他の国々の市民でも、あるいはすべての黒頭 (＝人間) たち、[340-343] 存在するものすべてのうちの (誰か) が「彼の前で彼の兄弟たち、彼の母の息子たちを誹謗せよ！　彼らの間に争いを生じさせよ！　彼の兄弟たち、彼の母の息子たちを彼から分断せよ！」とあなた方に言うならば—。[344-345] もしあなた方が万が一にも、(それを) 聞いて従うならば、(そして) 彼の兄弟たちについて好ましくないこと (*lā ṭābtu*) を彼の前で言うならば、[346] 彼を彼の兄弟たちから分断するならば—。[347-348] もしあなた方が万が一にも、この言葉をあなた方に言った者 (たち) を放免するならば—。[349] もしあなた方が万が一にも、大皇太子アッシュルバニパルのところに来ないならば、[350-351]「あなたの父上は、〈あなた〉のために私たちと (この) 誓約を [352] 設定し、私たちを誓わせました (*utammanâši*)」と言わないならば—。

§30: 353-359

[353-356] もしあなた方が見る (*tadaggalā*, 2pl. indic.) 場合に、(もし) 大皇太子アッシュルバニパルの兄弟たちが、彼 (＝アッシュルバニパル) に対して、畏れることなく、ひれ伏すことなく、彼の警護をしていない場合に、(その時) あなた方が万が一にも、彼 (＝アッシュルバニパル) のために、あなた方自身のためであるごとく (*kī ramānīkunu*)、彼ら (＝アッシュルバニパルの兄弟たち) に敵対して戦わないならば、[357-359] (そして)「あなた方の父上が (そのことを) この誓約 (文書) の中に書いて確定し、(それについて) 私たちを誓わせました (*utammanāši*)」と言うことによって彼らの心の中に畏れ (と) 戦慄 (*puluḫtu namurrāte*) をもたらさないならば—。

§31: 360-372

[360-362] もし大皇太子アッシュルバニパルが、あなた方の主人であるアッシリア王エサルハドンが逝去した後に (*kīma*)、王位に就いた場合に、(もし) あなた方が万が一にも、[363] 彼の兄弟たち、(および) 彼の母の息子たちについて好ましくないこと (*lā ṭābtu*) を [364-365] 彼らの兄弟 (＝アッシュルバニパル) の前で (次のように) 言うならば、「あなた (sg.) の手を彼らに対する悪事に (*ina*

a 364 *ina pān(ē) aḫḫēšunu taqabbâni tušanzarāni*

a 365 *mā qātēka ina lemutti ina libbīšunu ubbil*

a 366 *šumma issu pān(ē) Aššur-bāni-apli marʾi šarri rabiʾi* (=GAL(-*u*))

a 367 *ša bēt ridūti/e tunakkarāšanūni*

a 368 *dibbēšunu lā danqūti ina pān(ē) aḫīšunu*

a 369 *taqabbâni mazzassu ša Aššur-aḫu-iddina*

a 370 *šar māt Aššur abūšunu ukallimūšunū*[*ni*] (/T: *ukallimūšanūni*) *ina pān(ē) Aššur-bāni-apli*

a 371 *marʾi šarri rabiʾi* (=T: GAL-*u*) *ša bēt ridūt*[*i*]/*e taqabbâni*

a 372 *issu libbi mazzassūšunu unakkar*(*u*)*šu*[*nūni*] (/T: *unakkarušanūni*)

§32: 373-376

a 373 *šumma šaršerru ša ina muḫḫi ilānī ša puḫri*

a 374 *lū pānēkunu lū qātēkunu* (*lū*) *lubultakun*[*u*] (/*N45J*: *napultakunu*)

a 375 *tapaššašāni lū ina siqqīkunu*

a 376 *tarakkasāni ša māmīti pašāri teppašāni*

§33a: 377-380a

a 377 *šumma attunu tūrtu tutarrāni*

a 378 *māmītu tapaššarāni singāte/i*

a 379 *mēmēni ša tūrtu turri māmītu pašāri taḫassasānenni*

a 380a [*t*]*eppašāni*

13. 制定事項④　§33b: 380b-384

§33b: 380b-384

a 380b *tāmītu annītu* (T: *ana*) *Aššur-bāni-apli marʾi šarri rabiʾi* (=GAL(-*u*))

a 381 *ša bēt ridūti/e marʾi Aššur-aḫu-iddina šar māt Aššur bēlīkunu*

a 382 (*ša*) *ultu ūme anniʾe adi ša urki adê*

a 383 *ibbaššiʾūni* (/T: *ibbaššûni*) *attunu marʾēkunu ša ana*

a 384 *ūmē ṣâti ibbaššûni taʾʾâkunu*

14. 条件節⑤　§34a: 385-392

§34a: 385-392

a 385 *šumma attunu kī* (*ina*) *kaqqar tāmīti annīti* (/N37: *tāmītu annītu*)

a 386 *tazzazzāni tāmītu ša dabābti šapti*

ab 387 *tatammâni* (N37, *N48B*, T: *ina gummurti libbīkunu lā tatammâni*) *ana marʾēkunu ša urki adê*

a 388 *ibbaššûni lā tušalmadāni*

a 389 *šumma attunu murṣu lā ellu ina muḫḫi*

a 390 *ramānīkunu lā tašakkanāni ina libbi adê*

lemutti）伸ばせ！」と。（そして、それによって彼らに）憎しみを抱かせるならば—。[366-367] もしあなた方が万が一にも、大皇太子アッシュルバニパルから彼らを退ける（遠ざける）ならば、[368] 彼らについての悪意のあること（*lā danqūti*）を彼らの兄弟（＝アッシュルバニパル）の前で [369-372] 言うならば、彼らの父であるアッシリア王エサルハドンが彼らに与えた地位について、大皇太子アッシュルバニパルの前で言うならば（*taqabbâni*）、（それによって）彼（＝アッシュルバニパル）が彼ら（＝兄弟たち）を彼らの地位から退けるならば—。

§32: 373-376

[373] もしあなた方が万が一にも、集められた神々に向かって（*ina muḫḫi ilānī ša puḫri*）赤い顔料（*šaršerru*）を [374] あなた方の顔、手、あるいは喉（／服）に [375] 塗りつけるならば、あるいはあなた方の服のすそ飾り（*sīqqīkunu*）に [376] 結びつけるならば、そして誓いの解除（*ša māmīti pašāri*）を行うならば—。

§33a: 377-380a

[377] もしあなた方が万が一にも、「元に戻すこと」を行う（*tūrtu turrāni*）ならば、[378-379]（この）誓い（*māmītu*）を解くならば、「元に戻すこと」（*tūrtu turri*）、（そして）誓いを解くこと（*māmītu pašāri*）のために誰かの（？）シンガーテ（*šingāte*, 意味不明）を思い起こすならば、[380a]（そして）それを行うならば—。

13. 制定事項④　§33b: 380b-384

§33b: 380b-384

[380b-381] あなた方の主人であるアッシリア王エサルハドンの息子、大皇太子アッシュルバニパルのこの誓い（*tāmītu*）によってあなた方とあなた方の息子たちは、[382-384] この日以降に、この誓約の後に生まれるすべての者も含めて、誓わせられている（*ta’’âkunu*）。

14. 条件節⑤　§34a: 385-392

§34a: 385-392

[385-386] もしあなた方が万が一にも、この誓い（*tāmītu*）の地に立つ時に、口先（＝唇の言葉）だけの誓い（*tāmītu ša dabābti šapti*）を [387-388] 誓う（*tatammâni*）ならば、（この）誓約のあとに生まれるあなた方の息子たちに（それを）学ばせないならば—。[389-392] もしあなた方が万が一にも、自ら不浄な病（*marṣu lā ellu*）を装うならば、（そして）アッシリア王エサルハドンの、大皇太子アッシュルバニパルに関するこの誓約に入らないならば—。

a 391 *ša Aššur-aḫu-iddina šar māt Aššur ša ina muḫḫi Aššur-bāni-apli marʾi šarri rabiʾi* (=GAL(*-u*))

a 392 *ša bēt ridūti/e lā terrabāni*

15. 制定事項⑤　§34b: 393-396

§34b: 393-396

a 393 *ana urki ūmē ana* (*ūmē*) *ṣâti Aššur ilkunu*

a 394 *Aššur-bāni-apli marʾa šarri rabiʾu* (=GAL) *ša bēt ridūti/e bēlkunu*

a 395 *marʾēkunu marʾē marʾēkunu*

a 396 *ana marʾēšu lipluḫū*

16. 関係節①　§35: 397-409

§35: 397-409

ab 397 *ša māmīt ṭuppi annî* (/T: *anniʾe*) *ennû eggû*

b 398 *iḫaṭṭû ipassasu abu*? *bēlu*? *adê ilānī rabûti*

b 399 *ettequ*(*ma*) *iparraṣu māmīssun*

ab 400 *gabbašunu ṭuppi adê annî* (/T: *anniʾe*)

b 401 *ṭuppi Aššur šar ilānī u ilānī rabûti bēlēya*

b 402 *unakkarūma* (*lū*) *ṣalam Aššur-aḫu-iddina šar māt Aššur*

a 403 (*lū*) *ṣalam Aššur-bāni-apli marʾi šarri rabiʾi* (=GAL) *ša bēt riḍūti/e*

a 404 *lū ṣalam aḫḫēšu marʾē ummīšu*! *ša ina muḫ*[*ḫišu*] *unakkarūni*

ab 405 *kunuk rubê rabê anniʾe ša adê ša Aššur-bāni-apli marʾi šarri rabiʾi*

a 406 *ša bēt ridūti/e marʾi Aššur-aḫu-iddina šar māt Aššur bēlīkunu*

a 407 *ina libbi šaṭirūni ina kunukki ša Aššur šar ilānī*

a 408 *kanikūni ina pānēkunu šakinūni*

a 409 *kī ilīkunu lā tanaṣṣarāni*

17. 条件節⑥＋　§36: 410-413

§36: 410-413

a 410 *šumma attunu tunakkarāni ina* (/N29: *ana*) *Girra*

a 411 *tapaqqidāni ina* (/T: *ana*) *mê tanaddâni*

ab 412 *ina epri takattamāni ina mimma šipir nikilti*

a 413 *tabbatāni tuḫallaqāni tasappanāni*

18. 帰結文①　§§37-56: 414-493

§37: 414-416

b 414 *Aššur šar ilānī mušīm šīmāti šīmat lemutti*

15. 制定事項⑤　§34b: 393-396

§34b: 393-396

[393] これから後、未来永劫、アッシュルはあなた方の神であり（*Aššur ilkunu*）、[394] 大皇太子アッシュルバニパルはあなた方の主人（*bēlkunu*）である。[395] あなた方の息子たちと孫たちは [396] 彼（＝アッシュルバニパル）の息子たちを畏れ敬うように。

16. 関係節①　§35: 397-409

§35: 397-409

[397-400]（誰でも *ša*）この書板の誓い（*māmīt ṭuppi*）を変更する者（3sg. pres. Bab. subj.）、おろそかにする者、（それに対して）罪を犯す者、（それを）消す者、（神々の）父、偉大な神々の誓約の主（？）に背く者、違反する者、それらのすべての誓い（*māmīssun*）、この誓約の書板、[401] 神々の王であるアッシュルと私の主人たちである偉大な神々の書板を [402] 取り除く者は—、アッシリア王エサルハドンの像でも、[403] 大皇太子アッシュルバニパルの像でも、[404] その向かい側にある（*ina muḫḫ*[*iš*]*u*）彼の兄弟たちの、彼の母の息子たちの像でも、取り（消し）去る者（3sg. pres. Ass. subj.）は—、[405-407]（あなた方のうちの誰でも、）あなた方の主人であるアッシリア王エサルハドンの息子、大皇太子アッシュルバニパルの（に関する）誓約がそこに書いてある、この偉大な君主（＝アッシュル）の印章（が押された書板）、神々の王であるアッシュルの印章が [408] 押されている、あなた方の前に置かれた（この書板を）[409] あなた方の神のごとく（*kī ilīkunu*）守らないならば（2pl. pres. Ass. subj.）—。

17. 条件節⑥＋　§36: 410-413

§36: 410-413

[410] もしあなた方が万が一にも、（この誓約の書板を）他の場所へ移すならば、ギラ（＝火の神）に [411] ゆだねるならば、水の中に投げ入れるならば、[412] 地中に埋めるならば、なんらかの技巧を用いて [413] 破壊するならば、失わせるならば、表面を削り取るならば—。

18. 帰結文①　§§37-56: 414-493

§37: 414-416

[414-415] アッシュル、神々の王、天命を定める者が、悪いこと、好ましくないことをあなた方に天命

b 415 *lā ṭābti lišīmkunu* (*N27: šabût šēbūti*)

b 416 (*N27:* [*k*]*išid littū*[*ti a*]*yi iqīškunu*)

§38: 417-418

b 417 *Mullissu ḫīrtu narāmtašu amāt pîšu*

b 418 *lilamminma ayi iṣbata abbūtkun*(*u*) (/*abbuttukun*(*u*))

§38A: 418A-418C

b 418A *Anum šar ilānī murṣu tānīḫu di'u diliptu*

b 418B *nissatu lā ṭūb šīri* (/*N27: zēri*) *eli napḫar*

b 418C *bītātīkunu lišaznin*

§39: 419-421

b 419 *Sîn nannar šamê u erṣeti saḫaršubbû*

ab 420 *liḫallipkunu ina pān*(*ē*) *ili* (/N29, N56: *ilānī*) *u šarri e<r>ēbkunu* (/N29, N56: *erābkunu*) *ayi iqbi*

b 421 *kīma* (/*kī*) *serrēme* (/N56: *serrāme*) *ṣabīti ṣēru* (N56: *ina ṣēri*) *rupdā*

§40: 422-424

b 422 *Šamaš nūr šamāmī* (*u*) *qaqqari dīn kitti* (*N27: mēšari*)

b 423 *ayi idīnkunu niṭil īnīkunu lēšīma* (/*N27: liššīma*)

b 424 *ina eklettil/e itallakā*

§41: 425-427

b 425 *Ninurta ašarēd ilānī ina šiltāḫīšu šamri lišamqitkunu* (/N56: *lušamqit*[*kunu*])

b 426 *dāmīkunu limalla ṣēru šīrkunu arû zību*

b 427 *lišākil* (/*N28B: lušākil*)

§42: 428-430

b 428 *Delebat nabât kakkabāni ina niṭil īnīkunu ḫīrātīkunu*

b 429 *ina sūn nak*(*i*)*rīkunu lišanīl mārīkunu*

b 430 *ayi ibēlū bītkun nak*(*i*)*ru aḫû liza''iza mimmûkun*

§43: 431-432

b 431 *Nēberu bēl ilānī ṣīru erāb Bēl ina Esagil*

b 432 *ayu ukallimkunu liḫalliqa napšātēkunu*

§44: 433-434

b 433 *Marduk aplu rēštû ḫīṭu kabtu māmīt lā pašāri*

b 434 *ana šīmtīkunu lišīm*

として定めるように。彼（＝アッシュル）があなた方に、老齢に達することと[416]充実した生涯を与えないように。

§38: 417-418

[417]ムリス（女神）、彼（＝アッシュル）の愛する奥方が、彼の口の言葉を[418]悪くするように。彼女（＝ムリス）があなた方のために（アッシュルに対して）とりなしの労をとらないように。

§38A: 418A-418C

[418A]アヌ、神々の王が、病気、辛苦、頭痛、不眠、[418B]嘆息、不健康を[418 C]あなた方のすべての家の上に、（雨のごとく）降らせるように。

§39: 419-421

[419]スィン、天と地を照らす者が、あなた方にサハルシュブー病（＝ある種の皮膚病）を[420]着せる（＝サハルシュブー病に罹らせる）ように。あなた方が神々と王の前に出る許可を与えない（＝出ることを命じない）ように。[421]（そして）野ロバやガゼルのごとく荒野を走りまわれ！

§40: 422-424

[422-423]シャマシュ、天と地の光が、（真理に基づいた）公正な裁判（によって）あなた方を裁かないように。あなた方の視力を曇らせるように。（そして）[424]闇の中をさまよい歩け！

§41: 425-427

[425]ニヌルタ、神々の先頭を行く者が、彼の怒りの矢によってあなた方を打ち倒すように。[426]あなた方の血で野を満たすように。あなた方の肉を鷲と禿鷹に[427]食べさせる（＝啄(ついば)ませる）ように。

§42: 428-430

[428]金星、星の中でひときわ輝く者が、あなた方の目前で、あなた方の妻を[429]あなた方の敵の腰に寝かせるように。あなた方の息子たちは[430]あなた方の家を所有しないように。見知らぬ敵があなた方の財産を分けるように。

§43: 431-432

[431]木星、神々の高貴な主がベール（＝マルドゥク）のエサギラ神殿入場をあなた方に[432]見せないように。あなた方の命を滅ぼすように。

§44: 433-434

[433]マルドゥク、（神々の）嫡男が、あなた方に重い罰と、解くことができない呪い（*māmīt lā pašāri*）を[434]あなた方の天命として定めるように。

§45: 435-436

b 435 *Zērbānītu nādinat šumi (u) zēri šumkunu zērkunu*
b 436 *ina māti luḫalliq* (/T: *liḫalliqqi*)

§46: 437-439

b 437 *Bēlet-ilī bēlet nabnīti tālittu ina mātīkunu*
b 438 *liprus ikkil šerri (u) lakê*
b 439 *ina sūqi rebīti lizammā tārītkun*

§47: 440-452

b 440 *Adad gugal šamê erṣeti zunnu šamūte ina mātīkunu liprus*
b 441 *tamerātīkunu lizzzammā ana {la} ṭābtu*
b 442 *ina riḫṣi danni mātkunu lirḫiṣ erbû*
b 443 *muṣaḫḫir māti ebūrkunu līkul ikkil erî u tinūri*
ab 444 *ina bītātīkunu ayi ibši uṭṭutu ana ṭe'āni* (/*N50A*: *ṭeyāni*)
a 445 *lū* (*N27*: *li*, 誤記) *taḫliqakkunu kūm uṭṭiti eṣmātīkunu*
a 446 *mar'ēkunu mar'ātēkunu liṭēnū kiṣru ša ubānīkunu*
a 447 *ina lēši lū lā iṭabbu qāqānu issu libbi aṣūdātīkunu lēšu*
ab 448 *lēkul ummu eli mārtīša bābša līdil*
b 449 (*ina būrīkunu*) *šīr mārīkunu aklā ina bubūti*
b 450 *ḫušaḫḫi amīlu šīr amīli līkul amīlu mašak amīli*
b 451 *lillabiš šīrkunu kalbī šaḫî līkulū*
b 452 *eṭemmakunu pāqidu nāq mê ayi irši*

§48: 453-454

b 453 *Ištar bēlet qabli (u) tāḫāzi ina tāḫāzi danni qašatkunu lišbir*
b 454 *idīkunu liksi ina šapal nak(i)rīkunu lišēšibkunu*

§49: 455-456

b 455 *Nergal qarrād ilānī ina patrīšu lā gāmili napšātēkunu*
b 456 *liballi šagaštu mūtānu ina libbīkunu liškun*

§50: 457-458

b 457 *Mullissu āšibat Ninâ*
b 458 *patru* (/*NX12*: *patri*) *ḫanṭu* (/NX20: *ḫamṭu*) *ittīkunu lirkus* (/*N27*, *NX12*: *lirkusu*)

§51: 459-460

b 459 *Ištar āšibat Arba'il rēmu gimlu*
ab 460 [*lū l*]*ā išakkan* (/NX17: *a*[*yi iškun*]; T: *ayi išakkan*, 誤記) *elīkunu*

§§45-51: 435-460

§45: 435-436

[435] ザルパニートゥ、名と子孫を生む者が、あなた方の名と子孫を [436] 国から滅ぼすように。

§46: 437-439

[437] ベーレト・イリー、創造の女主人が、あなた方の国の出産を [438] 断つように。子どもと乳児の泣き声が [439] 道でも広場でも、あなた方の子守から奪われるように。

§47: 440-452

[440] アダド、天と地の運河の監督者が、あなた方の地から雨（ŠÈG = *šamūte*）を断つように。[441] あなた方の畑は（すべて）好ましいもの（*ṭābtu*）に欠けているように。[442-443] 大洪水があなた方の国を水浸しにするように。国を小さくするイナゴがあなた方の収穫を食い尽くすように。碾き臼とパン焼きかまどの音が [444] あなた方の家に無いように。碾くべき穀物が [445] あなた方に無くなるように。穀物の代わりに、[446-447] あなた方の息子たちと娘たちが、あなた方の骨を碾くように。指の第一関節（でさえ）も、こね粉の中に沈まないように。カカーヌ鳥（*qaqānu*）があなた方の器からこね粉を [448] 啄むように。母親は自分の娘の前でさえ、戸に閂（かんぬき）をかけるように。[449] あなた方は空腹のために、あなた方の息子たちの肉を食べよ！　飢餓 [450] と欠乏のために、人間が人間の肉を食べるように。人間が人間の皮を [451] 着るように。あなた方の（死体の）肉を犬と豚が食べるように。[452] あなた方の死霊は世話をする者（*pāqidu*）、水を注ぐ者（*nāq mê*）を得ないように。

§48: 453-454

[453] イシュタル、戦争と戦闘の女主人が、激しい戦闘の中であなた方の弓を折るように。[454] あなた方の腕を縛るように。あなた方の敵の足元にあなた方を座らせるように。

§49: 455-456

[455] ネルガル、神々の英雄が、その容赦のない剣であなた方の命を [456] 消すように。殺戮と疫病をあなた方の中に置くように。

§50: 457-458

[457] ニネヴェに住まうムリスが、[458] 燃え盛る剣をあなた方に結びつけるように。

§51: 459-460

[459] アルバイルに住まうイシュタルが、あなた方に慈悲と恩恵を [460] 与えないように！

§52: 461-463

b 461 *Gula azugallatu rabītu murṣu tānēḫu ina libbīkunu*

b 462 *simmu lazzu ina zumrīkunu* (/T: *zu'r*[*ī*]*kunu*) *lišk*[*un*] (/T: *lišab*[*š*]*i*) *dāmu šarku*

b 463 *kīma mê runkā*

§53: 464-465（NX17）

b 464 *Sebetti ilānī* [*qa*]*rd*[*ūti ina kakkīšunu*]

b 465 *ezzūti našpan*[*takunu liškunū*]

§54: 466

b 466 *Aramiš bēl āli māti Qarnê bēl āli māti Aza'i mê arqūti limallikunu*

§54A: 466A-466B（T）

b 466A *Adad Šala ša Kurba'il siḫlu šīrī*

b 466B *lā ṭābu ina zumur mātīkunu lišabši*

§54B: 466C（T）

b 466C *Šarrat-'Amqarrūna issu libbīkunu lišaḫḫiḫa tûltu*

§54C: 467-468 (= Watanabe 1987, §54A)

b 467 *Bayati-ili Ananti-Bayati-ili*

b 468 *ina qātē nēši ākili limnûkunu*

§55: 469-471

b 469 *Kubaba Karḫuḫa ša Gargamiš*

b 470 *rimṭu dannu ina libbīkunu liškun dāmīkunu*

b 471 *kīma tīki ina qaqqari littattuk* (/T: *littuttuk*)

§56: 472-493

b 472 *ilānū rabûtu ša šamê erṣeti āšibūtu kibrāti*

b 473 *mala ina ṭuppi annê šumšunu zakuru*

b 474 *limḫaṣūkunu likkelmûkunu* (/T: *likkalmûkunu*)

b 475 *arratu maruštu aggiš līrurūkunu*

b 476 *eliš balṭūti lissaḫūkunu šapliš ina erṣeti*

b 477 *eṭemmakunu mê lizammû ṣillu u ūda* (/N37: *udda*)

b 478 *liktaššidūkunu ina* (/T: *ana*) *puzri šaḫāti*

b 479 *lā tannemmidā ak*(*a*)*lu u mê līzibūkunu*

b 480 *sunqu ḫušaḫḫu bubūtu mūtānu*

b 481 *ultu*(/T: *ina*) *maḫrīkunu ayi ippiṭir sīsi ša ardātēkunu*

§§52-56: 461-493

§52: 461-463

[461] グラ、偉大な女医が、あなた方の心（内臓）に病気と辛苦を、[462] あなた方の身体に治りにくい傷を生じさせる（＝置く）ように。[463]（そして）水のように血と膿を浴びよ！

§53: 464-465（NX17）

[464] セベッティ、戦闘的な神々が、［彼らの］怒る武器によって [465] あなた方に敗［北をもたらすように］。

§54: 466

[466] アラミシュ（／アラミス）、カルネーの町と国の主であり、（また）アザイの町と国の主が、あなたを緑（黄）色の水で満たすように。

§54A: 466A-466B（T）

[466A] クルバイルのアダド（と）シャラが、肉の痛み（と）[466B] 体の不健康をあなた方の国に生じさせるように。

§54B: 466C（T）

[466C] シャラト・エクロンが、あなた方の体から虫を落とさせるように。

§54C: 467-468（= Watanabe 1987, §54A）

[467] バヤティ・イリ（ー）（と）アナ（ン）ティ・バヤティ・イリ（ー）が、[468] むさぼり食うライオンの前足にあなた方を渡すように。

§55: 469-471

[469] カルケミシュのクババ（と）カルフハが、[470] 重いリムトゥ（*rimṭu*）病をあなた方の中に置くように。[471] あなた方の血が雨のごとく地に滴り続けるように。

§56: 472-493

[472] 世界の四方に住む、天と地の偉大な神々、[473] この書板に名を挙げられたすべての神々が [474] あなた方を打つように。あなた方に邪視を向けるように。[475] 恐ろしい呪いによって、怒ってあなた方を呪うように。[476] 地上では、あなた方を生きながら離れ離れにするように。地下（＝冥界）では、[477-479] あなた方の死霊から水を奪うように。常に暗闇と苦悩があなた方を追い回すように。あなた方はどんな隠れ場所にも隅にも寄り集まるな！　パンと水があなた方に欠乏するように。[480] 困難、欠乏、空腹、疫病が [481-482] あなた方から解かれないように。あなた方の若い女性の乳首（？）と、あなた方の若い男性の性器（？）を、あなた方の目前で犬と豚が [483-484] アッシュル市の広場で引き回すように。地があなた方の遺体を受け取らないように。犬と豚の腹の中にあなた方の墓所があるように。[485-486] あなた方の日々は暗いように。あなた方の年月は闇であるように。その闇は晴れることがない。彼ら（＝偉大な神々）があなた方の天命として定めるように。[487] 苦労と不眠の中で

b 482 *matnāti ša eṭlūtīkunu ina niṭil īnīkunu kalbī šaḫî*

b 483 *ina rebīt Aššur lindaššarū pagrīkunu erṣetu*

b 484 *ayi imḫur ina karši kalbī šaḫî lū naqbarkunu*

b 485 *ūmīkunu lū eṭû šanātīkunu lū eklā ekletu*

b 486 *lā namāri ana šīmtīkunu lišīmū*

b 487 *ina tānēḫ dilipti napištakunu liqti*

b 488 *bubbulu abūbu* (*lā maḫru*) *ultu* (*libbi*) *erṣeti*

b 489 *līlâma našpantakunu liškun mimma ṭābtu lū ikkibkunu*

b 490 *mimma marṣu lū šīmatkunu qīru kupru lū mākalākunu*

b 491 *šināt imēri lū mašqītkunu napṭu lū piššatkunu*

b 492 *elapû* (/N37: *elapûʾa*) *ša nāri lū taktīmkunu*

b 493 *šēdu utukku rābiṣu lemnu bītātīkunu liḫīrū*

19. 第 1 人称の誓約①　§57: 494-512

§57: 494-512

a 494 *ilānī annûte lidgulū šumma anēnu ina muḫḫi Aššur-aḫu-iddina*

a 495 *šar māt Aššur* (N87: *bēlīni*) *ina muḫḫi Aššur-bāni-apli marʾi šarri rabiʾi* (=GAL(*-u*/*ú*)) *ša bēt ridūti*/*e*

a 496 *aḫḫēšu marʾē ummīšu ša Aššur-bāni-apli marʾi šarri rabiʾi* (=GAL(*-u*)) *ša bēt ridūti*/*e*

a 497 (*u*) *rēḫti marʾē ṣīt libbi ša Aššur-aḫu-iddina šar māt Aššur* (*bēlīni*)

a 498 *sīḫu bārtu neppašūni pîni isse*

a 499 *nak*(*i*)*rīšu nišakkanūni šumma*

ab 500 *mušamḫiṣūtu mušadbibūtu liḫšu*

ab 501 *ša amāt lemutti lā ṭābtu lā banītu*

ab 502 *dabāb surrāti* (*u*) *lā kīnāti*

a 503 *ša ina muḫḫi Aššur-bāni-apli marʾi šarri rabiʾi* (=GAL(*-u*)) *ša bēt ridūti*/*e*

a 504 *u aḫḫēšu marʾē ummīšu ša Aššur-bāni-apli marʾi šarri rabiʾi* (=GAL(*-u*))

a 505 *ša bēt ridūti* ** *nišammûni nupazzarūni*

** = N49B: [*u rēḫt*]*i marʾē ṣīt libbi* [*ša Aššur-aḫu-iddina šar māt ašš*]*ur bēlīni*

a 506 *ana Aššur-bāni-apli marʾi šarri rabiʾi* (=GAL(*-u*)) *ša bēt ridūti*/*e bēlīni*

a 507 *lā niqabbûni ūmē* (/N37: *ūmu*) *ammar anēnu marʾēni*

a 508 *marʾē marʾēni balṭānīni Aššur-bāni-apli marʾa šarri rabiʾu* (=GAL(*-u*)) *ša bēt ridūti*/*e*

a 509 *lā šarrinīni lā bēlīnīni šumma šarru šanûmma marʾa šarri šanûmma*

a 510 *ina muḫḫīni marʾēni marʾē marʾēni nišakkanūni*

ab 511 *ilānī mala šumšunu zakru ina qātēni*

a 512 *zarʾīni zarʾi zarʾīni lubaʾʾiʾū*

あなた方の命が終るように。[488-489] 高波、(抵抗しがたい) 洪水が地から湧きおこるように。そしてあなた方の崩壊をもたらすように。すべて好ましいものがあなた方の禁忌であるように。[490-491] すべて病的なものがあなた方の天命であるように。タールとアスファルトがあなた方の食べ物であるように。[492] ロバの尿があなた方の飲み物であるように。ナフサがあなた方の塗り油であるように。川のエラプー草があなた方の覆いであるように。[493] シェドゥ、ウトゥク、そして邪悪なラビツなどの悪霊が、あなた方の家を (住処として) 選ぶように。

19. 第 1 人称の誓い①　§57: 494-512

§57: 494-512

[494-497] **《神々への呼びかけ》**これらの神々が見るように。

《条件節 (違約の場合)》もし私たちが万が一にも、(私たちの主人である) アッシリア王エサルハドンに対して、大皇太子アッシュルバニパルに対して、彼の兄弟たち、大皇太子アッシュルバニパルの母親の息子たち、(私たちの主人である) アッシリア王エサルハドンの他の実の息子たちに対して、[498] 謀反と反乱を実行に移すならば、私たちの口 (の言葉) を [499] 彼の敵 (の言葉) と共に置く (=同じくする) ならば―。もし私たちが万が一にも、[500-505] 大皇太子アッシュルバニパル、彼の兄弟たち、アッシュルバニパルの母の息子たちに敵対する扇動、教唆、そして悪事の、好ましくないこと、芳しくないこと、虚言、真実でない語りに聞き従うならば、(それを) 隠すならば、[506] 私たちの主人である大皇太子アッシュルバニパルに [507-508] 言わないならば、私たちの息子たちと孫たちが生きている間、大皇太子アッシュルバニパルが [509] 私たちの王でないならば、私たちの主人でないならば―。もし私たちが万が一にも、他の王、他の王子を [510] 私たちと私たちの息子たちと孫たちの上に置くならば、

《帰結文 (違約罰としての自己呪詛)》[511] すべてその名を挙げられている神々が、私たちと [512] 私たちの子孫、私たちの子孫の子孫に責任を追及するように。

20. 条件節⑦＋　§58a: 513-517

§58a: 513-516

a 513 *šumma (atttunu) ina libbi adê annûte ša Aššur-aḫu-iddina šar māt Aššur (bēl[kunu])*

a 514 *ina muḫḫi Aššur-bāni-apli mar'i šarri rabi'i* (=GAL-*u*) *ša bēt ridūte*

a 515 *u aḫḫēšu mar'ē ummīšu ša Aššur-bāni-apli mar'i šarri rabi'i* (=GAL-*u*) *ša bēt ridūte*

a 516 *u rēḫti mar'ē ṣīt libbi ša Aššur-[aḫu-id]dina šar māt Aššur*

a 517 *(bēlkunu) {N27,* T: *adê}* {N49O:*ša ina muḫḫ[i]} issēkunu [i]šk[un]ūni taḫaṭṭâni*

21. 帰結文②　§§58b-62: 518-525

§58b: 518

b 518 *Aššur abi ilānī ina kakkīšu ezzūti lišamqitkunu*

§59: 519-520

b 519 *Palil bēlu ašarēdu šīrkunu*

b 520 *arû zību lišākil*

§60: 521-522

b 521 *Ea šar apsî bēl naqbi mê lā balāṭi*

b 522 *lišqīkunu aganutillâ limallīkunu*

§61: 523

b 523 *ilānī rabûti ša šamê erṣeti mê šamnu ana ikkibīkunu liškunū*

§62: 524-525

b 524 *Girra nādin mākali* (/N28A: *mākalê) ana ilānī rabûti* (/N28A: *<ilānī> ṣeḫ(e)rūti rabûti*)

b 525 *šumkunu zērkunu (/N35+: zērīkunu zēr zērīkunu)* (T: *ina Girra) liqmu*

22. 条件節⑧＊(＝条件節⑦)＋帰結文③　§§63-65: 526-536

§63: 526-529

b 526 KIMIN(.KIMIN) *ilānī mala ina ṭuppi adê anni'e [š]umšunu zakru*　　KIMIN＝「同じく」

a 527 *ammar libitti kaqquru lusiqqūnekkunu (/N27, N35+: lisiqq[ūnekkunu])*

a 528 *kaqqarkunu kī parzilli lēpušū mēmēni*

a 529 *ina libbi lū lā iparru'a*

§64: 530-533

a 530 *kī ša issu libbi šamā'ē ša sippari zunnu lā izannunūni (/N27,* T: *izannunāni)*

a 531 *kī ḫanni'e zunnu nalšu ina (libbi) eqlātīkunu*

20. 条件節⑦＋　§58a: 513-517

§58a: 513-517

513 もしあなた方が万が一にも、(あなた方の主人である) アッシリア王エサルハドンが、514 大皇太子アッシュルバニパルと 515 彼の兄弟、大皇太子アッシュルバニパルの母親の息子たち、516-517 (あなたの方の主人である) アッシリア王エサル［ハド］ンのその他の実の息子たちに関して、あなた方と設定した誓約に違反するならば―。

21. 帰結文②　§§58b-62: 518-525

§58b: 518

518 神々の父であるアッシュルがその怒る武器によって、あなた方を打ち倒すように。

§59: 519-520

519 パリル／イギシュトゥ、第一等位の主が、あなた方の肉を 520 鷲と禿鷹に啄ませる (食べさせる) ように。

§60: 521-522

521 エア、深淵の王、地下水の主が、「死の水」(＝「非・命の水」) を 522 あなた方に飲ませるように。あなた方を水腫で満たすように。

§61: 523

523 天と地の偉大な神々が、水と油をあなた方にとっての禁忌とするように。

§62: 524-525

524 ギラ、偉大な神々に (火で調理した) 食事を与える者が、525 あなた方の名と子孫を (ギラ (＝火) で) 燃やすように。

22. 条件節⑧ *(＝条件節⑦)＋帰結文③　§§63-65: 526-536

§63: 526-529

526 同じく (、同じく)、その名をこの書板に挙げられたすべての神々が、527 あなた方に対して、一つの煉瓦のごとく土地を狭くするように。528-529 あなた方の土地を鉄のごとくするように。(そして) 何もそこから芽を出さないように。

§64: 530-533

530 青銅の天から雨が降らないごとく、531 このごとく雨 (と) 露があなた方の畑や 532 草地に行かないように。雨の代わりに 533 あなた方の国に炭が降るように。

a 532 *tamerātīkunu lū lā illak kūm zunni* (/N28C: *zunnu*; *N27*: [*na*]*lšu*)

a 533 *pe'nāti* (/*N27*: *peḫn*[*āti*]) *ana mātīkunu liznunā*

§65: 534-536

a 534 *kī ša annuku ina pān*(*ē*) *išāti lā izzazzūni*

a 535 *attunu ina pān*(*ē*) *nak*(*i*)*rīkunu l*[*ā t*]*azzazā mār'ēkunu*

a 536 *mār'ātēkunu ina qātēkunu lā taṣabbatā*

23. 条件節⑨*（＝条件節⑦）＋帰結文④　§§66-68: 537-546

§66: 537-539

a 537 (*NX12*: KIMIN) *kī ša zar'u ša kūdi*[*nni*] *lāššūni*

a 538 *šumkunu zar'akunu zar'u ša mar'ēkunu* (/*NX19*, T: *aḫḫēkunu*)

a 539 *mār'ātēkunu issu māti liḫliq*

§67: 540-544

a 540 *kī ša qarnu ša*[x x]*ni zar'u u sikkit šikari*

a 541 *ina libbi šaknūni kī ša zar'īni annûti*/*e lā iparru'ūn*i

a 542 *u sikkit šikari* [*a*]*na*? x x *ni ša lā tasaḫḫarūni*

a 543 [*šu*]*mkunu zar'akunu zar'u* (/*zar'ē*) *ša aḫḫēkunu mar'ēkunu* (/*N46II*: [*mar'ē*]*kunu mar'āt*[*ēkunu*])

a 544 [*in*]*a muḫḫi pānē ša kaqqari* (/T: *kaqqiri*) *liḫliq* (*NX12*: *ina māti l*[*iḫliq*])

§68: 545-546

ab 545 *Šamaš ina epinni ša parzilli ālkunu mātkunu nagîkunu*

a 546 *lušabalkit*

24. 条件節⑩*（＝条件節⑦）＋帰結文⑤　§§69-70: 547-554

§69: 547-550

a 547 (N50M, T: KIMIN.KIMIN) *kī ša agurrutu an*[*n*]*ītu šalqatūni šīru ša mar'īša*

a 548 *ina pîša šakinūni kī ḫanni'i*/*e*?

a 549 *šīru ša* (*aḫḫēkunu*) *mar'ēkunu mar'ātēkunu*

a 550 *ana būrīkunu lušākilūkunu* (//T: *li<ša>kil*(*u*)*kunu*; *N46BB*: *lušākilikun*[*u*])

§70: 551-554

a 551 *kī ša kabsu kabsutu ḫurāpu ḫurāptu šalqūni*

a 552 *errēšunu isse šāpēšunu karkūni*

a 553 (*errēkunu*) *errē ša mar'ēkunu mar'ātēkunu isse šēpēkunu*

a 554 *likkarkū*

§§65-70: 534-554

§65: 534-536

534 錫が火の前でもちこたえられないごとく、535 あなた方は敵の前で立っているな！　あなた方は息子たち 536 と娘たちをあなた方の手でつかむな！

23. 条件節⑨ *（＝条件節⑦）＋帰結文④　§§66-70: 537-554

§66: 537-539

537 （同じく、）ラバに子孫がないごとく、538-539 あなた方の名、あなた方の子孫、そしてあなた方の息子たちと娘たちの子孫が国からいなくなるように。

§67: 540-544

540-541 芽が［…］されているごとく、種とビール酵母がその中に置かれているごとく、そのような種が芽を出さないごとく、542 そのようなビール酵母が［…］に変化しないごとく、543-544 あなた方の名、あなた方の子孫、あなた方の兄弟たちの子孫、あなた方の息子たちの子孫が地表からいなくなるように。

§68: 545-546

545 シャマシュが、鉄の鋤であなた方の町、あなた方の国、あなた方の地方を 546 ひっくり返すように。

24. 条件節⑩ *（＝条件節⑦）＋帰結文⑤　§§69-70: 547-554

§69: 547-550

547 （同じく、同じく）、547-548 この母羊が切り裂かれているごとく、そしてその子羊の肉が母羊の口に置かれているごとく、このごとく彼ら（＝神々）は［…］549 あなた方の（兄弟たちの）、息子たちと娘たちの肉を 550 飢えのためにあなた方に食べさせるように。

§70: 551-554

551 雌雄の若い羊と雌雄の春に生まれた羊が切り裂かれているごとく、552 それらの腸でそれらの足が巻かれているごとく、553 あなた方の足が（あなた方の腸、）あなた方の息子たちと娘たちの腸で 554 巻かれるように。

25. 条件節⑪　§71a: 555A-555B（*N49U*）

§71a: 555A-555B

a　555A　[*šumma attunu ina libbi ad*]*ê annûti ša Aššur-aḫu-iddina šar māt Aššur*

a　555B　[*ina muḫḫi Aššur-bāni-apli marʾi šarri rabiʾi ša bēt rid*]*ūti taḫaṭṭâni*

26. 条件節⑫ *（＝条件節⑦）＋帰結文⑥　§71b: 555-559

§71b: 555-559

a　555　(N37: [KIM]IN) *kī ša ṣēru* (*u*) *šikku ina libbi issēt ḫurreti/e*

a　556　*lā errabūni lā irabbiṣūni*

a　557　*ina muḫḫi* (*N27*: *nakās*) *napšāte ša aḫeʾiš idabbabūni*

a　558　*attunu issātēkunu ana libbi issēn bēte lā terrabā*

a　559　*ina muḫḫi issēt erši lā tatallā ina muḫḫi nakās napšāte ša aḫeʾiš dubbā*

27. 条件節⑬ *（＝条件節⑦）＋帰結文⑦　§72: 560-562

§72: 560-562

a　560　(N37: KIMIN.KIMIN) *kī ša kusāpu* (*u*) *karānu ina libbi errē*(*kunu*) *errabūni*

a　561　(*N27*: [*kī ḫanniʾ*]*i*) *tāmītu annītu ina libbi errēkunu*

a　562　*errē ša marʾēkunu marʾātēkunu lušēribū*

28. 条件節⑭ *（＝条件節⑦）＋帰結文⑧　§73: 563-566

§73: 563-566

a　563　(N37: K[IMIN.KIMIN]) *kī ša mê ina libbi takkussi tanappaḫāni*

a　564　*ana kâšunu issātēkunu marʾēkunu marʾātēkunu*

a　565　*lippuḫūkunu nārātēkunu ēnātēkunu būrātēšina* (/T: *mêšina*)

a　566　*ana qinniš lusaḫḫirū*

29. 条件節⑮ *（＝条件節⑦）＋帰結文⑨　§74: 567

§74: 567

a　567　(N37: KIMIN.KIMIN) *kusāpu ina pitti* (/N37: *a*[*na*] *ginê*) *ḫurāṣi ina mātīkunu lušālikū*

30. 条件節⑯ *（＝条件節⑦）＋帰結文⑩　§75: 568-569

§75: 568-569

a　568　(N37: KIMIN; N89, T: KIMIN.KIMIN) *kī ša dišpu matiqūni dāmu ša issātēkunu*

25. 条件節⑪　§71a: 555A-555B（*N49U*）

§71a: 555A-555B

[555A-555B]［もしあなた方が万が一にも、］アッシリア王エサルハドンの大皇［太子アッシュルバニパルのための］この［誓約に］違反するならば—。

26. 条件節⑫ *（＝条件節⑦）＋帰結文⑥　§71b: 555-559

§71b: 555-559

[555]（同じく、）蛇とマングースが同じ穴に[556]入らないごとく、共に横たわることがないごとく、[557]そしてたがいに喉を噛み切ろうと計るごとく、[558]あなた方とあなた方の妻たちは一つの家に入るな！[559]一つの寝床にもぐり込むな！　たがいに喉を噛み切ることを計れ！

27. 条件節⑬ *（＝条件節⑦）＋帰結文⑦　§72: 560-562

§72: 560-562

[560]（同じく、同じく、）パンとぶどう酒が内臓に入って行くごとく、[561]（このごとく）彼ら（＝神々）がこの誓い（*tāmītu*）をあなた方の内臓に、[562]あなた方の息子たちと娘たちの内臓に入って行かせるように。

28. 条件節⑭ *（＝条件節⑦）＋帰結文⑧　§73: 563-566

§73: 563-566

[563]同［じく、同じく］、あなた方がストローから水を噴き出すごとく、[564]彼ら（＝神々）が、あなた方、あなた方の妻たち、息子たち、娘たちを[565]噴き出すように。（彼らが）あなた方の川と泉がその源泉へと流れを逆転させるように。

29. 条件節⑮ *（＝条件節⑦）＋帰結文⑨　§74: 567

§74: 567

[567]同じく、同じく、彼ら（＝神々）があなた方の国でパンを金に相当する値段で流通させるように。

30. 条件節⑯ *（＝条件節⑦）＋帰結文⑩　§75: 568-569

§75: 568-569

[568]同じく（、同じく）、蜂蜜が甘いごとく、あなた方の妻たち、[569]息子たちと娘たちの血があなた

a 569 *marʾēkunu* (*marʾātēkunu*) *ina pîkunu limtiq* (/*N36C*: *lintiq*)

31. 条件節⑰ *（＝条件節⑦）＋帰結文⑪　§76: 570-572

§76: 570-572

a 570 (N37: KIMIN) *kī ša šaṣbutī/ē tûltu takkulūni*

a 571 *ina balṭūtēkunu* (/T, *N50T*: *balṭūtīkunu*) *šīrkunu šīru ša issātēkunu*

a 572 *marʾēkunu marʾātēkunu tuʾessu* (/*N50T*: *tuʾessi*) *lū tākul*

32. 条件節⑱ *（＝条件節⑦）＋帰結文⑫　§77: 573-575

§77: 573-575

b 573a (*N47D*: KIMIN; N37: KIMIN.KIMIN) *ilānī mala ina ṭuppi adê annî šumšunu zakru*

b 573b *qašatkunu lišbirū ina šapal nak(i)rīkunu*

ab 574 *lušēšibūkunu* (/*N36C*: *lušēšibbū*) *qaštu ina qātēkunu lušabalkitū*

a 575 *narkabātēkunu* (or: *mugerrīkunu*) *ana qinniš lušadillū*

33. 条件節⑲ *（＝条件節⑦）＋帰結文⑬　§78: 576-578

§78: 576-578

a 576 (*N36C*, N37, *N47D*: KIMIN) *kī ša ayyalu* (or: *ayyulu*) *kaššudūni dēkūni*

a 577 *ana kâšunu aḫḫēkunu marʾēkunu* ((*N36C*: *ina qātē*) *bēl* [*dām*]*īkunu*)

a 578 *lukaššidū* (/*N36C*: [*liška*]*nūkun*[*u*]) *lidūkūkunu*

34. 条件節⑳ *（＝条件節⑦）＋帰結文⑭　§79: 579-581

§79: 579-581

a 579 (N37: KIMIN) *kī ša burdišaḫḫe lā tadaggalūni*

a 580 *ina biškānīša* (/*N51S*, T: *beškānīša*) *lā tasaḫḫarūni* (*kī ḫanniʾi/e*) *attunu*

a 581 *ina muḫḫi issātēkunu* (*marʾēkunu* (*marʾātēkunu*)) *ina* (/*N47D*, T: *ana*) *bētātīkunu lā tasaḫḫurā*

35. 条件節㉑ *（＝条件節⑦）＋帰結文⑮　§80: 582-584

§80: 582-584

a 582 (N37, T: KIMIN.KIMIN) *kī ša iṣṣūri ina t/dubāqi iṣṣabbatūni* (/T: *issappakūni*)

a 583 *ana kâšunu aḫḫēkunu marʾēkunu ina qātē bēl dāmīkunu* (/T: *nak*(*i*)*rīkunu*)

a 584 *liškanūkunu* (/N37: *liškunūku*[*nu*])

方の口の中で甘いように。

31. 条件節⑰ *(＝条件節⑦)＋帰結文⑪　§76: 570-572

§76: 570-572

[570] 同じく、蛆虫がチーズを食うごとく、[571] あなた方がまだ生きているうちに（蛆虫が）あなた方の肉、あなた方の妻たち、[572] 息子たちと娘たちの肉を食うように。

32. 条件節⑱ *(＝条件節⑦)＋帰結文⑫　§77: 573-575

§77: 573-575

[573] 同じく（、同じく）、この誓約の書板にその名を挙げられているすべての神々が、あなた方の弓を折るように。あなた方の敵の足元にあなた方を [574-575] 座らせるように。あなた方の手の弓を反対に向けるように。あなた方の戦車を後ろ向きに走らせるように。

33. 条件節⑲ *(＝条件節⑦)＋帰結文⑬　§78: 576-578

§78: 576-578

[576] 同じく、鹿が狩られるごとく、殺されるごとく、[577] あなた方の殺人者があなた方、あなた方の兄弟たち、息子たちを [578] 狩るように。（そして）あなた方を殺すように。

34. 条件節⑳ *(＝条件節⑦)＋帰結文⑭　§79: 579-581

§79: 579-581

[579]（同じく、）イモムシが見ることができないごとく、[580] その蛹(さなぎ)に戻れないごとく、このごとく、あなた方が、[581] あなた方の妻たち、（あなた方の息子たち、娘たち）に、（そして）あなた方の家に戻るな！

35. 条件節㉑ *(＝条件節⑦)＋帰結文⑮　§80: 582-584

§80: 582-584

[582]（同じく、同じく、）鳥が鳥もちによって捕えられるごとく、[583] 彼ら（＝神々）があなた方、あなた方の兄弟たち、息子たちをあなた方の殺人者の手に [584] 置くように。

36. 条件節㉒ *（＝条件節⑦）＋帰結文⑯　§81: 585-587

§81: 585-587

a 585 (N37: KIMIN.KIMIN) *šīrkunu šīru ša issātēkunu aḫḫēkunu* (/T: *[aḫ]ḫēkunu issātēkunu*)

a 586 *mar'ēkunu* (*mar'ātēkunu*) *kī qīri* (/N51G: *qīru*)

a 587 *kupri napṭi* (/N54A: *napṭu*) *luṣallimū* (/N54A: *liṣallimū*)

37. 条件節㉓ *（＝条件節⑦）＋帰結文⑰　§82: 588-590

§82: 588-590

a 588 (N37: KIMIN) *kī ša ḫa'eparušḫe umāmu ina kippi*

a 589 *issappakūni attunu* (*N36C*: [*issātē*]*kunu*) *aḫḫēkunu mar'ēkunu*

a 590 (*mar'ātēkunu*) *ina qātē nak*(*i*)*rīkunu naṣbitā* (/*N36C*, T: *naṣabitā*)

38. 条件節㉔ *（＝条件節⑦）＋帰結文⑱　§83: 591-593

§83: 591-593

a 591 (N37: KIMIN.K[IM]IN) *šīrkunu šīru ša issātēkunu aḫḫēkunu*

a 592 *mar'ēkunu mar'ātēkunu*

a 593 *kī šīri ša ḫurbabilli liggamrū* (/T: *ligmurū*)

39. 条件節㉕ *（＝条件節⑦）＋帰結文⑲　§84: 594-598

§84: 594-598

a 594 (N37: KIMIN.KIM[IN]) *kī ša ina libbi kamāni ša dišpi*

a 595 *ḫurrāte pallušāni* (T: *palluzāni*)

a 596 (T: *kī ḫanni'e*) *ina libbi šīrkunu šīri ša* (*issātēkunu*)

a 597 *aḫḫēkunu mar'ēkunu* (*mar'ātēkunu*)

a 598 *ina balṭūtē/īkunu* (or: *balṭuttē/īkunu*) *ḫurrāte* (/N90: *ḫurrāte ina balṭūtēkunu*) *lupallišū* (/N32: *lū pallušā*; T: *lū palluzā*)

40. 条件節㉖ *（＝条件節⑦）＋帰結文⑳　§85: 599-600

§85: 599-600

a 599 KIMIN.KIMIN *erbû* (/T: *erbê*) *kalmutu mūnu ākilu*

a 600 *ālānīkunu mātkunu nagîunu* (T: *eqlātēkunu*) *lušākilū*

36. 条件節㉒ *(＝条件節⑦)＋帰結文⑯　§81: 585-587

§81: 585-587

[585-586]（同じく、同じく、）彼ら（＝神々）が、あなた方の肉、あなた方の妻たち、兄弟たちの、息子たち、娘たちの肉をタール、[587] アスファルト、ナフサのごとく黒くするように。

37. 条件節㉓ *(＝条件節⑦)＋帰結文⑰　§82: 588-590

§82: 588-590

[588-589]（同じく、）ハエパルシュフ（*ḫaeparušḫu*）（という）動物が罠によって捕えられるごとく、あなた方、あなた方の兄弟たち、息子たち、そして [590] 娘たちがあなた方の敵の手によって捕えられよ！

38. 条件節㉔ *(＝条件節⑦)＋帰結文⑱　§83: 591-593

§83: 591-593

[591-592]（同じく、同じく、）あなた方の肉、あなた方の妻たち、兄弟たち、息子たち、娘たちの肉が、[593] フルバビル（*ḫurbabillu*）の肉のごとく滅ぼされるように。

39. 条件節㉕ *(＝条件節⑦)＋帰結文⑲　§84: 594-598

§84: 594-598

[594]（同じく、同じく、）蜂の巣に [595] 穴が開けられているごとく、[596-597] 彼ら（＝神々）があなたの肉に、あなた方の妻たち、兄弟たち、息子たち、娘たちの肉に、[598] あなた方がまだ生きているうちに穴を開けるように。

40. 条件節㉖ *(＝条件節⑦)＋帰結文⑳　§85: 599-600

§85: 599-600

[599] 同じく、同じく、彼ら（＝神々）がバッタ、…、シラミ、毛虫、そして「食い尽くすもの」に [600] あなた方の町、国、そして地方を食い尽くさせるように。

41. 条件節㉗ *（＝条件節⑦）＋帰結文㉑　§§86-87: 601-605

§86: 601-602

a 601 (KMIN(.KMIN)) *kī zumbi ina qātē nak(i)rīkunu lēpašūkunu*

a 602 *nakrakunu* (or: *nakarkunu*) *limriskunu*

§87: 603-605

a 603 *kī ša pispisu (anniʾu) beʾišūni*

a 604 *(kī ḫanniʾi/e) ina pān(ē) ili* (/T: *ilānī*) *(u) šarri (u) amēlutte/i* (N36: *amēlūte*)

a 605 *nipiškunu libʾiš* (/N90: *libʾiši*, *NX21*: *lubaʾʾišū*)

42. 条件節㉘ *（＝条件節⑦）＋帰結文㉒　§§88-89: 606-611

§88: 606-607

a 606 (KMIN(.KMIIN)) *ana kanāšunu issātēkunu (aḫḫēkunu) marʾēkunu*

a 607 *(marʾātēkunu) ina pitilti liḫnaqūkunu* (/N32$^{?}$, N36, N38A, N90: *liḫnuqūkunu*)

§89: 608-611

a 608 *kī ša ṣalmu ša iškūri* (/*NX21*: *ṣalam iškūri*) *ina išāti iššarrapūni*

a 609 *ša ṭīdi ina mê immaḫḫaḫūni*

a 610 *([k]ī ḫanniʾe) lānkunu ina Girra liqmû*

a 611 *ina mê luṭabbû* (/N28A, N38A, T: *liṭabbû*)

43. 条件節㉙　§90a: 612A-612B（N28C）

§90a: 612A-612B

a 612A *[šumma attunu ina libbi ad]ê annûti ša Aššur-aḫu-iddina šar māt Aššur*

a 612B *[u$^{?}$ mārʾē]šu mārʾē mārʾēšu [taḫa]ṭṭâni*

44. 条件節㉚ *（＝条件節⑦）＋帰結文㉓　§§90b-91: 612-617

§90b: 612-615

a 612 (KIMIN) *kī ša narkabtu (annītu) adi sasêša*

a 613 *ina dāmi raḫṣatūni kī ḫanniʾe*

a 614 *ina qabli* (or: *qabal*) *nak(i)rīkunu narkabātēkunu*

a 615 *ina* (N28C: *libbi*) *dāmi (ša) ramānīkunu* (/*N27*, N28C: *raminīkunu*) *lirraḫṣā* (/*N27*, N28C: *lušarḫiṣū*, N90: *[lūra]ḫṣat*)

§91: 616A-617

b 616A N50B, *NX9*: *ilānī mala ina ṭuppi adê annê šumšunu zak[ru]*

41. 条件節㉗ *（＝条件節⑦）＋帰結文㉑　§§86-87: 601-605

§86: 601-602

[601]（同じく、同じく、）彼ら（＝神々）があなた方を、あなた方の敵の手の中のハエのごとくするように。[602] あなた方の敵があなた方をつぶすように。

§87: 603-605

[603]（この）カメムシ（？）が悪臭を放つごとく、[604] このごとくあなた方の息が神、王、そして人々の前で [605] 悪臭を放つように。

42. 条件節㉘ *（＝条件節⑦）＋帰結文㉒　§§88-89: 606-611

§88: 606-607

[606]（同じく、同じく、）彼ら（＝神々）があなた方、あなた方の妻たち、息子たち、[607] 娘たちをナツメヤシの樹皮の繊維で絞め殺すように。

§89: 608-611

[608] 蝋の像が火の中で燃やされるごとく、[609] 粘土の像が水の中で溶かされるごとく、[610] このごとく彼ら（＝神々）があなた方の像を火の中で燃やすように、[611] 水の中に沈めるように。

43. 条件節㉙　§90a: 612A-612B（N28C）

§90a: 612A-612B

[612A-612B]［もしあなた方が万が一にも、］アッシリア王エサルハドンの、彼の息子たち、彼の孫たちのこの［誓約に違］反するならば―。

44. 条件節㉚ *（＝条件節⑦）＋帰結文㉓　§§90b-91: 612-617

§90b: 612-615

[612]（同じく、）（N38A, N50B）戦車（この戦車）がその床板まで [613] 血に浸されているごとく、このごとく [614] あなた方の敵の只中であなた方の戦車が [615] あなた方自身の血に浸されるように。

§91: 616A-617

（[616A] この誓約の書板に名を挙げられているすべての神々が）[616] あなた方を紡錘のごとく旋回させ

a 616 *kī pilaqqi lušaṣbirūkunu* (/N28C, *NX9*: *lušaṣabirūkunu*)

a 617 *kī issi ina pān*(*ē*) *nak*(*i*)*rīkunu lēpašūkunu*

45. 条件節㉛＊（＝条件節⑦）＋帰結文㉔　§§92-95: 618A-631

§92: 618A-620

b 618A (T: KIMIN.KIMIN) (N28A, N45N: *ilānī mala ina ṭuppi* <*adê*> *annî šumšunu zakru*)

a 618 *ana kâšunu aḫḫēkunu marʾēkunu*

a 619 (*marʾātēkunu*) *kī allutti ana qinniš* (/N28C: *qinnišši*)

a 620 *lušadillūkunu*

§93: 621

a 621 *kī išāti lā ṭābtu lā deʾiqtu* (/N46G: [*lā deʾi*]*qtu lā ṭābtu*) *lušalbûkunu*

§94: 622-625

a 622 *kī ša šamnu ina* (*libbi*) *šīrī*(*kunu*) *errabūni*

a 623 (N28C: *kī ḫanniʾe*) *tāmītu annītu ina libbi šīrīkunu*

a 624 *šīrī ša* (N28A: *issātēkunu* /N28C, N90: *aḫḫēkunu*) *marʾēkunu* (*marʾātēkunu*)

a 625 *lušēribū*

§95: 626-631

a 626 *kī ša Arrārē* (/N28C, N46G, N90, T: *Arrārū*) *ana Bēl iḫṭûni*

a 627 *kappē ša aḫēšunu šēpēšunu ubattiqūni* (/N28C: *upattiqūni*)

a 628 *ēnēšunu ugallilūni*

a 629 *kī ḫanniʾe ligmarūkunu* (/N28C: *ligmurūkunu*)

a 630 *kī qan appāri ina mê lunišššūkunu*

a 631 *kī qanê ina riksi nakrakunu* (or: *nakarkunu*) *lušallipkunu*

46. 条件節㉜　§96a: 632-634

§96a: 632-634

a 632 *šumma attunu* (*N27*: *ana*) *Aššur-aḫu-iddina šar māt Aššur* (N90: *bēlkunu*)

a 633 *u Aššur-bāni-apli marʾi šarri rabiʾi* (=GAL(-*u*)) *ša bēt ridūti*

a 633A (*N52E*, N90: *u aḫḫēšu* [*marʾē ummī*]*šu ša Aššur-bāni-apli*)

a 633B (*N52E*, N90: *marʾi šarri rabiʾi* (=N90: GAL) *ša bēt ridūti*)(T: *u*) *rēḫti marʾē*

a 633C *ṣīt libbi ša Aššur-aḫu-iddina šar māt Aššur*

a 634 *turammâni ana imitti* (N31, N55R: *u*) *šumēli tallakāni*

るように。[617] あなた方を敵の前で女のごとくするように。

45. 条件節㉛ *(＝条件節⑦)＋帰結文㉔　§§92-95: 618A-631

§92: 618A-620

[618A]（同じく、同じく、)（この〈誓約の〉書板に名を挙げられているすべての神々が)、[618] あなた方、あなた方の兄弟たち、息子たち、[619] 娘たちをエビ（？）のごとく後ろへ [620] 歩かせるように。

§93: 621

[621] 彼ら（＝神々）が、火のごとく好ましくないこと、悪意のあること（N46G: 悪意のあること、好ましくないこと）にあなた方を囲ませるように。

§94: 622-625

[622] 油が（あなた方の）肉にしみこむごとく、[623] このごとく彼ら（＝神々）がこの誓いをあなた方の肉、[624] あなた方の兄弟、息子たち、娘たちの肉に [625] しみこませるように。

§95: 626-631

[626] アラールーがベールに対して罪を犯して [627] 彼（＝ベール）が彼ら（＝アラールー）の手と足を切断したごとく、[628] 彼らの目をつぶしたごとく、[629] このごとく彼ら（＝神々）があなた方を滅ぼすように。[630] 葦の茂みの葦のごとく、彼らがあなた方を揺れ動かすように。[631] 葦束の中の葦のごとく、あなた方の敵があなた方を抜き取るように。

46. 条件節㉜　§96a: 632-634

§96a: 632-634

[632] もしあなた方が万が一にも、(あなた方の主人である）アッシリア王エサルハドン、[633] 大皇太子アッシュルバニパル（[633A-C] 彼の兄弟たち、大皇太子アッシュルバニパルの［母親の息子たち］、そしてその他のアッシリア王エサルハドンの実の息子たち）から [634] 離れて右に、あるいは左に行くならば、

47. 帰結文㉕　§§96b-96A: 635-636C

§96b: 635-636

a 635 *ša ana imitti illakūni patrāti lēkulāšu*

a 636 *ša ana šumēli illakūni patrātimma lēkulāšu*

§96A: 636A-636C

a 636A *ana ka'āšunu* (N31, *N52E*, N55R: *issātēkunu*) (N31: *aḫḫēkunu*)

a 636B *mar'ēkunu mar'ātēkunu*

a 636C *kī ḫurāpi gadi'e liqillūkunu*

48. 条件節㉝ *（＝条件節㉜）＋帰結文㉖　§§97-98: 637-642

§97: 637-640

a 637 (N50Y: KIMIN) *kī ša killu ša su''ē* (N55R, T: *annûte*) *iḫallulūni* (T: *iḫallalūni*)

a 638 (*kī ḫanni'e*) *attunu issātēkunu mar'ēkunu*

a 639 *mar'ātēkunu lā tanuḫḫā lā taṣallalā*

a 640 *eṣmātēkunu ana aḫe'iš lū lā iqarribā*

§98: 641-642

a 641 *kī ša libbu ša ḫuppi rāqūni*

a 642 (T: *kī ḫanni'e*) *libbēkunu* (/*N30B*, T: *libbakunu*) *lirīqū* (or: *liriqqū*, [*lu*]*riqqū* /T: *lirīqu*)

49. 条件節㉞ *（＝条件節㉜）＋帰結文㉗　§§99-100: 643-648

§99: 643-645

a 643 (T: KMIN.KIMIN) *kī nakrakunu* (or: *nakarkunu*) *upattaḫūkanūni*

a 644 *dišpu šamnu zinzaru'u dām erēni*

a 645 *ana šakān* (/*N30B*: *šakā*[*ni*]) *pitḫīkunu liḫliq*

§100: 646-648

a 646 *kī ša martu marratūni*

a 647 *attunu issātēkunu mar'ēkunu mar'ātēkunu*

a 648 *ina muḫḫi aḫe'iš lū marrākunu*

50. 条件節㉟ *（＝条件節㉜）＋帰結文㉘　§§101-102: 649-655

§101: 649-651

a 649 (*N30B*, *N52C*: KIMIN) *Šamaš ḫuḫāru ša siparri ina muḫḫīkunu* (*mar'ēkunu*)

ab 650 ([*mar*]*'ātēkunu*) *lisḫup* (/*N52C*: *lisḫupu*) *ina gišparri ša lā naparšudi*

47. 帰結文㉕　§§96b-96A: 635-636C

§96b: 635-636

[635] 右に行くものを剣が食い尽くすように。[636] 左に行くものを同じく剣が食い尽くすように。

§96A: 636A-636C

[636A] 彼らがあなた方、あなた方の妻たち、（あなた方の兄弟たち、）[636B] 息子たち、娘たちを [636C] 子羊と子ヤギのごとく打ち殺すように。

48. 条件節㉝ *（＝条件節㉜）＋帰結文㉖　§§97-98: 637-642

§97: 637-640

[637]（同じく、）鳩小屋がクークーと音を出すごとく、[638]（このごとく）あなた方、あなた方の妻たち、息子たち [639] 娘たちが（死後に）安寧を得るな！　眠るな！ [640] あなた方の骨が互いに近づかないように。

§98: 641-642

[641] 穴の中が空（から）であるごとく、[642]（このごとく）あなた方の中が空になるように。

49. 条件節㉞ *（＝条件節㉜）＋帰結文㉗　§§99-100: 643-648

§99: 643-645

[643]（同じく、同じく、）あなた方の敵があなた方を傷つける時に、[644-645] あなた方の傷に置く蜂蜜、油、生姜（*zinzaru'u*）、杉ヤニが欠乏するように。

§100: 646-648

[646] 胆汁が苦いごとく、[647] あなた方、あなた方の妻たち、息子たち、娘たちが [648] 互いにとって苦いように。

50. 条件節㉟ *（＝条件節㉜）＋帰結文㉘　§§101-102: 649-655

§101: 649-651

[649]（同じく、）シャマシュが鳥を捕える青銅製の罠をあなた方、（あなた方の息子たち、）[650]（娘たち）に落とすように。そこから逃れることのできない罠の中にあなた方を [651] 投げ入れるように。

b 651 *liddīkunu ayu ušēṣi napšātēkunu*

§102: 652-655

a 652 *kī ša nādu šalqatūni mêša*

a 653 *ṣappaḫūni ina kaqqar ṣumāmīti laplaptu*

a 654 *naddakunu lū taḫḫibi*

a 655 *ina ṣūm mê mūtā*

51. 条件節㊱ *（＝条件節㉜）＋帰結文㉙　§§103-106: 656-663

§103: 656-658

a 656 (T: KIMIN.KIMIN) *kī ša šēnu* (T: *annītu*) *batqatūni*

a 657 *ina kaqqar paqutti* (/T: *puqutti*) *gāziri šēnēkunu*

a 658 *lipparmā* (/T: *libtuqū*) *ina muḫḫi libbīkunu pišlā*

§104: 659

a 659 *Ellil bēl kussê kussâkunu lušabalkit*

§105: 660-661

b 660 *Nabû nāši ṭuppi šīmāti ilānī*

ab 661 *šumkunu lipšiṭ* (/N51H+: *lipšiṭi*) (*/N36C: lipši[ṭ šumkunu]*) *zērkunu ina māti luḫalliq* (/N51H+, T: *liḫalliq*)

§106: 662-663

a 662 *daltu ina pānēkunu lušarḫiṣū*

a 663 *dalātīkunu lū lā ipattiā*

52. 奥付①　664-670

奥付①　664-670

a 664 *Ayyaru* 16 (*/N54D, N54F*: 18)

a 665 *limmu Nabû-bēlu-uṣur šakin māti Dūr-šarrukku* (/N91: [*Dūr-šarru*]*kk*[*a*])

a 666 *adê* (*ša Aššur-aḫu-iddina šar māt Aššur*) *ina muḫḫi Aššur-bāni-apli*

a 667 *mar'i šarri rabi'i* (=GAL(-*u*)) *ša bēt ridūti ša māt Aššur*

a 668 *u* (*ina muḫḫi*) *Šamaš-šumu-ukīn*

a 669 *mar'i šarri* (*N44B*: {*rabi'i* (=GAL)}) *ša bēt ridūti ša Babili*

a 670 *šaknū*[*ni*]

彼（＝シャマシュ）があなた方をそこから生きて出させることのないように。

§102: 652-655
[652]（この）皮袋が切られていて水が[653]流れ出してしまうごとく、乾いた土地で、のどの渇きの中で（？）、あなた方の皮袋が破れるように。[655]渇きで死ね！

51. 条件節㊱*（＝条件節㉜）＋帰結文㉙　§§103-106: 656-663

§103: 656-658
[656]（同じく、この）靴が切られているごとく、[657]切り裂く（？）とげのある地で、あなた方の靴が切り裂かれるように（T: あなた方の靴を[658]彼ら（＝神々）が切るように）。あなた方の腹で（＝腹ばいで）這って行け！

§104: 659
[659]エンリル（エッリル）、王座の主が、あなた方の王座を転覆させるように。

§105: 660-661
[660]ナブー、神々の天命の書板をもつ者が[661]あなた方の名を消すように。あなた方の子孫を国からなくすように。

§106: 662-663
[662]彼ら（＝神々）があなた方の目前の戸を水没させるように。[663]あなた方の戸は開かなくなるように。

52. 奥付①　664-670

奥付①　664-670
[664]アヤルの月の16日／18日、[665]ドゥル・シャル・ウックの代官であるナブー・ベール・ウツルのリンム（＝前672年）。[666-670]（アッシリア王エサルハドンの）アッシリアの大皇太子アッシュルバニパルと、バビロンの皇太子シャマシュ・シュム・ウキンに関して設定された誓約。

注　釈

はじめに

概説で述べたように、これまでESODの本文が正しく読まれてこなかったのは、本文全体の構成と新アッシリア語の文法が専門家にとっても難解なためである。ここでは各々の構成要素、略号による動詞と接尾辞の文法的な説明などを記す。特にアッシリア語の接続法語尾（*-ni*）がつくときに、その直前の母音にアクセントが移動するため、さらにその前に置かれた来辞法（ventive = vent.）や人称語尾（p-suff.）の音韻変化（たとえば *-kunu-* から *-kanu-*、*šunu-* から *-šanu-* への変化）も誘発される場合がある。

それぞれの行の文法、語彙、言い回しなどから判断してアッシリア語が優勢か、バビロニア語が優勢かについては、トランスクリプション（本書「対訳」の左頁）の行の冒頭に略号 a（アッシリア語）、b（バビロニア語）、ab（アッシリア語とバビロニア語の混淆）で示してある。前述したように、ESOD本文の9割弱がアッシリア語であり、バビロニア語は明らかにバビロニア由来の形式をもつ呪いの言葉の部分に集中している。そのほかにも、バビロニア語の使用には「慣用句的表現」など、いくつかの傾向が指摘できる（Watanabe 1987, 43-44 参照）。ESOD本文のバビロニア語は標準バビロニア語であるが、ここでは「標準」を省略する。なお標準バビロニア語は、前1500年ころからの「文学的」な文書を書くために、バビロニアで話されていた言語を元にして人工的に作られた言語である。なお、この注釈に関しては前拙著の注釈（Watanabe 1987, 177-210）も併せて参照されたい。文法用語等の略号の説明は冒頭の「凡例」にある。

1. 印章の説明 i-iv

i-iv

当時のアッシリアの法的文書の形式に従って、誰の印章が押されるかという説明が文書の1行目に4欄を打ち抜いて書かれている。アッシュルの印章が押されることと、それがどのような性格をもつかについての説明であるが、言語はバビロニア語である。

i: 神名アッシュルが古アッシリア時代の表記法 ^{d}*A-šur*$_{4}$ で書かれている。

ii: 印章の説明における第1の不定詞は「変更することなしの」（*lā šunnê*, **šn’* D, inf. gen.）。

iii:「大いなる君主の（属格）」（*rubê rabê* (=GAL-*e*)）の中の「大いなる／偉大な」がこの箇所だけGAL-*e* と書かれていることは、バビロニア語の箇所であるため、不思議ではないが、ESODの他箇所ではトランスクリプションの中にその都度示したように、格にかかわらずGALもしくはGAL-*u* と書かれている。Watanabe 1987, 210 参照。

iv: 第2の不定詞は「異議申し立てすることなしの」（*lā paqāri*, **pqr* G, inf. gen.）。

2. 表題①　§§1-2: 1-24

ニムルド版（N）では、当該の文書がどの誓約者に対して発行されるかが固有名詞で記される。タイナト版（T）では職名だけで固有名詞はない。§1と§2の間には印章が押される場所を区切る線があるが、ワイズマン（Wiseman 1958, 29）によって l.12 のあとに線が引かれたために本来続いている表題①が§1と§2に分けられることになった。

§1: 1-12

1: 表題として、この文書の種類が最初の単語アデー（*adê*）によって誓約（文書）であることが宣言されている。その次の関係詞 *ša* に続く24行にわたる長い関係節によって、どのような誓約（文書）であるかが説明される。

3-4: Nの代表的なテクストして、最も多くの行を残している *N27* を採用する。これは「ウラカザバヌの町長ラマタヤ」とその子孫および配下に対して発行されている。他のNのテクストでは、カルズィタリ（都市）の町長ブルダディ（N28A）、エレプ（国）の町長トゥニー（N31）、スィクリス（都市）の町長ハタルナ（N32）、ナハシマルティ（都市）の町長フンバレシュ（N36）、ザムア（国）の町長ラルクトゥラ（N43+）、イザヤ（都市）の町長［…］（*N45I*）が挙げられている（総譜翻字の第3行（59頁）参照）。「ウラカザバヌの町長ラマタヤ」については、「ウラカザバルナの町長ラマテイア／ラマテア」（ᵐ*ra-ma-te-ia*/*a* LÚ.EN.URU *šá* URU.*ú-ra-(a-)ka-za-bar-na*）としてエサルハドンの王碑文に登場する (Leichty 2011, p.20, l.34; p.32, l.3; p.39, l.5'; p.44, l.14'; p.50, l.27)。Tにおける「代官」以下の役職については「概説」14頁参照。Tの邦訳は、J. ローインガーの翻字（トランスリテレイション）と彼の部分英訳（Lauinger 2012, 112）に基づく。Tは属州の州都クナリア（テル・タイナトの古代名）に派遣されたアッシリアの代官とその配下の役職者たちに発行されているために、個人名が挙げられず、また「息子たち、孫たち」にも言及されていない。その理由はローインガー（2011, 113-114）が指摘するようにこれらの役職が世襲ではないためであろう。さらに筆者はこれらの役職が宦官に与えられていた可能性も高いと考えている。しかしTは、表題①に限って子孫に言及していないが、他の部分では、Nとほぼ同文であるため頻繁に「息子たち、娘たち、孫たち」などに言及している。地名クナリアはタイナト版では「クナリアの国」（T I 3: KUR *ku-na-li-a*）と書かれている。しかしこれまでに知られていた呼び名としてはクラニア（Kullani(a)）、キナルア（Kinalua）などがあった。前738年にアッシリア王ティグラト・ピレセル3世（在位前744-727年）が征服しウンク（Unqu）、またはウンキ（Unqi）地方を、首都をクラニアとしてアッシリアの属州とした (Radner 2006, 61参照)。

5: この行はバビロニア語の慣用句であるため、「…限りの」（*mala*）によって導かれる関係節の動詞にはバビロニア語の接続法（*-u*）が用いられるが、語尾の *-û* に吸収されているため明示されない（*mala bašû*「ある限りすべての」）。他にも80, 118, 164, 223, 340行にみられる。Watanabe 1987, 44参照。

6: 「日が昇る所から日が沈む所まで」は「太陽が点灯すること（*napāḫ šamši*）から太陽が大きくなること（*rabā' šamši*）まで」であり、それが方位を意味する「東から西まで」でもある。また *N27*, N28A, Tが示すように「太陽の入ること」、すなわち「日の入り」（*erēb Šamši*）で「西」を指すこともある。なお「入る」を意味する動詞はバビロニア語で *erēbu* であるが、アッシリア語では *erābu* となる。

7-8: 「…（する）限りの」（*ammar*）に導かれる従属節。

7: 「王権と支配権」（*šarruttu bēluttu*）の組み合わせは§4: 48と61にもある。

8: 「行使する」（*uppašūni*, *'*pš* D, 3sg. pres. Ass. subj.）がESODにおけるアッシリア語接続法の初出（*-ni*）である。*N27* では *-pp-* の代わりに *-bb-* となる異形を示す。このようにアッシリア語

の接続法語尾の -*ni* はすべての接尾辞の最後に置かれるため、常に明瞭である。

10: 関係節が *ša* によって導かれている。動詞はアッシリア語接続法の「生まれる（＝生み出される、存在させられる）」（*ibbaššûni*, *bš' N, 3pl. pres. subj.）。

11-12: *N27* と T だけにこの関係節の挿入がある。関係節の中の動詞であるために接続法で「設定した」（*iškunūni*, **škn* G, 3sg. pret. subj.）と言われる。なお、これが ESOD 本文におけるアッシリア語の接続法の初出となる。これによって §1 と §2 のつながりが妨げられるため、誤りと考えられるが、少なくとも二つのテクストにこの挿入があることから、この挿入をもつ原本も存在していたと推測できる。

§2: 13-24

13-15: 木星とシリウスの組み合わせが、エサルハドンの時代の書簡にも見られる（Luukko and Van Buylaere 2002, 19, No.21 r. 6.）。

16-18:「アッシュル、アヌ、エンリル（エッリル）、エア、…」とアッシュルを筆頭として、その下にバビロニアの主要な神々が配置される。

19-20: ムリス（アッシュルの配偶女神）を筆頭に女神の名が挙げられる。

21-23:「あらゆる神々」を意味するための語句が並ぶ。

23-24: §§1-2 は本来、冒頭の「アデー」にかかるにかかる一つの関係節であり、接続法の動詞「有効とした」（l.23, *udannin*[*ūni*], **dnn* D, 3sg. pret. subj.）と「設定した」（l.24, *iškunūn*[*i*], **škn* G, 3sg. pret. subj.）まで続く。しかし、これらの動詞には少し混乱が見られる。T が示す動詞が「設定した」という意味のバビロニア語接続法の *iṣbatu*（l.24, **ṣbt* G, 3sg. pret, Bab. subj.）であり、その後になにも続かない可能性がある。また l.12 においても *iškunu* というバビロニア語の接続法で終わっているとすれば、この表題①にはバビロニア語版があったことになる。しかし *N27* では混交が起きているようである。アッシリア語であるならば、N45A が示すように「あなた方と［設定した］」（l.24, *issēkunu* [*iškunūni*]）が期待される。しかしこの場合も動詞の箇所は欠損であり、*issēkunu* も *iṣbatu* と書きかけて *issēkunu* に書き直した痕跡がある。両者とも同じ文字 *is*/*iṣ*- で始まるために混同が起きたのであろう。

3. 命令①　§3: 25-40

§3: 25-40

25:「誓う」の第 2 人称、複数に対する命令形「それぞれに誓え！」（*tit*[*ammâ*], **tm'* Gtn, 2pl. imp.）を補完する。Watanabe 1987, 178, sub 25 参照。

26-40: §3 では「それぞれに誓え」の繰り返しを指す「同じく」が 17 回用いられるが、KIMIN ではなく MIN と書かれている。

31:「リッビ・アーリ」は文字通りには「町の中心部」を意味する。古アッシリア時代から「町」だけでアッシュル市を意味した。T i 34-35 では 2 行とも行末に欠損があるために確かではないが、重複誤写により同じことが書かれている可能性がある。

40a-c: 長い行であるために、総譜翻字では 40a, 40b, 40c の三つに分けて表記する。

40b: KI.TIM ではなく、倒置の TIM.KI（N46E）もある。l.42 も参照。

40c: *N27* はこの部分を記していない。

4. 表題②　§4a: 41-45

§4a: 41-45

「表題②」は「表題①」よりはるかに短いが、「誓約文書」にかかる関係節によって「エサルハドンが息子アッシュルバニパルに関して設定した誓約文書」であることを宣言する。

42: 関係節の中の動詞は接続法の「設定した」(*iškunūni*, **škn* G, 3sg. pret. subj.)。

43: 現在のところ、T だけはこの行の冒頭に、関係節を導くかのように *ša* を記している。しかし次の行にも *ša* がある。

44-45: 二つのテクスト(*N45L* と T)は、「アッシュルバニパル」にかかるもう一つの関係節を記しているが、その中には、エサルハドンがその息子の名を「(彼の名を) 呼んだ」(*izkurūni, *zkr* G, 3sg. pret. subj.) と「皇太子の地位に任じた」(*ipqidūšūni*, **pqd* G, 3sg. pret. p-suff. subj.; N46E: *ipqiddūšūni*) の二つの動詞の接続法が見られる。

5. 制定事項①　§4b: 46-49a

§4b: 46-49a

46:「逝去した」という意味で「天命に赴いた」(*ana šīmti ittalak*, **ʾlk* G, 3sg. pf. indic.) といわれている。「…した時に」、「…した後に」という意味の *kīma* で導かれる従属節であるが、新アッシリア語では動詞は直説法となる (von Soden 1995, §172a 参照)。それは話者の価値評価を含まない「単なる条件」を示す場合の「もし」(*šumma*) に導かれる条件節 (§22 参照) で直説法が用いられることと似ている。

47-48:「王座に就けなければならない」は、文字通りには「あなた方は (彼を) 王座に座らせる」(*N27*: *ina kussê šarrutti tušeššabāšu*, **wšb* Š, 2pl. pres. p-suff. indic.; *N46W*: *tušeššabbā*) であり、現在形直説法が用いられている。

49a:「行使しなければならない」も現在形直説法の「行使する」(*uppaš*, **ʾpš* D, 3sg. pres. indic.)。

6. 条件節①　§§4c-6: 49b-82

§4c: 49b-61

§4c から条件節①が始まるが、冒頭に「もしあなた方が」(*šumma attunu*) を補わないと意味が通じない。*N27* 以外では冒頭が欠損しているが、*N27* に脱落している 2 語を補うことによって、§4c には「もしあなた方が万が一にも」で始まる四つの条件節から構成されていることになる。

49b-54: §4c の第 1 の条件節。六つの第 2 人称複数現在形接続法 (2pl. pres. subj.) の動詞がある。これらは「話者の観点から起こってはならない、あってはならない条件」として接続法によって表現されているのであり、邦訳では「もしあなた方が万が一にも」と訳出する (本書の「概説」17-22 頁参照)。

49b:「野でも町でも」(*N27*: *ina eqli ina berti āli*; *N46W*: *ina eqli berti āli*) は、人々の所在が「野」か「町」とされていたことを示す。「町」は壁に囲まれた町の中、「野」は壁の外を指す。

50: 接続法の「万が一にも守らない」(*lā tanaṣṣarāšūni*, **nṣr* G, 2pl. pres. p-suff. subj.)、「万が一

にも戦わない」（*lā tamaḫḫaṣāni*, **mḫṣ* G, subj.）。以下、このような文脈での動詞接続法については、この「注釈」の中では「万が一にも」を省略して示す。

51:「死ぬ用意がない」は文字通りには「死なない」（*lā tamuttāni*, **m't* G, 2pl. subj.）。§21 の l.231 参照。

52:「話をしない」（*lā tadabbubāni*, **dbb* G, 2pl. subj.）。

53:「助言しない」（*lā tamallikāšūni*, **mlk* G, 2pl. pres. p-suff. subj.）。

54-62: 本書の総譜翻字には新たにアッシュル版の断片、VAT 12374（Frahm 2009, 255, 70）を加えてある。

54:「用意しない（文字通りには「置かない」）」（*lā tašakkanāni*, **škn* G, 2pl. pres. subj.）。

55-57a: §4c の第 2 の条件節には二つの接続法の動詞がある。

55:「（彼を）退ける」（*tunakkarāšūni*, **nkr* D, 2pl. pres. p-suff. subj.）。

57:「（王座に）就ける」（*tušeššabāni*, **wšb* Š, subj.）。

57b-58a: §4c の第 3 の条件節（57b-58a）では「変える」（*tennâni*, **'n'* G, subj.）と「取り替える」（*tušannâni*, **šn'* D, subj.）の二つの接続法が並べられる。

57b:「言葉」（*abutu*）の語は、「事（柄）」、「考え、計画、命令」なども表す。

58-62: 総譜翻字には VAT 12374 だけでなく T も加わっている。

58b-61: §4c の第 4 の条件節であり、二つの接続法の動詞がある。

60: 最初は主語が第 2 人称複数の「従わない」（*lā tadaggalāni*, **dgl* G, subj.）。この目的語は「アッシリア王エサルハドン（、あなた方の主人）の（／が示した）大皇太子アッシュルバニパル」であるが、四つのテクスト（N30A, N55G, VAT 12374, T）は関係節とし、その中には接続法の動詞「示した」（*ukallimūkanūni*, **klm* D, 3sg. pret. p-suff. subj.）が用いられている。この動詞の最初の *u-* は、N では欠損しているため、前拙著（Watanabe 1987, 63）でそれを補っていたが、T によって完全になった。

61: 第 4 の条件節のもう一つの接続法の動詞は主語が第 3 人称単数の「行使できなくなる（文字通りには「行使しない」）」（*lā u[pp]ašūni*, **'pš* D, 3sg. pres. subj.）。

§5: 62-72

一つの条件節で構成され、条件節の八つの動詞はすべて第 2 人称複数現在形接続法である。

65:「守らない」（*lā tanaṣṣarāni*, **nṣr* G, 2pl. pres. subj.）。

66:「罪を犯す」（*taḫaṭṭâni*, **ḫṭ'* G, subj.）。

67:「（手を）伸ばす」（*tubbalāni*, **wbl* G, subj.）。

68:「実行に移す」（*teppašāneššūni*, 2pl. pres. vent. p-suff. subj.）。この動詞は「する、行う、行使する」（*epāšu*）であるが、文脈によって「実行に移す」などと訳し分ける。

69:「退ける」（*tunakkarāšūni*, **nkr* D, 2pl. pres. p-suff. subj.）。

70:「（王座を）掌握させる」（*tušaṣbatāni*, **ṣbt* Š, subj.）。

71:「据える」（*tašakkanāni*, subj.）。

72:「誓いを立てる」（（*māmītu* / *tāmītu*）*tatammâni*, **tm'* G, subj.）。「誓い」の語はテクストによって 2 通りある（*N27*, *N47A*: *māmītu*; N30A: *tāmītu*）。

§6: 73-82

73:「悪意のある」（*N27*: *lā de'iqtu*）の代わりに「好ましくない」（N36, *N49I*: *lā ṭābtu*）、「芳しくない」（*lā banītu*）の代わりに一つのテクストは「悪意のある」（N36: *lā de'iqtu*）を示す。

74:「する、行使する」を意味する不定詞の連語形 *epēš* はバビロニア語形であり、アッシリア語形は *epāš* である。l.68 参照。

76: ESOD は「すべての人間」に関わるものであるが、そのグループの種類が重要度の高い順に、彼（アッシュルバニパルの）「兄弟たち」「叔父たち」「従兄弟たち」…と並べられる。§10 と §20 の ll.214-223 も参照。

80: §6 は一つの条件節であり、その中に四つの接続法の動詞がある。最初の二つは「聞いて従う（聞く）」（*tašammâni*, **šm'* G, subj.）、「隠す」（*tupazzarāni*, **pzr* D, subj.; N36: *tubazzarāni*）。

81:「来ない」（*lā tallakānenni*, **'lk* G, 2pl. pres. vent. subj.）。

82:「言わない」（*lā taqabbâni*, **qb'* G, 2pl. pres. subj.; N36: *lā taqabbâneššunni*, **qb'* G, 2pl. pres. vent. p-suff. subj.）が用いられている。「聞いて従う（聞く）、隠す、来ない、言わない」の四つの動詞（接続法）はしばしば組み合わされる（§10 参照）。最初の二つの動詞を「聞くならば、隠すならば」（l.80）と訳すこともできる。しかしこの場合の「聞く」は、単にどこかから聞こえてくるということではなく、謀反の計画に加わるように促される結果として聞くのであり、むしろ、「聞いて従う」「聞き従う」という意味をもつため、「話者の観点」からあってはならない条件の表現として接続法が使用されている。Watanabe 2014, 155 参照。

7. 制定事項② §7: 83-91

§7: 83-91

83-84 §7 は制定事項であり、条件節に続いて平叙文と禁止命令から成る。最初の条件節「もし…逝去した場合に」では「価値中立的な」仮定を表現しているために、動詞は直説法（l.84: ittalak, **'lk* G, 3sg. pf.）である。接続法が用いられた条件節の訳とは区別するために、直説法が用いられた条件節を「もし…（する／した）場合に」と訳す。「逝去した」は文字通りには「天命に行った」。

85: §7 の制定事項②として宣言される内容として四つの第 2 人称複数現在形直説法が用いられる。第 1 は「（王座を）掌握させる」（*tušaṣbatā*, **ṣbt* Š, 2pl. pres. indic., *N45I*: *tušaṣbattā*）。N28A は否定詞のついた接続法（*lā tušaṣbatāni*）を示すが、誤記である。

86: シャマシュ・シュム・ウキンはアッシュルバニパルのどのような兄弟であるかを表す語（*talīmu*）については以前から論議されてきた。著者は近年、"beloved (?)"（Watanabe 2014, 152）と訳したが、本書では「同等の」と改める。*talīmu* はアッカド語で「相棒、仲間」を意味する *tappû*（スメログラム（表意文字）では TAB.BA）と同義とされるため（*CAD* T（2006), 94 参照）、つり合いのとれた同等の関係にあるものを指すと考えられるからである。なお S. パルポラは "equal"（Parpola/Watanabe 1988, 32）と訳している。最近の *talīmu* に関する議論については May 2011-2012 参照。しかし ESOD 本文の中でシャマシュ・シュム・ウキンに言及されるのはこの一度だけである（もう一度は奥付にある）。実際に両者の関係が同等ではなかったことは ESOD の全体からも窺える。Watanabe 2014, 164-165 参照。

88:「（王座に）就ける」（*tušeššabā*, *N45I*: *tušeššabāšu*, **wšb* Š, indic.）。

89:「支配させる」(*tušadgalā*, **dgl* Š, indic.)。

91:「携えて行く」(*ubbal*, **wbl* G, 3sg. pres. indic.) と一つの禁止命令「留め置くな!」(*lā takallâ*, **klʾ* G, 2pl. proh.)。

8. 条件節② §§8-17: 92-197

§8: 92-100

§8 は一つの条件節から成り、四つの動詞は第 2 人称複数現在形接続法である。

97: 接続法「もたない」(*lā tukallāni*, **kʾl* D, 2pl. subj.)。

98: 接続法「仕えない」(N46Z: *lā tatanappalāšanūni*; *N39*: *-šunūni*; *N27*; N31: *-šuʾūni*, **ʾpl* Gtn, 2pl. pres. p-suff. subj.)。「答える」(**ʾpl*) の Gtn は「その都度答える」という含意をもつ。§21 の l.236 も参照。前拙著では **wbl* の Gtn として解したが (Watanabe 1987, 180)、ボルガー (Borger 1961, 177) の提案に遡って **ʾpl* の Gtn とする。ただしボルガーは「支える」(unterstützen) と訳している (Borger 1983, 163)。

99: 接続法「話さない」(*lā tadabbubāni*, **dbb* G, subj.)。この箇所 (*N27*; N31) では *ina eqli berti āli* と書かれている (*berti* の前に前置詞 *ina* が繰り返されていない)。l.49b 参照。

100: 接続法「守らない」(*lā tanaṣṣarāšunūni*, 2pl. pres. p-suff. subj.)。

§9: 101-107

§9 は一つの条件節であり、三つの接続法が用いられている。

105: 接続法「罪を犯す」(*taḫaṭṭâni*, **ḫṭʾ* G, subj.)。

106: 接続法「(手を) 伸ばす」(*tubbalāni*, **wbl* G, subj.)。

107:「実行に移す」(*teppašāneššunūni*, 2pl. pres. vent. p-suff. subj.)。

§10: 108-122

§10 は一つの条件節であり、四つの接続法が用いられている。

111-118:「すべての人間」のカテゴリーが、ここでは「敵」「味方」「兄弟」…と続く。

116: 文字通りには「呼ばわる人」(*rāgimu*) であるが「預言者」とも訳される。

117:「神がかりの人」(*maḫḫū*) については *CAD* M1, 90-91 参照。「神の言葉を問う者」(*šāʾili amāt ili*) の「息子」とあるが、「神の言葉を問う者」たちの集団に属する一員、あるいは「弟子」などの意味もある。ここではバビロニア語で「神の言葉」(*amāt ili*) と言われているが、アッシリア語であれば *abat ili* となる。なお「言葉」の主格はバビロニア語で *amātu* (古くは *awātum*)、アッシリア語で *abutu* であり、連語形は *abat* となる。

119:「聞いて従う」(*tašammâni*, **šmʾ* , subj.)、「隠す」(*tupazzarāni*, **pzr* D, subj.)。

120:「来ない」(*lā tallakānenni*, 2pl. pres. vent. subj.)。

122:「言わない」(*lā taqabbâni*, **qbʾ* G, subj.)。「聞く (聞いて従う、聞き従う)、隠す、来ない、言わない」の四つの動詞接続法の組み合わせについては §6 の 80-82 行も参照。

§11: 123-129

§11 も一つの条件節であり、六つの接続法の動詞が用いられている。

125: この箇所では「言葉／事（柄）」（*abutu*）はなく、形容詞（*lā ṭābtu lā de'iqtu*）が名詞的に用いられている。

126: 動詞の「する、行う」（*epēšu*）は文脈によって「行使する」、またこの箇所のように「（彼に対して）実行に移す」（*teppašāneššunni*, 2pl. pres. vent. p-suff. subj.）などと訳し分ける。「（彼を）捕える」（*taṣabbatāšūni*, **ṣbt* G, 2pl. pres. p-suff. subj.）。

127: 「（彼を）殺す」（*tadukkāšūni*, **d'k* G, 2pl. pres. p-suff. subj.）、「（敵に彼を）渡す（与える）」（*taddanāšūni*, **tdn* G, 2pl. pres. p-suff. subj.）。**ndn* ではなく、それに相当する中期アッシリア語以降の語根 **tdn* については von Soden 1995, §102 h 参照。

128: 「退ける」（*tunakkarāšūni*, 2pl. pres. p-suff. subj.）。

129: 「誓いを立てる」（*mā[ītu tatamm]âni*, **tm'* G, subj.）の [ ] 内の部分はまだ補完されていない。

§12: 130-146

§12 は三つの条件節から成る。第 1 の条件節には五つの動詞があるが、最初の動詞の主語は「誰か」（l.130, *mēmēni*, 3sg.）であり、「そして」（l.135, *u*）でつながれて、主語が「あなた方」に変わって四つの接続法の動詞が続く。

134: ここではバビロニア語の不定詞「滅ぼすこと」（*ḫulluqu*, **ḫlq* D）が用いられているが、アッシリア語であれば *ḫalluqu* となる。ここでは「彼を滅ぼすこと」の意味で「彼の滅ぼすこと」（*ḫulluqīšu*）と言われている。「（誰かが）あなた方に言う」（*[iq]abbâkkanūni*, 3sg. pres. vent. p-suff. subj.）。「あなた方に言う」の代わりに N46E は過去形「あなた方に言った」（*[i]qbâkkanūni*（3sg. pret. vent. subj.）を示す。

135: 「（あなた方）が聞いて従う」（*tašammâni*, 2pl. pres. subj.）。

136: 「捕えない」（*lā taṣabbatānenni*, 2pl. pres. vent. subj.）。

138: 「連れて来ない」（*lā tubbalānenni*, **wbl* G, 2pl. pres. vent. subj.）。前述したように「誰か」がアッシュルバニパルの殺害について、「あなた方に言う」のであり、それを「あなた方が聞いて従う」という意味で接続法が用いられている。

138-139: §12 の第 2 の条件節では、「単なる条件」が直説法で「もし、彼らを捕えること、殺すことがあなた方にとって可能である場合に」（*šumma*（var. *šummu*）*ammar ṣabātīšu du'ākīšu maṣâkunu*）と提示される。*maṣâkunu* の語形については、*maṣû*（「相当する、匹敵する」を意味する動詞）の不定詞であり、それに人称接尾辞がついて「あなた方（の能力）に匹敵すること」という名詞となり、ここでは名詞文（「…は…である」）の述語としての状態形（stat.）であるが、その状態形が、「単なる条件」を示す直説法となっているものである。

139: 次に「もし」は繰り返されることなく、動詞は第 2 人称複数接続法に変わって「彼らを捕えない」（*lā taṣabbatāšanūni*, 2pl. pres. p-suff. subj.）。

140: 「彼らを殺さない」（*lā tadukkāšanūni*, 2pl. pres. p-suff. subj.）。

141: 「滅ぼさない」（N45D: *lā tuḫ[allaqāni]*, subj.; *N27*, N46E, *N49E*: *lā tuḫallaqqāni*）。l.161 参照。

142-143: §12 の第 3 の条件節では、「単なる条件」が直説法で「もし、彼らを捕えること、殺すことがあなた方にとって可能でない場合に」（*šumma*（var. *šummu*）*ammar ṣabātīšu du'ākīšu lā maṣâkunu*）と示され、「もし」は繰り返されずに、次の接続法が続く。

143-144: 「耳に入れない（文字通りには「耳を開かない」）」（*uznē ... lā tupattâni*, **pt'* D, subj.）。

144-145:「(彼の側に) 立たない (文字通りには「(彼とともに) 立たない」)」(*issēšu lā* [*t*]*azzazzāni*, **ʾzz* G (*CDA* 138, *izuzzum* 参照), subj.)。

146:「捕えない」(*lā taṣabbatāni*, subj.)、「殺さない」(*lā tadukkāni*, subj.)。

§13: 147-161

§13 は二つの条件節から成る。第 1 のものには、四つの接続法動詞がある。

148:「彼らの側に就く」(*issēšunu tašakkanāni*, subj.)。*šakānu* はここでは「(彼らとともに足を) 置く」すなわち「(彼らの側に) 就く」の意。

149:「聞いて従う」(*tašammâni*, subj.)。

151:「来ない」(*lā tallakānnni*, 2pl. pres. vent. subj.)。

152:「言わない」(*lā taqabbâni*, subj.)。§13 の第 2 の条件節は、最初に「あなた方の心」を主語とする「(もしあなた方の心が万が一にも) 完全に彼と共にないならば」(*issēšu lā gammurūni*, **gmr* D, 3sg. stat. subj.) があり、続いて「もし」は繰り返されずに、主語は第 2 人称複数となって、六つの接続法動詞が続く。

153-154: 関係節 (「神々 (の像) を据えて、神々の前で誓約文書を設定する者」) であるために、動詞は接続法 (*ša ilānī ušeššabūni* (**wšb* Š, subj.) *adê ina pān*(*ē*) *ilānī išakkanūni* (subj.))。第 3 人称 (N45D) が正しく、N46E の第 2 人称複数 (*tašakkanāni*, subj.) は誤り。

156:「互いに誓い合う」((*ana*) *aḫeʾiš*/*aḫmiš tutammâni*, **tmʾ* D, subj.)。

158:「来ない」(*lā tallakānenni*, **ʾlk* G, 2pl. pres. vent. subj.)、「言わない」(*lā taqabbâni*, **qbʾ* G, subj.)。

160:「捕えない」(*lā taṣabbatānenni*, **ṣbt* G, 2pl. pres. vent. subj.; N45D: *taṣabbatāni*)、「殺さない」(*lā tadukkāni*, **dʾk* G, subj.)。

161:「滅ぼさない」(*N35+*: [*lā tu*]*ḫallaqāni*, **ḫlq* D, subj.)。

§14: 162-172

§14 は一つの条件節であるが、最初に「単なる条件」(ll.162-166) として第 3 人称単数完了形直説法で「幽閉した (場合に)」(l.166, *ētasrūšu*, **ʾsr* G, 3pl. pf. p-suff. indic.; *N39*: *ētasrūš*, indic.) と「実行に移した (場合に)」(l.166, N45D, N46E, *N47A*: *ētapšū*, **ʾpš* G, 3pl. pf. indic.; N38A: *ētappašū*, Gtn, pret.) と直説法で記される。

162-164: この箇所でも、「すべての人間 (のうちの誰か)」を意味するためにいくつかの語が並べられているが、他の箇所とは異なり、「兄弟」「叔父」「従兄弟」などはなく、最後にはバビロニア語の語彙と文法を用いる慣用表現で「(誰であれ) すべての命ある者の一人」(*lū ina šiknat napulti mala bašû* (Bab. subj.)) といわれている。

165-166:「野でも町でも」(*N47A*: *ina eqli berti āli*; *N27*: *ina eqlīšu berti āli*; N45D: *lū ina eqli lū ina libbi āli*) の前出 (l.49b と l.99) 参照。

167:「もし」は繰り返されずに同じ条件節が続くが、主語は第 2 人称複数に変わり、「あってはならないこと」が仮定されるため、四つの動詞が接続法となる。

168:「(アッシュルバニパルの側に) 立たない」(*lā tazzazzāni*, **ʾzz* G, subj.)、「彼を守らない」(*lā tanaṣṣarāšūni*, **nṣr* G, 2pl. pres. p-suff. subj.)。

170-176: *N55L* (+) *N55KK* (+) N78 の接合の可能性については本書末の「テクスト一覧」、

Watanabe 1987, 54 参照。

170:「殺さない」(*lā tadukkāni*, subj.)。

172:「救わない」(*lā tušezzabānenni*, *ʾzb Š, 2pl. pres. vent. subj.)。

§15: 173-179

§15 は二つの条件節から成る。

176: 最初の条件節の動詞は接続法で「(側に) 就く」(*tašakkanāni*, 2pl. pres. subj.) といわれる。

177: 第 2 の条件節では最初に「単なる条件」を表す直説法の動詞「(彼らが) あなた方を捕えた(場合に)」(*iṣṣabtūkunu*, *ṣbt G, 3pl. pf. p-suff. indic.) が用いられる。

178: 次に「もし」は繰り返されずに同じ条件節の続きとして二つの「あってはならない条件」が接続法で続く。「逃げない」(*N27*, *N47A*: *lā taḫalliqāni*, *ḫlq G, 2pl. pres. subj., *N35*+, N38A, *N39*, N47G: *lā taḫalliqānenni*, 2pl. pres. vent. subj.; N55EE: [*l*]*a taḫal*LAQ*ā*[*ni*])。N55EE は誤記、あるいは -LAQ- を *-líq-* と読むべきか。Watanabe 1987, 182 参照。

179:「来ない」(*lā tallakānenni*, 2pl. pres. vent. subj.)。

§16: 180-187

§16 は一つの条件節である。「もしあなた方が」(l.180) の後に「どの場に置かれていても」という意味の語句として、[警護兵]「(何らかの) 労働のための徴用」「労働部隊」にある場合が挿入されている (ll.180-183)。前出の「野でも町でも」(§4c, l.49b) また「昼間でも、夜間でも」(§18, l.201) も参照。

180:「警護兵」(*ḫurādu*) については Watanabe 1987, 182, sub 180 参照。フリ語起源の単語で「兵士」及び「遠征」の意味。

181: いくつかの文字の欠損があり、明確ではないが、何かの「任務」(KIN = *šipru*) について記されているのであろう。*CAD* Š3, 73-84, šipru 参照。総譜翻字に表記されていないが、*N47A* にもいくつかの文字の残存がある。

182:「労働部隊」(*perru*) については *CAD* P, 409-410, pirru A "work force, labor detachment, laborer"; Watanabe 1987, 183 参照。§16 では一部に欠損があって明確ではないが、「警護兵」「(何らかの) 労働のための徴用」「労働部隊」が挙げられている箇所は、関係節 (*kī*...) の中にあるため、述語が接続法 (*ašbāka*[*nūni*], *wšb G, stat. p-suff. subj.)。*a-* で始まるこの活用形はバビロニア語のもの。Watanabe 1987, 182-183 も参照。

183: 関係節の中の接続法 (*terrabānenni*, *ʾrb G, 2pl. pres. vent. subj.)。「好ましくない言葉」(*N55C*: *abutu lā ṭābtu*)、*N27*:「[悪] 意のある (言葉)」([*deʾ*]*iqtu*)。

185: 第 2 人称複数の接続法のよる条件を表す次の三つの動詞がある。「(心に) 抱く (置く)」(*tašakkanāni*, subj.)。

186:「反逆する」(*tabbalakkatāni*, *blkt N, subj.)。

187:「実行に移す」(*teppašāneššū*[*ni*], 2pl. pres. vent. p-suff. subj.)。

§17: 188-197

§17 は、冒頭に「もし」が置かれた条件節であるが、前半はアッシュルバニパルが主語であるため、動詞は第 3 人称単数の接続法である。

191: 所有代名詞がついた名詞「あなた方の王」と「あなた方の主人」が状態形とされ、否定詞が付され、さらに接続法の語尾が付されている。「あなた方の王でない」(*lā šarrakanūni*, stat. p-suff. subj.)、「あなた方の主人でない」(*lā bēlkanūni*, stat. p-suff. subj.)。

192:「低くしない／低くできない」(*lā ušappalūni*, **špl* D, 3sg. pres. subj.)、「高くしない／高くできない」(*lā imattaḫūni*, **mtḫ* G, subj.)。

193:「殺さない／殺せない」(*lā idukkūni*, subj.)。

194:「生かさない／生かせない」(*lā uballaṭūni, *blṭ* D, subj.)。

195: §17 の後半では、条件節の主語が「あなた方」になり、動詞は接続法となる。「聞かない（聞き従わない）」(*lā tašammâni*, **šmʾ* G, subj.)。

196:「行わない」(*lā teppašāni*, subj.)。

197:「求める」(*tubaʾʾâni*, **bʾʾ* D, subj.)。

9. 制定事項③　§18: 198-211

§18: 198-211

§18 は 3 番目の制定事項であり、基本的に直説法で書かれる。二つの条件節があるが、2 番目の「もし」は表示されていない。最初の条件は第 3 人称単数直説法で示される。

199: ここでは *qabassi* = *qabsi*, Watanabe 1987, 183 参照。

200:「実行に移した（場合に）」(N45G: *ētapaš*, G, 3sg. pf. indic.; *N49D*: *ētappaš*, Gtn, pret., cf. l.166, N38A）という「単なる条件」に続いて、制定事項としての禁止命令「聞き従うな！」(*lā tašammeʾāšu*, **šmʾ* G, 2pl. proh. p-suff.）が記される。

201-203: §18 の 2 番目の条件節は文脈上、新しい条件節であるため、すべてのテクストの欠損部分にあたるが「もし」(*šumma*) を l.202 の第 3 語として補う。「単なる条件」として直説法で「(言って）来た場合に」あるいは「来て（次のように言う）場合に」(*ittalka* (*mā*), **ʾlk* G, 3sg. pf. vent. indic.）といわれる。次に制定事項として第 2 人称複数に対する二つの禁止命令と第 3 人称単数に対する一つの禁止命令が続く。

205:「彼に聞き従うな！」(*lā ta*[*šamm*]*eʾāšu*, 2pl. proh. p-suff.)、「彼を帰らせ（放免す）るな！」(*lā turammâšu*, **rmʾ* D, 2pl. proh. p-suff.)。

206:「(彼（王子）は）行くな！」(*lā illak*, 3sg. proh.)。さらに制定事項としての直説法で「(警護を？）強化する（強化しなければならない）」(*tudaʾʾanā*, **dnn* D, 2pl. pres. indic.)。

209-210: 六つのテクストのうち、五つは「宮殿に行って彼の主人である王の無事を確かめる（まで）」とするが、*N55F* だけは動詞が「入る」(l.210, *errabū*[*ni*], **ʾrb* G）であるために、試みに「[宮殿に行って］彼の主人である［王の面前に］入る（まで)」(l.209, *i*[*llakūni ina ekalli ana pānē šarri*] *bēlīšu errabū*[*ni*]）と補う。

211:「(宮殿に）行く（行かなければならない)」(*tallakā*, 2pl. pres. indic.）と宣言される。

10. 条件節③　§§19-27: 212-327

§19: 212-213

§19 は 2 行だけの短い条件節であり、次の二つの接続法がある。

213:「誓う」(*tutammâni*, **tmʾ* D, 2pl. pres. subj.)、「与える」(*taddanāni*, **tdn* G, subj.)。

§20: 214-228

§20 は二つの条件節から成る。

214-223: ここでは「すべての人間」についての詳しいリストが挙げられている。§6, ll.76-78; §14 ほか参照。

224: 第 1 の条件節の二つの接続法の最初は「(王座を) 掌握させる」(*tušaṣbatāni*, **ṣbt* Š, 2pl. pres. subj.)。

225:「彼に与える」(*taddanāneššūni*, **tdn* G, 2pl. pres. vent. p-suff. subj.)。

227: §20 の 2 番目の条件節の二つの接続法は「(王座) を掌握させない」(*lā tušaṣbatāni*, subj.)。

228:「行使できない (行使しない)」(*lā uppašūni*, **ʾpš* D, 3sg. pres. subj.)。

§21: 229-236

§21 は二つの条件節から成る。第 1 の条件節には四つの接続法がある。

230:「戦わない」(*lā tamaḫḫaṣāni*, **mḫṣ* G, subj.)。

231:「死なない (死ぬ用意がない)」(*lā tamuttāni*, **mʾt* G, subj.)。§4, l.51 参照。

232:「求めない」(*lā tubaʾâni*, **bʾʾ* D, subj.)、「実行しない」(*lā teppašāni*, subj.)。

233: §21 の第 2 の条件節にある四つの動詞は同様に接続法である。「実行に移す」(*N27*: *teppašāneššūni*, 2pl. pres. vent. p-suff. subj.; *N28B*, N45G, *N46A*, N48A *teppašāneššunni*, subj.)。

234:「助言を与える」(*tamallikāšūni*, **mlk* G, 2pl. pres. p-suff. subj.)。

235:「(道を) 用意する」(*tašakkanāni*, subj.)。

236:「彼にその都度答えない」(*lā tatanappalāšūni*, **ʾpl* Gtn, 2pl. pres. p-suff. subj.)。§8, l.98 も参照。

§22: 237-248

§22 は二つの条件節から成る。

237-238: 第 1 の条件節は、価値中立的な条件が三つの直説法で提示される。「(もしエサルハドンが息子たちの小さいうちに) 逝去した (場合に)」(*šumma ... ana šīmte ittalak*, 3sg. pf. indic.)。

240:「(そして何者かがアッシュルバニパルを) 殺した (場合に)」(*iddūʾak*, **dʾk* G, 3sg. pf. indic.)。

241:「(またアッシリア王権を) 奪い取った (場合に)」(*ittiši*, **nšʾ* G, 3sg. pf. indic.)。

242: 第 2 の条件節では九つの接続法が用いられる。「(彼の側に) 就く」(*issēšu tašakkanāni*, subj.)。

243:「彼の従者となる」(*ana urdānuttīšu taturrāni*, **tʾr* G, subj.)。

244:「反逆しない」(*lā tabbalakkatāni*, **blkt* N, subj.)、「敵対しない」(*lā tanakkirāni*, **nkr* G, subj.)。

245:「敵対させない」(*lā tušamkarāni*, **nkr* Š, subj.)、「彼に対して謀反を起こさない」(*sīḫu ina muḫḫīšu lā tašakkanāni*, subj.)。

246:「彼を捕えない」(*lā taṣabbatāneššūni*, 2pl. pres. vent. p-suff. subj.)、「彼を殺さない」(*lā* *tadukkāšūni*, 2pl. pres. p-suff. subj.)。

248:「(アッシュルバニパルの息子に王座を) 掌握させない」(*lā tušaṣbat*[*āni*], **ṣbt* Š, subj.)。

§23: 249-265

§23 は二つの条件節から成る。第 1 のものには、接続法の動詞が八つある。

251:「尊重しない」(*lā tadaggalāni*, **dgl* G, subj.)。

252:「育てない」(*lā turabbâni*, **rbʾ* D, subj.)。「育てない」の前には、時の従属節「(その子が) 生まれた後 (*kīma ittabši*, **bšʾ* N, 3sg. pf. indic.) には」という挿入がある。新アッシリア語の場合は *kīma* に導かれる節の動詞は直説法である。§4, 1.46 参照。

253:「(王座を) 掌握させない」(*lā tušaṣbatāni*, subj.)。

254:「捕えない」(*lā taṣabbatānenni*, 2pl. pres. vent. subj.)。

255:「殺さない」(*lā tadukkāni*, subj.)。

256:「滅ぼさない」(*lā tuḫallaqāni*, **ḫlq* D, subj.)。

257:「(血を) 注がない」(*lā tatabbakāni*, **tbk* G, subj.)。

259:「(仇を) 討たない」(*lā tutarrānenni*, **tʾr* D, 2pl. pres. vent. subj.)。

262: §23 の第 2 の条件節には、接続法の動詞が五つある。「彼に食べさせる」(*tušakkalāšūni*, **ʾkl* Š, 2pl. pres. p-suff. subj.)。

263:「彼に飲ませる」(*tašaqqiʾāšūni*, **šqʾ* G, 2pl. pres. p-suff. subj.)、「彼に擦り込む」(*tapaššašāšūni*, **pšš* G, subj.)。

264:「彼に行う」(*teppašānešši̇ūni*, 2pl. pres. vent. p-suff. subj.; N31, *N36B*: *teppašāneššunni*, subj.)。

265:「怒らせる」(*N39*: *tušaznâni*, **znʾ* Š, subj.; *N27*, N31, *N35+*, *N36B*: *tušazanâni*, subj.)。

§24: 266-282

266: 前拙著 (Watanabe 1987, 94, 266, *N51T*) の *šá* は *ša* の誤り。

268: §24 には四つの条件節がある。第 1 の条件節には「(アッシュルバニパルを) あなた方自身の命のごとく愛さないならば」(*kī napšātēkunu lā taraʾʾamāni*, **rʾm* G, 2pl. pres. subj.; *N36B*: *tarammāni*, subj.) とある。

270: §24 の第 2 の条件節には五つの接続法の動詞が用いられる。「(彼らを) 誹謗する (文字通りには「彼らのちぎり取られたもの (*karṣē*, pl.) を食べる」)」(*karṣēšunu takkalâni*, **ʾkl* G, 2pl. pres. subj.)、「(彼らについて好ましくないことを) 言う」(*lā ṭābtašunu taqabbâni*, subj.)。

272:「(腕を) 伸ばす」(*tubbalāni*, **wbl* G, subj.)、「罪を犯す」(*taḫaṭṭâni*, **ḫṭʾ* G, subj.)。

274:「奪い取る」(*tanaššâni*, **nšʾ* G, subj.)。

278: §24 の第 3 の条件節の主語は第 3 人称複数である。二つの述語の最初のものは直説法で「彼らの前にない」(*lā ina pānēšunu*)、次のものは接続法で「(万が一にも) 彼らのものでない」(*lā šūtūni*, subj.) と解する。

280: §24 の第 4 の条件節には接続法が三つあるが、最初は主語が第 2 人称複数で「言わない」(*lā taqabbâni*, subj.)。

281: 他の二つの主語は第 3 人称複数で「立てない」(*lā izzazzūni*, **ʾzz* G, 3pl. pres. subj.)。

282:「仲間になれない」(*lā ussatammaḫūni*, *N35+*: *ussatāmaḫūni*, **smḫ* Dtt, 3pl. subj)。最後の動詞の語形については *AHw* 1017a; *CAD* S, 109 参照。

§25: 283-301

283: §25 には接続法（ll.290-291）が用いられていることから、冒頭（l.283）に「もしあなた方が万が一にも」（*šumma attunu*）を補い、一つの条件節から成ると解する。

290: §25 の条件節に置かれた動詞の最初は「言わない」（*N27: lā taqabbâni*, 2pl. pres. subj.; N29: *taqabbâneš*[*šanūni*]; *N35+*: *taqabbâneššu<nū>ni*, 2pl. pres. vent. p-suff. subj.）。

290-291:「教えを与えない（文字通りには「教えを彼らに置かない」）」（*ṭēmu lā tašakkan*[*ā*]*šu'ūni*, 2pl. pres. p-suff. subj.）。

292-301: そのあとに直接話法で言うべきことが示されている。

292: 直接話法の中では最初に命令が一つ、禁止命令が三つ置かれる。「（この誓約文書を）守れ！」（*uṣrā*, **nṣr* G, 2pl. imp.）、「罪を犯すな！」（*lā taḫaṭṭi'ā*, 2pl. proh.）。

293:「（命を）滅ぼすな！」（*lā tuḫallqā*, 2pl. proh.）。

295:「（捕囚に）委ね（＝与え）るな！」（*lā taddanā*, **tdn* G, 2pl. proh.）。

297: 次に主語が 3 人称単数に変わって四つの希求法が続く。「第一であるように」（*lū maḫrat,* 3sg. stat. prec.）、「好ましいものであるように」（*lū ṭābat*, 3sg. stat. prec.）。

299:「守られるように」（*lū naṣir*, 3sg. stat. prec.）。

300:「（名が）呼ばれるように」（*lū nabi*, 3sg. stat. prec.）。

301: 最後に再び禁止命令が一つ置かれる。「据えるな！」（*lā tašakkanā*, 2pl. proh.）。

§26: 302-317

§26 は三つの条件節から成る。

302: 第 1 のものの主語は「誰か」（*mēmēni*）、二つの動詞は価値中立的な条件を示す直説法である。

303:「実行に移した」（*ētapaš*, 3sg. pf. indic.）。

304:「（王座に）就いた」（*ittūšib*, **wšb* G, 3sg. pf. indic.）。

305: §26 の第 2 の条件節の主語は第 2 人称複数に変わる。三つの動詞は「あってはならない」条件を示す接続法である。「（彼の王権を）喜ぶ」（*taḫadd'āni*, **ḫd'* G, subj.）、「彼を捕えない」（*lā taṣabbatāneššūni*, 2pl. pres. vent. p-suff. subj）。

306:「彼を殺さない」（*lā tadukkāšūni*, 2pl. pres. p-suff. subj.）。

306-307: §26 の第 3 の条件節では最初に直説法で、「もし彼を捕えること、彼を殺すことがあなた方にとって可能でない場合に」（*šumma ammar ṣabātīšu*（*N35+*: *ṣabattīšu*）*du'ākīšu lā maṣâkunu*）と記される（§12, ll.142-143 参照）。

308: 続けて、「もし」は省かれて次の第 2 人称複数現在形接続法の動詞が九つ並べられる。「認める」（*tamaggurāni*, **mgr* G, subj.）。

309:「彼に誓う」（*tatammâneššūni*, **tm'* G, 2pl. pres. vent. p-suff. subj.）。

310:「反逆しない」（*lā tabbalakkatāni*, **blkt* N, subj.）。「すべてから」の意味で N29 はバビロニア語形の *ina gummurti*、*N27* はアッシリア語形の *ina gammurti* を示す。

311:「彼との戦いを行わない」（*qarābu issēšu lā tuppašāni*, subj.）。

312:「敵対させない」（*lā tušamkarāni*, **nkr* Š, subj.）。

313:「捕虜として収監しない（文字通りには「彼の捕虜であることを捕虜としない」（*ḫubtušu lā*

taḫabbatānenni, **ḫbt* G, 2pl. pres. vent. subj.)。
314:「彼を殺さない（文字通りには「彼の殺しを殺さない」)」(*dēktušu lā tadukkāni*, subj.)。
315:「一掃しない（滅ぼさない)」(*lā tuḫallaqāni*, subj.)。
317:「(王座を）掌握させない」(*lā tušaṣbatāni*, **ṣbt* Š, subj.)。

§27: 318-327

§27 の初めにも「すべての人間」を包括するための語句が並べられるが、ここでは「兄弟たち」から「外国の市民」までになっている。

318: §27 は一つの「もしあなた方が万が一にも」で始まる条件節から成る。しかし動詞は、先に第 3 人称の接続法が二つあり、その後に第 2 人称の接続法が二つある。

322: 第 3 人称の動詞の最初は「あなた方を悪巧みに導びく」(*ušakpadūkanūni*, **kpd* Š, 3sg. pres. p-suff. subj.)。

323: 第 2 は「あなた方に言う」(*iqabbâkanūni*, 3sg. pres. p-suff. subj.)。

323-324: なお、第 3 人称の人物が言う内容は、直接話法で書かれる次の二つの命令である。「大皇太子アッシュルバニパルを、その父の前で中傷せよ！」(*karṣē ša* Asb … *aklā*, 2pl. imp.)。

325:「彼について何か好ましくないこと、悪意のあることを言え！」(*abassu lā ṭābtu lā de'iqtu qibi'ā*, 2pl. imp.)。

326: 続く第 2 人称の接続法は、「争いを生じさせる」(*tušamḫaṣāni*, **mḫṣ* Š, subj.)。

327:「(彼らに対して互いに憎しみを持つように）仕向ける」(*tašakkanāšanūni*, 2pl. pres. p-suff. subj.)。ただし、第 3 人称の接続法は「あなた方」に対する、話者の観点からあってはならないことであるため、最初の「もし」がこの部分の条件節にもかかると解釈できる。すなわち、「もしあなた方が万が一にも…するならば」という条件節の中に「もし…のうちの（誰か）が万が一にも…するならば」という条件節が組み込まれているとすると、次のように訳せる。「318 もし、彼（＝アッシュルバニパル）の兄弟たち、319 叔父たち、従兄弟たち、320 彼の父の家の子孫、先代の王たちの子孫、321 あるいは君主たち、代官、宦官、あるいはアッシリアの市民、322 外国の市民に属する者が 323-325 万が一にも、「大皇太子アッシュルバニパルを、その父の前で中傷せよ！彼について何か好ましくないこと、悪意のあることを言え！」とあなた方に言うならば、326（それによって）あなた方が万が一にも、彼（＝アッシュルバニパル）とその父の間に争いを生じさせるならば、327 互いに憎しみを持つように仕向けるならば―」。しかしながら次の、内容的に §27 と直接的に関連する §28 では、「妬む者」の説明が関係節によってなされていることから、§27 の第 3 人称の動詞を関係節の中にあるとする方が適切であろう。

11. 命令②　§28: 328-335

§28: 328-335

§28「命令②」は、「命令①」(§3）とともに「制定事項」に含めることもできる。

328-329: §28 の内容は直前の §27 と内容的に関連した命令文である。「あなた方に指示を与えてののしるように仕向ける〈妬む者〉」(*bēl qi'i ša ṭēmu išakkanūkanūni* (subj.) *ušanzarūkanūni* (**nzr* Š, 3sg. pres. p-suff. subj.)）の関係節の中の動詞は通用通り接続法である。そして命令形で「彼（＝その〈妬む者〉）に言え！」([*q*]*ib*[*ân*]*eššu*, **qb'* G, 2pl. imp. vent. p-suff.）と言われる。

331-332: 〈妬む者〉へ言うべき内容は直接話法で示される三つの疑問文と二つの命令文である。最初の疑問文には「彼の父に対してののしるようにさせた者たち（*ša* … *u*[*šanz*]*irūni*, pret. subj.; N38B: [*ušan*]*zarūni*, pres. subj.)、彼を彼の父の前で誹謗する（(*ša*) *karṣēšu* … *ekkalūni*, 3sg. pres. subj., var. pret.）彼の兄弟たち、従者たちはどこ（*alêʾ*）にいるのか？」。

333: 次の二つは平叙文の形をとるが、ここでは疑問（修辞疑問）文と解する。「真実ではなかったのか？」（*lā* … *takūn*, **kʾn* G)。

334: 「唱えたのか？」（*imnu*, **mnʾ* G, 3sg. pret. indic.)。

335: 二つの命令文は「（あなた方の兄弟を）尊重せよ！」（*kabbidā*, **kbd/kbt* D, 2pl. imp.)、「（あなた方の命を）守れ！」（*uṣ*[*r*]*ā*, **nṣr* G, 2pl. imp.)。

12. 条件節④　§§29-33a: 336-380a

§29: 336-352

§29 は四つの条件節から成る。第 1 は「誰か」（第 3 人称）が主語であるが、「あなた方」に対する「あってはならない」条件であるために三つの接続法が用いられる。

336: 「あなた方を悪巧みに導く」（*ušakpadūkanūni*, **kpd* Š, 3sg. pres. p-suff. subj.)、「あなた方に言う」（*iqabbâkanūni*, 3sg. pres. p-suff. subj.)。

340-345: 接合 N46N + N49Q（Watanabe 1987, Tf.9 e）に注意。

340: 「あなた方に言う」（*iqabbâkanūni*, 3sg. pres. p-suff. subj.)。ここでは主語として「すべての人間」のグループを列挙し、「言う」べき内容を直接話法で述べている。

341-342: 直接話法の中に三つの命令形がある。「誹謗せよ！」（*karṣē* … *aklā*, **ʾkl* G, 2pl. imp.)。

342: 「争いを生じさせよ！」（*šamḫiṣā*, **mḫṣ* Š, 2pl. imp.)。

343: 「分断せよ！」（*pursā*, **prs* G, 2pl. imp.)。文字通りには「切れ！」。

344-346: §29 の第 2 の条件節。これ以降は T の裏面のテクストが加わる。

344: 第 1 の条件節では、第 2 人称複数の三つの接続法が用いられる。「聞き従う（聞く）」（*tašammâni*, subj.)。

345: 「（好ましくないことを）言う」（*taqabbâni*, subj.)。

346: 「彼を分断する」（*taparrasāšūni*, 2pl. pres. p-suff. subj.)。

347-348: §29 の第 3 の条件節の中に一つの関係節「この言葉をあなた方に言った者たち」が含まれているが、その動詞は接続法の「あなた方に言った」（*iqbâkkanūni*, 3pl. pret. vent. p-suff. subj.)。条件節の中の接続法は「彼を放免する」（*turammâšūni*, **rmʾ* D, 2pl. pres. p-suff. subj., NX15+:「彼らを放免する」*turammâšanūni*, subj.）である。

349: §29 の第 4 の条件節には二つの接続法がある。「来ない」（*lā tallakānenni*, **ʾlk* G, 2pl. pres. vent. subj.)。

350: 「言わない」（*lā taqabbâni*, subj.)。

§30: 353-359

§30 は一つの条件節から成る。なお T ではここで書記の交代があったためにディトグラフィー（重複誤写）によって §30 が 2 回書かれたと考えられる（Lauinger 2012, 96 and 116, v 16-23)。

353: これまで第 1 行に欠損があったが、T によって補完されて構成が明らかになった（渡辺 2013,

64-65; Watanabe 2014, 156-157 参照)。§30 の最初に条件二つが直説法で示される。最初は第 2 人称複数で「もしあなた方が見る場合に」(*šumma tadaggalā*, **dgl* G, 2pl. pres. indic.)。この動詞が接続法ではなく、直説法であることが T によって明らかになった。

354: さらに T によって他のテクストの行末の読みが明らかになった。

355: 次に、「あなた方が見る」内容として、2 番目の直説法（第 3 人称複数）を用いて「大皇太子アッシュルバニパルの兄弟たちが、彼（アッシュルバニパル）に対して畏れることなく、ひれ伏すことなく、彼の警護をして（文字通りには「彼を守って」）いない（*lā inaṣṣurū*, **nṣr* G, 3pl. pres. indic.)」ことが示される。構造としてはこれら二つが一つの条件節の中に「もし」を繰り返さずに、並べられている。

356: 同じ条件節の続きの中で、第 2 人称複数の接続法で「（万が一にも）彼らと戦わない」(*N45C*: *lā tagarri<ā>šunūni*/ NX15+: *lā tugarriāšanūni*/ T v 12; v 20: *lā tagarrâšanūni*, **grʾ* G/D, 2pl. pres. p-suff. subj.)。

358: さらに「（恐れと戦慄を）もたらさない」(*lā tušerrabāni*, *ʾ*rb* Š, subj.) と続く。この動詞形は前拙著で予測されていたが（Watanabe 1987, 211)、T によって確証された（総譜翻字参照)。

§31: 360-372

§31 は二つの条件節から成る。最初は「もし」で始まるが、*kīma*「…の後に」によって導かれる従属節が挿入されている。新アッシリア語では、*kīma* によって導かれる従属節の動詞は直説法である（von Soden 1995, §172a 参照)。最初の「もし」に導かれる最初の主語はアッシュルバニパルであり、直説法で「王位に就いた場合に」と言われている。しかし次に「もし」を繰り返すことなく、主語が「あなた方」に変わり、動詞も接続法になる。

360: 前拙著（Watanabe 1987, 106, 360, *N48T*）では、*a*[*š* の前に男性名の限定詞が欠けていた。

361: 直説法で「…が逝去した後に」(*kīma … ana šīmti ittalak*, 3sg. pf. indic.)。

362: 同じく直説法で「（そして）…が王位に就いた場合に」(*ina kussê ittūšib*, 3sg. pf. indic.)。

364: N48T で「彼らの兄弟たち」(pl.) とあるのは「彼らの兄弟」(sg.) の誤り。条件節「もしあなた方が…」の動詞は、接続法の「万が一にも（次のように）言うならば *taqabbâni*, subj.)」、「（そして、それによって彼らに）憎しみを抱かせるならば」(*tušanzarāni*, **nzr* Š, subj.)。

365: 何を言うかは直接話法で「手を…に伸ばせ！」(*ubbil*, **wbl* G, imp. sg.) と示される。Luukko 2004, 147 参照。

367: §31 の第 2 の条件節には四つの動詞接続法がある。「退ける（遠ざける)」(*tunakkarāšanūni*, **nkr* D, 2pl. pres. p-suff. subj.)。

369:「言う」(*taqabbâni*, subj.)。

371: 同じく「言う」(*taqabbâni*, subj.)。

372: 主語は第 3 人称単数で「彼らを退ける」(T v 36: *unakkarušanūni*, **nkr* D, 3sg. pres. p-suff. subj., NX14: *unakkar*(*a*)*šu*[*nūni*])。

§32: 373-376

§32 は一つの条件節から成る。三つの動詞はすべて第 2 人称複数現在形接続法。

373: NX14 の行末の欠損部分には判読不能の文字の残存がある。

374:「あなた方の顔と手」のほかにどこに塗るかについては、「（あなた方の）服」(N35+; NX14:

lubultakunu）または「（あなた方の）喉」（N45J: *napultakunu*）とされるが、「顔と手」に続くものとしては「喉」の方がふさわしい。「服」（*lubultakunu*）とするテクストは二つあるが、「聞き間違い」である可能性が高い。また「喉」（*napultakunu*）の語を「（あなた方の）身体」と訳すことも可能であるが（*CAD* N1, 301b 参照）、すでに身体の部分を挙げているので、「喉」が正しいと考えられる。「服」の場合は、l.375 にあるように「（あなた方の）服のすそ飾り」(*siqqīkunu*) が儀礼的に重要となる。

375:「塗りつける」（*tapaššašāni*, **pšš* G, subj.）。

376:「結びつける」（*tarakkasāni*, **rks* G, subj.）、「行う」（*teppašāni*, subj.）。

§33a: 377-380a

§33 の前半は（ll.377-380a）一つの条件節から成る。四つの動詞は第 2 人称複数現在形接続法。

377:「戻す」（*turrāni*, **tʾr* D, subj.）。

378:「解く」（*tapaššarāni*, **pšr* G, subj.）。思い起こす対象とされる *šingāte* の意味は不明であるが、*šikkatu* B（*CAD* Š2, 432）「織物の端の飾りふさ」とも考えられる。§32 にも言及されている「すそ飾り」（*siqqu/sikku*, 各種辞書では *sikku* A (*siggu*), *CAD* S, 254-255; *sikkum* (or *si*(*q*)*qu*(*m*)?), *CDA* 322）と似ていることから、誓約に使われた物の可能性がある。また「誰かの *šingāte*」と言われていることから、服のように個人に属する生活用品であったのではないか。あるいは *šikkatu* A（*CAD* Š2, 431-432）「（油などの）壺」として、誓約儀礼に使われる油や塗料などの物質を入れておく容器であり、その場に存在しない場合も、思い起こすことによっても効用があるとされたのかもしれない。

379:「思い起こす」（*taḫassasāni*, **ḫss* G, subj.）。

380:「行う」（*teppašāni*, subj.）。

13. 制定事項④　§33b: 380b-384

§33b: 380b-384

§33 の後半（ll.380b-384）は、制定事項に分類される。

384: 動詞は状態形の直説法「あなた方は誓わせられている」（*taʾʾâkunu*, **tmʾ* D, stative, p-suff. indic.）の一つだけであり、その誓いによって拘束されていることを宣言している（Watanabe 1987, 189 参照）。

14. 条件節⑤　§34a: 385-392

§34a: 385-392

§34 の最初の 8 行（ll.385-392）は一つの条件節である。

385:「もしあなた方が」で始まった後、「…する時に」（*kī*）で導かれる時の従属節が挿入されている。その従属節の中での動詞は通常通り接続法となる。

386:「（この誓い（*tāmītu*）の地に）立つ（*tazzazzāni*, subj.）時に」。

387: 続いて条件節の中の動詞として「万が一にも」の意味をもつ接続法で「誓う」（*tatammâni*, subj.）、「誓わない」（*lā tatammâni*, subj.）。

388:「学ばせない」（*lā tušalmadāni*, **lmd* Š, subj.）。

390:「（不浄な病を）装う（文字通りには「置く」）（*tašakkanāni*, subj.）。

392:「（誓約に）入らない」（*lā terrabāni*, subj.）。

15. 制定事項⑤　§34b:393-396

§34b:393-396

§34 の最後の 4 行（ll.393-396）が制定事項としては最後の「制定事項⑤」となる。

393-394: 前半では平叙文としての名詞文で「未来永劫、アッシュルはあなた方の神、アッシュルバニパルはあなた方の主人である」と宣言される。

395-396: 後半は主語を「あなた方の息子たち、孫たち」とし、述語は希求形で「（彼（アッシュルバニパル）の息子を）畏れ敬うように」（*lipluḫū*, **plḫ* G, 3pl. prec.）と言われる。

16. 関係節①　§35: 397-409

§35: 397-409

§35 は ESOD の中で唯一、関係節で構成されていることが判明したのは T によるテクストの補完に負っている（Watanabe 2014, 158-161 参照）。しかしこの「関係節①」は、構成上は必須ではない。おそらくバビロニア風の言い回しに慣れた者たちを念頭において書かれている。§35 の前半（ll.397-402a）では「…する者は」（*ša* …）とあり、後の〈帰結節〉である呪いへ続く。動詞は第 3 人称単数であるが、関係節の中であるために接続法となる。しかも最初の部分ではバビロニア語の接続法（*-u*）が用いられている。ESOD のすべての〈条件節〉は〈帰結節〉に続くが、関係節を用いることは、バビロニア（語の文書）の文書、特に石碑に刻まれた王碑文などの最後によく見られる。たとえば「その文書を滅ぼす者を神…が呪うように」と付される。

397:「変更する」（*ennû*, **ʾnʾ* G, Bab. subj.）、「おろそかにする」（*eggû*, **ʾgʾ* G, Bab. subj.）。バビロニア語の接続法（*-u*）を示しているが、純粋にバビロニア語形であれば、それぞれ *innû*, *iggû* である。

398:「罪を犯す」（*iḫaṭṭû*, **ḫṭʾ* G, Bab. subj.）、「消す」（*ipassasu*, **pss* G, Bab. subj.）。

399:「背く」（*ettequ*, **ʾtq* G, Bab. subj.）、「違反する」（*iparraṣu*, **prṣ* G, Bab. subj.）。「背く」の動詞は T によって明らかになった。

402:「取り除く」（*unakkaru*, **nkr* D, Bab. subj.）。

404: §35 の後半（ll.402b-409）になると、アッシリア語に変わり、接続法も（*-ni*）になる。「取り（消し）去る」（*unakkarūni*, 3sg. pres. Ass. subj.）。

409: さらに、終盤（ll.405-409）では主語が第 2 人称複数「あなた方」に変化する。動詞は「守らない」（*lā tanaṣṣarāni*, 2pl. pres. Ass. subj.）。ここでは、むしろ「もしあなた方が」（*šumma attunu*）を補った方が文法的にはわかりやすいが、あえて関係節のままとして「あなた方のうちの誰でも、」を補って読む。

17. 条件節⑥＋　§36: 410-413

§36: 410-413

§36は一つの条件節から成り、次の§§37-57の〈帰結文〉①へと直接的に続く。したがって「〈条件節〉⑥＋」のように「＋」が付けられる（表参照）。§36の内容は§35の前半と類似し、この粘土板文書自体への様々な（あってはならない）攻撃を条件として示す。このような攻撃も、石碑に書かれた王碑文のように衆目にさらされるものにしばしば記されるのであり、バビロニアの伝統による。ここでは七つの動詞すべてがアッシリア語の接続法である。内容的には§35と類似しているが、文法的にはアッシリア語として一貫している。

410:「他の場所へ移す」（*tunakkarāni*, subj.）。

411:「ゆだねる」（*tapaqqidāni*, subj.）、「投げ入れる」（*tanaddâni*, **nd*ʾ G, subj.）。

412:「埋める」（*takattamāni*, **ktm* G, subj.）。この動詞はTによって補完されて明らかになった。

413:「破壊する」（*tabbatāni*, *ʾ*bt* G, subj.）、「失わせる」（*tuḫallaqāni*, subj.）、「削り取る」（*tasappanāni*, **spn* G, subj.）。

18. 帰結文①　§§37-56: 414-493

§37: 414-416

最初の帰結文①は86行を費やして、主としてバビロニア様式の、特定の神に呼びかける呪いの言葉を集めている。

415: 最初の§37ではアッシュルを主語として、「あなた方に天命として定めるように」（*lišīmkunu*, **š*ʾ*m* G, 3sg. prec. p-suff.）という希求形で呪いが表現される。

416: 次にバビロニア語の否定希求形で「あなた方に与えない（贈らない）ように」（*ayi iqīškunu*, **q*ʾ*š* G, 3sg. Bab. vetit. p-suff.）と言われる。アッシュルに呼びかける呪いであるが、形式も内容もバビロニア的である。なお、後半（ll.415b-416）の「あなた方に、老齢に達することと充実した生涯を与えないように」は*N27*だけにある。

§38: 417-418

417: §38で主語とされるムリス（Mullissu）は表意文字（スメログラム）でNIN.LÍL（ニンリル）と書かれる。それはかつてバビロニアの最高神であったエンリル（エッリル）（EN.LÍL）の配偶女神をも意味する。それは、アッシリアにおいて、かつてアッシュルをエンリルと同一視した名残と見ることができる。土地の神格化であるアッシュルに元来、配偶女神はいなかった。その後、バビロニアの慣習を取り入れて配偶女神が決められた。

418: 配偶女神に対する伝統的なバビロニアの祈り、あるいは祝福の中では、しばしばその配偶男神に対して「とりなしの労をとる」ことを願うものがある。それは、その者について良いことを言うことによって、配偶男神の命令がよい内容をもつように計らうものであり、長い伝統をもつ。ここではその逆の願いが呪いの内容とされているが、それもバビロニアで長い伝統をもっていた（Watanabe 1987, 41-42; 1990参照）。初めに、希求形で「（彼の口の言葉を）悪くするように」（*lilammin-ma*, **lmn* D, 3sg. prec.）と願われる。それは、最高神アッシュルの配偶女神ムリスが、誓約を守らない者についての「悪口」をアッシュルに言うことによって、アッシュルがその者に対して悪い内容の命令を下すように仕向けるという意味である。次に否定希求形で「とりなしの労をとらないように」(*ayi iṣbata abbūtkun*, 3sg. Bab. vetit.; *N27*: *ayi iṣbata abbuttukun*) と願われている。なお T は少し異なる形を示すが、ハンドコピーが出版されてから検討したい。

§38A: 418A-418C

N27 には §38A が欠落している。

418A: アヌを主語とする呪い。

418C: 希求形「降らせるように」(*lišaznin*, **znn* Š, 3sg. prec.)。

§39: 419-421

419: 月神スィンを主語とするバビロニアの伝統的な呪いである。Watanabe 1984; 渡辺 2004 参照。なお、§§39-42 に当たる T の部分は表面が欠損している。

420: 希求形「あなた方に着せるように」(*liḫallipkunu*, **ḫlp* D, 3sg. prec. p-suff.)、否定希求形「命じないように」(*ayi iqbi*, 3sg. Bab. vetit.)。

421: 命令形「走りまわれ！」(*rupdā*, **rpd* G, 2pl. imp.)。

§40: 422-424

422: 光の神であり、正義と公正の神であるシャマシュを主語とする呪いであり、その中では、光や正義を与えないように願われる。

423: 否定希求形「あなた方を裁かないように」(*ayi idīkunu*, **d'n* G, 3sg. Bab. vetit. p-suff.)、希求形「曇らせるように」(*lēšī-ma*, **'š'* G, 3sg. prec.; *N27*: *liššī-ma*, D)。

424: 命令形の「さまよい歩け！」(*itallakā*, **'lk* Gtn, 2pl. imp.)。

§41: 425-427

425: 戦闘神ニヌルタを主語とする呪いは武器（ここでは矢）に関係し、戦いで死んだ者が葬られることなく、猛禽類に食べられることを連想させる内容になっている。「あなた方を倒すように」(*lišamqitkunu*, **mqt* Š, 3sg. prec. p-suff.; N56: *lušamqit*[*kunu*], Ass. prec.)。

426: 「満たすように」(*limalli*, **ml'* D, 3sg. prec.)。

427: 「啄ませる（食べさせる）ように」(*lišākil*; *N28B*: *lušākil*, **'kl* Š, Ass. prec.)。

§42: 428-430

428: イシュタルではなく、金星を主語とする呪いであるが、金星女神イシュタルが愛と戦いの女神であるように、内容は性的なもの、戦争に関するものとなっている。なお〈表題〉①の中に挙げられている神々のリストでは、最初に「木星、金星、土星、水星、火星、シリウス」(ll.13-15) が並び、その後に「アッシュル、アヌ、エンリル（エッリル）、エア、…」(l.16) と続く。

429: 希求形「寝かせるように」(*lišanīl*, **n'l* Š, 3sg. prec.)。

430: 否定希求形「所有しないように」(*ayi ibēlū*, **b'l* G, 3pl. Bab. vetit.)、希求形「分けるように」(*liza''iza*, **z'z* D, 3sg. prec. vent.)。

§43: 431-432

§43 には木星を主語とする呪いが置かれる。

431: センナケリブがバビロニアの最高神マルドゥク（ベール）をアッシリアに「強制連行」していたが、エサルハドンの治世に、バビロンの「エサギル神殿へのベールの入場」（*erāb Bēl ina Esaggil*）としての儀礼が計画されていた。その模様を見ることができないという不幸がこの呪いの内容となっている。Watanabe 1987, 193 参照。ただし、その儀礼はエサルハドンの治世には実現しなかった。

432: 否定希求形「見せない（示さない）ように」（*ayu ukallimkunu*, **klm* D, 3sg. Bab. vetit. p-suff.）、希求形「滅ぼすように」（*liḫalliqa*, **ḫ1q* D, 3sg. prec. vent.）。

§44: 433-434

§44 ではバビロニアの最高神マルドゥクが主語となる。マルドゥクはアッシュルの下に位置付けられているが、ここでは「天命を定める神」という最高神の属性が回復されているかのようである。

433:「重い罰」（*ḫīṭu kabtu*）や「解くことができない呪い」（*māmīt lā pašāri*）とは「水腫」（*aganutillû*）のような病気と考えられる。Watanabe 1987, 193 参照。「水腫」については §60 も参照。

434: 希求形「天命として定めるように」（*lišīm*, 3sg. prec.）。

§45: 435-436

435: ザルパニートゥ（またはツァルパニートゥ。「子孫を作る女性」の意のスメログラム（表意文字）で ^{d}NUMUN-DÙ-*tú* = *Zēr-bānītu*、ゼール・バニートゥと書かれている。Watanabe 1987, 193 参照）が主語であるが、彼女はマルドゥクの配偶女神であり、ここでは出産を司る神とされている。

436: 希求形「一掃する（滅ぼす）ように」（*N39*: *luḫalliq*, **ḫ1q* D, 3sg. Ass. prec.; T: *liḫalliqqi*）。

§46: 437-439

437: 出産を司るベーレト・イリー（「神々の女主人」の意）が主語。

438: 希求形「断つように」（*liprus*, **prs* G, 3sg. prec.）の主語はベーレト・イリーである。

439: 希求形「欠けているように」（*liz(z)ammā*, **zmʾ* D, 3sg. prec. vent.）の主語は「あなた方の子守り」（*tārītkun*）。しかし、動詞は T では *la-iz-za-ma-a* とあり、*li!-iz-za-ma-a* と読み直されている（T vi 11, Lauinger 2012, 100）。動詞 *zummu*（**zmʾ* D）において第 1 子音が重複することについては Parpola 1974, 274 を参照している（Lauinger 2012, 118）。なお次の §47 でも T では *li-iz-za-am-[m]a a-na la* DÙG.GA（T vi 15, Lauinger 2012, 100）とある。

§47: 440-452

§47 では天候神アダドが主語。アダドは雨を降らさないことによって、干ばつと飢饉をもたらし、また大雨を降らせることによって洪水をもたらす。食べ物が極度に不足することによる人間の悲劇が呪いのテーマとなっている。（否定）希求形の主語は変化し、様々な内容が連想によって並べられているように見える。

440: 希求形「(アダドが) 断つように」(*liprus,* 3sg. prec.)。

441: 希求形「(畑が好ましいものに) 欠けているように」(*liz(z)ammâ*, 3pl. prec.)。

442: 希求形「(大洪水が) 水浸しにするように」(*lirḫiṣ*, **rḫṣ* G, 3sg. prec.)。この動詞はTによって補完された。

443: 希求形「(イナゴが) 食い尽くすように」(*līkul*, **ʾkl* G, prec.)。

444: 否定希求形「(音が) 無いように」(*ayi ibši*, **bšʾ* G, 3sg. Bab. vetit.)。

445: 動詞の前に *lū* を置く希求形「(穀物があなた方に) 欠乏するように」(*lū taḫliqakkunu*, **ḫlq* G, 3sg. prec. vent. p-suff.)。

446: 希求形「(骨を) 碾くように」(*liṭēnū*, **ṭʾn* G, 3pl. prec.)。

447: アッシリア語の否定希求形「(関節が) 沈まないように」(*lū lā iṭabbu*, **ṭbʾ* G, 3sg. Ass. vetit.)。

448: 希求形「(鳥が) 啄む (食べる) ように」(*lēkul*, 3sg. prec.)、「(母親が) 閂をかけるように」(*līdil*, **ʾdl* G, 3sg. prec.)。この動詞形は予測されていたようにTによって確証された (Watanabe 1987, 194 参照)。

449: 命令形「食べよ！」(*aklā*, 2pl. imp.)。

450: 希求形「(人間が) 食べるように」(*līkul*, 3sg. prec.)。

451-454: 接合 N46M + *N50N* の可能性がある。

451: 希求形「(人間が) 着るように」(*lillabiš*, 3sg. prec.)、「(犬と豚が) 食べるように」(*līkulū*, 3pl. prec.)。

452: 否定希求形「(死霊が) 得ないように」(*ayi irši*, **ršʾ* G, 3sg. Bab. vetit.)。

§48: 453-454

§48 のイシュタルを主語とする呪いでは、彼女の戦闘神としての属性が前面に出ている。

453: 希求形「折るように」(*lišbir*, **šbr* G, prec.)。

454: 希求形「縛るように」(*liksi*, **ksʾ* G, prec.)、希求形「あなた方を座らせるように」(*lišēšibkunu*, 3sg. prec. p-suff.)。

§49: 455-456

455: 戦闘神ネルガルが主語となる呪い。

456: 希求形「消すように」(*liballi*, **blʾ* D)、「置くように」(*liškun*)。

§50: 457-458

457:「ニネヴェに住まうムリス (^{d}NIN.LÍL)」が主語となる呪い。本来は「ニネヴェに住まうイシュタル」とされるべきところ。§§2-3 においてもムリス (ll.19, 29) と「ニネヴェのイシュタル」(ll.20, 30, *Ištar ša Ninuʾa*) は区別されている。また「ニネヴェのイシュタル」は「アルバイルのイシュタル」と組み合わされている。他方、ムリスはアッシュルの配偶女神として、§38 (l.417) において呼び出されている。§50 は内容的には戦闘神としてのイシュタルが想定されている。

458:「燃え盛る剣 (*N27*: 鉄の剣)」を「結びつけるように」(T vi 39: *lirkus*; *N27*, *NX12*: *lirkusu*) と言われている。

§51: 459-460

459:「アルバイルに住まうイシュタル」が主語。戦闘ではなく「慈悲と恩恵」がテーマとされる。

460: 動詞は *lū lā išakkan*（アッシリア語の否定希求形）もしくは *ayi iškun*（バビロニア語の否定希求形）が期待されるが、T の *ayi išakkan*（*a-a i-šá-kan*, Lauinger 2012, 101, T vi 40）は文法的な混同を示す。NX17 の動詞は *a-*[*a iškun*] と補完すべきかもしれないが、*N35+* でも [*a*]-*a*? *i-šá-kan* と読むことも可能であるため、複数のテクストでこの混同がおきている可能性もある。Lauinger 2012, 118 参照。

§52: 461-463

§52 は医術の女神グラが主語となる呪いであり、バビロニアに長く伝えられてきた内容を持つ。Watanabe 1987, 370-340 参照。

461-462:T によって「あなた方の心に」(*ina libbīkunu*）と「血と膿を」(*dāmu u šarku*）が筆者の予想通りに（Watanabe 1987, 164 参照）補完された。アッカド語の「心」(*libbu*）は、「内臓」をも意味し、必ずしも精神的な意味だけではないが、ここでは「心」と「体」(*zumru*）が対比されているかに見える。

462: 最初の動詞は希求法の「置くように」(NX17: *lišk*[*un*]) であるが、T は「生じさせるように」(T vi 42: *lišab*[*š*]*i, *bšʾ* Š)。同時代の並行例（Watanabe 1987, 38）から判断すると、*liškun* と *lišabši* の 2 種類が想定されるため、N48U を *l*[*i-šab-ši*] と補完することも可能。

463: 2 番目の動詞は命令形の「浴びよ！」(*runkā*, **rmk* G, 2pl. imp.)。

§53: 464-465

464: NX17 だけにセベッティ（7 柱の戦闘神、スバル）を主語とする敗北を願う呪いの言葉がある。テクストの補完はエサルハドンの王碑文などから可能となる。Watanabe 1987, 195 参照。

465: 動詞は破損しているが「(敗北を) もたらすように」(*našpan*[*takunu liškunū*]) と補う。

§54: 466

466: §54 ではアラミスが主語の呪いであることはわかっていたが、T によって、その内容も判明した。緑（黄）色の水（A.MEŠ SIG$_7$ = *mê arqūti/urqūti*）で満たすことは、ある種の病にかからせることであろう。動詞は「(あなた方を) 満たすように」(*limallikunu*, 3sg. prec. p-suff.)。アラミスが「カルネー（SI = Qarnê）とアザイ（Azaʾi）の主」とされることについて、ローインガーは、カルネー（Qarne/Qarnīna）はダマスカスの南に位置するアッシリアの州（Radner 2006, 61-62 参照）であり、その首都は Šēẖ Saʿd（聖書のカルナイム（Qarnaim、「アモス書」6: 13)、古典期の Carneas; Lipiński 2000: 353 and 365-366 参照）と、またアザイはガブ平原（Ghab Plain）にある Rasm et-Tanjarai（Athanassiou 1977: 327 n.7 参照）と同定されると言う（Lauinger 2012, 119)。筆者は NX17 の読み方として、KUR S[I ...] を提案する。なおここでは地名を表すために SI = *qarnu*「(動物の) 角、(植物の) 芽」が用いられている。「芽」の意味での使用例（1.540）も参照。

§54A: 466A-466B

466A-466B: 現在のところTだけに見られるクルバイルのアダドとその配偶女神はシャラを主語とする呪いの言葉。ローインガーは次のように訳す。“May Adad (and) Šāla of Kurbaʾil create piercing pain and ill health everywhere in your land” (Lauinger 2012, 113).

466A: クルバイルについてはSchwemer 2001: 595–600参照。「クルバイルのアダド」についてはParpola and Watanabe 1988, 13, vi 17参照。

466B: 主語は複数であるが、動詞は単数の希求形の「生じさせるように」（*lišabši*）である（cf. “The verb is singular despite having two subjects, cf. vi 51 and perhaps also vi 48-49, Lauinger 2012, 119）。

§54B: 466C

466C: §54Bも現在のところTでほぼ完全に見られる。N85のテクストにも最後の部分が残っている。神名シャラト・エクロン、「都市エクロンの女主人」についてはLauinger 2012, 119参照。動詞は「（虫を）落とさせるように」（*lišaḫḫiḫa*, **šḫḫ* D, 3sg. prec. vent.）。これはおそらく、戦闘中に死んで埋葬されずに、死体から虫がわいて落ちるようにさせるという意味であろう。

§54C: 467-468

§54Cは前拙著（Watanabe 1987, 116; 164）では§54A。

467: 女神名は「アナンティ」*a-na-an-ti-*（T）で始まるが、T以外のテクストには欠損しているため、「アナティ」が正しく、「アナンティ」はTだけの誤記かどうかは不明。バヤティ・イリーとアナティ・バヤティ・イリーの組み合わせの他の例についてはWatanabe 1987, 196参照。

468: 動詞は「あなた方を渡すように」（*limnûkunu*, **mnʾ* G, 3sg./pl. prec. p-suff.）。

§55: 469-471

469: §55の主語は「カルケミシュのクババ（と）カルフハ」と複数。

470: 動詞は単数形の「置くように」（*liškun*, 3sg. prec.）。次の主語「あなた方の血」（ÚŠ.MEŠ-*kunu* = *dāmīkunu*）は集合的単数か。

471: 動詞は単数形の「滴り続けるように」（*littattuk*, **ntk* Gtn, 3sg. prec.）。

§56: 472-493

472-473: §56に集められた呪いの最初の主語は特定の神ではなく、「世界の四方に住む、天と地の偉大な神々、この書板に名を挙げられたすべての神々」とされるが、ここには出典、あるいは出自の異なる多くの呪いが集められていると考えられる。

474:「あなた方を打つように」（*limḫaṣūkunu*, 3pl. prec. p-suff.）、「あなた方に邪視を向けるように」（*likkelmûkunu*, **klmʾ* N）。

475:「あなた方を呪うように」（*līrurūkunu*, **ʾrr* G）。

476:「あなた方を離れ離れにするように」（*lissaḫūkunu*, **nsḫ* G）。この動詞については前拙著で「あなた方を生きたものから引き離す」と訳したが（Watanabe 1987, 167, 476）、*ina* TI.LA.MEŠ = *ina balṭūti*は「生きた状態」を指すとして、「生きながら（*ina balṭūti*）離れ離れにする」と改める。

477:「奪うように」(*lizammû*, **zm*ʾ D)。§56の2番目以降の主語はしばらく「神々」ではなくなる。2番目の主語は「暗闇と苦悩」(*ṣillu u ūda*) となる。なお、前拙著 (Watanabe 1987, 117, 477) ではN37のUD.DAを*ṣētu*「灼熱」と読んだが、TのÚ.DA (T vi 58, Lauinger 2012, 102) から、*ūdu*「苦悩」(*ú-da*, var. *ud-da*) を表す表音文字とする。

478: 動詞は希求形で「あなた方を追い回すように」(*liktaššidūkunu*, **kšd* Dtn, 3pl. prec. p-suff.)。3番目の主語は「あなた方」となる。

479: 動詞は否定命令形「寄り集まるな!」(*lā tannemmidā*, *ʾ*md* Nt, 2pl. proh.)。4番目の主語は「パンと水」(NINDA.MEŠ *u* A.MEŠ = *ak*(*a*)*lu u mê*)、動詞は希求形の「あなた方に欠乏するように」(*līzibūkunu*, *ʾ*zb* G, 3pl. prec. p-suff.)。

480: 5番目の主語は「困難、欠乏、空腹、疫病」(*sunqu ḫušaḫḫu bubūtu mūtānu*)。

481: バビロニア語の否定希求形「解かれないように」(*ayi ippiṭir*, **pṭr* N, 3sg. vetit.)。

482: 6番目の主語は「犬と豚」(*kalbī šaḫî*)。

482-483: 訳語の「乳首」と「性器」についてはParpola and Watanabe 1988, 49脚注参照。

483: 動詞は希求形「引き回すように」(*lindaššarū*, **mšr* Gtn, 3pl. prec.)。ここでは珍しく呪いの生起する場所が「アッシュル市の広場で」(*ina rebīt aššur*) と特定されることで、「アッシュル市」に由来する呪いとも受け取れる。7番目の主語は「地」(*erṣetu*)。

484: バビロニア語の否定希求形「受け取らないように」(*ayi imḫur*, **mḫr* G, 3sg. Bab. vetit.)。8番目の文は名詞文であり、「犬と豚の腹の中に」(*ina karši kalbī šaḫî*)「あなた方の墓所 (主語) があるように」(*lū naqbarkunu*) という状態形の希求形。

485: 9番目の主語は「あなた方の日々」(*ūmīkunu*)、述語は状態形の前に*lū*をつける希求形「暗いように」(*lū eṭû*)。10番目の主語は「あなた方の年月」(文字通りには「あなた方の年々」*šānātīkunu*, pl.)、述語は状態形の希求形「闇であるように」(*lū eklā*)。11番目の主語は「(その) 闇」(*ekletu*)。

486: 述語は不定詞「晴れること」に否定詞が付けられた形で「晴れることがない」(*lā namāri*)。12番目の主語は再び「彼ら」(=神々) となり、動詞は希求形の「(天命として) 定めるように」(*lišīmū*, 3pl. prec.)。

487: 13番目の主語はまた変わって「あなた方の命」となり、動詞は希求形で「終るように」(*liqti*, **qt*ʾ G, 3sg. prec.)。「苦労と不眠の中で」(*ina tānēḫi dilipti*) の読みは前拙著では部分的に補完されていたが、Tによって確定された。

488: 14番目の主語は「高波、抵抗しがたい洪水」(*bubbulu abūbu* (*lā maḫru*))。

489:「湧きおこるように、そして」(*līlâ-ma*, *ʾ*l*ʾ G, prec. *-ma*)、「もたらすように」(*liškun*)。動詞が単数形であるため、「高波、(抵抗しがたい) 洪水」は二詞一意、あるいは「(抵抗しがたい) 洪水」は注釈として付されているとも考えられる。15番目の主語は「すべて好ましいもの」(*mimma ṭābtu*)、述語は名詞から作られる状態形 (stative) の希求形で「あなた方の禁忌であるように」(*lū ikkibkunu*)。

490: 16番目の主語は「すべて病的なもの」(*mimma marṣu*)、述語は「あなた方の天命であるように」(*lū šīmatkunu*)。17番目の主語は「タールとアスファルト」(*qīru kupru*)、述語は「あなた方の食べ物であるように」(*lū mākalākunu*)。

491: 18番目の主語は「ロバの尿」(*šināt imēri*)、述語は「あなた方の飲み物であるように」(*lū māšqītkunu*)。19番目の主語は「ナフサ」(*napṭu*)、述語は「あなた方の塗り油であるように」

(*lū piššatkunu*)。

492: 20 番目の主語は「川のエラプー草」(*elapû* (N37: *elapû'a*) *ša nāri*)、述語は「あなた方の覆いであるように」(*lū taktīmkunu*)。

493: 21 番目、§56 の最後の主語は「シェドゥ、ウトゥク、そして邪悪なラビツなどの悪霊」、述語は動詞希求形の「選ぶように」(*liḫīrū*, **ḫ'r* G, 3pl. prec.)。

19. 第 1 人称の誓約①　§57: 494-512

§57: 494-512

494a: §57〈第 1 人称の誓約〉の三つの部分のうち、最初の部分では、誓約者が神々に呼びかけて希求法で「見るように」(*lidgulū*, **dgl* G, 3pl. prec.) という願いを述べる。

494b-510: §57 の第 2 の部分には第 1 人称複数の条件節が三つ置かれている。

494b-499a: 最初の条件節。

497: T は ŠÀ(= *lìb*)-*bi* ではなく *lib-bi* を示すが、*libbu* が「心」ではなく「内部、腹、内臓」を意味するときは *lib-* が用いられる傾向がある (ll.641-642 参照)。

498: 接続法の動詞で「実行に移す」(*neppašūni*, 1pl. pres. subj.)。

499a:「置く」(*nišakkanūni*)。

499b-509a: 第 2 の条件節。

505: ここに N49B の挿入句として「、そして [私たちの主人アッシリア王エサルハドンの] 他の実の息子たち」がある。接続法の動詞「聞く」(*nišammûni*)、「隠す」(*nupazzarūni*)。

507a:「言わない」(*lā niqabbûni*)。「聞く (聞き従う)」「隠す」「言わない」の組み合わせについては、渡辺 2013, 69; Watanabe 2014, 155 参照。

507b-509a: 第 2 の条件節の後半は動詞のない名詞文。

509a: 名詞から作られる状態形の接続法「私たちの王でない」(*lā šarrīnīni*)、「私たちの主人でない」(*lā bēlīnīni*)。

509b-510: 第 3 の条件節。

510: 再び第 1 人称複数の接続法「置く」(*nišakkanūni*)。

511-512: §57 の最後の部分は上記の条件節に対する「自己呪詛」としての帰結文である。

511: 主語は「神々」。

512: 希求法で「責任を追及するように」(*luba''i'ū*, **b''* D, 3pl. Ass. prec.)。この箇所は §57 が終わったところで、ESOD の九つの構成要素のうち、八つが出そろったことになる。9 番目は「奥付」であり、§57 に続けて「奥付」を書いて ESOD の全文を終わらせても構成上の問題はない。したがって、続く §§58-106 (ll.513-663) は付随的に書き足されたものとみなすこともできる。あるいは、粘土板の余白を埋めるための文面であるったかもしれない。しかし形式と内容から判断すると、アッシリアの周辺世界のうち、バビロニア以外の、アッシリアから見て主に西方に位置する地方の宗教文化の伝統に育まれた呪いが多く集められているのであり、ESOD の有効性の範囲をより広げる目的をもつと考えられる。

20. 条件節⑦＋　§58a: 513-517

§58a: 513-517

§58は条件節⑦（§58a）と帰結文（§58b）から成る。

513: 条件節（ll.513-517）の主語は「あなた方」（*attunu*）。目的語は「この誓約文書（に対して）」（(*ina libbi*) *adê annûte*）でありそのあとに「この誓約文書」にかかる関係節が続く。

517: 関係節の最後に接続法の「設定した」（*iškunūni*, 3sg. pret. subj.）があり、続いて条件節の動詞としての接続法「違反する」（*taḫaṭṭāni*, 2pl. subj.）が置かれている。*N27*とTは「誓約文書」を繰り返しているが、文法的には誤り。

21. 帰結文②　§§58b-62: 518-525

§58b: 518

518: §58前半の条件節に続く帰結文として、その後半（§58b）から§62までに五つの呪いが並べられているが、それらはそれぞれ神に呼びかけるバビロニア様式の呪いである。最初の呪いとしては、再びアッシュルを主語として、「あなた方を打ち倒すように」（*lišamqitkunu*, **mqt* Š, 3sg. prec. p-suff.）と願っている。

§59: 519-520

519: パリル／イギシュトゥ（^{d}IGI.DU）が主語。

520: 動詞は希求形の「啄ばませる（食べさせる）ように」（*lišākil*, *ʾ*kl* Š, prec.）。

§60: 521-522

521: 主語は真水の神とされるエア。「非・生命」の水（*mê lā balāṭi*）はおそらく毒（草）薬を水にとかしたもの。

522: 希求形の「あなた方に飲ませるように」（*lišqīkunu*, **šqʾ* G, 3sg. prec. p-suff.）と「あなた方を水腫で満たすように」（*aganutillâ limallīkunu*, **mlʾ* D）とされ、水に関係する内容となっている。「飲ませるように」（*lišqīkunu*）に並行するTの箇所についてローインガーは *liš-<te>-šir*$_4$*-ku-nu*（「秩序を保つように」Lauinger 2012, 120）と読みなおす。しかし *-šir*$_4$*-* は *-qi-* と似た形をもつが、ここではNと同様に *liš-qi*!*-ku-nu* と書かれていると思われる。

§61: 523

523: 主語は「天と地の偉大な神々」であり、特定の神に限定されていない。Tでは「偉大な神々」（*ilānī rabûti*）とあるが、N28Aでは「大小（pl.）の」とあり、「神々」の語は欠落している。動詞は「あなた方にとって禁忌とするように」（*ana ikkibīkunu liškunū*）。Tによって補われた「禁忌」（*ikkibu*）の語は§56にも見られる。その「すべて好ましいものがあなた方の禁忌であるように」(l.489) という表現から、§61においても、人間が必要とする「水と油」が禁じられ、入手できなくなるようにという意味であろう。

§62: 524-525

524: 主語は火の神ギラ／ギビル。

525: 動詞は希求形「燃やすように」（*liqmu*, **qmʾ* G）。

22. 条件節⑧＊（＝条件節⑦）＋帰結文③　§§63-65: 526-536

§63: 526-529

526: 冒頭の「同じく（、同じく）」（KIMIN（.KIMIN））は先行する条件節⑦を繰り返すことを指す。*N35+* と T は「同じく」を 1 回、*N27* と N31 は 2 回書いている。最初の主語は「その名をこの書板に挙げられたすべての神々」（*N27*, *N35+*, T: *ilānī mala ina ṭuppi adê anniʾe* [*šu*]*mšunu zakru*）。この主語は N では不完全であったが、T により、前拙著（Watanabe 1987, 168）における補完が確証された。ただし N28A には「同じく」も主語も記されていない。N31 には、「同じく」はあるが、主語は示されていない。

527: 第 1 の動詞は「あなた方に対して狭くするように」（*lusiqqūnekkunu*, **sīq* D, 3pl. Ass. prec. vent. p-suff.; *N27*, *N35+*: *li-*）。

528: 第 2 の動詞は「（鉄のごとく）するように」（*lēpušū*）。§63 の第 2 の主語は「何も」（*mēmēni*）。

529: 動詞は新アッシリア語の否定希求形「芽を出さないように」（*lū lā iparruʾa*, **prʾ* G, 3sg. Ass. vetit.）。

§64: 530-533

530: §64 から特定の神を挙げずに、比喩を用いた呪いが並べられてゆく。しかし、すでに §63 においても、本来は「この一つの煉瓦（の幅）が狭いごとく、（このように）あなた方の土地が狭くなるように。鉄の土地からは何も芽が出ないごとく、（このように）あなた方の土地から何も芽を出さないように」という比喩を用いたものに対して、ESOD の編者が「同じく」をつけ、主語を「…神々」とする編集をくわえたと考えられる。アッシリア王アッシュル・ニラリ 5 世（在位前 754-745 年）がアルパドの王マティ・イルに誓わせた際の誓約文書にある呪いの言葉の一つとして「…土地は彼（マティ・イル）が立つだけの煉瓦ほどの大きさになり、彼の息子たち、娘たち、[彼の要人たち]、彼の国の人々が立つ場所は国からなくなるように」（Parpola and Watanabe 1988, 8, 5’-7’）とある。§64 の比喩を示す従属節は「青銅の天から雨が降らないごとく」（*kī ša issu libbi šamāʾē ša siparri lā izannunūni*, **znn* G, 3sg. pres. subj.）であり、動詞は接続法となる。

531: 第 1 の主語は「雨（と）露」（*zunnu nalšu*）。

532: 動詞は「行かないように」（*lū lā illak*, Ass. vetit.）。

533: 第 2 の主語は「炭」（*peʾnāti; N27*: *peḫn*[*āti*]）、動詞は「（雨（*N27*: 露）の代わりにあなた方の国に炭が）降るように」（*liznunā*）。

§65: 534-536

534: §65 の比喩を示す従属節は「錫が火の前でもちこたえられない（＝立っていられない）ごとく」（*kī ša annuku ina pān išāti lā izzazzūni*, 3sg. pres. subj.）。

535: 主節の主語は「あなた方」、二つの動詞は否定命令形であり、第 1 は「立っているな！」

（*l*[*ā t*]*azzazzā*, 2pl. proh.）。

536: 第 2 の動詞は「つかむな！」（*lā taṣabbatā*, 2pl. proh.）。

23. 条件節⑨ *（＝条件節⑦）＋帰結文④　§§66-68: 537-546

§66: 537-539

537: 冒頭に *NX12* は「同じく」と記しているため、それを一つの条件節として数える。比喩を示す従属節は「ラバに子孫がないごとく」（*kī ša zar'u ša kudin*[*i*] *lāššūni*, subj.）。ラバは雄ロバと雌馬との間の雑種で繁殖不能。

538: 主節の主語は「あなた方の名、あなた方の子孫、そしてあなた方の息子たちと娘たちの子孫」。

539: 動詞は「いなくなるように」（*liḫliq*, **ḫlq* G, 3sg. prec.）。動詞は集合的単数が用いられている。

§67: 540-544

T によって補完されたが、まだ不明の単語が残る。なおローインガーは次のように英訳している。"Just as a shoot is [...], (and) seed(s) and the *sikkitu* of beer are placed within, (and) just as these seeds do not sprout, and the *sikkitu* of beer does not turn to its ..., may your name, your seed, (and) the seed of your brothers (and) your sons disappear from the face of the earth"（Lauinger 2012, 113).

540-542: 比喩を示す 3 行に及ぶ従属節。従属節の［…］で示した 2 箇所の欠損部分の読みが判明していない。「芽が［…］されているごとく、種とビール酵母がその中に置かれているごとく」（*šaknūni*, subj.）、「（そして）そのような種が芽を出さないごとく」（*lā iparru'ūni*, subj.）、「そのようなビール酵母が［…］に変化しないごとく」（*lā tasaḫḫarūni*, **sḫr* G, subj.）。

543:「あなた方の名、あなた方の子孫、あなた方の兄弟たちの子孫、あなた方の息子たち（*N46II*: と娘たち）の子孫」を主語とする主節が始まる。

544: 動詞は「地表（*NX12*: 国）からいなくなるように」（*liḫliq*）。

§68: 545-546

545: 再びシャマシュを主語とする呪いとなり、比喩は見られない。「鉄の鋤で」（*ina epinni parzilli*）の語があることから、元来は農作業に根差した比喩を用いた呪いであったかもしれない。

546: 動詞は「ひっくり返すように」（*lušabalkit*, **blkt* Š, 3sg. Ass. prec.）。

24. 条件節⑩ *（＝条件節⑦）＋帰結文⑤　§§69-70: 547-554

§69: 547-550

547: 冒頭に N50M と T は「同じく、同じく」と記しており、これも条件節として数える。

547-548: 比喩を示す従属節は「この母羊が切り裂かれているごとく、そしてその子羊の肉が母羊の口に置かれているごとく」（*kī ša agurrutu an*[*n*]*ītu* (T: *an*[*n*]*īti*) *šalqatūni* (**šlq* G) *šīru ša* *mar'īša ina pîša šakinūni*, 3sg. stat. subj.)。

549: 主節の主語は再び「彼ら」すなわち§63の主語にあった「神々」と考えられる。目的語は「あなた方の（兄弟たちの、）息子たちと娘たちの肉を」。

550: 述語は「あなた方に食べさせるように」（*lišakilūkunu*, *'*kl* Š, 3pl. prec. p-suff.; T: *li*[?]-)。しかしここでも「彼ら」（＝神々）が主語で、述語が「食べさせるように」ではなく、「あなた方が食べるように」とする呪いが原形であったと推測できる。

§70: 551-554

551-552: 羊の比喩が用いられる従属節「雌雄の若い羊と雌雄の春に生まれた羊が切り裂かれているごとく（*šalqūni,* subj.)、それらの腸でそれらの足が巻かれているごとく（*karkūni*, **krk* G, subj.)」があり、続く主節は「あなた方の足」を主語とする。

554: 動詞は「（あなた方の腸、あなた方の息子たちと娘たちの腸で）巻かれるように」（*likkarkū*, **krk* N, 3pl. prec.)。T は *likkarkā* を示す。

25. 条件節⑪　§71a: 555A-555B (N49U)

§71a: 555A-555B

555A-555B: *N49U* だけが条件節「もしあなた方が万が一にも…アッシュルバニパルのための誓約に対して罪を犯すならば」（*taḫaṭṭâni*, 2pl. pres. subj.）を挿入している。したがって *N49U* においては、次に続く呪いの条件となっている。

26. 条件節⑫＊（＝条件節⑦）＋帰結文⑥　§71b: 555-559

§71b: 555-559

555: *N49U* 以外のテクストでは、冒頭に N37 だけが「同じく」を挿入している。しかし、それは条件節⑦の繰り返しを意味する。比喩を示す従属節の主語は「蛇（*ṣēru*）とマングース（*šikku*）」。

556-557: 従属節の動詞は接続法の「（同じ穴に）入らないごとく」（*lā errabūni*, subj.)、「共に横たわることがないように」（*lā irabbiṣūni*, **rbṣ* G, subj.)、「そしてたがいに喉を噛み切ろうと計るごとく」（*idabbabūni*, **dbb* G, subj.)。

558: 主節の主語は「あなた方とあなた方の妻たち」、動詞は否定命令の「一つの家に入るな！」（*lā terrabā*, 2pl. proh.)。

559: さらに否定命令形「一つの寝床にもぐり込むな！」（*lā tatallā*, **tl'* D, 2pl. proh.）と命令形「たがいに喉を噛み切ることを計れ！」（*dubbā*, 2pl. imp.）が続く。

27. 条件節⑬＊（＝条件節⑦）＋帰結文⑧　§72: 560-562

§72: 560-562

560: 冒頭に N37 は「同じく、同じく、」を置いている。*N27* は欠損しているが、この語があった可能性がある。これも条件節⑦の繰り返しを意味する。比喩を示す従属節は「パンとぶどう酒が内臓に入ってゆくごとく」(*kī ša … errabūni*, subj.)。

561-562: 主節は「彼ら」(=神々)が主語、述語は「この誓い(*tāmītu annītu*)をあなた方の内臓に、あなた方の息子たちと娘たちの内臓に入ってゆかせるように」(*lušēribū*, *ʾ*rb* Š, 3pl. Ass. prec.)。

28. 条件節⑭*(=条件節⑦)+帰結文⑧　§73: 563-566

§73: 563-566

563: 冒頭にN37は「同[じく、同じく]」を置く。これも条件節⑦の繰り返しを示す。比喩を表現する従属節は「あなた方がストローから水を噴き出すごとく」(*kī ša ina mê ina libbi takkussi tanappaḫāni*, *npḫ G, 2pl. pres. subj.)。

564-565: 主節の最初の主語は「彼ら」(=神々)、述語は「あなた方、…を噴き出すように」(*lippuḫūkunu*, *npḫ G, 3pl. prec. p-suff.)。

565-566: 主節の次の主語は「あなた方の川と泉」、述語は「その源泉へと流れを逆転させるように」(*lusaḫḫirū*, *sḫr D, 3pl. Ass. prec.)。

29. 条件節⑮*(=条件節⑦)+帰結文⑨　§74: 567

§74: 567

567: 冒頭に「同じく、同じく」(N37)が置かれている。N37のほかにも、欠損しているが*N36C*、*N50F*、N89にもこの語があった可能性はあるが、Tにはない。比喩の従属節はなく、主語を「彼ら」(=神々)として、「あなた方の国で(*ina mātīkunu*)パンを(*kusāpu*)金に相当する値段で(*ina pitti ḫurāṣi*; N37: *ana ginê ḫurāṣi*)流通させるように(*lišālikū*, *ʾlk Š, 3pl. prec.)」。

30. 条件節⑯*(=条件節⑦)+帰結文⑩　§75: 568-569

§75: 568-569

568: 冒頭には「同じく、同じく」(N89, T)、あるいは「同じく」(N37)が置かれている。*N36C*もこの語を記していた可能性がある。比喩を表す従属節は「蜂蜜が甘いごとく」(*kī ša dišpu matiqūni*, *mtq G, stat. subj.)。

568-569: 主節の主語は「あなた方の妻たち、息子たちと娘たちの血」(*dāmu ša issātēkunu marʾātēkunu marʾātēkunu*)。*N36C*は「娘たち」を省略している。

569: 述語は「(あなた方の口の中で)甘いように」(*limtiq*, *N36C*: *lintiq*, *mtq G, 3sg. prec.)。

31. 条件節⑰*(=条件節⑦)+帰結文⑪　§76: 570-572

§76: 570-572

570: 冒頭には「同じく」(N37)が置かれるが、*N36C*とTは省略。三つのテクスト(*N50F*, *N50T*, N54B)の冒頭部は欠損しているが「同じく」があった可能性がある。比喩を表現する従属節は「蛆虫(*tûltu*)がチーズ(*šaṣbutu*)を食うごとく」(*kī ša šaṣbutu tûltu takkulūni*, subj.)。

Tによって補完された*šaṣbutu*を「チーズ」とすることについてはParpola and Watanabe 1988, 53; Lauinger 2012, 121参照。

571: 主節も同じ「蛆虫」を主語として「あなた方がまだ生きているうちに」（*ina balṭuttēkunu*）。

571-572:「（蛆虫が）あなた方の肉、あなた方の妻たち、息子たちと娘たちの肉を食うように」（*lū tākul*）。

32. 条件節⑱＊（＝条件節⑦）＋帰結文⑫　§77: 573-575

§77: 573-575

573a: 冒頭に条件節⑦の繰り返しを示す「同じく、同じく」（N37）、あるいは「同じく」（*N47D*）が置かれるが、*N36C*は省略しているが、Tはl.573aを省略している。

573b-575: 比喩を表す従属節はなく、主節の主語は「この誓約の書板にその名を挙げられているすべての神々」であり、バビロニア語で書かれている。述語は「あなた方の弓を折るように」（*lišbirū*）、「（あなた方の敵の足元に）あなた方を座らせるように」（*lušēšibūkunu*, 3pl. Ass. prec. p-suff.; *N36C*: *lušēšibbū<kunu>*）、「あなた方の手の弓を反対に向けるように」（*lušabalkitū*, **blkt* Š, 3pl. Ass. prec.）、「あなた方の戦車を後ろ向きに走らせるように」（*lušadillū*, **d'l* Š, 3pl. Ass. prec.）。

33. 条件節⑲＊（＝条件節⑦）＋帰結文⑬　§78: 576-578

§78: 576-578

576: 冒頭に「同じく」（*N36C*, N37, *N47D*）があるが、二つ（N51G, T）は省略している。N54Aは冒頭に欠損があるが、「同じく」があった可能性もある。比喩を表す従属節は「鹿が狩られるごとく、（そして）殺されるごとく」（*kī ša (ay)yulu kaššudūni dēkūni,* subj.）。

577: 主節の主語は「あなた方の殺人者」（文字通りには「あなた方の血の主人」）であるが、Tでは「彼ら」（＝神々）。

578: 述語は「あなた方、あなた方の兄弟たち、息子たちを狩るように」（*lukaššidū*, **kšd* D, 3pl. Ass. prec.）、「（そして）あなた方を殺すように」（*lidūkūkunu*, 3pl. prec. p-suff.）。ただし*N36C*では、「彼ら」（＝神々）があなた方をあなた方の殺人者の手に置くように」（*liškanūkunu*, 3pl. prec. p-suff.）だけであり、「（そして）あなた方を殺すように」は省略されている。動詞*liškanūkunu*についてはl.584参照。

34. 条件節⑳＊（＝条件節⑦）＋帰結文⑭　§79: 579-581

§79: 579-581

579: 冒頭に「同じく」（N37）があるが、三つ（*N47D*, N51G, T）は省いている。他の四つ（*N36C*, *N48I*, *N51S*, N54A）は欠損のため不明。

579-580: 比喩表現の従属節は「イモムシが見ることができないごとく、（そして）その蛹に戻れないごとく」（*kī ša būrdi šaḫḫi lā tadaggalūni* (**dgl* G) *ana biškānīša lā tasaḫḫarūni*, **sḫr* G, subj.）。「イモムシ」（*būrdi šaḫḫi*/*būrti šamḫat*）については*CAD* B, 333-334参照。前拙著で

は「蝶」と訳した（Watanabe 1987, 171）。その理由は、イモムシは蛹（*biškānu*, *CAD* B, 270 参照）になるが、蛹から出るのは蝶であり、蝶は蛹に戻ることが期待されていないからである（Watanabe 1987, 202 参照）。しかしここでは、蛹から出されてしまったイモムシが蛹に戻れないことを指していると取る。蝶を表すアッカド語としては *kurṣiptu* (*CAD* K, 568), *kurmittu* (*CAD* K, 564) が考えられるが、他の昆虫を意味する可能性もある。

580: 主節の主語は「あなた方」。

581: 述語は否定命令形で「(あなた方の妻たち、(息子たち、娘たち）に、そしてあなた方の家に）戻るな！」(*lā tasaḫḫurā*, 2pl. proh.)。挿入句の「あなた方の息子たち、娘たち」は *N47D* にあり、*N51S* にも後半部分が残っている。T は前半部分だけを記し、*N36C* はどちらも省略している。

35. 条件節㉑＊（＝条件節⑦）＋帰結文⑮　§80: 582-584

§80: 582-584

582: 冒頭に、条件節⑦の繰り返しを示す「同じく、」(N37, T）があるが、二つ（N51G, *N51S*）は省略、他の四つ（*N36C*, *N47D*, *N48I*, N54A）は欠損のため不明。比喩を示す従属節は「鳥が鳥もちによって捕えられるごとく」（*kī ša iṣṣūru ina tubāqi*（*dubāqi*, N37）*iṣṣabbatūni*, **ṣbt* N, subj.; T: *issappakūni, *spk* N)。T の動詞は異なるが、ほぼ同義である（l.589 参照)。「鳥もち」（*tubāqu*）については *CAD* T, 445 参照。前拙著では「罠（?)」と訳した。

583: 主節の主語は「彼ら」（＝神々)。

584: 述語は「(あなた方、あなた方の兄弟たち、息子たちをあなた方の殺人者（*bēl dāmīkunu*）の手に）置くように」(*liškanūkunu*, N37: *liškunūkunu*, 3pl. prec. p-suff.)。

36. 条件節㉒＊（＝条件節⑦）＋帰結文⑯　§81: 585-587

§81: 585-587

585: 冒頭に「同じく、同じく」(N37）があるが、二つ（N51G, T）は省略、他の三つ（*N36C*, *N47D*, *N48I*, N54A）は欠損のため不明。比喩の従属節はない。

585-586: 主節の主語は「彼ら」（＝神々)、目的語は「あなた方の肉、あなた方の妻たち、兄弟たちの、息子たち、娘たちの肉を」。

586-587: 述語は「(タール、アスファルト、ナフサのごとく）(*kī qīru kupri napṭi/u*）黒くするように」(*luṣallimu*, **ṣlm* D, 3pl. Ass. prec., N54A: *liṣallimu*)。「タール、アスファルト、ナフサ」については l.491 も参照。

37. 条件節㉓＊（＝条件節⑦）＋帰結文⑰　§82: 588-590

§82: 588-590

588: 冒頭に「同じく、」(N37）があるが、T は省略している。他の三つ（*N36C*, *N47D*, N54A）は欠損のため不明。

588-589: 比喩を表す従属節は「*ḫaʾeparušḫu*（という）動物が罠によって捕えられるごとく」(*kī ša* *ḫaʾeparušḫu umāmu ina kippi issappakūni*, **spk* N, subj.)。

589-590: 主節の主語は「あなた方、あなた方の兄弟たち、息子たち、娘たち」、述語は命令形で「(あなた方の敵の手によって) 捕えられよ！」(*naṣbitā*, **ṣbt* N, 2pl. imp.; *N36C*, T: var. *naṣabitā*)。T によって *ḫaʾeparušḫu* の *-pa-* が補完された。意味は不明であるが、おそらくはフリ語の動物名であろう (Watanabe 1987, 203 参照)。

38. 条件節㉔ * (＝条件節⑦)＋帰結文⑱　§83: 591-593

§83: 591-593

591: 冒頭に「同じく、同じく」(N37) があるが、四つ (N30C, *N51C*, N90, T) にはなく、他の二つ (*N36C*, *N50P*) は欠損している。比喩を示す従属節はない。

591-592: 主節の主語は「あなた方の肉、あなた方の妻たち、兄弟たち、息子たち、娘たちの肉」。

593: 述語は「(*ḫurbabillu* の肉のように) 滅ぼされるように」(*liggamrū*, **gmr* N, 3pl. prec.; T: *ligmurū*)。しかし T では主語が「彼ら」(＝神々)、述語が「滅ぼすように」(T vii 80: *ligmurū*, G, 3pl. prec.)。Lauinger 2012, 121 参照。*ḫurbabillu* はカメレオンと推測されることもある (Watanabe 1987, 203-204 参照)。いずれにしても簡単につぶされるような小動物か虫であろう。

39. 条件節㉕ * (＝条件節⑦)＋帰結文⑲　§84: 594-598

§84: 594-598

594: 冒頭には一つ (N37) だけに「同じく、同じく、」があり、他の六つ (N30C, N32, *N50P*, *N51C*, N90, T) は省略している。

594-595: 比喩を示す従属節は「蜂の巣に穴が開けられているごとく」(*kī ša ina libbi kamāni ša dišpi ḫurrāte pallušāni*, **plš* D, stat. subj.)。

596-598: 主節の主語は「彼ら」(＝神々)、目的語は「(あなたの肉に、あなた方の妻たち、兄弟たち、息子たち、娘たちの肉に)」。

598: 述語は「(あなた方がまだ生きているうちに) 穴を開けるように」(N30C: *lupallišū*, **plš* D, 3pl. Ass. prec.)。N32, *N51C*, T では「穴が開けられているように」(*lū pallušā*, stat. prec., T: *lū palluzā*, T vii 83)。/š/ と /z/ の交替については Lauinger 2012, 121 ad. vii 81, 83; /z/ for /š/; Hämeen-Anttila 2000:10 参照。

40. 条件節㉖ * (＝条件節⑦)＋帰結文⑳　§85: 599-600

§85: 599-600

599: 三つのテクスト (*N27*, *N51C*, T) しかないが、三つとも冒頭に「同じく、同じく、」を記していると考えられる。前拙著においては *k*[*i-i*] *šá* (*N27*, Watanabe 1987, 131) と読んだが、ここでは K[IMIN.KI]MIN! と読み直す (要校訂)。T についても *ki-*[*i šá*] (Lauinger 2012, 108) を KI[MIN.KIMIN!] と読み直すべきか。

599-600: 比喩を示す従属節はなく、主節の主語は「彼ら」(＝神々)、述語は「バッタ、…、シラミ、毛虫 (*erbû* NUMUN *bar-mu kalmutu mūnu*)、そして食い尽くすもの (*ākilu*) にあなた方の町、国、そして地方を食い尽くさせるように」(*lušākilū*, Ass. prec.)。意味不明の 3 文字(NUMUN *bar-mu*)は *zēr-bārmū*、「種を変色させる者」(pl.)と読むべきかもしれないが、いずれにしても穀類につく害虫と思われる。

41. 条件節㉗＊(＝条件節⑦)＋帰結文㉑　§§86-87: 601-605

§86: 601-602

601: §86 を示す八つのテクストがある。冒頭に三つ(N32, N50P, *N51C*)が「同じく、同じく、」、一つ(N30C)が「同じく」を記すが、三つ(*N27*, NX21, T)は省略、一つ(N90)が欠損のため不明。比喩を示す従属節はなく、主節の最初の主語は「彼ら」(＝神々)。述語は「あなた方を、(あなた方の敵の手の中のハエのごとく)するように」(*lēpašūkunu*, 3pl. prec. p-suff.)。

602: 次の主語は「あなた方の敵」、述語は「あなた方をつぶすように」(*limriskunu*, **mrs* G, 3sg. prec. p-suff.)。

§87: 603-605

603: §87 の最初の行は 10 のテクストに見られる。確認できる限りにおいて、「同じく」は記されていない。比喩を示す従属節は「(この)カメムシ(?)(*pispisu*, cf. *CAD* P, 425)が悪臭を放つ(臭い)ごとく」(*kī šapispisu* (*anniʾu*) *beʾišūni*, **bʾš* G, stat. subj.)。

605: 主節の主語は「あなた方の息」、述語は「神(T: 神々)、王、そして人々の前で悪臭を放つ(臭くなる)ように」(N32, N36, T: *libʾiš*, **bʾš* G, prec.; *N27*, N28C, N30C, N90: *libʾiši*)。一つのテクストだけは「彼ら(＝神々)が(あなた方の息を)臭くするように」(*NX21*: *lubaʾʾišū*; **bʾš* D, 3pl. Ass. prec.)。

42. 条件節㉘＊(＝条件節⑦)＋帰結文㉒　§§88-89: 606-611

§88: 606-607

606: 冒頭に一つ(*NX21*)だけが「同じく、同じく」を記すが、三つ(*N27*, N36, T)は省略、五つ(N28C, N30C, N32, N38A, N90)は欠損のため不明。比喩を示す従属節はなく、主節の主語は「彼ら」(＝神々)。

606-607: 述語は「あなた方(、あなた方の妻たち、息子たち、娘たち)をナツメヤシの樹皮の繊維で(*ina pitilti*))絞め殺すように」(*liḫnaqūkunu*, **ḫnq* G, 3pl. prec. p-suff., N32(?), N36, N38A, N90: *liḫnuqūkunu*)。

§89: 608-611

608: 冒頭には確認できる限り、「同じく、」は記されていない。比喩を示す従属節の前半は「蝋の像が火の中で燃やされるごとく」(*kī ša ṣalmu ša iškūri* (*NX21*: *ṣalam iškūri*) *ina išāti iššarrapūni*, **šrp* N, subj.)。

609: 従属節の後半は「粘土の像が水の中で溶かされるごとく」(*ša ṭīdi ina mê immaḫḫaḫūni*, **mḫḫ* N, subj.)。

610: 主節の主語は「彼ら」(＝神々)。主節の前半は「(あなた方の像を火(*Girra*)の中で)燃やすように」(*liqmû*, **qm'* G, 3pl. prec.)。

611: 主節の後半は「(水の中に)沈めるように」。10のテクストのうち、*N27*, N36, N50U: *luṭabbû*, **ṭb'* D, 3pl. Ass. prec.; N28A, N38A, T: *liṭabbû*, Bab. prec.; N28C, *N32*, *NX21*, N90は冒頭の文字が破損のため希求形がバビロニア語形かアッシリア語形か不明。

43. 条件節㉙　§90a: 612A-612B

§90a: 612A-612B

612A-612B: 冒頭の2行はN28Cだけが記す条件節である。

44. 条件節㉚＊(＝条件節⑦)＋帰結文㉓　§§90b-91: 612-617

§90b: 612-615

612-613: 比喩を示す従属節は「(*N27*, N28C, N50B: この)戦車がその床板まで血に浸されているごとく」(*kī ša narkabtu* (*annītu*) *adi sasêša ina dāmi raḫṣatūni*, **rḫṣ* G, stat. subj.)。

614-615: 主節の主語は「あなた方の戦車」。述語は「(あなた方の敵の只中であなた方自身の血に)浸されるように」(*lirraḫṣā* (N28A, N36, N50U, *NX9*, T viii 9), **rḫṣ* N, 3f. pl. prec.)。ただし、二つ(*N27*, N28C)では、「彼らが…血で浸すように」(*lušarḫiṣū*, **rḫṣ* Š, 3pl. Ass. prec.)、一つ(N90)では「(血に)浸されて[いるように]」([*lū ra*]*ḫṣat*, 3f. sg. stat. prec.)。「あなた方自身」(l.615)の語は、*N27*とN28Cではアッシリア語形の*raminikunu*、他のテクストはバビロニア語形の*ramanikunu*で示される。

§91: 616A-617

616A: 冒頭に二つのテクスト(N50B, *NX9*)だけが主節の主語を「この誓約の書板に名を挙げられているすべての神々」(*ilāni mala ina ṭuppi adê annê šumšunu zak*[*ru*])と明言している。ただしこれはバビロニア語文法に従っている。

616: 主節はアッシリア語であり、前半は「(彼らがあなた方を紡錘のごとく)旋回させるように」(*lušaṣbirūkunu*, **ṣbr* Š, 3pl. Ass. prec. p-suff.; N28C: *lušaṣabirūkunu*)。

617: 主節の後半は「あなた方を(敵の前で女のごとくに)するように」(*lēpašūkunu*)。「女のごとく」については*CAD* S, 286参照。さらにParpola and Watanabe 1988, 12, 8-9参照。類似する内容をもつヒッタイト語の呪いについてはOettinger 1976, 10参照。

45. 条件節㉛＊(＝条件節⑦)＋帰結文㉔　§§92-95: 618A-631

§92: 618A-620

618A: 三つのテクストのうちのTが「同じく、同じく」を、他の二つ(N28A, N45N)は主節の主語「この〈誓約の〉書板に名を挙げられているすべての神々」をバビロニア語で記す。

618-620: 主節の述語は「(あなた方、あなた方の兄弟たち、息子たち、娘たちをエビ(?)のごとく(*kī allutti*))後ろへ歩かせるように」(*lušadillūkunu*, **d'l* Š, 3pl. Ass. prec. p-suff.)。§77の*lušadillū* (l.575)も参照。

§93: 621

621: 1行だけの呪いの言葉であり、比喩を示す従属節はない。主節の主語は「彼ら」(＝神々)、述語は「火のごとく好ましくないこと (*lā ṭābtu*)、悪意のあること (*lā deʾiqtu*) であなた方を囲むように」(*lušalbûkunu*, **lwʾ* Š, 3pl. Ass. prec. p-suff.)。

§94: 622-625

622: 八つのテクストには「同じく、(同じく、)」はない。比喩を示す従属節は「油が肉に (*N27*, N90: あなた方の肉に) しみこむ (＝入っていく) ごとく」(*kī ša šamnu ina libbi šīrī(kunu) errabūni*, subj.)。

623-625: 主節の主語は「彼ら」(＝神々)、述語は「(この誓い (*tāmītu*) をあなた方の肉、あなた方の兄弟、息子たち、娘たちの肉に) しみこませるように」(*lušēribū*, **ʾrb* Š, 3pl. Ass. prec.)。ここでは「誓い」が「呪い」の意味になっている。

§95: 626-631

626-628: 比喩を示す従属節は「アラールー (*Arrārū*) がベール (*Bēl*) に対して罪を犯し、彼 (ベール) が彼ら (アラールー) の手と足を切断して彼らの目をつぶしたごとく」(*kī ša arrārū* (N28C, N46G, N90, T; *N51A*: *arrarē*) *ana bēl iḫṭûni* (subj.) *kappē ša aḫēšunu šēpēšunu ubattiqûni* (**btq* D, 3sg. pret. subj.) *ēnēšunu ugallilūni* (**gll* D, subj.))。ここでは未知のメソポタミア神話から比喩がとられている。

629: 主節の主語は「彼ら」(＝神々)。述語は三つある。最初は「(このごとく) あなた方を滅ぼすように」(*ligmarūkunu*; N28C: *ligmurūkunu*, **gmr* G, 3pl. prec. p-suff.)。

630: 2番目の述語は「(葦の茂みの葦のごとく、彼らが) あなた方を揺れ動かすように」(*luniššūkunu*, **nʾš* D, 3pl. Ass. prec. p-suff.)。

631: 3番目は「(葦束の中の葦のごとく、あなた方の敵が) あなた方を抜き取るように」(*lušallipkunu*, **šlp* D, Ass. prec. p-suff.)。

46. 条件節㉜　§96a: 632-634

§96a: 632-634

632-634: 前半は条件節「もしあなた方が万が一にも…行くならば」(*tallakāni*, 2pl. pres. subj.) となっているが、三つのテクスト (*N52E*, N90, T) には挿入句がある (633A-633C)。なお、T の挿入句は「そしてその他のアッシリア王エサルハドンの実の息子たち」(633C) だけである。

47. 帰結文㉕　§§96b-96A: 635-636C

§96b: 635-636

635: 後半は帰結文としての呪いであり、主語は「剣」、述語は二つあり、最初が「(右に行くものを剣が) 食い尽くすように」(*lēkulāšu*, prec. p-suff.)。

636: 続いて「(左に行くものを同じく剣が) 食い尽くすように」(*lēkulāšu*)。

§96A: 636A-636C

636A-636B: *N27* には含まれていない。帰結文の主節であり、主語は「彼ら」(＝神々)、目的語は「あなた方、あなた方の妻たち、(N31 の挿入：「あなた方の兄弟たち、」) 息子たち、娘たちを」。

636C: 述語は比喩「子羊と子ヤギのごとく」を伴って「打ち殺すように」(*liqillūkunu*, **q'l* D, 3pl. prec. p-suff.)。この動詞は T によって補完された。

48. 条件節㉝（＝条件節㉜）＋帰結文㉖　§§97-98: 637-642

§97: 637-640

637: 冒頭に一つ（N50Y）は「同じく、」を記している。三つ（*N27*, *N51L*, T）は省略しているが、二つ（*N51J*, N55R）は欠損のため不明。比喩を示す従属節は「(この) 鳩小屋がクークーと音を出すごとく」(*kī ša killu ša su''ē* (N55R, T: *annūte*) *iḫallulūni* (T: *iḫallalūni*), **ḫll* G, subj.)。

638-639: 主節の最初の主語は「あなた方、あなた方の妻たち、息子たち、娘たち」。

639: 述語は「(死後に) 安寧を得るな！」(*lā tanuḫḫā*, **n'ḫ* G, 2pl. proh.) と「眠るな！」(*lā taṣallalā*, **ṣll* G, 2pl. proh.)。

640: 2 番目の主語は「あなた方の骨」であり、述語は「(死後に互いに) 近づかないように」(*lū lā iqarribā*, **qrb* G, 3pl. Ass. vetit.)。

§98: 641-642

641: 比喩を示す従属節は「穴の中が空(から)であるごとく」(*kī ša libbu ša ḫuppi rāqūni*, subj.)。

642: 主節の主語は「あなた方の中」。この「中」は「内臓」の意味にもとれる。「心」の意味では通常 ŠÀ(*-bi/bu*) と書かれるが、ここでは「中、内部」の意味であるためか *lib-* の使用が複数のテクストで見られる (l.641: N50Y, *N51J*, T; l.642: *N27*, T)。述語は「空になるように」(*lirīqū*/*liriqqū*, **rīq* G, 3pl. prec.; T: *liriq*, 3sg. prec.)。

49. 条件節㉞（＝条件節㉜）＋帰結文㉗　§§99-100: 643-648

§99: 643-645

643: 冒頭には T だけ「同じく、同じく」を記している。これは条件節㉜の繰り返しを指す。時の従属節「あなた方の敵があなた方を傷つける時に」(*kī nakrakunu/nakarkunu upattaḫūkanūni*, **ptḫ* D, 3sg. pres. p-suff. subj.) が置かれる。「…する／したときに」(*kī*) に導かれる時の従属節の中の動詞は接続法である (von Soden, 1995, §172 i)。

644-645: 主節の主語は「(あなた方の傷に置く) 蜂蜜、油、生姜、杉ヤニ」、述語は「欠乏するように」(*liḫliq*, 3sg. prec.)。不明であった *zinzaru'u* の語を「生姜」と訳したのは筆者であるが (Watanabe 1987, 208)、その出版直後にオランダの M. Stol から「生姜」の解釈に賛同するという旨の書簡をいただいた。

§100: 646-648

646: 比喩を示す従属節「胆汁が苦いごとく」(*kī ša martu marratūni*, **mrr* G, 3sg. f. stat. subj.)。

647: 主節の主語は「あなた方、あなた方の妻たち、息子たち、娘たち」。

648: 主節の述語は「あなた方（互い）にとって苦いように」（*lū marrākunu*, **mrr* G, stat. prec. p-suff.）。

50. 条件節㉟（＝条件節㉜）＋帰結文㉘　§§101-102: 649-655

§101: 649-651

649: 冒頭に二つ（*N30B*, *N52C*）が「同じく、」を記す。比喩を示す従属節はなく、最初の主節の主語はシャマシュ。再び、バビロニア様式の呪いの言葉である。

649-650: 最初の主節の目的語は「鳥を捕える青銅製の罠をあなた方、（あなた方の息子たち、娘たち）に」。

650-651: 第 2 の主節の述語は希求形の「（彼＝シャマシュが）落とすように」（*lisḫup*; *N52C*: *lisḫupu*, **sḫp* G, prec.）と「（そこから逃れることのできない罠の中に）あなた方を投げ入れるように」（*liddīkunu*, **nd'* G, 3sg. prec. p-suff.）。

651: 続けて「彼（＝シャマシ）があなた方をそこから生きて（文字通りには「あなた方の命をそこから」）出させることのないように」（*ayu ušēṣi*, **wṣ'* Š, Bab. vetit.）。

§102: 652-655

652: この呪いの言葉は二つのテクスト（*N30B*, T）にある。

652-653: 比喩を示す従属節は「（この）皮袋（*nādu*, f.）が切られていて水が流れ出してしまうごとく」（*kī ša nādu* (T: *annītu*) *šalqatūni* (**šlq* G, 3sg. f. stat. subj.) *mêša ṣappaḫūni*, **ṣpḫ* D, 3pl. stat. subj.）。

653-654: 主節の最初の主語は「あなた方の皮袋」、述語は「乾いた土地で（*ina kaqqar ṣumāmīti*）、のどの渇きの中で（*laplaptu*）、あなた方の皮袋が破れるように」（*lū taḫḫibi*, **ḫp'/ḫb'* N）。ここでは二つのテクスト（*N30B*, T）があり、双方とも *lu ta-ḫi-bi* を示すが、語根に *p/b* の交替が想定できる。別の箇所では *a-na ḫa-pe-e/a-na ḫa-bé-e* (**ḫp'/ḫb'* G, l.294; *bé* = BI) にも同様の交替が見られる。

655: 次に命令形で「渇きで死ね！」（*ina ṣūm mê mūtā*, **m't* G, 2pl. imp.）と続く。

51. 条件節㊱（＝条件節㉜）＋帰結文㉙　§§103-106: 656-663

§103: 656-658

656: 三つのテクスト（*N30B*, N51H+, T）のうち T が「同じく、」を記す。比喩を示す従属節は「（この靴（*šēnu*, f.）が）切られているごとく」（*batqatūni*, **btq* G, 3sg. f. stat. subj.）。

657-658: 主節を示す 2 行は T によって補完されたが、内容が少し異なっている。N の二つのテクストでは「あなた方の靴」が主語となり、述語は「（切り裂く（*gāziri*）とげのある地で、あなた方の靴が）切り裂かれるように」（N51H+: *lipparmā*, **prm* N, 3f. pl. prec.）であるが、T では「切り裂くとげのある地であなた方の靴を彼ら（＝神々）が切るように」（T: *libtuqū*, **btq* G, 3pl. prec.）である。

658: 続いて命令形で「あなた方の腹で這って行け！」（*ina muḫḫi libbikunu*（「あなた方の腹の表面

で＝腹ばいで」）*pišlā*, **pšl* G, 2pl. imp.）と言われる。ここでは「腹」の意味で *libbu* が用いられている。この語は「心」のほか「内部、内臓、腹、子宮」等の意味をもつ。「這って行く」という動詞は T によって補完された。

§104: 659

659: 1 行だけの呪いの言葉であり、再びバビロニア様式を示す。主語はエンリル（エッリル）であり、彼が「(あなた方の王座を）転覆させるように」(T: *lušabalkit*, **blkt* Š, 3sg. Ass. prec.）と願う。T によって判明した動詞はアッシリア語の希求形 *lu-* を示す（von Soden 1995, §81c)。

§105: 660-661

660: これもバビロニア様式の呪いであり、「天命の書板」を記す役割を担う書記の神ナブーに呼びかける。「天命の書板」について Watanabe 1985; George 1986 も参照。

661: 述語は「(あなた方の名を）消すように」(*lipšiṭ*; N51H+: *lipšiṭi*, **pšṭ* G, prec.)。*N36C* と T では動詞が目的語の前に来る。さらに「(あなた方の子孫を国から）なくすように」(N51H+, T: *liḫalliq*; *N36C*: *luḫalliq*）と続く。*N36C* はアッシリア語の希求形（*luḫalliq*）を示す。

§106: 662-663

タイナト版によって最後の動詞「開かないように」が明らかになった。ローインガーは次のように訳す。“May they cause the door to be soaked (in blood?) before your eyes. May your doors not open” (Lauinger 2012, 113).

662: 最後の帰結文（呪いの言葉）の最初の主語は「彼ら」(＝神々)、T によって補完された述語は「(あなた方の目前の戸を）水没させるように」(*lušarḫiṣū*, **rḫṣ* Š, 3pl. Ass. prec.)。

663: 次の主語は「あなた方の戸」、T によって明らかになった述語は「開かないように」(*lū lā ipattiā*, **pt’* G, 3pl. Ass. vetit.)。戸が開かない理由は不明であるが、ローインガーの訳は戸が血に浸されることを示唆しているので、住人が襲撃されることを想定しているのであろう。しかし、浸されるものが戸であることから、洪水によるとも考えられる。

52. 奥付①　664-670

奥付 : 664-670

664-665: 初めの 2 行は文書の発行年月日。「アヤルの月（4、5 月にあたる）の 16 日（*N36C*; ただし *N54D*, *N54F* では「18 日」。T では「18+x 日」)、ドゥル・シャル・ウックの代官であるナブー・ベール・ウツルのリンム（＝前 672 年)」。1 年ごとに「リンム」とされる人名が決められている。新アッシリア時代のリンムとその年代については Millard 1994; 渡辺 2009b, 663 参照。

666-670: 続く 5 行は文書の題名。奥付であるが、最も簡潔な「表題」でもある。

666: *N44B* は挿入句「アッシリア王エサルハドンの」を示す。

テクスト一覧

略号一覧

BM	大英博物館	Wi 1958	Wiseman 1958
IM	イラク博物館	Wa 1987	Watanabe 1987
ob.	表面（obverse）	+	実際に行われた接合
pl(s).	plate(s) in Wiseman 1958	(+)	所蔵博物館が異なるテクスト間の、あるいはイラク博物館蔵のテクスト間の接合案であり、実際の接合は行われていないもの
re.	裏面（reverse）		
Tf.	Tafel in Watanabe 1987		
F 2009	Frahm 2009		
L 2012	Lauinger 2012		

1. ニムルド版

ニムルド版のテクストの情報についてはWatanabe 1987, 47-54参照。本書では大英博物館蔵とイラク博物館蔵を分けて作成したリストを載せる。

1.1. 大英博物館蔵

ニムルド版のテクストのうち、大英博物館（ロンドン）所蔵のものは、次の表に示すものである（Wiseman 1958, 92-99; Watanabe 1987, 52-54参照）。Wa 1987と本書の総譜翻字ではテクスト名（N28A等）がローマン体で表される。これらは筆者によって校訂された。なお+で示される二つ以上の断片の接合（ジョイン）は、1985年に筆者によって大英博物館でなされ、Watanabe 1987の中に公刊されている（一部分については、手写（ハンドコピー）はなく写真のみ）。その他の接合についてはWatanabe 1987, 54参照。N71-N92の22点のテクストは、1985年当時、大英博物館において未登録、未公刊のものであり、いくつかの断片を接合したものも含まれる。そのうち、すでに発表されていた三つのテクスト（N43, N51H, NX15）に接合されたテクストを除いて仮の通し番号をつけて作業を行ったが、その後に登録されて博物館番号（BM 1959-4-14, 71からBM 1959-4-14, 92まで）を与えられた。なお（+）と記したものは大英博物館蔵とイラク博物館蔵のテクストの間の接合が予想されたものであるが、実際の接合は実現されていない。その接合の予想が誰によるものかが「接合」の欄に付記されている（Watanabe 1987, 246参照）。「接合のリスト」（299頁）も参照。各テクストの大きさについては5.（300頁）を参照されたい。

番号	テクスト	BM登録番号	手写	写真	接合（ジョイン）、他のコメント	該当する行
1	N28A (+) *N48D*	BM 132541	pls.12-13	Tf.3 a (ob.); Tf.4 (re.)	*N48D*との接合はM. Weipertの口頭による提案。 Wa 1987, 54参照。	印章の説明i-ii; 1-23; 25-34; 79-96; 521-536; 608-634.
2	N28C	BM 132542	pl.16			13-17; 532-538; 603-636.

番号	テクスト	BM 登録番号	手写	写真	接合（ジョイン）、他のコメント	該当する行
3	N29	BM 132543	pls.30-31	Tf.3 c (ob.)		201-244; 284-328; 407-426; 431-441.
4	N30A	BM 132544	pl.19	Tf.3 d		48-72.
5	N30C	BM 132545	pl.45			590-598; 601-607.
6	N31	BM 132546	pls.1-15	pl.X 2		印章の説明 i-i v ; 1-10; 93-103; 185-188; 194-197; 264-274; 336-352; 437-441; 527-546; 627-636C.
7	N32	BM 132547	pl.11	Tf.5 c (ob.)		印章の説明 i-ii; 1-10; 594-598; 601-611.
8	N36	BM 132548	pls.9-11			印章の説明 i-iv; 1-10; 73-84;147-157; 218-227; 291-301; 390-398; 477-478; 480-483; 603-617.
9	N37	BM 132549	pls.38-39	Tf.6 b		379-405; 467-514; 551-594.
10	N38A	BM 132550	pls.24 (ob.), 48 (rev.)	Tf.3 e (ob.)	ワイズマンにより N49J と接合済み。Wi 1958, 93 参照。	161-179; 255-257; 259; 265-269; 527-536; 606-612.
11	N38B	BM 132551	pl.34			327-336.
12	N43+ 未登録断片	BM 132552+ BM 132552a	pl.11 （N43 のみ）	Tf.7 a; 本書 4 頁 (1)	Wa 1987, 47; 53 参照。接合当時の未登録断片	印章の説明 i-ii; 1-10; 77-83.
13	N45A	BM 132553	pl.17	Tf.8 a		13-40c; 109-134.
14	N45D	BM 132554	pl.23	Tf.7 b		141-175.
15	N45F+ N48J	BM 132555+ BM 132571	pl.33 接合前	Tf.8 c 接合後	Wa 1987, 48; 53 参照。	印章の説明 iv; 244-251.
16	N45G	BM 132556	pls.28-29	pl.XII 2; Tf.8 b		189-243; 283-289; 308-320.
17	N45M	BM 132557	pl.13			印章の説明 i; 1.
18	N45N	BM 132558	pl.46			617-618.
19	N46E	BM 132559	pls.18-20	Tf.9 a		30-57; 62-79; 97-169.
20	N46G	BM 132560	pl.47			621-630.
21	N46J	BM 132561	pl.37			361-371.
22	N46M+ N50X	BM 132562+ BM 1325583	pl.40 (N46M, N50X)	Tf.9 d 接合後	Borger,1961, 174; 189 参照。Wa 1987, 48; 53 参照。	451-455.
23	N46N+ N49Q	BM 132563+ BM 132577	pl.33 (N46N) pl.36 (N49Q)	Tf.9 e 接合後	Wa 1987, 48; 53 参照。	印章の説明 iv, 260-266; 340-345.
24	N46Q	BM 132564	pl.22			88-94.
25	N46V	BM 132565	pl.37			346-350.
26	N46Z	BM 132566	pl.22			92-98.
27	N46EE	BM 132567	pl.40			442-456.
28	N46JJ	BM 132568	pl.48			494-497.
29	N47G	BM 132569	pl.25			174-179.
30	N48A	BM 132570	pl.32	Tf.10 b		220-236.
31	N48L	BM 132572	pl.48			647-651.
32	N48Q	BM 132573	pl.31			240-248.
33	N48U	BM 132574	pl.40			457-462.
34	N49B	BM 132575	pl.41	Tf.10 c		459-507.
35	N49O	BM 132576	pl.48			516-522.
36	N49V	BM 132578	pl.36			341-346.
37	N50B	BM 132579	pl.46	Tf.10 i		610-624.
38	N50C	BM 132580	pl.42			484-492.
39	N50M	BM 132581	pl.42			545-549.

番号	テクスト	BM 登録番号	手写	写真	接合（ジョイン）、他のコメント	該当する行
40	N50U	BM 132582	pl.46			610-615.
41	N50Y	BM 132584	pl.47			636A-641.
42	N51F	BM 132585	pl.39			425-433.
43	N51G	BM 132586	pl.45	Tf.10 j		575-587.
44	N51H+ 未登録断片	BM 132587+ BM 132587a	pl.48 (N51H) 接合前 Tf.15 a 接合後	Tf.14 a 接合後; 本書 4 頁 (2)	Wa 1987, 50; 53 参照	656-663.
45	N54A	BM 132588	pl.44	Tf.10 k		572-590; 奥付 668-669.
46	N54B	BM 132589	pl.44			570-575; 662-663; 奥付 664-665.
47	N54E	BM 132590	pl.49			奥付 667-670.
48	N54G	BM 132591	pl.49	Tf.10 l		奥付 665-666.
49	N55D	BM 132592	pl.34	Tf.11 b		267-287.
50	N55G	BM 132593	pl.20	Tf.11 d		47-61.
51	N55I	BM 132594	pl.24			115-129.
52	N55P	BM 132595	pl.22			86-96.
53	N55R	BM 132596	pl.47			633-643.
54	N56	BM 132597	pl.36			印章の説明 iv; 319-329; 419-425.
55	NX7	BM 132598	pl.27	Tf.11 e		印章の説明 iii-iv; 109-201; 277-286.
56	NX14	BM 132599	pl.37			370-380.
57	NX15+ 未登録断片 未登録断片 未登録断片	BM 132600+ BM 132600a+ BM 132600b+ BM 132600c	pl.36 (NX15) 接合前	Tf.11 f 接合後; 本書 4 頁 (3)	Wa 1987, 51；53 参照	338-370.
58	NX17	BM 132601	pl.40			460-466.
59	NX20	BM 132602	pl.41			455-458.
60	NX22	BM 132603	pl.46			618-621.
61	N64	BM 132604		pl.V 1	未登録であった印影断片 N64-N70	印影 A の図像と銘文 4-10.
62	N65	BM 132605		pl.V 3		印影 A の図像と銘文 1-12.
63	N66	BM 132606		pl.V 4		印影 C の図像と銘文 1-6.
64	N67	BM 132607		pl.V 6		印影 C の図像と銘文 1-14.
65	N68	BM 132608		pl.VI 9		印影 A の図像と銘文 13-15.
66	N69	BM 132709		pl.VI 10		印影 C の図像（銘文なし）.
67	N70	BM 132610		pl.VI 14		印影 B の図像と銘文 1-2.
68	N71	BM 1959-4-14, 71	Tf.13 u	Tf.12 u; N71-N92 は本書 5 頁 (5) にも（ただし N90 は 4 頁 (4))	未登録であったテクスト断片 N71-N92 ニムルド出土の ND 43xx の番号との混同をさけるために 1959- 番号を使用。Wa 1987, 52 参照。	54-61.
69	N72	BM 1959-4-14, 72	Tf.13 b	Tf.12 b		62-65.
70	N73	BM 1959-4-14, 73	Tf.13 c	Tf.12 c		65-70.
71	N74	BM 1959-4-14, 74	Tf.13 h	Tf.12 h		87-91.
72	N75	BM 1959-4-14, 75	Tf.13 d	Tf.12 d		108-114.
73	N76	BM 1959-4-14, 76	Tf.13 i	Tf.12 i		118-121.
74	N77	BM 1959-4-14, 77	Tf.13 m	Tf.12 m		139-142.
75	N78 (+) *N55L* (+) *N55KK*	BM 1959-4-14, 78	Tf.13 n	Tf.12 n	イラク博物館蔵の 2 断片との接合案	173-175.
76	N79	BM 1959-4-14, 79	Tf.13 e	Tf.12 e		183-185.

番号	テクスト	BM 登録番号	手写	写真	接合（ジョイン）、他のコメント	該当する行
77	N80	BM 1959-4-14, 80	Tf.13 f	Tf.12 f		228-233?
78	N81	BM 1959-4-14, 81	Tf.13 j	Tf.12 j		240-243.
79	N82	BM 1959-4-14, 82	Tf.13 o	Tf.12 o		336-338.
80	N83	BM 1959-4-14, 83	Tf.13 k	Tf.12 k		425-426.
81	N84	BM 1959-4-14, 84	Tf.13 p	Tf.12 p		459.
82	N85	BM 1959-4-14, 85	Tf.13 g	Tf.12 g	Tf.13 の「g.88」は g.85 の誤り	466-469.
83	N86	BM 1959-4-14, 86	Tf.13 l	Tf.12 l		494-496.
84	N87	BM 1959-4-14, 87	Tf.13 a	Tf.12 a		494-497.
85	N88	BM 1959-4-14, 88	Tf.13 q	Tf.12 q		505-512.
86	N89	BM 1959-4-14, 89	Tf.13 r	Tf.12 r	Tf.13 の「r.81」は r.89 の誤り	567-569.
87	N90	BM 1959-4-14, 90	Tf.15 b	Tf.14 b; 本書 4 頁 (4)		591-636c.
88	N91	BM 1959-4-14, 91	Tf.13 s	Tf.12 s		奥付 665.
89	N92	BM 1959-4-14, 92	Tf.13 t	Tf.12 t		奥付 668?-669?

1.2. イラク博物館蔵

ニムルド版のテクストのうち、イラク博物館（バグダッド）に所蔵されているものは、ワイズマンによると次のものである（Wiseman 1958, 92-99）。Wa 1987 と本書の総譜翻字ではテクスト名がイタリック体（斜体）で表される。

番号	テクスト	手写	写真	接合（ジョイン）、その他のコメント	該当する行
1	*N27* (IM 64188)	pls.1-9	pl.I (ob.); Tf.1 (ob.); pl.III（印影部分）; Tf.16（印影部分）; pl.IX (rev.); Tf.2 (rev.); 本書 11 頁	*N27* 以外の IM 登録番号は不明。	印章の説明 i-iv; 1-102; 104-108; 110-113; 115-142; 147-183; 230-298; 302-322; 335-337; 342-358; 377-395; 402-437; 441-461; 502-510; 512; 514-535; 537-562; 599-625; 628-648; 奥付 667-669.
2	*N28B*	pl.32	Tf.7 e		230-240; 317-330; 417-427 に文字の残存.
3	*N30B*	pl.16	Tf.5 a		14-23; 641-657.
4	*N35+ N4408*	pl.35 (*N35*)+ pls.26-27 (*N4408*)	Tf.5 d (ob.)	接合について Wi 1958, 91-92 参照。	印章の説明 iii-iv; 172-179; 249-308; 316-368; 373-376; 410-436; 453-460; 522-533.
5	*N36B*	pl.33	pl.XII 4; Tf.5 b		256-271.
6	*N36C*	pl.43	pl.XII 3; Tf.6 a		567-593; 660; 奥付 664-669.
7	*N39*	pl.21	Tf.7 d		印章の説明 ii-iii; 78-101; 163-189; 249-266; 431-549; 519-522.
8	*N44B*	pl.49	Tf.7 c	Tf.7 c の「ND 4344」は ND 4344B の誤り	奥付 666-670.
9	*N45C*	pl.37			356-364.
10	*N45E*	pl.22			94-112.
11	*N45H*	pl.17			24-28.
12	*N45I*	pl.13	Tf.7 f		印章の説明 i-ii; 1-7; 84-92.
13	*N45J*	pl.37			373-376.
14	*N45L*	pl.17			40-47.
15	*N45P*	pl.25			185-191.
16	*N46A*	pl.32	Tf.8 d		224-248.
17	*N46B*	pl.18	Tf.8 e		49b-61.

番号	テクスト	手写	写真	接合（ジョイン）、その他のコメント	該当する行
18	*N46C*	pl.41	Tf.8 f		492-518.
19	*N46I*	pl.22	Tf.9 b		101-111.
20	*N46O*	pl.34			278-286.
21	*N46P*	pl.25			印章の説明 iii; 177-179.
22	*N46S*	pl.24			131-136.
23	*N46T*	pl.24			142-146.
24	*N46W*	pl.17			45-50.
25	*N46X*	pl.22			103-107.
26	*N46BB*	pl.42			545-551.
27	*N46CC*	pl.29			217-223.
28	*N46FF*	pl.33			260-267.
29	*N46II*	pl.42			541-544.
30	*N47A*	pl.20	Tf.9 c		67-75; 157-181.
31	*N47C*	pl.33			206-222.
32	*N47D*	pl.44	Tf.10 a		572-590.
33	*N47E*	pl.24			147-154.
34	*N47H*	pl.48			印章の説明 ii.
35	*N47I*	pl.41			508-512.
36	*N48B*	pl.37			376-388.
37	*N48C*	pl.29			242-251.
38	*N48D* (+) N28A	pl.20	Tf.3 b	Weipert の口頭による接合提案	79-87; 169-178.
39	*N48F*	pl.34			283-290.
40	*N48I*	pl.45			579-587.
41	*N48K*	pl.36			341-352.
42	*N48O*	pl.28			205-213.
43	*N48R*	pl.33			245-253.
44	*N48S*	pl.20			59-63.
45	*N48T*	pl.37			360-369.
46	*N48V*	pl.29			210-214.
47	*N48Y*	pl.42			482-488.
48	*N49D*	pl.25	Tf.10 d		194-204.
49	*N49E*	pl.24			134-146.
50	*N49F*	pl.35			336-337.
51	*N49G*	pl.25			188-197.
52	*N49H*	pl.34			300-309.
53	*N49I*	pl.21	Tf.10 e		72-83.
54	*N49K*	pl.22			88-95.
55	*N49L*	pl.28	Tf.10 f		206-218.
56	*N49M*	pl.22			101-107.
57	*N49R*	pl.23			108-122.
58	*N49S*	pl.41			498-503.
59	*N49U*	pl.42	Tf.10 g		549-557.
60	*N50A*	pl.40	Tf.10 h		440-456.
61	*N50F*	pl.44			564-570.
62	*N50G*	pl.42			534-539.
63	*N50I*	pl.47			629-636.
64	*N50N*	pl.40			451-454.
65	*N50P*	pl.46			591-597; 601-603.
66	*N50S*	pl.41			418-419.
67	*N50T*	pl.43			570-573.
68	*N50Z*	pl.37			360-369.
69	*N51A*	pl.46			620-629.
70	*N51C*	pl.45			589-604.
71	*N51E*	pl.42			534-543.
72	*N51I*	pl.42			551-559.
73	*N51J*	pl.47			637-647.

番号	テクスト	手写	写真	接合（ジョイン）、その他のコメント	該当する行
74	*N51L*	pl.47			637-642.
75	*N51N*	pl.42			529-531.
76	*N51S*	pl.43			579-582.
77	*N51T*	pl.34			印章の説明 iv; 266-271.
78	*N52C*	pl.48			645-651.
79	*N52E*	pl.47			632-636C.
80	*N52F*	pl.41			490-493.
81	*N52G*	pl.35			339-344.
82	*N54C*	pl.49			奥付 666-667.
83	*N54D*	pl.49			奥付 664.
84	*N54F*	pl.49			奥付 664-665.
85	*N55C*	pl.25	Tf.11 a		181-190.
86	*N55F*	pl.23	Tf.11 c		120-139; 203-218.
87	*N55L*	pl.25			170-176.
88	*N55U*	pl.33			268-275.
89	*N55W*	pl.22			94-98.
90	*N55AA*	pl.25			170-174.
91	*N55CC*	pl.22			88-96.
92	*N55EE*	pl.25			177-181.
93	*N55HH*	pl.28			198-204.
94	*N55KK*	pl.25			170-176.
95	*N55LL*	pl.25			192-198.
96	*NX9*	pl.46			613-618.
97	*NX12*	pl.40			455-462; 537-544.
98	*NX13*	pl.29			211-218.
99	*NX16*	pl.35			328-335.
100	*NX18*	pl.47			643-648.
101	*NX19*	pl.42			537-540.
102	*NX21*	pl.46			601-611.

2. アッシュル版

番号	テクスト	手写	写真	コメント	該当する行
1	VAT 9424	F 2009, 255, 71		F 2009, 135-136 参照。	509-516.
2	VAT 11534	Weidner 1939-1940, Tf.XIV.			229-236
3	VAT 12374	F 2009, 255, 70			54-62.

3. タイナト版

番号	テクスト	手写	写真	コメント	該当する行
1	T (T-1801)		L 2012, 88 (ob.), 89 (re.; Harrison 2014, 425, Fig. 7)		印章の説明 i-iv; 1-48(?); 58-62; 65-78; 257-268; 344-422; 431-663; 奥付 664-670.

4. 接合リスト

接合リスト（1） 大英博物館蔵テクスト間の接合

番号	テクスト	博物館登録番号	コメント	手写	写真
1	N43 + 未登録断片	BM 132552 + BM 132552a			Tf.7 a; 本書 4 頁 (1)
2	N45F + N48J	BM 132555 + BM 132571			Tf.8 c; 本書 5 頁 (8)
3	N46M + N50X	BM 132562 + BM 132583	Borger 1961, 174; 189 の提案による。		Tf.9 d; 本書 5 頁 (6)
4	N46N + N49Q	BM 132563 + BM 132577			Tf.9 e; 本書 5 頁 (7)
5	N51H + 未登録断片	BM 132587 + BM 132587a		Tf.15 a	Tf.14 a; 本書 4 頁 (2)
6	NX15 + 未登録 3 断片	BM 132600 + BM 132600a + BM 132600b + BM 132600c			Tf.11 f; 本書 4 頁 (3)
7	N71（未登録 3 断片の接合）	BM 1959-4-14, 71		Tf.13 u	Tf.12 u; 本書 5 頁 (5)
8	N75（未登録 2 断片の接合）	BM 1959-4-14, 75		Tf.13 d	Tf.12 d; 本書 5 頁 (5)
9	N80（未登録 2 断片の接合）	BM 1959-4-14, 80		Tf.13 f	Tf.12 f; 本書 5 頁 (5)
10	N88（未登録 2 断片の接合）	BM 1959-4-14, 88		Tf.13 q	Tf.12 q; 本書 5 頁 (5)
11	N90（未登録 12 断片の接合）	BM 1959-4-14, 90		Tf.15 b	Tf.14 b; 本書 4 頁 (4)

接合リスト（2） 大英博物館蔵テクストとイラク博物館蔵テクストの想定される接合

番号	テクスト	博物館登録番号	コメント
1	*N27* (+) N77	IM 64188 (+) BM 1959-4-14, 77	Weippert の口頭による提案。
2	N28A (+) *N48D*	BM 132541 (+) IM	
3	N28C (+) *N50P*	BM 132542 (+) IM	
4	N31 (+) *N51E*	BM 132546 (+) IM	
5	*N35* (+) N49V	IM (+) BM 132578	*N35* + *N4408* (+) N49V
6	N36 (+) *N48Y*	BM 132548 (+) IM	
7	*N39* (+) N74	IM (+) BM 1959-4-14, 74	
8	N45G (+) *N48F*	BM 132556 (+) IM	
9	*N46C* (+) N46JJ	IM (+) BM 132568	
10	*N48F* (+) N55D	IM (+) BM 132592	
11	N48L (+) *N52C*	BM 132572 (+) IM	Borger 1961, 174 による。
12	N49B (+) *N49S*	BM 132575 (+) IM	Borger 1961, 174 による。
13	*N51A* (+) NX22	IM (+) BM 132603	
14	*N55L* (+) *N55KK* (+) N78	IM (+) IM (+) BM 1958-4-14, 78	

接合リスト（3） イラク博物館蔵のテクスト間で想定される接合

番号	テクスト	IM 登録番号（不明）	
1	*N28B* (+) *NX16*		
2	*N35* + *N4408* + *N48T* (+) *N50A* (+) *N55AA*		
3	*N39* (+) *N46FF*		
4	*N45E* (+) *N55W*		
5	*N48V* (+) *N55F*		
6	*N49D* (+) *N55HH*		
7	*N51T* (+) *N55U*		
8	*N55L* (+) *N55KK* (+ N78)		接合リスト（2)-14 参照。

5. 大英博物館蔵テクストの大きさ

大英博物館蔵テクストの大部分について大きさの測定を行った（Watanabe 1987, 52 参照）。三つの数字は縦 x 横 x 厚さ（単位 mm）を表す。なお（ ）内の数字は粘土板に欠損があり、完全であった場合の数値より少ないことを示す。また「- - -」は測定当時、接合作業中などのため、あるいは印影部分であるために他の場所にあり、測定が叶わなかったことを示す。

N28A (270)x(156)x56
N28C (147)x(84)x54
N29 (203)x(112)x54
N30A (110)x(73)x50
N30C (140)x(127)x42
N31 (178)x284x51
N32 (75)x(78)x57
N36 (166)x282x51
N37 (260)x(195)x44
N38A (78)x(136)x53
N38B (85)x(104)x(45)
N43 (74)x(124)x(32)
+ BM 132552a - - -
N45A (130)x(138)x(29)
N45D (104)x(71)x(8)
N45F (42)x(75)x(8)
+ N48J - - -
N45G (210)x(146)x(37)
N45M (31)x(35)x(27)
N45N (14)x(21)x(3)
N46E (255)x(125)x(5?)
N46G (38)x(44)x(8)
N46J (45)x(34)x(7)
N46M (53)x(47)x38
+ N50X - - -
N46N - - - + N49Q - - -
N46Q (36)x(29)x(5)
N46V (23)x(30)x(5)
N46Z (54)x(61)x(9)
N46EE (68)x(39)x(12)
N46JJ (23)x(19)x(12)
N47G (34)x(34)x(10)

N48A (69)x(67)x(7)
N48L (30)x(23)x(10)
N48Q (34)x(18)x(6)
N48U (33)x(36)x(25)
N49B (56)x(56)x(11)
N49O (28)x(24)x(4)
N49V (28)x(40)x(11)
N50B (63)x(59)x(13)
N50C (44)x(40)x(5)
N50M (22)x(30)x(7)
N50V (28)x(30)x(15)
N50Y (33)x(27)x(20)
N51F (40)x(28)x(7)
N51G (62)x(61)x(7)
N51H (50)x(58)x(14)
+ BM 132587a - - -
N54A (70)x(67)x(7)
N54B (54)x(62)x(8)
N54E (48)x(61)x(7)
N54G (36)x(41)x(4)
N55D (185)x(60)x(7)
N55G (56)x(49)x(6)
N55I (49)x(35)x(5)
N55P (48)x(36)x(5)
N55R (47)x(31)x(5)
N56 (94)x(145)x(42)
NX7 (62)x(97)x(31)
NX14 (73)x(59)x(47)
NX15 (121)x(74)x(27)
+ BM 132600a + b + c - - -
NX17 (37)x(57)x(32)
NX20 (19)x(35)x(3)

NX22 (18)x(25)x(6)
N64 - - -
N65 - - -
N66 - - -
N67 - - -
N68 - - -
N69 - - -
N71 (70)x(72)x(32)
N72 (22)x(18) -
N73 (24)x(18) -
N74 (18)x(22) -
N75 (35)x(51) -
N76 (37)x(27) -
N77 (13)x(14) -
N78 (14)x(20) -
N79 (18)x(22) -
N80 (34)x(24)x(15)
N81 (17)x(23) -
N82 (15)x(17) -
N83 (22)x(17) -
N84 (7)x(14) -
N85 - - -
N86 (16)x(18) -
N87 (26)x(37) -
N88 (43)x(22) -
N89 (13)x(21) -
N90 - - -
N91 (20)x(19) -
N92 (59)x(22) -

参考文献

ウェーバー、M.　1996：『古代ユダヤ教』上・中・下（内田芳明訳）岩波文庫、岩波書店（原著：Max Weber, *Das antike Jundentum*, 1920）。

新村出編著　2008：『広辞苑』第六版、岩波書店。

中田一郎　2002：『ハンムラビ「法典」』2 刷、リトン。

廣松渉編　1998：『岩波哲学・思想事典』岩波書店。

ベラー、R. N.　1973：『社会変革と宗教倫理』（河合秀和訳）未來社。

山我哲雄　2013：『一神教の起源――旧約聖書の「神」はどこから来たのか』筑摩書房。

ヤスパース、K.　1964：『ヤスパース選集 IX 歴史の起原と目標』（重田英世訳）理想社（原著：Karl Jaspers, *Vom Ursprung und Ziel der Geschichte*, 1949）。

ラング、B.　2009：『ヘブライの神――旧約聖書における一神教の肖像』（加藤久美子訳）教文館（原著：Bernhard Lang, *The Hebrew God: Portrait of an Ancient Deity*, 2002）。

渡辺和子　1985：「『エサルハドン宗主権条約』における神アッシュルの三つの印」宗教史学研究所編『聖書とオリエント世界』山本書店、253-275。

――　1987：「『エサルハドン宗主権条約』再考」『宗教研究』61-2（273）、113-133。

――　1991：「古代メソポタミアにおける誓いの表現」『宗教研究』65-4（291）、114-116。

――　1992a：「古代メソポタミア宗教と宗教民俗学」『宗教研究』66-1（292）、175-194。

――　1992b：「古代オリエントの誓約と神の印章」脇本平也／柳川啓一編『現代宗教学 第 4 巻 権威の構築と破壊』東京大学出版会、85-114。

――　1993：「古代メソポタミアにおける生と死の表象」『宗教研究』67-4（299）、176-177。

――　1995：「新アッシリア時代の宦官――印章をてがかりに」古代オリエント博物館編『文明学原論―江上波夫先生米寿記念論集』山川出版社、211-234。

――　1996a：「前 1 千年紀のメソポタミア」木田献一／荒井献監修 月本昭男／小林稔編『現代聖書講座　第 1 巻　聖書の風土・歴史・社会』日本基督教団出版局、109-120。

――　1996b：「古代メソポタミアの『命の木』と『命の草』――図像と文書の対話から」『宗教美術研究』3、1-12。

――　1998a：「アッシリアとフリ人の勢力――前二千年紀前半の北メソポタミア」「国際関係の時代――前二千年紀後半のオリエント世界」「大帝国の興亡――前一千年紀前半のアッシリアと周辺世界」大貫良夫／前川和也／渡辺和子／屋形禎亮『世界の歴史 1 人類の起原と古代オリエント』中央公論社、254-370（文庫版 2009、文庫版 3 刷 2016）。

――　1998b：「アッシリアの自己同一性と異文化理解」前川和也他『岩波講座 世界歴史 2 オリエント世界――7 世紀』岩波書店、271-300。

――　2004a：「伝承と比較――メソポタミア宗教文書と『旧約聖書』」池上良正ほか編『岩波講座　宗教 3　宗教史の可能性』岩波書店、55-80。

――　2004b：「古代メソポタミアにおける執り成しの女神」『東洋英和女学院大学　心理相談室紀要』7、14-18。

――　2008：「『ヨブ記』――永遠の問いと答え」太田良子／原島正編『私が出会った一冊の

本』新曜社、73-87。
—— 2009a：「「メソポタミア宗教史」への展望」市川裕／松村一男／渡辺和子編『宗教史とは何か』下巻（宗教史学論叢 14)、リトン、83-122。
—— 2009b：大貫良夫ほか『世界の歴史 1 人類の起原と古代オリエント』文庫版、中央公論新社。
—— 2009c：「文庫版あとがき――古アッシリア時代の「リンム表」公刊」大貫良夫ほか『世界の歴史 1 人類の起原と古代オリエント』文庫版、中央公論新社、657-663。
—— 2010：「『エサルハドン誓約文書』にみる法的・宗教的・政治的意味合い」*The Journal for the Study of Humans and Culture* 17（雑誌題名はハングル), Institute for Humanities and Social Science, Donf-eui University（東義大学), 釜山、167-199（英文要旨付き）。
—— 2012：「アッシリア帝国における王権観（前七世紀半ば)」「アッシリアとフリュギアの和平（前七〇九年)」歴史学研究会編『世界史史料 1　古代のオリエントと地中海世界』岩波書店、51-52, 54-55, 57-59。
—— 2013：「「エサルハドン王位継承誓約文書」のタイナト版による新知見と再検討――条件節における接続法の用法を中心に」『オリエント』56、55-70。
—— 2014：「『ギルガメシュ叙事詩』における夢とその周辺――予知・夢解き・冥界幻視・無意識」河東仁編『夢と幻視の宗教史』下巻（宗教史学論叢 18)、リトン、59-106。
—— 2015a：「忠誠の誓約文書と契約宗教としての一神教」『宗教研究』88 巻別冊、261-262、日本宗教学会 HP 公開。
—— 2015b：「「エサルハドン王位継承誓約文書」にみる生と死」東洋英和女学院大学死生学研究所編『死生学年報 2015　死後世界と死生観』リトン、105-144。
—— 2016a：「アッシリアとフリ人の勢力――前二千年紀前半の北メソポタミア」「国際関係の時代――前二千年紀後半のオリエント世界」「大帝国の興亡――前一千年紀前半のアッシリアと周辺世界」「文庫版あとがき――古アッシリア時代の「リンム表」公刊」大貫良夫／前川和也／渡辺和子／屋形禎亮『世界の歴史 1 人類の起原と古代オリエント』文庫版 3 刷、中央公論新社、286-416; 657-663（初版 1998; 文庫版初版 2009b; 2009c)。
—— 2017：「メソポタミアにおける「祈祷呪術」と誓約――「宗教」と「呪術」と「法」」江川純一／久保田浩編『「呪術」の呪縛』下巻（宗教史学論叢 20)、リトン、83-124。

Abou-Assaf, A., Bordreuil, P. et Millard, A. R. 1982, *La statue de Tell Fekherye et son inscription bilingue assyro-araméenne*, Paris.
Berman, J. 2013, “Histories Twice Told: Deuteronomy 1-3 and the Hittite Treaty Prologue Tradition”, *Jounal of Biblical Literature* 132(2), 229-250.
Börker-Klähn, Jutta 1982, *Altvorderasiatische Bildstelen und vergleichbare Felsreliefs* II, BaF 4, Mainz am Rhein.
Borger, R. 1956, *Die Inschriften Asarhaddons, Königs von Assyrien*, *AfO* Beiheft 9, Graz.
—— 1961, “Zu den Asarhaddon-Verträgen aus Nimrud”, *ZA* 54, 173-196.
—— 1983, “Assyrische Staatsverträge”, Kaiser, O. (ed.), *Text Rechts- und Wirtschaftsurkunden, Historisch-chronologische Texte*, TUAT 1, Gütersloh, 160-176.
—— 1996, *Beiträge zum Inschriftenwerk Assurbanipals: Die Prismenklassen A, B, C = K, D,*

E, F, G, H, J und T sowie andere Inschriften, Wiesbaden.

Chamaza, G. W. V. 2002, Die Omnipotenz Aššurs: Entwicklungen in der Aššur-Theologie unter den Sargoniden Sargon II., Sanherib und Asarhaddon, AOAT 295, Münster.

Charpin, D. 1990, "Une alliance contre l'Elam et le ritual du *lipit napištim*", Vallat, F. (ed.), *Contribution à l'histoire de l'Iran: Melanges offerts à Jean Perrot*, Paris, 109-118.

Christiansen, B. 2012, *Schicksalsbestimmende Kommunikation: Sprachliche, gesellschaftliche und religiöse Aspekte hethitischer Fluch-, Segens- und Eidesformeln*, StBoT 53, Wiesbaden.

Cole, S. W. and Machinist, P. 1998, *Letters from Priests to the Kings Esarhaddon and Assurbanipal*, SAA 8, Helsinki.

Conklin, B. 2011, *Oath Formulas in Biblical Hebrew*, Winona Lake.

Deller, K. 1966, "The Neo-Assyrian Epigraphical Remains of Nimrud", *Or*NS 35, 179-194.

—— 1982, "Das Siegel des Schreibers Aššur-šumī-aṣbat, Sohn des Rībāte", *BaM* 13, 143-154, Tf.10.

—— 1999, "The Assyrian Eunuchs and Their Predecessors", Watanabe, Kazuko (ed.), *Priests and Officials in the Ancient Near East*, Heidelberg, 303-311.

Dietrich, M. 2003, *The Babylonian Correspondence of Sargon and Sennacherib*, SAA 17, Helsinki.

Fales, F. M. 2012, "After Ta'yinat: The New Status of Esarhaddon's *Adê* for Assyrian Political History", *RA* 106, 133-158.

Frahm, E. 1997, *Einleitung in die Sanherib-Inschriften*, *AfO* Beiheft 26, Wien.

—— 2009a, *Historische und historisch-literarische Texte*, Keilschrifttexte aus Assur literarischen Inhalts 3, WVDOG 121, Wiesbaden.

—— 2009b, "Warum die Brüder Böses planten: Überlegungen zu einer alten *Crux* in Asarhaddons, 'Ninive A'-Inschrift", Werner, A., Jursa, M., Müller, W. W., Procházka, S. (eds.), *Philologisches und Historisches zwischen Anatolien und Sokotra: Analecta Semitica In Memoriam Alexander Sima*, Wiesbaden, 27-49.

—— 2010, "Hochverrat in Assur", Maul und Heeßel (eds.), 89-137.

Frankena, R. 1965, "The Vassal-Treaties of Esarhaddon and the Dating of Deuteronomy", *Oudtestamentische Studien* 14, 122–154.

Frayne, D. R. 2008, *Presargonic Period (2700-2350 BC)*, RIME 1, Toronto.

George, A. R. 1986, "Sennacherib and the Tablet of Destinies", *Iraq* 48, 133–146.

—— 2003, *The Babylonian Gilgamesh Epic* I-II, Oxford.

Gesenius, W. 1909, *Hebräische Grammatik*, 28. Aufl., Leipzig.

Grayson, A. K. 1987, *Assyrian Rulers of the Third and Second Millennia BC (to 1115 BC)*, RIMA 1, Toronto.

—— 1991, *Assyrian Rulers of the Early First Millennium BC I (1114-859 BC)*, RIMA 2, Toronto.

Harrison, T. P. and Osborne, J. F. 2012, "Building XVI and the Neo-Assyrian Sacred Precinct at Tell Tayinat", *JCS* 64, 125-143.

—— 2014, "Recent Discoveries at Tayinat (Ancient Kunulua/Calno) and Their Biblical Implications", Maier, C. M. (ed.), *Congress Volume Munich 2013*, Supplements to *VT* 163,

Leiden 2014, 396-425.

Hämeen-Anttila, J. 2000, *A Sketch of Neo-Assyrian Grammar*, SAAS 13, Helsinki.

Holloway, S. W. 2002, *Aššur is King! Aššur is King! Religion in the Exercise of Power in the Neo-Assyrian Empire*, Leiden.

Hurowitz, V. 1994, *Inu Anum ṣīrum, Literary Structures in the Non-Juridical Sections of Codex Hammurabi*, Philadelphia.

Koch, Ch. 2008, *Vertrag, Treueid und Bund: Studien zur Rezeption der altorientalischen Vertragsrechts im Deuteronomium und zur Ausbildung der Bundestheologie im Alten Testament*, BZAW 383, Berlin.

Korošec, V. 1931, *Hethitische Staatsverträge zu ihrer juristischen Wertung*, Leipzig.

Kutsch, E. 1973, *Verheißung und Gesetz: Untersuchungen zum sogennnaten „Bund" im Alten Testament*, BZAW 131, Berlin.

Lafont, B. 2001, "Relations internationals: Relations internationals: alliances et diplomatie au temps des royaumes amorrites", J.-M. Durand (ed.), *Mari, Ebla et les Hourrites: dix ans de travaux*, Actes du Colloque International (Paris, mai 1993) (= Amurru 2), 213-328.

Lambert, W. G. 1983, "The God Aššur", *Iraq* 45, 82-86.

Larsen, M. T. 1995, "The "Babel/Bible" Controversy and Its Aftermath", Sasson, J. M. (ed.), *Civilizations of the Ancient Near East*, I-II, Peabody, Mass., 95-106.

Lauinger, J. 2011, "Some Preliminary Thoughts on the Tablet Collection in Building XVI from Tell Tayinat", *Journal of The Canadian Society for Mesopotamian Studies* 6, 5-14.

——— 2012, "Esarhaddon's Succession Treaty at Tell Tayinat: Text and Commentary", *JCS* 64, 87-123.

——— 2013, "The Neo-Assyrian *adê*: Treaty, Oath, or Something Else?", *ZABR* 19, 99-115.

——— 2016a, "Neo-Assyrian Scribes, "Esarhaddon's Succession Treaty", and the Dynamics of Textual Mass Production", Delnero, P. and Lauinger, J. (eds.), *Texts and Contexts*, 285-314.

——— 2016b, "Approaching Ancient Near Eastern Treaties, Law, and Covenants", *Journal of American Oriental Society* 136, 125-134.

Lauinger, J. and Batiuk, S. 2015, "A Stele of Sargon II at Tell Tayinat", *ZA* 105(1), 54-68.

Leichty, E. 2011, *The Royal Inscriptions of Esarhaddon, King of Assyria (680-669 BC)*, The Royal Inscriptions of the Neo-Assyrian Period, Vol.4, Winona Lake.

Levin, Y. 2015, "How Did Rabshakeh Know the Language of Judah?", Yona, S., Greenstein, E. L., Gruber, M. I., Machinist, P., and Paul, S. M. (eds.), *Marbeh Ḥokmah: Studies in the Bible and the Ancient Near East in Loving Memory of V. A. Hurowitz*, Winona Lake, 323-337.

Levinson, B. M. and Stackert, J. 2012, "Between the Covenant Code and Esarhaddon's Succession Treaty", *Journal of Ancient Judaism* 3, 123-140.

Lion, Brigitte 2011, "Assur unter der Mittaniherrschft", Renger (ed.) 2011, 149-167.

Lipiński, E. 2000, *The Arameans: Their Ancient History, Culture, Religion*, OLA 100, Leuven.

Liverani, M. 1995, "The Medes at Esarhaddon's Court", *JCS* 47, 57-62.

Luukko, M. and Van Buylaere, Greta 2002, *The Political Correspondence of Esarhaddon*, SAA 16,

Helsinki.

Luukko, M. 2004, *Grammatical Variation in Neo-Assyrian*, SAAS 16, Helsinki.

Magen, Ursula 1986, *Assyrische Königsdarstellungen: Aspecte der Herrschaft*, BaF 9, Mainz am Rhein.

Marzahn, J. und Salje, Beate (eds.) 2003, *Wiederstehendes Assur: 100 Jahre deutsche Ausgrabungen in Assyrien*, Maianz am Rhein.

Maul, S. M. und Heeßel, N. P. (eds.) 2010, *Assur-Forschungen, Arbeiten der Forschungsstelle »Edition literarischer Keilschrifttexte aus Assur« der Heidelberger Akademie der Wissenschaft*, Wiesbaden.

May, Natalie N. 2011-2012, "The Comeback of *talīmu*: A Case of the Invention of a Word-Meaning by Neo-Assyrian Scribes", *SAAB* 19, 153-174.

Menzel, Brigitte 1981, *Assyrische Tempel* I-II, Roma.

McCarthy, D. J. 1981, *Treaty and Covenant: A Study in Form in the Ancient Oriental documents and in the Old Testament*, 3rd edition (1st edition, 1978), Analecta Biblica 21A, Rome.

Mendenhall, G. E. 1954, "Covenant Forms in Israelite Tradition", *BA* 17, 50-76.

Millard, A. 1994: *The Eponyms of the Assyrian Empire 910-612 B C*, SAAS 2, Helsinki.

Miller, J. L. 2013, *Royal Hittite Instructions and Related Administrative Texts*, Atlanta.

Niederreiter, Z. 2016, "Cylinder Seals of Eleven Eunuchs (*ša rēši* Officials): A Study on Glyptics Dated to the Reign of Adad-nērārī III", May, Natalie N. and Svärd, Saana (eds.), Change in Neo-Assyrian Imperial Administration: Evolution and Revolution, *SAAB* 21, 117-156.

Nissinen, M. 2003, *Prophets and Prophecy in the Ancient Near East*, Atlanta.

Oettinger, N. 1976, *Die militärische Eide der Hethiter*, StBoT 22, Wiesbaden.

Orthmann, W. 1985, *Der Alte Orient*, Berlin (Nachdruck; orig. 1975).

Otten, H. 1988, *Die Bronzerafel aus Boğazköy. Ein Staatsvertrag Tutḫalijas IV.*, Wiesbaden.

Otto, E. 1999, *Das Deuteronomium: politische Theologie und Rechtsreform in Juda und Assyrien*, BZAW 284, Berlin.

Owen, D. I. und Watanabe, Kazuko 1983, "Eine neubabylonische Gartenkaufurkunde mit Flüchen aus dem Akzessionsjahr Asarhaddons", *Oriens Antiquus* 22, 37-48, Tf.I.

Parpola, S. 1970, *Letters from Assyrian Scholars to the Kings Esarhaddon and Assurbanipal, Part I: Texts*, AOAT 5/1, Neukirchen-Vluyn.

—— 1983, *Letters from Assyrian Scholars to the Kings Esarhaddon and Assurbanipal, Part II: Commentary and Appendices*, AOAT 5/2, Neukirchen-Vluyn.

—— 2011, "Staatsvertrag (treaty). B. Neuassyrisch", *RlA* 13, 1/2, 40-45.

Parpola, S. and Watanabe, Kazuko 1988, *Neo-Assyrian Treaties and Loyalty Oaths*, SAA 2, Helsinki.

Parpola, S. 1993, *Letters from Assyrian and Babylonian Scholars*, SAA 10, 1993, Helsinki.

Pongratz-Leisten, Beate 2015, *Religion and Ideology in Assyria*, Berlin.

Postgate, J. N. 2011, "Die Stadt Assur und das Land Assur", Renger (ed.) 2011, 87-94.

Radner, Karen 2006, "Provinz. C. Assyrien", *RlA* 11/1-2, 42-68.

—— 2007, "The Trials of Esarhaddon: The Conspiracy of 670 BC", Miglus, P. and Cordoba,

J. M. (eds.), *Assur und sein Umland* (Isimu: Revista sobre Oriente Proximo y Egipto en la antiguedad 6), Madrid (published 2007), 165-184.

—— 2009, "The Assyrian King and His Scholars: the Syro-Anatolian and the Egyptian Schools", Luukko, M., Svärd, Saana, and Mattila, Raija (eds.), *Of God(s), Trees, Kings, and Scholars: Neo-Assyrian and related studies in honour of Simo Parpola* (Studia Orientalia 106), Helsinki, 221-238.

Reade, J. 1998, *Assyrian Sculpture*, Second edition, London.

Reiner, Erica 1958, *Šurpu: A Collection of Sumerian and Akkadian Incantations*, *AfO* Beiheft 11, Graz.

—— 1969, "The Vassal Treaties of Esarhaddon", Pritchard, J. B. (ed.), *Ancient Near Eastern Texts Relating to the Old Testament*, 3rd edition, Princeton, 534-541.

Renger, J. (ed.) 2011, *Assur – Gott, Stadt und Land*, Wiesbaden.

Reynolds, F. 2003, *The Babylonian Correspondence of Esarhaddon*, SAA 18, Helsinki.

Röllig, J. 1970, *Das Bier im Alten Mesopotamien*, Berlin.

Sandowicz, Małgorzata 2012, *Oaths and Curses: A Study in Neo- and Late Babylonian Legal Formulary*, AOAT 398, Münster.

Sano, K. 2016, "Die Eroberungen von Ägypten durch Asarhaddon und Aššurbanipal", *UF* 47, 251-263.

Saporetti, C. 1979, *Gli eponimi medio-assiri*, Bibliotheca Mesopotamica 9, Malibu.

von Schuler, E. 1957, *Hethitische Diestanweisungen für höhere Hof- und Staatsbeamte. Ein Beitrag zum antiken Recht Kleinasiens*, *AfO* Beiheft 10, Graz.

Schwemer, D. 2001, *Die Wettergottgestalten Mesopotamiens und Nordsyriens im Zeitalter der Keilschriftkulturen: Materialen und Studien nach den schriftlichen Quellen*, Wiesbaden.

von Soden, W. 1995, *Grundriss der akkadischen Grammatik*, 3., ergänzte Auflage, Roma.

Staatliche Museen zu Berlin (ed.) 1992, *Vorderasiatisches Museum*, Mainz am Rhein.

Steymans, H. U. 1995, *Deuteronomium 28 und die adê zur Thronfolgeregelung Asarhaddons: Segen und Fluch im Alten Orient und in Israel*, OBO 145, Göttingen.

—— 2006, "Die literarische und historische Bedeutung des Thronfolgevereidigungen Asarhaddons", M. Witte *et al.* (eds.) 2006, 331-349.

—— 2013, "Deuteronomy 28 and Tell Tayinat" Verbum et Ecclesia 34 (2) #870, 13 pages. http://www.ve.org.za/index.php/VE/article/view/870/1867

Stol, M. 1971, "Zur altmesopotamische Bierbereitung", *BiOr* 28, 167-171.

Taggar-Cohen, Ada 2011, "Biblical *covenant* and Hittite *išḫiul* Reexamined", *VT* 61, 461-488.

—— 2013, "Tempeldiener-Instruktionen, Hethitische (instructions)", *RlA* 13, 7/8, 580-581.

Veenhof, K. V. 2003, *The Old Assyrian List of Year Eponums from Karum Kanish and Its Chronological Implications*, Ankara.

Veijola, T. (ed.) 1996, *Das Deuteronomium und seine Querbeziehungen*, Göttingen.

Vera Chamaza, G. W. 2002, *Die Omnipotenz Aššurs: Entwicklungen in der Aššur-Theologie unter den Sargoniden Sargon II., Sanherib und Asarhaddon*, AOAT 295, Münster.

Watanabe, Kazuko 1983, "Rekonstruktion von VTE (= Vassal-Treaties of Esarhaddon) 438 auf

Grund von Erra III A 17", *Assur* 3, 164-166.
—— 1984, "Die literarische Überlieferung eines babylonisch-assyrischen Fluchthemas mit Anrufung des Mondgottes Sîn", *ASJ* 6, 99-119.
—— 1985a, "Die Siegelung der 'Vasallenverträge Asarhaddons' durch den Gott Aššur", *BaM* 16, 377-392, Tf.33.
—— 1985b, "Die Briefe der neuassyrische Könige", *ASJ* 7, 139-156.
—— 1987, *Die adê-Vereidigung anläßlich der Thronfolgeregelung Asarhaddons*, *BaM* Beiheft 3, Berlin.
—— 1988, "Die Anordnung der Kolumnen der VTE-Tafeln", *ASJ* 10, 265-266.
—— 1989, "Mit Gottessiegeln versehene hethitische 'Staatsverträge'", *ASJ* 11, 1989, 261-276.
—— 1990a, "*abbūta(m)/abbuttu ṣabātu(m)*. Zur immanenten und transzendenten Interzession", *ASJ* 12, 319-338.
—— 1990b, "d*Abbūtānītu* '(Göttliche) Fürsprecherin'", *NABU* 1990/3, 94.
—— 1991, "Segenswünsche für den assyrischen König in der 2. Person Sg.", *ASJ* 13, 347-387.
—— 1992, "Nabû-uṣalla, Statthalter Sargons II. in Tam(a)nūna", *BaM* 23, 357-369, Tf,70-71.
—— 1993a, "Der vollständige Brief des "Bauern" (= Asarhaddon)", *ASJ* 15, 153 -156.
—— 1993b, "Neuassyrische Siegellegenden", *Orient* 29, 109-137.
—— 1994, "Lebenspendende und todbringende Substanzen in Altmesopotamien", *BaM* 25, 579-596.
—— 1999, "Seals of Neo-Assyrian Officials", Watanabe, Kazuko (ed.), *Priests and Officials in the Ancient Near East*, Heidelberg, 313-366.
—— 2014, "Esarhaddon's Succession Oath Documents Reconsidered in Light of the Tayinat Version", *Orient: Reports of the Society for Near Eastern Studies in Japan* 49, 145-170.
—— 2016, "Innovations in Esarhaddon's Succession Oath Documents Considered from the Viewpoint of the Documents' Structure", May, Natalie N. and Svärd, Saana (eds.), Change in Neo-Assyrian Imperial Administration: Evolution and Revolution, *SAAB* 21 (2015-2016), 173-215.
—— forthcoming, "A Study of Assyrian Cultural Policy As Expressed in Esarhaddon's Succession Oath Documents", Aḫituv, S., Baruchi-Unna, A., Ephᶜal, I., Forti, Tova, and Tigay, J. H. (eds.) 2017, *"Now it happened in those days": Studies in Biblical, Assyrian and other Ancient Near Eastern Historiography presented to Mordechai Cogan on his 75th Birthday*, Winona Lake.
Weidner, E. F. 1939-1940, "Assurbânipal in Assur", *AfO* 13, 204-218, Tf. XIV.
Weinfeld, M. 1972, *Deuteronomy and Deuteronomic School*, Oxford.
Wilhelm, G. 1994, "Mittan(n)i, Mitanni, Maitani. A. Historisch", *RlA* 8, 3/4, 286-296.
—— 2011, "Staatsvertrag. C. Bei den Hethitern", *RlA* 13, 1/2, 45-49.
Wiseman, D. J. 1958, "The Vassal-Treaties of Esarhaddon", *Iraq* 20, 1-99; pls. I-XII; pls. 1-53.
Witte, M., *et al.* (eds.) 2006, *Die deuteronomistischen Geschichtswerke: Redaktions- und religionsgeschichtliche Perspektiven zur „Deuteronomismus": Diskussion in Tora und Vorderen*

Propheten, BZAW 365, Berlin.
Yoffee, N. 2011, "Zusammnebruch in Assyrien – Zusammenbruch in der Welt", Renger (ed.) 2011, 95-100.

略　号

AfO	*Archiv für Orientforschung*
AHw	*Akkadischen Handwörterbuch* I-III
AOAT	Alter Orient und Altes Testament
ASJ	*Acta Sumerologica*
BA	*Biblical Archaeologist*
BaF	Baghdader Forschungen
BaM	*Baghdader Mitteilungen*
BiOr	*Bibliotheca Orientalis*
BZABR	Beihefte zur Zeitschrift fur Altorientalische und Biblische Rechtsgeschichte
CAD	*The Assyrian Dictionary of the Oriental Institute of the University of Chicago*
CDA	*A Concise Dictionary of Akkadian* (ed. by J. Black, A. George, and N. Postgate), 2nd corrected printing, Wiesbaden 2000
JCS	*Journal of Cuneiform Studies*
NABU	*Nouvelles assyriologiques brèves et utilitaires*
OBO	Orbis Biblicus et Orientalis
OLA	Orientalia Louvaniensia Analecta
*Or*NS	*Orientalia* Nova Series
RA	*Revue d'assyriologie et d'archéologie orientale*
RIMA	The Royal Inscriptions of Mesopotamia: Assyrian Periods
RlA	*Reallexikon der Assyriologie und Vorderasiatischen Archäologie*
SAA	State Archives of Assyria
SAAB	*State Archives of Assyria Bulletin*
SAAS	State Archives of Assyria Studies
StBoT	Studien zu den Boğazköy-Texten
TUAT	Texte aus der Umwelt des Alten Testaments
UF	*Ugarit-Forschungen*
VT	*Vetus Testamentum*
WVDOG	Wissenschaftliche Veröffentlichungen der Deutschen Orient-Gesellschaf
ZA	*Zeitschrift für Assyriologie*
ZABR	*Zeitschrift für Altorientalische und Biblische Rechtsgeschichte*

ESDO 本文索引

（見出し語に対応する右側の数字は行数を示す）

（1）神名

アダド	17, 27, 440.
アダド（クルバイルの）	466A (T).
アッシュル	i, 16, 25, 333, 334, 393, 401, 407, 414, 518.
アナ（ン）ティ・バヤティ・イリ（ー）	467 (N85, T).
アヌ	16, 26, 418A.
アラミシュ（／アラミス）	466 (NX17, T).
イギシュトゥ　→　パリル	
イシュタル（^{d}IŠ.TAR）	453.
イシュタル（^{d}IŠ.TAR; ^{d}15）	264（「守護女神」の意）.
イシュタル（アルバイルの ^{d}IŠ.TAR; ^{d}15）	20, 30, 459.
イシュタル（ニネヴェの ^{d}15）	20, 30.
ウラシュ	18, 28.
エア	16, 26, 521.
エンリル（エッリル）	16, 26, 659.
カルフハ（カルケミシュの）	469 (T).
ギラ（^{d}GIŠ.BAR）	155（「火」の意）, 410, 524, 610（「火」の意）.
クババ（カルケミシュの）	469 (N37, T).
グラ	461.
ザルバニートゥ	435.
シェルア	19, 29.
シャマシュ（太陽神）	6（^{d}UTU-*ši*,「太陽」の意味）, 17, 27, 333, 334, 422, 545, 649.
シャラ（クルバイルの）	466A (T).
シャラト・エクロン（^{d}*šar-rat-a-am-qár-ru-u-na*）	466C (T).
スィン	17, 27, 419.
セベッティ	464 (NX17).
ナブー	18, 28, 660.
ニヌルタ	425.
ヌスク	18, 28.
ネルガル	18, 28, 455.
バヤティ・イリ（ー）	467 (T).
パリル／イギシュトゥ	519.
ベール（^{d}EN）（＝マルドゥク）	431, 626.
ベーレト・イリー	19, 29, 437.
マルドゥク	17, 27, 433.

ムリス（^{d}NIN.LÍL）　19, 29, 417.
ムリス（ニネヴェの）　457.

（2）神殿名

エサギラ（É.*sag-gíl*/É.*sag-íl*）　431.

（3）惑星・恒星名

火星（*Ṣalbatānu*）　15.
金星（*Delebat*）　13, 428.
シリウス（*Šukūdu*）　15.
水星（*Šiḫṭu*）　14.
土星（*Kayyamānu*）　14.
木星（*Nēberu*）　13, 431.

（4）地名

アザイ（*māt az-a-i*$^{?}$）　466 (T).
アッカド（*māt Akkadi*）　22, 39, 88.
アッシュル（都市）　483.
アッシリア（*māt Aššur*）　1, 2, 7, 12, 22, 38, 41, 44, 46, 49, 56, 57, 59, 61, 63, 68, 70, 83, 85, 90, 93, 95, 102, 110, 121, 124, 128, 131, 151, 157, 162, 163, 174, 189, 190, 200, 216, 222, 224, 225, 227, 228, 230, 237, 241, 248, 250, 253, 261, 267, 273, 277, 283, 302, 321, 338, 360, 370, 381, 391, 402, 406 (T), 495, 497, 513, 516, 555A, 612A, 632, 633C, 666, 667.
アラミシュ（／アラミス）　466 (T).
アルバイル（都市）　20, 30, 34, 459.
イザヤ（都市）　3 (*N45I*).
ウラカザバヌ（都市）　3 (*N27*).
ウラカザバヌの（URU.*ú-ra-ka-za-ba-nu-a-a*）　4A (*N27*).
エレプ（の）（*māt el(e)-pa-a-a*）　3 (N31), 4A (N31).
カランドゥンヤシュ（*māt Karanduniaš*）　88.
カルケミシュ（ガルガミシュ）（都市）　469.
カルズィ（都市）　35
カルズィタリ（都市）　3 (N28A).
カルズィタリの（URU.*kar-zi-ta-li-a-a*）　4A (N28A).
カルネー（SI）　466 (T).

カルフ（都市）	33.
クナリア（*māt ku-na-li-a*）	3 (T).
クルバイル	466A (T).
ザムア（*māt za-mu-u-a*）	3 (N43+).
シュメール（*māt Šumeri*）	22, 39, 88.
スィクリス（都市）	3 (N32).
スィクリスの（URU.*sik-ri-sa-a-a*）	4A (N32)
ドゥル・シャル・ウック（都市）	665.
ナハシマルティ（都市）	3 (N36).
ナハシマルティの（URU.*na-aḫ-ši-mar-ta-a-a*）	4A (N36).
ニップル	37.
ニネヴェ（ニヌア）（都市）	20, 32, 457.
バビロン	37, 87 (x2), 669.
ハラン（ハラナ）（都市）	36.
ボルスィッパ（バルスィッパ）	37.
リッビ・アーリ（アッシュル市、「町の中心部」）	31.

（5）人名

アッシュルバニパル	11, 43, 47, 58, 62, 74, 81, 84, 92, 94, 101, 103, 109, 120, 123, 130, 137, 143, 150, 156, 165, 167, 170, 173, 178, 184, 188, 226, 229, 239, 247, 250, 258, 260, 266, 269, 279, 284, 285, 298, 316, 323, 349, 353, 361, 366, 370, 380, 391, 394, 403 (T), 405 (T), 495, 496, 503, 504, 506, 508, 514, 555B, 633, 633A, 666.
エサルハドン	1, 7, 11, 41, 44, 46, 57, 59, 63, 83, 90, 93, 95, 102, 110, 121, 124, 131, 151, 157, 174, 189, 200, 230, 237, 250, 261, 267, 273, 277, 283, 302, 360, 369, 381, 391, 402, 406 (T), 494, 497, 513, 516, 555A, 612A, 632, 633C, 666.
シャマシュ・シュム・ウキン	86, 668.
センナケリブ	2.
ナブー・ベール・ウツル（エポニュム）	665.
トゥニー（^{m}*tu-ni-i*）	3 (N31).
ハタルナ (^{m}*ḫa-tar-na*)	3 (N32).
ブルダディ (^{m}*bur-da-di*)	3 (N28A).
フンバレシュ (^{m}*ḫum-ba-re-eš*)	3 (N36).
ラマタヤ (^{m}*ra-ma-ta-a-a*)	3 (*N27*).
ラルクトゥラ (^{m}*la-ar-ku-ut-la*)	3 (N43).

著者紹介

渡辺　和子（わたなべ　かずこ）

1951 年　東京生まれ。
1974 年　東京大学文学部宗教学宗教史学科卒業（文学士）。
1977 年　東京大学大学院人文科学研究科宗教学宗教史学専攻修士課程修了（文学修士）。
1977 年　同博士課程進学。
1978 年　ルプレヒト・カール大学ハイデルベルク入学 (専攻: アッシリア学専攻、副専攻: 旧約聖書学、セム語学)。
1979 年　東京大学大学院博士課程休学
1982 年　同退学。
1985 年　ルプレヒト・カール大学ハイデルベルク修了（Dr. phil.）。
現　在　東洋英和女学院大学・大学院教授。

主要論文・著書

「申命記法の編集」『聖書学論集』15, 1980. "Die literarische Überlieferung eines babylonisch-assyrischen Fluchthemas mit Anrufung des Mondgottes Sîn", *ASJ* 6, 1984. "Die Briefe der neuassyrischen Könige", *ASJ* 7, 1985. *Die adê-Vereidigung anläßlich der Thronfolgeregelung Asarhaddons*, *BaM* Beiheft 3, Berlin 1987（Dr. phil. 論文）.「『エサルハドン宗主権条約』再考」『宗教研究』273, 1987. "Mit Gottessiegeln versehene hethitische 'Staatsverträge'", *ASJ* 11, 1989. "*abbūta(m)/abbuttu ṣabātu(m)*. Zur immanenten und transzendenten Interzession", *ASJ* 12, 1990.「古代オリエントの誓約と神の印章」『現代宗教学 第 4 巻』東京大学出版会 1992.「古代メソポタミア宗教と宗教民俗学」『宗教研究』292, 1992. "Der vollständige Brief des "Bauern" (= Asarhaddon)", *ASJ* 15, 1993. "Neuassyrische Siegellegenden", *Orient* 29, 1993. "Lebenspendende und todbringende Substanzen in Altmesopotamien", *BaM* 25, 1994.「新 アッシリア時代の宦官―印章をてがかりに」『文明学原論』山川出版社 1995.（共著）『世界の歴史 1』中央公論社 1998（文庫版, 中央公論新社 2009).「アッシリアの自己同一性と異文化理解」『岩波講座 世界歴史 2』岩波書店 1998. "Seals of Neo-Assyrian Officials", *Priests and Officials in the Ancient Near East*, Heidelberg 1999.「伝承と比較－メソポタミア宗教文書と『旧約聖書』」『岩波講座　宗教 3』岩波書店 2004.「「メソポタミアの宗教史」への展望」『宗教史とは何か』下巻 , リトン 2009.「『エサルハドン王位継承誓約文書』のタイナト版による新知見と再検討―条件節における接続法の用法を中心に」『オリエント』56-1, 2013. "Esarhaddon's Succession Oath Documents Reconsidered in Light of Tayinat Version", *Orient* 49, 2014. "Innovations in Esarhaddon's Succession Oath Documents Considered from the Viewpoint of the Documents' Structure", *SAAB* 21, 2016.「メソポタミアにおける「祈祷呪術」と誓約―「宗教」と「呪術」と「法」」『「呪術」の呪縛』下巻, リトン 2017.

楔形文字文書研究 1
エサルハドン王位継承誓約文書

発行日　2017 年 4 月 27 日

著　者　渡辺　和子
発行者　大石　昌孝
発行所　有限会社リトン
　　　　101-0061　東京都千代田区三崎町 2 -9-5-402
　　　　　　　　　FAX 03-3238-7638
印刷所　互恵印刷株式会社

ISBN978-4-86376-057-8